AF252985

NOUVEAU MANUEL

THÉORIQUE ET PRATIQUE

DE LA TAXE DES FRAIS

EN MATIÈRE CIVILE.

LISTE *des principaux Auteurs qui ont écrit sur les Tarifs de frais, en matière civile :*

———

Instruction de la Chambre des Avoués de Paris.—Paris, 1808. In-4°.

FAVARD DE LANGLADE. — *Instruction sur l'Organisation des Huissiers par un magistrat.* Paris, 1813.

CLARET et RIVOIRE.—Lyon, 1819. In-8°.

SUDRAUD-DESISLE.—*Manuel du Juge taxateur.* Paris, 1827. In-8°.

WERWOORT.—*Les Tarifs en matière civile, etc.* Paris, 1829. In-8°.

VERNET.—*Tarif des Notaires.* Paris, 1829. In-8°.

CARRÉ, conseiller à la Cour de Paris. 1829. Paris.

A. CHAUVEAU.—*Commentaire des tarifs en matière civile.* Paris, 1832.

BOUCHER-D'ARGIS.—*Dictionnaire de la Taxe en matière civile.* 1846.

DALLOZ.—*Jurisprudence générale,* v° *Frais et dépens en matière civile.*

Paris. — Imprimerie de COSSE et J. DUMAINE, r. Christine, 2.

[illegible]

[illegible]

[illegible]

[illegible]

[illegible]

[illegible]
[illegible]
[illegible]
[illegible]
[illegible]
[illegible]
[illegible]
[illegible]
[illegible]

[illegible]

[illegible]

PARIS

[illegible]
[illegible]
[illegible]
[illegible]

NOUVEAU MANUEL

THÉORIQUE ET PRATIQUE

DE LA TAXE DES FRAIS

EN MATIÈRE CIVILE,

COMPRENANT :

1° Les tarifs des droits et émoluments des juges de paix et de leurs greffiers, des huissiers ordinaires et audienciers, des avoués de première instance et d'appel ;

2° Le tarif des notaires ;

3° Celui des frais des ventes judiciaires ;

4° Ceux des greffiers des tribunaux civils de première instance, de commerce et des Cours d'appel, des agréés près les tribunaux de commerce ;

5° Le tarif des commissaires-priseurs ;

6° Le tarif et les règles de la liquidation des dépens.

Le tout avec des calculs applicables à chacun des droits dans les diverses localités où les frais ont été faits.—L'examen critique des questions auxquelles les textes ont donné lieu dans la pratique, et les solutions des instructions ministérielles et de la jurisprudence ;

PAR

M. BONNESŒUR,

CONSEILLER A LA COUR IMPÉRIALE DE BORDEAUX.

PARIS,

IMPRIMERIE ET LIBRAIRIE GÉNÉRALE DE JURISPRUDENCE

COSSE ET MARCHAL, Imprimeurs-Éditeurs,

LIBRAIRES DE LA COUR DE CASSATION,

Place Dauphine, n° 27.

1857

PLAN DE CE LIVRE.

Dans leurs traités des tarifs les uns ont suivi l'ordre des procédures prescrites par nos Codes, d'autres ont adopté l'ordre alphabétique des matières.

Tous ont contribué à aplanir des difficultés que les textes isolés rendaient très-graves.

Chacun de ces systèmes avait évidemment pour but de rendre les recherches plus promptes et plus faciles, mais tous présentaient l'inconvénient de briser l'ordre que les tarifs ont adopté.

Dans ce *nouveau Manuel,* on a cru devoir respecter cet ordre, et, pour rendre le livre tout à fait usuel, on l'a fait suivre d'une bonne *Table alphabétique* des matières.

Une des difficultés de détail dans l'application de ces tarifs consiste dans les calculs auxquels il faut se livrer, et qui varient selon les localités où les actes taxables ont été faits. Le Manuel la résout pour toutes les hypothèses ; ces calculs n'étaient pas d'une difficile exécution. Il n'est pas rare cependant de rencontrer des erreurs, sous ce rapport, dans les états de frais des officiers ministériels, et il faut, pour les rectifier, se livrer à des recherches qui demandent du temps et une habitude qui ne s'acquiert qu'à la longue : il est donc utile de trouver ce travail tout fait.

Cela ne suffit peut-être pas pour justifier la publication d'un livre sur une matière où il y en a déjà tant et de très-bons.

a

Mais la législation a elle-même changé sur plusieurs points importants, et la jurisprudence s'est prononcée sur un grand nombre de questions qui n'avaient été qu'entrevues.

Ces questions sont traitées sous les articles mêmes qui leur ont donné naissance, et les solutions y sont indiquées.

Enfin il n'y avait pas sur cette matière de livre tout à la fois assez élémentaire et assez complet : celui-ci réunit ces deux avantages; s'il peut être utile à quelqu'un, il aura eu une suffisante raison d'être.

C'est d'ailleurs une pierre apportée à l'édifice de la codification de cette importante partie de la législation ; quand le temps en sera venu, l'auteur ne se plaindra pas qu'elle soit rejetée aux décombres.

NOTICE

DE LA LÉGISLATION ET DES RÈGLEMENTS PRINCIPAUX CONCERNANT
LES TAXES EN MATIÈRE CIVILE.

Ceux qui voudraient se faire une idée complète de l'histoire de la législation sur la taxe des frais, en matière civile et criminelle, peuvent recourir au tableau chronologique que M. Dalloz a placé dans *la Jurisprudence générale*, v° FRAIS et DÉPENS.

Dans cette notice on se propose seulement d'indiquer les principales lois et règlements auxquels il est encore nécessaire de recourir dans la pratique des taxes.

Les frais des actes, en matière civile, appartiennent au Trésor public (l'enregistrement), aux officiers ministériels de toutes les classes (les greffiers de justices de paix, des tribunaux civils, de commerce et d'appel, les huissiers ordinaires et audienciers, les avoués de première instance et d'appel, les notaires, les commissaires-priseurs, etc.), et à certains fonctionnaires publics (les conservateurs des hypothèques).

Chacun de ces officiers exerce, dans le cercle de ses attributions, un ministère forcé; il a un privilége, un monopole; les actes en ont toujours été tarifés, et ils devaient l'être pour éviter des abus très-préjudiciables aux particuliers, qui sont obligés d'avoir recours à eux pour un grand nombre de leurs actes de la vie civile.

a.

§ Ier. — *Enregistrement. — Greffe. — Timbre.*

Les lois qui règlent les droits du Trésor public pour l'enregistrement des actes civils sont : 1° La loi du **22** frimaire an **VII**, dont l'art. **68** contient les tarifs ; 2° la loi du **28** avril **1816**, art. **41** à **50**.

Les lois du **21** ventôse an **VII** (11 mars 1799) et du **22** prairial an **VII**, et le décret du **12** juillet 1808, ont réglementé les droits de greffe.

La loi du **13** brumaire an **VII** (3 novembre 1798) et celle du **28** avril 1816 ont réglementé ceux de timbre.

Ces matières ont donné lieu à une foule d'autres lois, règlements, instructions et décisions, dans le détail desquels il est inutile d'entrer ici.

§ II. — *Officiers ministériels en général. — Greffiers de justices de paix, avoués de première instance et d'appel, notaires.*

Les droits de leurs actes sont réglés plus spécialement par le décret du **16** février **1807** ; c'est celui qui fournit la matière principale de ce livre, y compris l'ordonnance du **16-25** octobre **1841**, concernant les frais et dépens relatifs *aux ventes judiciaires d'immeubles.*

Les lois et règlements antérieurs sur la matière, et qui sont presque tous abrogés, sont :

1° Le règlement de **1778** ;

2° Le décret du **18-26** octobre **1790**, sur la procédure en la justice de paix, dont le titre IX contient un tarif des dépens ;

3° Le décret du **6-27** mars **1791**, qui porte qu'en attendant un nouveau tarif les droits perçus par les huissiers seront les mêmes que par le passé ; que les droits en appel seront les mêmes qu'en première instance, et qu'à Paris le règlement de **1778** devra être observé ; que toute perception de droits contraire aux règlements est une concussion, et que le juge qui en aura fait la taxe sera personnellement responsable ;

4° Le décret du 3 brumaire an II (24 octobre 1793), qui dispose qu'il sera statué dans tous les tribunaux et dans toutes les affaires sans aucun frais, sur défenses verbales ou sur simple mémoire, qui sera lu à l'audience par l'un des juges. Ce décret supprime les avoués ;

5° L'arrêté du Gouvernement, du 18 fructidor an VIII (5 septembre 1800), qui ordonne l'exécution provisoire des lois des 6 et 20 mars 1791, relativement aux avoués, greffiers et huissiers, jusqu'à ce qu'il ait été statué par une loi sur la simplification de la procédure et sur les émoluments de ces officiers ministériels. Cet arrêté ordonne que les avoués suivront exactement la procédure établie par l'ordonnance de 1667, et que les règlements postérieurs seront exécutés.

§ III. — *Greffiers de justice de paix.*

Le règlement spécial relatif à ces officiers ministériels est établi par l'ordonnance du 17 juillet 1825, qui fixe leurs émoluments. Les art. 9 à 20 du décret du 16 février 1807 sont relatifs à la taxe de leurs droits.

§ IV. — *Huissiers.*

Le décret du 14 juin 1813 porte règlement sur l'organisation et le service des huissiers. Le décret du 16 février 1807 tarife leurs droits pour les actes qu'ils font.

§ V. — *Greffiers des tribunaux de commerce.*

La loi du 21 ventôse an VII contient l'établissement des droits de greffe dans les tribunaux civils et de commerce. Ces droits, comme on vient de le voir plus haut, se perçoivent au profit du Trésor.

Le décret du 6 janvier 1814 porte fixation des droits que le greffier du tribunal de commerce de Paris pourra percevoir à son profit.

L'ordonnance du 9-12 octobre 1825 fixe ceux que les greffiers des tribunaux de commerce percevront, indépendamment de ceux qui leur sont accordés par la loi du 21 ventôse an VII (11 mars 1799) et par le décret du 12 juillet 1808.

L'arrêté du 8-11 avril 1848, rendu par le Gouvernement provisoire de la République, modifie ces droits.

§ VI.—*Greffiers des tribunaux de première instance et d'appel.*

Le décret du 6-28 mars 1791 porte, art. 32, qu'en attendant un nouveau tarif des greffiers, les émoluments seront les trois quarts des anciens, et qu'on prendra pour base le tarif qui était dans la juridiction royale la plus voisine, située dans le département ; qu'à Paris on suivra le tarif de 1778.

Le décret du 17 septembre 1793 autorise les greffiers à faire les prisées et ventes de meubles, et fixe le prix des vacations.

L'arrêté du 12 fructidor an 4 (29 août 1796) est aussi relatif aux ventes de meubles par les greffiers.

Il en est de même de celui du 27 nivôse an V (16 janvier 1799).

La loi du 21 ventôse an VII (11 mars 1799) établit des droits de greffe au profit du Trésor et des remises pour les greffiers. *V.* aussi la loi du 23 juillet 1820, art. 2.

La loi du 27 ventôse an VIII (18 mars 1800), dans ses art. 4, 13, 24, 35, 42, 48, 53, 92 et 97, est relative aux greffiers.

Le décret du 12 juillet 1808 est relatif aux droits de greffe.

Celui du 14 juin 1813 attribue aux greffiers, concurremment avec les huissiers et notaires, le droit de faire les prisées et ventes publiques de meubles dans les lieux où il n'y a pas de commissaires-priseurs (*V.* la loi du 5-12 juin 1851 et le décret du 5-8 novembre 1851, contenant le tarif des droits alloués pour ventes publiques de fruits et récoltes).

La loi du 7 octobre 1818 accorde des droits aux greffiers pour les majorats.

L'ordonnance du 18-20 septembre 1833 détermine les droits dus aux greffiers en matière d'expropriation publique.

L'ordonnance du 10-25 octobre 1841 les détermine aussi en matière de vente judiciaire d'immeubles.

Enfin le décret du 24 mai 1854 contient un tarif des émoluments attribués, en matière civile et commerciale, aux greffiers des tribunaux civils et aux greffiers des Cours impériales.

§ VII. — *Commissaires-priseurs.*

Le tarif des commissaires-priseurs se trouve dans la loi du 18 juin 1843.

§ VIII. — *Notaires.*

La loi du 25 ventôse an XI a constitué le notariat. Il n'existe pour les notaires d'autres tarifs que celui qui se trouve dans le décret du 16 février 1807, art. 168-175. — Il est aujourd'hui, dit-on, très insuffisant. Le Gouvernement s'occupe de l'étude d'un tarif plus complet ; il a consulté les parquets ; des rapports nombreux lui ont été faits, des projets lui ont été soumis. Il est à présumer que cette matière ne tardera pas à être définitivement réglementée ; mais les difficultés sont grandes et touchent à des intérêts multiples et compliqués, qu'il est nécessaire de ménager et de concilier autant que possible.

Il existe d'autres officiers ministériels qui ont aussi leurs droits et leurs tarifs : les avocats à la Cour de cassation et au conseil d'État, les agents de change, les courtiers, etc.

Mais on ne croit pas devoir les comprendre dans cette notice ni s'en occuper dans ce nouveau Manuel. Il y a des ouvrages spéciaux qui les concernent.

INTRODUCTION.

Le Code de procédure civile avait été décrété les **14, 17** et **21** avril **1806**. Il fut promulgué les **24** et **27** du même mois et le **1er** mai suivant.

L'art. 1041 de ce Code prescrit son exécution à dater du 1er janvier 1807, époque à laquelle toutes les lois, coutumes, usages et règlements relatifs à la procédure civile, ont été abrogés.

L'art. 1042 ajoute : « A cette époque, il sera fait, tant « pour la taxe des frais que pour la police et discipline des « tribunaux, des règlements d'administration publique. »

C'est le 16 février 1807 que ces règlements furent décrétés, en ce qui *concerne la taxe des frais et dépens.*

Ils consistent dans trois décrets à la date du même jour, 16 février.

Le premier est intitulé : *Décret contenant le Tarif des frais et dépens pour le ressort de la Cour d'appel de Paris.*

Ce règlement est le plus important sur la matière des frais et dépens. Il doit occuper la première place dans tout traité sur la matière; autour de lui ou à sa suite doivent se grouper et se distribuer les autres. C'est la raison principale et déterminante qui a fait adopter l'ordre qui a été suivi dans ce livre.

Par le troisième décret du même jour, ce premier décret a été rendu applicable aux Cours d'appel de Lyon, de Bordeaux et de Rouen.

En voici le texte :

DÉCRET *du* 16 *février* 1807, *qui rend commun à plusieurs Cours impériales et tribunaux le tarif des frais et dépens de ceux de Paris, et en fixe la réduction pour les autres.*

ART. 1er. Le tarif des frais et dépens en la Cour impériale de Paris, décrété cejourd'hui, est rendu commun aux Cours d'appel de Lyon, Bordeaux et Rouen.

Toutes les sommes portées en ce tarif seront réduites d'un dixième pour la taxe des frais et dépens dans les autres Cours d'appel.

2. Le tarif des frais et dépens, décrété pour le tribunal de première instance et pour les justices de paix établis à Paris, est rendu commun aux tribunaux de première instance et aux justices de paix établis à Lyon, Bordeaux et Rouen.

Toutes les sommes portées en ce tarif seront réduites d'un dixième dans la taxe des frais et dépens pour les tribunaux de première instance et pour les justices de paix établis dans les villes où siége une Cour d'appel, ou dans les villes dont la population excède trente mille âmes.

3. Dans tous les autres tribunaux de première instance et justices de paix de l'Empire, le tarif des frais et dépens sera le même que celui décrété pour les tribunaux de première instance et les justices de paix du ressort de la Cour royale de Paris, autres que ceux établis dans cette capitale.

4. Le tarif des frais de taxe (1), décrété également cejourd'hui, pour le ressort de la Cour impériale de Paris, est aussi déclaré commun à tout l'Empire : en conséquence, dans tous les chefs-lieux de Cours impériales, les droits de taxe seront perçus comme à Paris, et partout ailleurs, ils seront perçus comme dans le ressort de la Cour impériale de Paris.

C'est d'après les prescriptions de ce troisième décret que nous avons établi les calculs pour chaque acte taxable, selon les localités où il a été fait. Tout le monde comprendra leur utilité, et l'étendue des recherches et du travail qu'ils évite-

---

(1) C'est le deuxième décret dont on va parler plus loin.

ront aux officiers ministériels, qui étaient obligés de les faire, et aux taxateurs, qui doivent les vérifier.

La procédure, pour arriver à faire opérer la taxe, pouvait aussi donner lieu à des frais : ce fut l'objet du deuxième décret supplémentaire du même jour, 16 février 1807. Le texte de ce décret, comme celui du premier, ne s'appliquait encore qu'à la Cour impériale de Paris et à son ressort.

Mais on dit dans l'art. 4 du troisième décret :

« Le tarif des frais et dépens de la taxe, décrété également
« cejourd'hui, pour le ressort de la Cour d'appel de Paris,
« est aussi déclaré commun à tout l'Empire : en consé-
« quence, dans tous les chefs-lieux de Cours d'appel les
« droits de taxe seront perçus comme à Paris, et, partout
« ailleurs, ils seront perçus comme dans le ressort de la
« Cour d'appel de Paris. »

Ainsi, les émoluments et frais se trouvèrent établis, d'une manière certaine, dans tous les tribunaux de France.

On donnera, dans son lieu, le texte de ce deuxième décret, et l'on examinera les difficultés auxquelles il donne naissance dans son application. Il suffit d'en faire ici une analyse sommaire.

DE LA LIQUIDATION DES FRAIS ET DÉPENS.

Ce deuxième décret détermine la forme à employer pour la liquidation des dépens. Elle est différente selon qu'il s'agit des matières *sommaires* ou des matières *ordinaires*.

1° *Des matières sommaires.*

Dans ces matières, la liquidation des dépens doit être portée dans les arrêts et jugements ; mais on ne doit y énoncer que le total de la somme allouée ; le détail est compris dans un état que l'avoué doit remettre, le jour même du jugement ou de l'arrêt, au greffier tenant la plume.

Les avoués n'exécutent pas cette obligation ; dans la pratique les greffiers laissent en blanc cette partie de l'arrêt ou du jugement qu'ils remplissent après coup. Régulièrement, ils n'en doivent point délivrer d'expédition à l'avoué avant qu'il ait rempli l'obligation que le décret lui impose, et le receveur de l'enregistrement pourrait relever cette irrégularité quand la minute lui est présentée.

Le défaut absolu de liquidation des dépens n'entraîne cependant pas la nullité du jugement ou de l'arrêt (Cassation, 27 avril 1825. Sirey, 26.1.422. Dalloz, 25.1.330. 20 juin 1826. Sirey, 26.1.430. Dalloz, 26.1.308).

2° Matières ordinaires.

Les dépens, en matière ordinaire, doivent être taxés et liquidés par un des juges qui ont assisté au jugement ; mais, à la différence des matières sommaires, le jugement peut être expédié et délivré avant que cette liquidation soit faite.

Comme dans les matières sommaires, le montant de la taxe peut être compris dans le jugement ou l'arrêt. Mais, s'il n'y a pas été porté, il en est délivré un exécutoire par le greffier.

L'avoué qui requiert la taxe remet au greffier l'état des dépens adjugés avec les pièces justificatives. Le juge ou le conseiller chargé de les liquider (c'est ordinairement le plus jeune) doit taxer chaque article en marge de l'état, en déboursés et honoraires, sommer le total au bas, dater et signer.

La formule ordinaire est celle-ci :

Taxé par nous . . . . juge, ou conseiller soussigné, l'état des dépens qui précède à la somme de. . . . . .
Donné à   le   signé,

Afin d'éviter que la même pièce ne soit portée successivement dans plusieurs états, le taxateur doit mettre sur chaque pièce justificative le mot *taxé* et parafer. L'état taxé doit rester au greffe comme minute, et être annexé aux qualités. Il doit être signé par le greffier.

L'*exécutoire* ou le *jugement* de *liquidation* sont susceptibles d'opposition. Elle doit être formée dans les trois jours de la signification à avoué avec citation. Ce délai est de rigueur, et entraîne la déchéance (1). Le tribunal ou la Cour statuent sommairement à la chambre du conseil (2). Le jugement n'est pas susceptible d'appel, à moins qu'il n'y ait appel de quelques dispositions sur le fond (2).

Tout cela ne s'applique qu'aux dépens dont il est prononcé condamnation contre la partie qui perd son procès.

Mais, quant aux demandes des avoués et autres officiers ministériels en paiement des frais contre les parties pour lesquelles ils ont occupé ou instrumenté, elles sont portées à l'audience, sans préliminaire de conciliation.

Il doit être donné, en tête de l'assignation, copie du mémoire des frais réclamés.

Le décret ne dit pas que ce mémoire doit être préalablement taxé par le juge ; cela n'est effectivement pas nécessaire, car la partie étant appelée à le contrôler contradictoirement devant le tribunal entier, il semble inutile de le soumettre au préalable à la taxe d'un des juges.

Cependant, dans la pratique de beaucoup de tribunaux, les avoués ont l'habitude de faire taxer leurs états de frais contre leurs clients, avant d'en faire la demande, et le plus souvent ils sont payés sur cette taxe sans avoir besoin de recourir à une assignation.

Ce qu'il y a de certain, c'est qu'il ne peut être délivré

---

(1) Amiens, 13 fév. 1826 ; Sirey, 27.2.166 ; Dalloz, 27.2.149 ; *Journal du Palais*, 40. 284.

(2) Cass., 28 nov. 1826 ; Sirey, 27.1.209 ; Dalloz, 27.1.69 ; *dito*, 2 fév. 1826 ; *dito*, 26.1.28 ; *dito*, 26.1.135.

d'exécutoire sur une pareille taxe. L'état est remis directement à l'avoué, et il ne paraît pas, quelque signification qui en soit faite, que la taxe puisse jamais acquérir l'autorité de la chose jugée, à l'effet d'enlever à la partie, assignée devant le tribunal ou la Cour, la faculté de critiquer les articles dont on lui demande le paiement. La déchéance prononcée par l'art. 6 du décret est de droit rigoureux, et elle ne doit point être appliquée à un autre cas.

Du reste, l'assignation donnée dans les circonstances dont il s'agit ne serait pas nulle pour défaut de signification, en tête, du mémoire des frais réclamés.

Cette omission pourrait être réparée dans le cours de l'instance, mais ce serait aux frais du demandeur. Il y a, à cet égard, une jurisprudence certaine (Cour d'Amiens, 11 et 29 juin 1826. Sirey, 27.2.19. Dalloz, 27.2.27. *Journal du Palais*, 38.213. Cour de Lyon, 17 juillet 1826. Sirey, 27. 2.20. Dalloz, 27.2.28).

Encore une observation pour faciliter l'intelligence du travail qui va suivre :

Un grand nombre d'actes de la procédure, établie en première instance, se répètent en appel; le tarif n'en a pas reproduit la nomenclature, mais il a voulu, art. 97, *que les émoluments des avoués de la Cour d'appel fussent taxés au même prix et dans les mêmes formes que ceux des avoués des tribunaux de 1ʳᵉ instance de Paris, avec une augmentation sur chaque espèce de droit, savoir :*

Dans les matières sommaires, DU DOUBLE, et dans les matières ordinaires, du DOUBLE également :

1° Pour le droit *de consultation ;*

2° Pour le droit de port des pièces et de correspondance, lorsque les parties sont domiciliées hors de l'arrondissement du tribunal de 1ʳᵉ instance de Paris.

Pour les autres droits, d'une moitié en sus, de ceux attribués aux avoués de première instance.

Néanmoins, dans les demandes de condamnation de frais d'un avoué contre sa partie, ils ne sont que d'une demie en sus du droit fixé pour les matières sommaires.

C'est d'après ces bases que les calculs des droits en appel ont été établis dans tout le cours de ce *Nouveau Manuel*.

Ces préliminaires étaient indispensables pour lever toutes les incertitudes qui pouvaient se présenter à la première vue, et ils suffisent à les dissiper.

NOUVEAU MANUEL

THÉORIQUE ET PRATIQUE

DE LA TAXE DES FRAIS

EN MATIÈRE CIVILE.

Ire PARTIE.

DÉCRET DU 16 FÉVRIER 1807.

LIVRE Ier.

Des justices de paix.

CHAPITRE Ier.

TAXE DES ACTES ET VACATIONS DES JUGES DE PAIX.

Observations.—Ce chapitre, qui est composé de huit articles, se trouve abrogé par la loi du 21 juin 1845, qui porte (1) :

(1) Cependant, malgré l'abrogation de ce chapitre, il n'est pas moins utile de rapporter le texte des articles de notre décret, parce qu'ils servent de base à la fixation de
la taxe des greffiers de justice de paix, dont il s'occupe dans le chap. 2. Les voici donc :

Art 1er. § 1er (Proc. 909, 932).—Il est accordé aux juges de paix pour chaque vacation d'apposition, de reconnaissance et levée de scellés, qui sera de trois heures au
moins :

A Paris, Bordeaux, Lyon, Rouen.	5 f. 00 c.
Dans les villes où il y a une Cour d'appel, et dans celles où la population excède 30,000 âmes.	4 50
Dans les villes où il y a un tribunal de première instance. . . .	3 75
Dans les autres villes et cantons ruraux.	2 50

§ 2. Dans la première vacation, seront compris les temps du transport et du retour
du juge de paix : s'il n'y a qu'une seule vacation, elle sera payée comme complète, encore
qu'elle n'ait pas été de trois heures.

§ 3. Si le nombre des vacations d'apposition, reconnaissance et levée de scellés paraît excessif, le président du tribunal de première instance, en procédant à la taxe,
pourra la réduire.

Art. 2 (Proc. 916, 921, 935).—S'il y a lieu à référé lors de l'apposition des scellés, ou dans le cours de leur levée, ou pour présenter un testament, ou autre papier
cacheté au président du tribunal de première instance, les vacations du juge de paix lui
sont allouées comme celles pour l'apposition, la reconnaissance ou la levée des scellés.

Art. 3, § 1er.—En cas de transport du juge de paix devant le président du tribunal de

Art. 1er. « Les droits et vacations accordés aux juges de paix sont « supprimés.

« Il ne leur sera alloué d'indemnité de transport que quand ils se ren- « dront à plus de 5 kilomètres du chef-lieu du canton. »

L'art. 4 de cette loi avait prescrit au Gouvernement de déterminer le montant de l'indemnité de transport par un règlement d'administration publique.

---

première instance, il lui est accordé pour chaque myriamètre 2 francs, autant pour le retour, et par journée de cinq myriamètres, 10 francs.

§ 2. Il ne lui est accordé qu'une seule journée quand la distance ne sera pas de plus de deux myriamètres et demi, y compris sa vacation devant le président du tribunal.

§ 3. Si la distance est de plus de deux myriamètres et demi, il lui sera payé deux journées pour l'aller, le retour et la vacation devant le président du tribunal.

Art. 4 (C. c. 406). Pour l'assistance du juge de paix à tout conseil de famille :

A Paris, Bordeaux, Lyon, Rouen. . . . . 5 f. 00 c.
Au chef-lieu d'une Cour d'appel, et dans les villes de plus de
    30,000 âmes. 4 50
Dans les villes où il y a un tribunal de première instance. . . . 3 75
Dans les autres villes et cantons ruraux. 2 50

Nota. Le juge de paix ne pourra jamais prendre plus de deux vacations.

Art. 5, § 1er (Cod. c. 70 et 71).—Pour l'acte de notoriété sur la déclaration de sept témoins, pour constater, autant que possible, l'époque de la naissance d'un individu de l'un ou de l'autre sexe, qui se propose de contracter mariage, et les causes qui empê- chent de représenter son acte de naissance :

A Paris, Bordeaux, Rouen. . . . . 5 f. 00 c.
Au chef-lieu d'une Cour d'appel, et dans les villes de plus de
    30,000 âmes. 4 50
Dans les villes où il y a un tribunal de première instance. . . . 3 75
 . Dans les autres villes et cantons ruraux. 2 50

§ 2. Et pour la délivrance de tout autre acte de notoriété, qui doit être donné par le juge de paix :

A Paris, Bordeaux, Lyon, Rouen. . . . . 1 f. 00 c.
Au chef-lieu d'une Cour d'appel, et dans les villes de plus de
    30,000 âmes. 0 90
Dans les villes où il y a un tribunal de première instance. . . . 0 75
Dans les autres villes et cantons ruraux 0 50

Art. 6, § 1er (Proc. 587, 781). — Pour le transport du juge de paix à l'effet d'être présent à l'ouverture de portes, en cas de saisie-exécution, par chaque vacation de trois heures :

A Paris, Bordeaux, Lyon, Rouen . . . . 5 f. 00 c.
Au chef-lieu d'une Cour d'appel, et dans les villes de plus de
    30,000 habitants. 4 50
Dans les villes où il y a un tribunal de première instance. . . . 3 75
Dans les autres villes et cantons ruraux 2 50

§ 2. Et à l'arrestation d'un débiteur condamné par corps, dans le domicile où ce dernier se trouve :

A Paris, Bordeaux, Lyon, Rouen. . . . . 10 f. 00 c.
Au chef-lieu d'une Cour d'appel, et dans les villes où la popula-
    tion excède 30,000 habitants. 9 00
Dans les villes où il y a un tribunal de première instance. . . . 7 50
Dans les autres villes et cantons ruraux. 5 00

Art. 7 (Proc. 4, 6, 29). — Il n'est rien alloué au juge de paix : 1° pour toute cédule qu'il pourra délivrer : 2° pour le paraphe des pièces, en cas de dénégation d'écriture et de déclaration qu'on entend s'inscrire en faux incident (Proc. 14).

Art. 8, § 1er (Proc. 38). — Il lui sera alloué pour transport, soit à l'effet de visiter

L'ordonnance qui le contient est à la date du 6 décembre 1845;
en voici le texte :

Article unique. « L'indemnité établie au profit des juges de paix
« par l'art. 1er de la loi du 21 juin 1845 est fixée :

En cas de transport | de 5 kilomètres du chef-lieu du canton à. . 5 f.
à plus.. . . . . . . | d'un myriamètre à. 6

« Si les opérations durent plus d'un jour, l'indemnité est fixée, suivant
« la distance, à 5 ou à 6 fr. par jour. »

CHAPITRE II.

TAXE DES GREFFIERS DES JUGES DE PAIX.

Observations. — Avant de s'occuper des dispositions du
décret, il ne faut pas oublier de parler de l'ordonnance du 17
juillet 1825, *portant règlement sur les frais et émoluments à percevoir par les greffiers de justice de paix.*

Elle dispose qu'aucuns frais ni émoluments ne peuvent être
perçus par ces officiers ministériels que sur des états dressés par
eux, vérifiés et *visés* par le juge de paix.

Ces états doivent être écrits au bas de l'expédition délivrée par
le greffier, et à défaut d'expédition, il doit être fait un état séparé.

Ces greffiers doivent avoir un registre et y inscrire, par ordre
de date, et sans aucun blanc, toutes les sommes qu'ils reçoivent
pour des actes de leur ministère : les déboursés et les émolumens
sont inscrits dans des colonnes séparées.

Ce registre est coté par le juge de paix; il est tenu sous sa surveillance; il le vérifie et l'arrête, au moins à chaque trimestre, et
en dresse un procès-verbal, dans lequel il consigne ses observations. Ce procès-verbal est envoyé au procureur impérial pour
être transmis au procureur général.

Toutes ces formalités sont de rigueur, et leur omission peut entraîner des conséquences graves contre les greffiers. Ils ne peu-

---

des lieux contentieux, soit à l'effet d'entendre des témoins, lorsque le transport aura été
expressément requis par l'une des parties, et que le juge l'aura trouvé nécessaire, par
chaque vacation :

A Paris, Bordeaux, Lyon, Rouen. . . . . 5 f. 00 c.
Au chef-lieu d'une Cour d'appel, et dans les villes où la popula-
tion excède 30,000 habitants. 4   50
Dans les villes où il y a un tribunal de première instance.. . . . 3   75
Dans les autres villes et cantons ruraux. 2   50

§ 2. *Nota.* Le procès-verbal du juge doit faire mention de la réquisition de la partie,
il n'est rien alloué à défaut de cette mention. (a)

(a) Dans l'état actuel de la législation, cette mention n'est plus nécessaire, et le greffier
pourrait réclamer les droits, qui lui sont attribués ; lors même que le juge de paix n'aurait fait
aucune mention de la réquisition des parties: on ne présumera plus en effet que le juge de
paix puisse ordonner un transport dans le but d'émolumenter pour lui-même (Dalloz, *Jurisprudence générale,* v° *Frais et dépens,* n° 310).

1.

vent recevoir d'autres ou plus forts droits que ceux qui leur sont attribués par les lois et règlements.

Ceci préémis, revenons au texte du décret :

Iʳᵉ DIVISION.

Droits généraux attribués aux greffiers de justice de paix par le décret de 1807.

Art. 9 (C. P. 8). Il sera taxé aux greffiers de justice de paix, pour chaque rôle d'expédition qu'ils délivreront, et qui contiendra vingt lignes à la page et dix syllabes à la ligne :

A Paris, Bordeaux, Lyon, Rouen.	0 f. 50 c.
Dans les villes où il y a une Cour d'appel, et dans les autres villes dont la population excède 30,000 âmes.	0 45
Dans les autres villes et cantons ruraux.	0 40

Art. 10 (P. C. 54). — Pour l'expédition du procès-verbal qui constatera que les parties n'ont pu être conciliées, et qui ne doit contenir qu'une mention sommaire qu'elles n'ont pu s'accorder, il sera alloué :

A Paris, Bordeaux, Lyon, Rouen.	1 f. 00 c.
Dans les villes où il y a une Cour d'appel, et dans les villes dont la population excède 30,000 âmes.	0 90
Dans toutes les autres villes et cantons ruraux.	0 80

Art. 11 (C. P. 7). — La déclaration des parties qui demandent à être jugées par le juge de paix sera insérée dans le jugement, et il ne sera rien taxé au greffier pour l'avoir reçue, non plus que pour tout autre acte du greffe.

Art. 12 (C. P. 30).—Pour transport sur les lieux contentieux, quand il sera ordonné, il sera alloué au greffier les deux tiers de la taxe du juge de paix (*art.* 7) *par chaque vacation* :

A Paris, Bordeaux, Lyon, Rouen.	3 f. 34 c.
Dans les villes où il y a une Cour d'appel, et dans celles dont la population excède 30,000 âmes.	3 00
Dans les villes où il y a un tribunal de 1ʳᵉ instance.	2 50
Dans les autres villes et cantons ruraux.	1 67

Art. 13 (C. P. 58).—Il n'est rien alloué pour la mention sur le registre du greffe et sur l'original, ou la copie de la citation en conciliation, quand l'une des parties ne comparaît pas.

Art. 14 (C. P. 45 et 47). — Pour la transmission, au procureur impérial, de la récusation et de la réponse du juge, tous frais de port compris :

A Paris, Bordeaux, Lyon, Rouen.	5 f. 00 c.
Dans les villes où il y a une Cour d'appel, et dans celles dont la population excède 30,000 âmes et partout ailleurs. . .	5 00

Art. 15 (C. P. 317). — Il sera taxé, au greffier du juge de paix qui aura assisté aux opérations des experts, et qui aura écrit la minute de leur rapport, dans le cas où tous, ou l'un d'eux, ne sauraient écrire, les deux tiers des vacations allouées à un expert.

Observations.—L'émolument des experts est fixé par l'art. 159 du tarif, et il varie selon leur qualité ou leur profession. Il ne semble pas douteux que l'émolument du greffier ne suive les mêmes variations. Il serait trop long de les calculer ici, il vaut mieux renvoyer aux art. 159 et suivants.

Art. 16. — Il lui est alloué les deux tiers des vacations du juge de paix pour assistance :

§ 1 (C. C. 406). Aux conseils de famille (*Tarif*, 4), *deux vacations seulement* ;

§ 2 (Pr. 909). Aux appositions de scellés (*Tarif*, 1) ;

§ 3 (Pr. 932). Aux reconnaissances et levées de scellés (*Tarif*, 1) ;

§ 4 (Pr. 921 et 935). Aux référés (*Tarif*, 2) ;

§ 5 (C. C. 70 et 71). Aux actes de notoriété (*Tarif*, 5) ;

c'est-à-dire :

A Paris, Bordeaux, Lyon, Rouen	3 f. 34 c.
Dans les villes où il y a une Cour d'appel, et dans celles dont la population excède 30,000 habitants	3 00
Dans les villes où il y a un tribunal de 1re instance	2 50
Ailleurs	1 67

§ 6. Il est encore alloué au greffier les deux tiers des frais de transport dans les mêmes cas où ils sont alloués aux juges de paix :

Pour chaque myriamètre parcouru, aller et retour	1 f. 34 c.
Et par journée de 5 myriamètres	6 67

Nota. Il ne lui est accordé qu'une seule journée quand la distance ne sera pas de plus de 2 myriamètres et demi, y compris sa vacation devant le président du tribunal. — Si la distance est de plus de 2 myriamètres et demi, il lui sera payé deux journées pour l'aller et le retour et la vacation (*Tarif*, 3).

Question. — Faut-il allouer au greffier, conformément à l'art. 16, § 6, le droit de transport, tel qu'il est réglé par le tarif ancien ou par l'ordonnance du 6 décembre 1845 ?

La différence est grande, car il est alloué aux juges de paix 5 fr. lorsque la distance est de plus de 5 kilomètres, et 6 fr. lorsqu'elle est de plus d'un myriamètre.

Il semble qu'il ne puisse guère s'élever de doute que c'est l'ancien tarif qu'il faut appliquer : car il ne paraît pas qu'on ait voulu en rien le modifier pour ce qui est relatif aux émoluments des greffiers. Le § 6 ne peut se rapporter qu'à un tarif existant au moment de sa promulgation, et non pas à un tarif à faire ultérieurement.

§ 7. Les greffiers des juges de paix ne pourront délivrer d'expéditions entières des procès-verbaux d'apposition, reconnaissance et levée de scellés, qu'autant qu'ils en seront expressément requis par écrit.

§ 8. Ils seront tenus de délivrer les extraits qui leur seront demandés, quoique l'expédition entière n'ait été ni demandée, ni délivrée.

La taxe pour les rôles et celle de l'art. 9.

Art. 17 (C. P. 925). — Il sera taxé au greffier du juge de paix :

Pour sa vacation, à l'effet de faire la déclaration de l'apposition des scellés sur le registre du greffe du tribunal de première instance, dans les villes où elle est prescrite (1), les deux tiers d'une vacation du juge de paix :

---

(1) *Dans les communes de 20,000 âmes et au-dessus*, cette déclaration paraît exigée, lors même que l'apposition des scellés aurait lieu dans une commune ayant moins de 20,000 habitants, si elle est dans le ressort d'une commune de 20,000 habitants.

> A Paris, Bordeaux, Lyon, Rouen. . . . . 3 f. 34 c.
> Dans les villes où il y a une Cour d'appel, et dans celles dont
> la population excède 30,000 habitants. 3 00
> Dans les villes où il y a un tribunal de 1re instance. . . . 2 50
> Dans les autres villes et cantons ruraux.. . . . . 1 67

Art. 18 (C. P. 926). — Il lui sera alloué, pour chaque opposition aux scellés qui sera formée par déclaration sur ce procès-verbal de scellés :

> A Paris, Bordeaux, Lyon, Rouen. . . . . 0 f. 50 c.
> Dans les villes où il y a une Cour d'appel, et dans celles dont
> la population excède 30,000 habitants. 0 45
> Dans les villes où il y a un tribunal de 1re instance et autres. 0 40

Art. 19 (C. P. 1039). — Il ne lui sera rien alloué pour les oppositions formées par le ministère des huissiers, et visées par lui.

Art. 20 (C. P. 926). — Il est alloué pour chaque extrait des oppositions aux scellés, à raison, pour chaque opposition, de :

> A Paris, Bordeaux, Lyon, Rouen. . . . . 0 f. 50 c.
> Dans les villes où il y a une Cour d'appel, et dans celles dont
> la population excède 30,000 habitants. 0 45
> Partout ailleurs. 0 40

Les greffiers de justice de paix ont-ils des droits pour la rédaction des jugements et des procès-verbaux d'enquête ? Non ; le tarif ne leur alloue rien, il ne peut pas être suppléé à cette omission. C'est pour ces fonctions qu'ils reçoivent un traitement de l'État. De plus, les juges de paix doivent veiller à ce qu'ils ne se fassent rembourser que le timbre du papier employé, et ne pas souffrir qu'ils fassent de bénéfices.

IIe DIVISION.

Droits particuliers attribués aux greffiers de justice de paix par des lois spéciales.

Prisées et ventes publiques de meubles et effets mobiliers.

Indépendamment des droits et émoluments accordés aux greffiers de justice de paix par le décret du 16 février 1807, il y en a d'autres qui leur sont accordés par des dispositions particulières.

Le décret du 17 septembre 1793 est ainsi conçu :

Art. 1er. « Les notaires, greffiers et huissiers sont autorisés à faire « les prisées et ventes de meubles dans toute l'étendue de la République.

Art. 3. — « Il ne pourra être perçu, à Paris, pour lesdits officiers, « lorsqu'ils procéderont aux ventes, que 3 livres par vacation, dont la « durée sera de trois heures, et 5 sous pour l'enregistrement d'une oppo- « sition ; il sera accordé, en outre, les 2/3 du prix des vacations pour « l'expédition du procès-verbal de chaque séance, sans y comprendre les « droits d'enregistrement et de timbre.

Art. 4. — « Les officiers publics qui rempliront les mêmes fonctions « dans les départements ne pourront également y percevoir que les deux « tiers du prix des vacations, ainsi qu'elles sont fixées par le décret du « 21 juillet 1790. »

Ces attributions ont été confirmées par le décret du 14 juin 1813, qui est relatif au règlement pour l'organisation et le service des huissiers.

Il porte en effet :

Art. 37.—« Dans les lieux pour lesquels il n'est point établi de com-
« missaires-priseurs exclusivement chargés de faire les prisées et ventes
« publiques de meubles et effets mobiliers, les huissiers, tant audienciers
« qu'ordinaires, continueront de procéder, concurremment avec les no-
« taires et les greffiers, auxdites prisées et ventes publiques, en se con-
« formant aux lois et règlements qui y sont relatifs. »

Ce décret ne statue rien sur le tarif des émoluments. Il y avait
été pourvu, en ce qui concerne les huissiers, par le décret de
1807, pour les ventes qu'ils font à la suite de saisies de meubles
et effets mobiliers, et en ce qui concerne les notaires, par les
art. 168 et suivants du même décret.

Quant aux greffiers, il semblait qu'ils fussent restés dans les
termes du décret du 17 septembre 1793. Mais il est aisé de remarquer qu'il est très-difficile de leur en faire l'application.

Pour plus de clarté, il faut diviser la matière. Les ventes publiques de meubles et effets mobiliers sont de diverses sortes : les
unes sont forcées, et les autres volontaires.

§ 1er.— *Des ventes forcées de meubles et effets mobiliers.*

Le plus ordinairement, ces ventes ont lieu après saisies. Mais
on leur assimile, pour la taxe des frais, celles qui ont lieu après
décès, en exécution des art. 945 du Code de procédure, et 826 du
Code civil, parce que le premier de ces articles dit qu'elles seront
faites dans les formes prescrites au titre des saisies-exécutions.

Les greffiers de justice de paix procèdent très-rarement aux
premières, mais plus fréquemment aux secondes.

Leurs droits et émoluments doivent être ceux qui sont tarifés
par les art. 38 et suivants du décret du 16 février 1807; en voici
les dispositions :

Art. 38. — S'il y a lieu au transport des effets saisis, l'huissier sera
remboursé de ses frais sur la quittance qu'il en représentera, ou sur sa
simple déclaration, si les voituriers ou les gens de peine ne savent écrire,
ce qu'il constatera par son procès-verbal de vente.

§ 2. Il sera alloué à l'huissier, ou autre officier qui procédera à la
vente, pour la rédaction de l'original du placard qui doit être affiché :

A Paris et partout ailleurs. . . . . 1 f. 00 c.

§ 3. Pour chacun des placards s'ils sont manuscrits :

A Paris et partout ailleurs. . . . . 0 f. 50 c.

§ 4. Et s'ils sont imprimés, l'officier qui procédera à la vente en
sera remboursé sur les quittances de l'imprimeur et de l'afficheur.

Nota. Les placards doivent être sur papier timbré ; le timbre
doit être compris dans les déboursés. L'art. 39 veut que l'apposition de ces placards soit constatée par exploit, dont il n'est
pas donné copie.

Art. 39.—§ 3. Il sera passé, en outre, la somme qui aura été payée
pour l'insertion de l'annonce de la vente dans le journal, si la vente est
faite dans une ville où il s'en imprime.

§ 4. Pour chaque vacation de trois heures à la vente, le procès-verbal compris, il sera taxé à l'huissier (*et au greffier*), dans les lieux où ils sont autorisés à la faire :

> Dans les villes où il y a un tribunal de 1re instance. . . . . 5 f. 00 c.
> Dans les autres villes et cantons ruraux. 4 00

Art. 41. — § 1er (C. P. 620, 621). Dans le cas de publication sur les lieux où se trouvent les barques, chaloupes et autres bâtiments prescrite par l'art. 620 du Code, et dans les cas de l'exposition de la vaisselle d'argent, bagues, joyaux, ordonnée par l'art. 621, il sera alloué pour chacune des deux premières publications ou expositions :

> Dans les villes où il y a un tribunal de 1re instance. . . . . 4 f. 00 c.
> Dans les autres villes et cantons ruraux. 3 00

La troisième publication ou exposition est comprise dans la vacation de vente.

§ 4. Si l'expédition du procès-verbal de vente est requise par l'une des parties, il sera alloué à l'officier ministériel qui aura procédé à la vente, par chaque rôle d'expédition contenant vingt-cinq lignes à la page, et de dix à douze syllabes à la ligne :

> A Paris, etc.
> Dans les villes où il y a un tribunal de 1re instance. . . . . 0 f. 50 c.
> Dans les autres villes et cantons ruraux. 0 40

Art. 42. — § 1er. Pour la vacation de l'officier ministériel qui aura procédé à la vente pour faire taxer ses frais par le juge sur la minute de son procès-verbal :

> A Paris, etc.
> Dans les villes où il y a un tribunal de 1re instance. . . . . 2 f. 00 c.
> Dans les autres villes et cantons ruraux. 1 50

§ 2. Et pour consigner les deniers de la vente :

> A Paris, etc.
> Dans les villes où il y a un tribunal de 1re instance. . . . . 2 f. 00 c.
> Dans les autres villes et cantons ruraux. 1 50

Observations. — 1° L'art. 2 de la loi du 22 pluviôse an VII (10 fév. 1799) dit qu'*aucun officier public ne pourra procéder à une vente publique, et par enchère, d'objets mobiliers, avant qu'il n'en ait préalablement fait la déclaration au bureau de l'enregistrement dans l'arrondissement duquel la vente aura lieu.*

Est-il dû aux greffiers une vacation pour faire cette déclaration, qui exige quelquefois un déplacement éloigné? cela serait certainement juste. Mais le décret et les autres lois sur la matière n'accordent rien. L'accomplissement de cette formalité est assimilée à l'enregistrement des actes pour lesquels les officiers publics ne reçoivent aucun émolument.

2° Les lois de 5-18 août 1791 et 12 novembre 1808 obligent les officiers publics, qui procèdent à des ventes publiques, à verser entre les mains du percepteur des impositions ce qui peut être dû par les propriétaires des meubles vendus.

Est-il dû aux greffiers une vacation pour cela? Le décret du 16 février 1807 est muet sur ce point. Mais l'art. 1er, § 4, de la loi du 18-20 juin accorde aux commissaires-priseurs, à Paris, une vacation de 4 francs, et partout ailleurs de 3 francs. Le décret du

5-8 novembre 1851 l'accorde également à tous *les officiers publics* qui procèdent aux ventes volontaires des fruits et récoltes pendants par racines, et des coupes de bois taillis. Il est donc parfaitement juste de la passer aussi aux greffiers et aux huissiers qui procèdent aux ventes dont il s'agit dans ce paragraphe.

§ 2.— *Des ventes publiques volontaires de meubles et effets mobiliers.*

Ces ventes se divisent encore en deux sections : la première comprend les ventes publiques volontaires de fruits et de récoltes pendants par racines, et de coupes de bois taillis. La seconde les ventes volontaires de tous les autres meubles et effets mobiliers.

Ire SECTION.—DES VENTES PUBLIQUES VOLONTAIRES DE FRUITS ET DE RÉCOLTES PENDANTS PAR RACINES, ET DE COUPES DE BOIS TAILLIS.

Il s'était élevé entre les commissaires-priseurs, les huissiers, les notaires et les greffiers des discussions pour savoir auxquels de ces officiers ministériels il appartenait de procéder aux ventes dont il s'agit. La loi des 20 mars, 2 avril et 5 juin 1851 est venue les mettre d'accord ; elle est ainsi conçue :

Art. 1er. — « Les ventes publiques volontaires, soit à terme, soit au « comptant, de fruits et de récoltes pendants par racines, et des coupes « de bois taillis, seront faites en concurrence, et au choix des parties, par « les notaires, commissaires-priseurs, huissiers et greffiers de justice de « paix, même dans les lieux de la résidence des commissaires-priseurs. »

Art. 2. — « Pour l'exécution de la présente loi, et dans les trois mois « de sa promulgation, il sera fait un tarif spécial dans la forme des règle-« ments d'administration publique.

Art. 3. — « Toutes dispositions contraires à la présente loi sont et « demeurent abrogées. »

C'est en exécution de cette loi qu'a été rendu le décret du 5-8 novembre 1851 ; en voici le texte :

Art. 1er. — Il est alloué, pour tous droits d'honoraires, non compris les déboursés, à l'officier public chargé de procéder à une vente volontaire et aux enchères de fruits et récoltes pendants par racines, ou coupes de bois taillis, une remise sur le produit de la vente, qui est fixée à 2 p. 100 jusqu'à 10,000 fr., et 1/4 p. 100 sur l'excédant, sans distinction des ventes faites au comptant et de celles faites à terme.

En cas d'adjudication par lots, consentie au nom du même vendeur, la remise proportionnelle établie au présent article est calculée sur le prix total des lots réunis.

La remise ne peut, en aucun cas, être inférieure à 6 fr.

Art. 2. — Lorsque l'officier public qui a procédé à une vente à terme est chargé d'opérer le recouvrement du prix, il a droit à une remise de 1 p. 100 sur le montant des sommes par lui recouvrées.

Art. 3. — S'il est requis expédition ou extrait des procès-verbaux de vente, il est alloué, outre le timbre, 1 fr. par chaque rôle de vingt-cinq lignes à la page et de quinze syllabes à la ligne.

Art. 4. — Pour versement à la caisse des consignations, paiement des contributions ou assistance aux référés, s'il y a lieu, il est alloué :

A Paris, Lyon, Bordeaux, Toulouse et Marseille. . . . . . 4 f. 00 c.
Partout ailleurs. 3   00

Art. 5. — Toutes perceptions directes ou indirectes, autres que celles autorisées par le présent règlement, à quelque titre et sous quelque dénomination qu'elles aient lieu, sont formellement interdites.

En cas de contravention l'officier public pourra être suspendu ou destitué, sans préjudice de l'action en répétition de la partie lésée, et des peines prononcées par la loi contre la concussion.

Art. 6. — Il est également interdit aux officiers publics de faire aucun abonnement ou modification à raison des droits ci-dessus fixés, si ce n'est avec l'Etat et les établissements publics.

Toute contravention sera punie d'une suspension de quinze jours à six mois. En cas de récidive, la destitution pourra être prononcée.

IIᵉ SECTION. — DES VENTES PUBLIQUES VOLONTAIRES DE MEUBLES ET EFFETS MOBILIERS. — PRISÉES DE MEUBLES. — VENTES SUR FAILLITES.

Quels sont les droits des greffiers pour ces ventes? — Il n'est plus possible d'appliquer le tarif du décret du 17 septembre 1793, les droits qu'il indique ne sont plus en rapport avec les autres émoluments. Le décret du 16 février sur la taxe des frais ne paraît non plus devoir s'appliquer qu'aux ventes après saisies. Le décret impérial du 5-8 novembre 1851, contenant la taxe pour les frais des ventes publiques volontaires de fruits et récoltes pendants par racines et de coupes de bois taillis, a fixé les remises proportionnelles à un taux très-peu élevé, en raison de l'importance ordinaire des ventes de récoltes pendantes par racines, et du peu de temps qu'elles réclament. Il semble qu'il n'ait pas dû entrer dans les prévisions qu'il dût être appliqué à des ventes de meubles et effets mobiliers, presque toujours moins importantes, et qui exigent des détails et des soins beaucoup plus minutieux.

Là où il n'y a pas de commissaires-priseurs, les greffiers, huissiers et notaires leur sont substitués pour faire les ventes volontaires de meubles et effets mobiliers, *et pour les prisées de meubles.*

Cette similitude indique qu'il est naturel de recourir à la loi du 18-20 juin 1843, qui tarife les droits des commissaires-priseurs, tout à la fois pour *les prisées de meubles* et *les ventes mobilières.* En effet, en ce qui concerne ces actes, la position de chacun de ces officiers ministériels diffère très-peu, et il n'y a aucun motif plausible de ne pas les taxer de la même manière et au même taux (1).

Il faudrait donc allouer aux greffiers de justice de paix :

1° Pour droit de prisée, pour chaque vacation de trois heures :

Partout ailleurs qu'à Paris, Lyon, Bordeaux, Rouen, etc. . 5 f. 00 c.

____

(1) Nous reviendrons plus loin sur cette question, quand il s'agira des notaires et des greffiers de 1ʳᵉ instance.

2° Pour assistance aux référés et pour chaque vacation :

Partout ailleurs qu'à Paris, Lyon, Bordeaux, etc. . . . . . . 4 f. 00 c.

3° Pour tous les droits de vente, non compris les déboursés pour y parvenir et en acquitter les droits, non plus que la rédaction des placards, 6 p. 100 sur le produit des ventes, sans distinction de résidence.

L'art. 1ᵉʳ ajoute :

« Il pourra, en outre, être alloué une ou plusieurs vacations sur la ré-
« quisition des parties, constatée par procès-verbal du commissaire-pri-
« seur, à l'effet de préparer les objets mis en vente.

« Ces vacations extraordinaires ne seront passées en taxe qu'autant
« que le produit de la vente s'élèvera à 3,000 fr.

« Chacune de ces vacations de trois heures donnera droit aux émolu-
« ments fixés par le n° 1ᵉʳ du présent article. »

Il alloue ensuite :

« Pour expédition ou extrait des procès-verbaux de vente, s'ils sont
« requis, outre le timbre, et pour chaque rôle de vingt-cinq lignes à la
« page et de quinze syllabes à la ligne :

Partout ailleurs qu'à Paris, Bordeaux, Lyon, Toulouse, Rouen
  et Marseille. . . . . 1 f. 50 c.
Pour consignation à la caisse, s'il y a lieu. 5 00
Pour assistance à l'essai et au poinçonnage des matières d'or
  et d'argent. 5 00
Pour paiement des contributions conformément aux dispositions des lois. 5 00

Observations.—Tous les émoluments indiqués sous le titre : *Droits particuliers attribués aux greffiers de justice de paix,* ainsi que ceux énoncés dans l'art. 15 du décret du 16 février 1807, doivent être taxés par le président du tribunal civil de première instance, ou par un juge délégué par lui.

C'est ce qui résulte de l'art. 2 de la loi du 18-20 juin 1843 et des art. 173 et 42 du décret du 16 février 1807 :

1° Doit-il être attribué au greffier du juge de paix un droit pour requérir cette taxe, lorsqu'il s'agit de ventes volontaires de meubles et d'effets mobiliers? — Il semble que non, car l'art. 2 de la loi du 20 juin 1843, que nous lui avons appliqué, porte : « L'état des « vacations, droits et remises, alloués aux commissaires-priseurs, « sera délivré sans frais aux parties. »

Nous avons vu qu'il en est autrement pour les ventes forcées.

2° Lorsque la vente est à terme, et que le greffier est chargé du recouvrement, est-il dû un droit de 1 pour 100, de même qu'en matière de vente publique volontaire de fruits et récoltes pendants par racines?

Nous penchons pour l'affirmative, car les raisons d'accorder ce droit sont les mêmes dans tous les cas, même dans ceux de ventes forcées. Il est reconnu que les acheteurs paient plus cher quand on leur accorde délai; le droit de 1 pour 100 se trouve donc amplement compensé.

D'un autre côté, l'art. 625 du Code de procédure civile rend les officiers ministériels responsables du prix des adjudications;

quand les propriétaires ou des créanciers accordent des délais de paiement, ils aggravent ainsi la responsabilité de ces officiers ministériels. Il n'est pas juste qu'ils puissent le faire sans indemnité, et celle de 1 pour 100 n'est pas trop considérable ; sans cela, les officiers publics chargés de la vente pourraient se refuser à abandonner leur garantie de la solvabilité des acheteurs, qui consiste à les faire payer comptant, et à l'instant même, de l'adjudication, à peine de revente immédiate.

CHAPITRE III.

TAXE DES HUISSIERS DES JUGES DE PAIX.

Il faut remarquer que la taxe s'applique aux actes, quels que soient les huissiers qui les signifient.

Les huissiers des juges de paix font tous les actes concurremment avec les autres huissiers de l'arrondissement auquel ils appartiennent ; mais ils sont exclusivement chargés de faire les actes concernant la juridiction des juges de paix. Ils ne peuvent être suppléés, en cas d'empêchement, que de l'autorité du juge qui désigne ceux qui doivent les remplacer.

Ces attributions exclusives sont l'indemnité du service qu'ils sont tenus de faire aux audiences de la justice de paix.

La loi du 25 mai 1838 a sur cette matière des dispositions qu'il est bon de rappeler ici :

ART. 16. — Tous les huissiers d'un même canton auront le droit de donner toutes les citations et de faire tous les actes devant la justice de paix. Dans les villes où il y a plusieurs justices de paix, les huissiers exploitent concurremment dans le ressort de la juridiction assignée à leur résidence. Tous les huissiers du même canton seront tenus de faire le service des audiences, et d'assister le juge de paix toutes les fois qu'ils en seront requis. Les juges de paix choisiront leurs huissiers audienciers.

ART. 17. — Dans toutes les causes, excepté celles où il y aurait péril en la demeure, et celles dans lesquelles le défendeur serait domicilié hors du canton ou des cantons de la même ville, le juge de paix pourra interdire aux huissiers de sa résidence de donner aucune citation en justice, sans qu'au préalable il n'ait appelé sans frais les parties devant lui.

ART. 18. — Dans les causes portées devant la justice de paix, aucun huissier ne pourra ni assister comme conseil, ni représenter les parties en qualité de procureur fondé, à peine d'une amende de 25 à 50 francs, qui sera prononcée, sans appel, par le juge de paix.

Ces dispositions ne seront pas applicables aux huissiers qui se trouveront dans l'un des cas prévus par l'art. 86 du Code de procédure civile.

(S'il s'agit de leur cause personnelle, de celles de leurs femmes, parents ou alliés en ligne directe et de leurs pupilles.)

ART. 19. — En cas d'infraction aux dispositions des articles 16, 17 et 18, le juge de paix pourra défendre aux huissiers du canton de citer devant lui, pendant un délai de quinze jours à trois mois, sans appel et sans préjudice de l'action disciplinaire des tribunaux, et des dommages et intérêts des parties, s'il y a lieu.

Tout cela est clair, et n'a besoin d'aucune autre observation. Passons maintenant au tarif des actes de ces huissiers.

Art. 21.—Pour l'original :

§ 1er. De chaque citation contenant demande :

A Paris, Bordeaux, Lyon, Rouen. . . . . 1 f. 50 c.
Dans les villes où il y a une Cour d'appel, et dans celles dont
  la population excède 30,000 habitants. 1 35
Partout ailleurs. 1 25

§ 2 (Pr. 16, 19). De signification de jugement (1 fr. 25 c.);
§ 3 (Pr. 17). De sommation de fournir caution ou d'être présent à la sommation et réception de la caution ordonnée (1 fr. 25 c.);
§ 4 (Pr. 20). D'opposition au jugement pour défaut contenant assignation à la prochaine audience;
§ 5 (Pr. 32). De demande en garantie;
§ 6 (Pr. 34). De citation aux témoins;
§ 7 (Pr. 42). De citation aux gens de l'art et experts;
§ 8 (Pr. 52). De citation en conciliation;
§ 9 (C. C. 406). De citation aux membres qui doivent composer le conseil de famille;
§ 10. De notification de l'avis du conseil;
§ 11 (C. C. 926). D'opposition aux scellés;
§ 12. De sommation d'assister à la levée des scellés (1);

Partout. . . . . 1 f. 50 c.

§ 13. Et pour chaque copie des actes ci-dessus énoncés, le quart de l'original (0 fr. 38 c. — 0 fr. 34 c. — 0 fr. 31 c.)

Art. 22.—Pour la copie des pièces qui pourra être donnée avec les actes, pour chaque rôle d'expédition de vingt lignes à la page et de dix syllabes à la ligne (400 syllabes au rôle) :

A Paris, Bordeaux, Lyon, Rouen. . . . . 0 f. 25 c.
Dans les villes où il y a une Cour d'appel ou une popula-
  tion de plus de 30,000 habitants. 0 23
Partout ailleurs. 0 20

Art. 23.—Pour transport qui ne pourra être alloué qu'autant qu'il y aura plus d'un demi-myriamètre (une lieue ancienne) de distance entre la demeure de l'huissier et le lieu où l'exploit devra être posé, aller et retour,

Par myriamètre. . . . . 2 f. 00 c.

Il ne sera rien alloué aux huissiers des juges de paix pour *visa* par le greffier de la justice de paix, ou par les maires et adjoints des communes du canton, dans les différents cas prévus par le Code de procédure.

A_{RT}. 94 *du décret du 14 juin 1813. — Les huissiers audienciers près les tribunaux de paix recevront, par chaque appel de cause (voir l'art. 152).* . . . . 0 fr. 15 c.

Observations.— 1° On a prétendu que les huissiers de justice de paix pourraient réclamer 4 fr. pour le premier myriamètre parcouru, conformément à l'art. 66 du tarif.

---

(1) A partir du § 2 de l'art. 21 les droits sont invariables et indépendants des ocalités. On ne se rend pas bien compte des motifs qui ont porté le législateur à tarifer différemment les actes que l'art. 21 énumère; ce n'est pas une raison pour se dispenser d'en faire une application rigoureuse. La seule chose à faire était de s'assurer de l'exactitude des textes; ils ont été vérifiés.

Voici sur quel raisonnement cette prétention est basée :

L'art. 2 du décret du 14 juin 1816, portant règlement sur l'organisation et le service des huissiers, dit qu'ils auront tous *le même caractère, les mêmes attributions et le droit d'exploiter concurremment dans l'étendue du ressort du tribunal civil de l'arrondissement de leur résidence.*

Or, dit-on, s'ils ont tous des pouvoirs égaux, ils doivent avoir droit à des émoluments égaux. Donc, l'art. 23 du tarif a été abrogé par le décret de 1813.

Tout cela n'a aucun fondement, c'est à la nature de l'acte que l'émolument est attaché, et non pas à l'huissier qui instrumente, à la différence de ce qui se pratique dans les autres matières.

L'art. 28 du décret du 14 juin 1813 prouve qu'il n'est pas entré dans les vues des auteurs de ce règlement d'abroger l'art. 23 du tarif, puisqu'il veut que tous les exploits et actes du ministère d'huissier près les justices de paix soient faits par les huissiers ordinaires employés au service des audiences.

Cela ne peut être, bien entendu, qu'aux conditions d'émoluments établis pour ces actes, et si, dans certains cas, les autres huissiers peuvent les faire, ce ne peut être qu'aux mêmes conditions. C'est le *sentiment de* M. *Chauveau* (*Comment. sur le tarif*, 1er vol., p. 3 et 4).

CHAPITRE IV.

TAXE DES TÉMOINS, EXPERTS ET GARDIENS DE SCELLÉS.

Art. 24 (Pr. 29, 34). — Il sera taxé au témoin entendu par le juge de paix une somme équivalente à une *journée de travail,* même à une double journée, si le témoin a été obligé de se faire remplacer dans sa profession, ce qui est laissé à la prudence du juge.

Il sera taxé au témoin qui n'a point de profession. . . 2 fr. 00 c.

Il ne sera point passé de frais de voyage, si le témoin est domicilié dans le canton où il est entendu.

S'il est domicilié hors du canton et à une distance de plus de deux myriamètres et demi du lieu où il fera sa déposition, il lui sera alloué autant de fois une somme double de *journée de travail,* ou une somme de 4 francs, qu'il y aura de fois cinq myriamètres de distance entre son domicile et le lieu où il aura déposé.

Observations. — 1º Comment faut-il fixer le prix de *la journée de travail?*

M. Chauveau, *Commentaire sur le tarif,* 1er vol., p. 29, nº 13, dit que c'est au juge à fixer le prix de la journée de travail.

Il cite, comme ayant une opinion contraire, M. Verwoort, p. 25, note *n a.*

Ce dernier auteur pense que, pour évaluer la journée de travail, il faut s'attacher à la fixation qui a dû être faite par le préfet, en vertu de l'art. 4, titre 2 de la loi du 28 septembre 1791.

En lisant l'art. 23, il n'échappera à personne que l'intention de son rédacteur a été que le témoin qui n'a point de profession fût moins payé que les autres; or, ce serait tout le contraire qui arriverait, si l'on suivait le sentiment de M. Verwoort; car il y a en France bien peu de départements, s'il y en a, où le prix de la journée de travail atteigne 2 francs.

D'un autre côté, si l'on rapproche l'art. 167 de l'art. 23, on voit que c'est le juge qui apprécie; en effet, d'après l'art. 167, la somme de 2 francs est le *minimum* que doive accorder le juge, le *maximum* est 10 francs. C'est donc à raison de *l'état et de la profession* que le prix de la journée doit être fixé. Il est bien évident qu'il n'y a que le juge taxateur qui puisse faire cette appréciation (V. Dalloz, *Jurisprudence générale*, v° *Frais et dépens*, n° 314).

Doit-il être alloué quelque chose de proportionnel pour les fractions au-dessus de 2 myriamètres et demi et au-dessus de 5 myriamètres. Cette question est délicate; il y a pour la négative des autorités fort imposantes, en première ligne celle de la Cour de Poitiers, qui a jugé tout dernièrement qu'il n'est rien dû pour ces fractions.

Mais l'occasion de traiter cette question se représentera, on ne fait que l'énoncer ici.

2° Il n'y a nul doute que les témoins qui sont entendus par le juge de paix, comme délégué par un juge supérieur, ne doivent pas être taxés d'après l'art. 24, mais d'après l'art. 167 (Dalloz, *Jurisp. gén.*, v° *Frais et dépens*, n° 316).

Art. 25 (Pr. 29, 42). — La taxe des experts, en justice de paix, sera la même que celle des témoins, et il ne leur sera alloué de frais de voyage que dans les mêmes cas.

Art. 26. — Les frais de garde seront taxés par chaque jour, pendant les douze premiers jours :

A Paris, Lyon, Bordeaux, Rouen . . . . 2 f. 50 c.
Dans les villes où il y a une Cour d'appel, et dans celles dont
   la population excède 30,000 habitants 2 25
Dans les villes où il y a un tribunal de 1re instance 2 00
Dans les autres villes et cantons ruraux 1 50

Ensuite, seulement à raison de :

A Paris, Bordeaux, Lyon, Rouen . . . . 1 f. 00 c.
Dans les villes où il y a une Cour d'appel, ou dont la popu-
   lation excède 30,000 habitants 0 90
Dans les villes où il y a un tribunal de 1re instance 0 80
Dans les villes et cantons ruraux 0 60

LIVRE II.

De la taxe des frais dans les tribunaux inférieurs et dans les Cours.

TITRE Ier.

DE LA TAXE DES ACTES DES HUISSIERS ORDINAIRES.

Observations préliminaires.

La nomination, le nombre, la résidence, les attributions, les devoirs et la discipline des huissiers, sont réglementés par le décret du 14 juin 1813.

Ils sont nommés par le Chef du pouvoir exécutif, sauf ceux attachés à la Cour de cassation qui, jusqu'à présent, paraissent n'avoir été nommés que par elle, et ce en vertu de l'art. 70 de la loi du 27 ventôse an 8.

Tous les huissiers ont le même caractère, les mêmes attributions et le droit d'exploiter concurremment dans l'étendue du ressort du tribunal d'arrondissement de leur résidence.

Ils se divisent cependant en huissiers *audienciers* et huissiers *ordinaires.*

Les huissiers audienciers sont chargés du service des audiences dans les divers tribunaux, Cour de cassation, Cours d'appel et d'assises, tribunaux de première instance et de police correctionnelle, tribunaux de commerce et de justice de paix.

Chaque tribunal choisit parmi les huissiers de sa résidence, ou même de son ressort, ceux qu'il juge les plus dignes de sa confiance pour le *service des audiences.*

Ils ont pour ce service particulier une indemnité qui consiste : 1° dans des émoluments d'appel de causes ; 2° dans le droit exclusif de signifier les actes d'avoué ; 3° dans le droit, exclusif pour les huissiers à la Cour de cassation, d'instrumenter dans l'étendue du lieu de sa résidence pour toutes les affaires de sa compétence (Loi du 27 ventôse an 8, art. 70, et 25 du décret du 14 juin 1813).

4° Dans le droit, également exclusif pour les huissiers audienciers des tribunaux de paix, de faire tous les actes relatifs à ces juridictions ; les huissiers audienciers sont tenus de résider dans les villes où siégent les Cours et tribunaux près desquels ils devront faire respectivement leur service.

Tous les autres huissiers sont des huissiers ordinaires, et ils font, concurremment avec les huissiers audienciers, tous les actes qui ne rentrent pas dans les exceptions qui viennent d'être indiquées.

Ces observations faites, arrivons aux dispositions du décret du 16 février, qui sont relatives à la taxe des actes des huissiers ordinaires.

§ 1er.— *Actes de première classe.*

Art. 27 (Pr. 16, 59, 61, 69, n° 8).—Pour l'original d'un exploit d'appel du jugement de la justice de paix ;
D'un exploit d'ajournement, même en cas de domicile inconnu en France, et d'affiche à la porte de l'auditoire :

A Paris, Bordeaux, Lyon, Rouen.	2 f. 00 c.
Dans les villes où il y a une Cour d'appel, ou dont la population est de plus de 30,000 habitants.	1 80
Partout ailleurs.	1 50

Art. 28 (Pr. 65).— Pour les copies de pièces qui doivent être données avec l'exploit d'ajournement, et autres actes, par rôles contenant vingt lignes à la page et dix syllabes à la ligne, ou évaluées sur ce pied :

A Paris, Bordeaux, Lyon, Rouen.	0 f. 25 c.
Dans les villes où il y a une Cour d'appel, ou dont la population excède 30,000 habitants.	0 23
Partout ailleurs.	0 20

Le droit de copie de toute espèce de pièces et de jugements appartiendra à l'avoué, quand les copies de pièces seront faites par lui ; l'avoué sera tenu de signer les copies de pièces et de jugements, et sera garant de leur exactitude.
Les copies seront correctes et lisibles, à peine de rejet de la taxe.

Observation. 1° Il faut rappeler ici une disposition importante du décret du 14 juin 1813. C'est l'art. 48, qui est ainsi conçu :
« Pour faciliter la taxe des frais, les huissiers, outre la mention
« qu'ils doivent faire au bas de l'original et de la copie de chaque
« acte du montant de leurs droits, seront tenus d'indiquer, en
« marge de l'original, le nombre de rôles des copies de pièces, et
« d'y marquer de même le détail de tous les articles de frais for-
« mant le coût de l'acte » (Art. 67, C. proc.).
D'un autre côté, l'art. 43 du même décret dispose, comme l'art. 28 du tarif, que les copies à signifier par les huissiers doivent être *correctes* et *lisibles*, à peine de rejet de la taxe et de restitution des sommes reçues. Cet article avait fixé le nombre des lignes qu'il est permis de mettre sur chaque page; mais il a été modifié par le décret du 29 août 1813.
Les papiers employés à ces copies ne pourront contenir, dit l'art. 1er, plus de 35 lignes par page de *petit papier,* plus de 40 lignes par page de *moyen papier,* plus de 50 lignes par page de *grand papier.*
Ce qu'on doit entendre par *petit, moyen* et *grand papier,* est déterminé dans l'art. 3 de la loi du 13 brumaire an 7, sur le timbre.
Le tableau annexé à cet article comprend cinq sortes de papiers : *grand registre,—grand papier, — moyen papier.*

Grand papier (moitié du grand registre), — *petit papier* (moitié du grand papier), — *demi-feuille* (moitiédu petit papier), *effets de commerce* (moitié de la demi-feuille du papier coupé en long (1).

Le *grand papier* avait, en hauteur, 0ᵐ,3536, en longueur 0ᵐ5,000 (feuille déployée), en superficie 0ᵐ1768. Il correspondait à la feuille actuelle au timbre de 1 fr. 50 c., ou au double de celle actuelle, au timbre de 70 centimes.

Le *moyen papier* avait, en hauteur, 0ᵐ2973, en longueur, 0ᵐ,4,204, et en superficie 0ᵐ,1250. Il correspondait à la feuille actuelle, au timbre de 1 fr. 25 c.(papier à expédition). (Loi du 28 avril 1816, art. 62).

Le *petit papier* étant la moitié du grand papier, correspondait à la feuille actuelle au timbre de 70 centimes.

Ainsi, le papier actuel au timbre de 1 fr. 50 c. ne peut contenir que 50 lignes de copie à la page.

Celui, au timbre de 1 fr. 25 c., 40 lignes.

Et enfin, celui au timbre de 70 centimes et de 35 centimes, 35 lignes seulement.

L'art. 1ᵉʳ du décret du 29 août 1813 applique aux contraventions commises par l'huissier dans le nombre des lignes de copie, suivant chaque nature de feuilles, la peine de 25 fr. d'amende, déjà prononcée par la loi du 13 brumaire an 7, pour les contraventions analogues, en matière d'expéditions d'actes.

Suivant l'art. 43 du décret du 14 juin 1813, qui édictait la même pénalité dans des termes un peu différents, les procureurs généraux et leurs substituts étaient chargés spécialement de veiller à l'exécution de cet article, et par conséquent, de poursuivre la répression de la contravention.

Mais cet art. 43 a été formellement *rapporté* par l'art. 3 du décret du 29 août 1813, lequel est intervenu pour réparer des omissions commises dans ce même art. 43.

On se demande si le ministère public a aujourd'hui qualité pour provoquer le tribunal, devant lequel les pièces sont produites, à prononcer l'amende de 25 fr. contre l'officier ministériel en contravention?

Ce qui fait la difficulté, c'est la rédaction de l'art. 2 du décret du 29 août, qui n'accorde au ministère public le droit de *provocation* que dans le cas où les copies sont *illisibles*, et qui ne reproduit plus la disposition générale dont on vient de parler.

Un arrêt de la Cour de Douai, du 26 mars 1835 (Dalloz, 1835. 2.80), a jugé que le ministère public n'était pas recevable à agir

---

(1) Cette disposition elle-même est tirée de la déclaration du 19 juin 1691, modifiée par celle du 24 juillet suivant : elle disait *que les copies signifiées de toutes écritures de procureurs et avocats* auraient 30 lignes à la page pour le *petit* papier, 44 lignes pour le papier *moyen* — Le petit papier avait 9 pouces de haut et 13 pouces et demi de large, le moyen 12 pouces de haut et 16 de large. Ces dimensions étaient un peu supérieures à celles actuelles.

dans ce cas, et que la contravention devait être réprimée, suivant le mode établi pour les contraventions aux droits du timbre. V. l'art. 10 de la loi du 16 juin 1824, qui réduit cette amende à cinq francs. V. arrêt de cassation, 11 novembre 1834 (Dalloz, 35.1.16).

Mais cette contravention ne tombe-t-elle pas, comme les autres, sous la répression des art. 1030 et 1031, C. proc., qui permettent aux tribunaux de condamner l'officier ministériel à une amende, *soit pour omission, soit pour contravention,*, auxquels la loi n'attache pas la *peine de nullité.*

S'il y a difficulté pour ce cas, il n'y en a aucune sur le droit du ministère public, quand les copies sont *incorrectes* ou *illisibles.* L'amende de 25 fr. doit être appliquée, sur sa *seule provocation,* par la Cour ou le tribunal devant lequel la copie a été produite (art. 2 du décret du 29 août). Il n'est pas nécessaire que l'officier ministériel soit appelé. (Cassation, 11 août 1835, Dalloz, 1835.1. 455; Cass., arrêt du 21 avril 1836, Dalloz, 36.1.315; arrêt du 25 avril 1837, Dalloz 37.1.313.) — Il ne paraît pas non plus que l'amende de 25 fr. soit susceptible de la réduction prononcée par l'art. 10 de la loi de 1824.

Si les copies ont été faites et signées par un avoué, l'huissier qui les aura signifiées sera également condamné à l'amende, sauf son recours contre l'avoué, ainsi qu'il avisera (Décret susdit, art. 2, § 2).

2° Lorsque les copies de pièces signifiées par l'huissier sont certifiées par un avoué, les émoluments doivent-ils être tarifés d'après l'art. 28, § 2 ?

Non, car l'art. 28 dit *que le droit de copie de toute espèce de pièce et de jugement appartiendra à l'avoué,* mais il ne s'explique pas sur l'émolument. Ce sont les art. 72 et 89 qui le fixent. Il est d'ailleurs inférieur à celui des huissiers, parce que les rôles d'avoués doivent contenir un plus grand nombre de syllabes, ainsi qu'on le verra quand nous serons à ces articles.

3° Les avoués ont-ils concurrence avec les huissiers pour certifier toutes les copies de pièces qui peuvent être signifiées par acte d'huissier?

Cette question a été une des plus importantes qui pût être soulevée en matière de taxe, et à propos des art. 28, 29 et 72 du tarif.

Voici le texte de ces articles, en ce qui se rapporte aux copies de pièces :

ART. 28... (C. proc., 65) « Pour les copies de pièces qui doivent « être données avec l'exploit d'ajournement et autres actes, par « rôles contenant 20 lignes à la page et 10 syllabes à la ligne;... « le droit de copie de toute espèce de pièces et de jugements appar- « tiendra à l'avoué, quand les copies de pièces seront faites par « lui; l'avoué sera tenu de signer les copies de pièces et de juge- « ments et sera garant de leur exactitude. »

ART. 29. (Il énumère avec leur taxe la part des exploits attri- buée aux huissiers), et il ajoute :... «Indépendamment des copies

« de pièces qui n'auront pas été faites par les avoués et qui seront
« taxées comme il a été dit ci-dessus. »

Art. 72.... « Les copies de pièces qui seront données avec les
« défenses, ou qui pourront être signifiées dans les causes, seront
« taxées à raison de 25 lignes à la page et de 12 syllabes à la
ligne.

« A Paris....

« Les copies de tous actes ou jugements qui seront *signifiées*
« *avec les exploits des huissiers appartiendront à l'avoué, si elles*
« *ont été faites par lui*, à la charge de les certifier véritables et de
« les signer. »

C'est sur l'économie de ces trois articles que l'on s'appuie pour
soutenir la prétention des avoués à la concurrence et à la prévention.

Voici à peu près comme on raisonne :

Quand il s'agit des copies qui doivent être signifiées en tête
d'un ajournement, en conformité de l'art. 28, ou des copies données avec les défenses, conformément à l'art. 72, la concurrence
et la prévention ne sont pas contestables, puisqu'elles sont formellement écrites dans ces deux articles. Cela, du reste, est concédé par tout le monde.

On n'élève donc de difficultés que pour les copies de pièces qui
seraient signifiées avec certains actes, ou exploits, auxquels les
avoués ne pourraient concourir comme mandataires *ad lites,* c'est-
à-dire comme mandataires légaux, mais seulement comme mandataires privés, s'ils y étaient appelés.

Tels seraient, pour rentrer dans ceux de ces actes qui sont énumérés en l'art. 29 :

Les assignations devant les tribunaux de commerce ;

Les sommations de comparaître devant des arbitres, ou experts
nommés par les tribunaux de commerce ;

Les significations de jugements par défaut de ces mêmes tribunaux ;

Les oppositions à ces jugements par défaut ;

Et les divers actes relatifs à cette juridiction ;

Les commandements tendant à saisie-exécution, et une multitude d'autres actes dont on peut voir la nomenclature dans les
divers paragraphes de l'art. 29 :

Mais, dit-on, ces objections ne sont pas vraiment sérieuses en présence de la disposition finale de l'art. 29, dont il faut encore rappeler
les termes : « Indépendamment des copies de pièces qui n'auraient
« pas été faites par les avoués, et qui seront taxées comme il a été
« dit ci-dessus. »

Est-ce qu'il peut être douteux pour quelqu'un que cela signifie
que les huissiers n'ont droit aux émoluments des copies de pièces
qu'ils signifient avec tous et chacun des actes, indiqués dans la première partie de l'art. 29, que quand ces copies ne sont pas faites
et certifiées par des avoués? Où trouver quelque chose de plus
clair que l'évidence qui ressort de la contexture de phrases aussi

précises et aussi nettement exprimées? Ne faudrait-il pas renoncer à faire des lois si l'on pouvait donner une interprétation à des termes qui n'en ont aucun besoin?

On répond *pour les huissiers :* Ce n'est pas aux articles du tarif qu'il faut recourir pour résoudre la question. Ces trois articles analysés se réduisent à dire que l'émolument qui est attaché au droit de copie de pièces appartient à l'huissier ou à l'avoué, selon que cette copie a été faite par l'un ou par l'autre. Mais cela ne détermine pas les cas dans lesquels l'avoué a droit de faire des copies. Ce sont les principes constitutifs des attributions de chacun qu'il faut consulter pour arriver à les connaître.

L'huissier, par la nature de ses fonctions, a une attribution générale pour faire tous les exploits, et leur imprimer le caractère d'authenticité qui émane de la fonction publique qu'il exerce ; on conçoit alors facilement qu'il ait la même autorité pour tous les actes accessoires à ces exploits, et que dès lors les émoluments lui en appartiennent.

On conçoit aussi que l'avoué ait concurrence avec lui pour les actes accessoires qui rentrent dans les fonctions qu'il exerce près les tribunaux auxquels il est attaché ; mais ce n'est qu'extraordinairement, et en quelque sorte exceptionnellement, qu'on lui accorde la faculté de s'immiscer dans des actes d'huissier. Il faut donc, comme le veut la nature des choses, restreindre son privilége aux actes signifiés au commencement et pendant le cours du procès, et le lui refuser pour tous les autres cas, puisqu'il n'est plus fonctionnaire public en dehors de l'affaire pour laquelle il est constitué.

Serait-il raisonnable d'admettre qu'un avoué qui n'a aucune attribution légale devant les tribunaux de commerce, les justices de paix et les tribunaux de simple police, devant les prud'hommes, les arbitres amiables, ou forcés, et devant les tribunaux administratifs, pût, par sa seule signature, donner l'authenticité à des copies de pièces destinées à être produites devant ces juridictions? Ne suffit-il pas d'énoncer une pareille énormité pour la faire rejeter?

Il faudrait donc aller jusqu'à dire qu'un avoué d'un arrondissement, d'un département, d'un ressort quelconque, pourrait signer les copies des grosses exécutoires des notaires, qui doivent accompagner ou précéder les commandements d'exécution, non pas seulement dans l'arrondissement de sa résidence, mais dans des lieux où son nom n'aurait jamais été prononcé, et là, où la signature des notaires eux-mêmes aurait besoin d'être légalisée pour faire foi. Cela est impossible, et il faudrait s'empresser de faire rapporter une loi qui le permettrait.

La position respective des deux corporations des avoués et des huissiers, et les grands intérêts que cette question met en lutte, ont donné une grande gravité aux arguments invoqués de part et d'autre. Les auteurs les ont longuement développés, et les ont entourés de considérations nombreuses. M. Chauveau y consacre plus de 40 pages dans son Commentaire sur le tarif (1er vol., pag. 77 à 118).

Il rapporte, en détail, les contestations qui se sont engagées à ce sujet entre ces deux corporations devant les tribunaux de Dieppe et de Versailles, devant la Cour de Rouen et celle de cassation, dont il cite l'arrêt de rejet, qui est à la date du 24 août 1831 (Dalloz 31.1.278).

Cet arrêt repousse la prétention des avoués.

M. Chauveau déclare, qu'après beaucoup de perplexités, il adopte la doctrine de la Cour régulatrice.

Tout cela n'a pourtant pas fait cesser le conflit; et, pour diminuer l'autorité de l'arrêt du 24 août 1831, on a supposé qu'il avait été rendu contre l'opinion d'un des magistrats de la Cour les plus compétents en matière de taxe (M. Moreau, ancien président du tribunal de la Seine).

La question avait été jugée dans le même sens par la Cour de Metz, le 22 décembre 1830, pour des copies d'exploits en conciliation; il y avait pourvoi devant la Cour de cassation. On y a produit une longue consultation de M. de Vatimesnil, où la question est traitée et résolue en faveur des avoués, et une autre consultation de Me Montigny, avocat à Meaux, en faveur des huissiers (V. Dalloz, 32.1.228).

Par arrêt du 22 mai 1832, la Cour de cassation a rejeté le pourvoi et persisté dans sa jurisprudence.

Mais la Cour d'appel de Paris n'a pas été arrêtée par cette jurisprudence, le 9 fév. 1833 : elle a rendu un arrêt, qui reconnaît en principe, que les avoués ont concurrence avec les huissiers pour faire et certifier les copies, qui doivent être signifiées avec toute espèce d'exploits (Dalloz 1833.2.170).

Mais il y a eu pourvoi en cassation.

Par arrêt du 19 janvier 1836, la chambre civile a admis la jurisprudence de la chambre des requêtes, a cassé l'arrêt de la Cour de Paris et a renvoyé la cause devant la Cour d'Amiens (Dalloz 36.1.44).

Cette dernière Cour, par arrêt, en audience solennelle, du 24 novembre 1836 (Dalloz 1837.2.123), a adopté les principes consacrés par la deuxième chambre de la Cour de cassation.

Il résulte des détails dans lesquels cet arrêt est entré, entre autres choses :

1° Que les copies de pièces, données en tête d'un commandement à fin de saisie immobilière, ou d'un simple commandement, ne peuvent pas être certifiées par l'avoué, et que, par suite, les émoluments ne lui en appartiennent pas;

2° Qu'il en est de même de la copie d'un acte de dépôt, donnée, en tête d'un exploit de notification, à l'effet de parvenir à la purge des hypothèques légales (V. un arrêt conforme de Limoges, *Journal du Palais*, 1846, tom. 1er, pag. 278),

3° Qu'il en est autrement des copies de pièces données en tête d'une notification à des créanciers inscrits, à la requête d'acquéreurs, en conformité des art. 2183 et 2184, Cod. civ., parce que la purge des hypothèques inscrites n'est point extrajudiciaire comme celle des hypothèques légales. Il a même été jugé que les avoués avaient attribution exclusive (Orléans, 20 nov. 1844, *J. du Palais*, tom. 43, 2ᵉ part., pag. 684);

4° Que la copie d'un jugement du tribunal de commerce, en tête d'une signification, n'appartient point à l'avoué. Qu'il en est autrement de la copie d'une ordonnance de référé, parce que si le ministère des avoués pour ces sortes de pièces n'est point exigé, il n'est pas non plus interdit (Limoges, 9 avril 1845, *J. du Palais*, 1846, tom. 1ᵉʳ, pag. 279).

La Cour de Paris avait rendu, le 5 août 1834, dans l'affaire Thévenin C. Mauger, un autre arrêt, par lequel elle avait encore jugé que les avoués avaient concurrence avec les huissiers pour signer les copies à signifier avec toute espèce d'exploits.

Mais sur le pourvoi, la chambre civile de la Cour de cassation, par un nouvel arrêt, du 22 mai 1838, a cassé en maintenant sa jurisprudence (Dalloz, 1838.1.236.)

L'arrêt est d'une rédaction tellement nette, que la question ne devra plus se représenter, et la jurisprudence est définitivement fixée pour refuser aux avoués les droits de copie dans les actes d'huissier, étrangers à leur ministère. Il ne se présentera plus de difficulté que pour la détermination de ces actes.

Ceci nous ramène à l'article 29 du tarif, où nous les trouvons, en grande partie, dans les §§ 14, 15, 16, 17, 18, 19, 24, 30, 31, 34, 35, 36, 37, 38, 39, 40, 54, 55, 60, 69 et 70, et dans les §§ 1, 2, 22 et 23, pour ceux des actes relatifs à la juridiction commerciale.

Art. 29. § 1ᵉʳ (Pr. 121).—Pour l'original d'une sommation d'être présent à la prestation d'un serment ordonné ;

§ 2 (Pr. 147). D'une signification de jugement à domicile ;

§ 3 (Pr. 153). De signification d'un jugement de jonction par un huissier commis ;

§ 4 (Pr. 156). De signification d'un jugement par défaut, contre partie, par un huissier commis ;

§ 5 (Pr. 162). D'opposition au jugement par défaut rendu contre partie ;

§ 6 (Pr. 204). De sommation aux experts et aux dépositaires des pièces de comparaison en vérification d'écriture ;

§ 7 (Pr. 223). De signification aux dépositaires de l'ordonnance ou du jugement qui porte que la minute de la pièce sera apportée au greffe ;

§ 8 (Pr. 260, 261). D'assignation aux témoins dans les enquêtes ;

§ 9 (Pr. 307). De signification de l'ordonnance du juge-commissaire pour faire prêter serment aux experts ;

§ 10 (Pr. 329). De signification de la requête et de l'ordonnance pour faire subir interrogatoire sur faits et articles ;

§ 11 (Pr. 350). De la signification du jugement rendu par défaut contre partie, sur demande en reprise d'instance, ou en constitution de nouvel avoué, par un huissier commis ;

§ 12 (Pr. 355). De signification du désaveu ;

§ 13 (Pr. 365). De signification du jugement portant permission d'assigner en règlement de juges, contenant assignation ;

§ 14 (Pr. 415). Pour l'original d'une demande formée au tribunal de commerce ;

§ 15 (Pr. 429). D'une sommation de comparaître devant les arbitres ou experts nommés par le tribunal de commerce ;

§ 16 (Pr. 435). De signification de jugement par défaut du tribunal de commerce, par un huissier commis ;

§ 17 (Pr. 436, 437). Pour l'original d'opposition au jugement par défaut rendu par le tribunal de commerce, contenant les moyens d'opposition et assignation ;

§ 18 (Pr. 439). De signification des jugements contradictoires ;

§ 19 (Pr. 440, 441). De l'acte de présentation de caution, avec sommation à jour et heure fixes, de se présenter au greffe, pour prendre communication des titres de la caution et assignation à l'audience, en cas de contestation, pour y être statué ;

§ 20 (Pr. 456). Original d'un acte d'appel de jugement des tribunaux de première instance et de commerce, contenant assignation et constitution d'avoué ;

§ 21 (Pr. 447). De signification de jugement à des héritiers collectivement au domicile du défunt ;

§ 22 (Pr. 507). D'une réquisition aux tribunaux de juger, dans la personne du greffier ;

§ 23 (Pr. 514). De la signification, de la requête et du jugement qui admet une prise à partie ;

§ 24 (Pr. 418). De signification de la présentation de caution, avec copie de l'acte de dépôt au greffe des titres de solvabilité de la caution ;

§ 25 (Pr. 534). De signification de l'ordonnance du juge commis pour entendre un compte, et sommation de se trouver devant lui, aux jour et heure indiqués, pour être présent à la présentation et affirmation ;

§ 26 (Pr. 557, 558 et 559). D'un exploit de saisie-arrêt ou opposition contenant énonciation de la somme pour laquelle elle est faite, et des titres, ou de l'ordonnance du juge ;

§ 27 (Pr. 563). De la dénonciation au saisi de la saisie-arrêt, ou opposition, avec assignation en validité ;

§ 28 (Pr. 564). De la dénonciation au tiers saisi de la demande en validité formée contre le débiteur saisi ;

§ 29 (Pr. 570). De l'assignation au tiers saisi pour faire sa déclaration ;

§ 30 (Pr. 583, 584). D'un commandement pour parvenir à une saisie-exécution ;

§ 31 (Pr. 602). De la notification de la saisie-exécution faite hors du domicile du saisi, et en son absence ;

§ 32 (Pr. 606). D'une assignation en référé à la requête du gardien qui demande sa décharge ;

D'une sommation à la partie saisie, pour être présente au récolement des effets saisis, quand le gardien a obtenu sa décharge ;

§ 33 (Pr. 608). D'une opposition à vente, à la requête de qui se prétend propriétaire des objets saisis, entre les mains du gardien ;

De dénonciation de cette opposition au saisissant et au saisi, avec assignation libellée, et l'énonciation des preuves de propriété ;

Le gardien ne pourra être assigné ;

§ 34 (Pr. 609). D'une opposition sur le prix de la vente, qui en contiendra les causes ;

§ 35 (Pr. 612). D'une sommation au premier saisissant de faire vendre ;

§ 36 (Pr. 614). D'une sommation à la partie saisie, pour être présente à la vente qui ne serait pas faite au jour indiqué par le procès-verbal de saisie-exécution ;

§ 37 (Pr. 626). Pour l'original du commandement qui doit précéder la saisie-brandon ;

§ 38 (Pr. 628). De dénonciation de la saisie-brandon au garde champêtre, gardien de droit de ladite saisie, et qui ne sera pas présent au procès-verbal ;

§ 39 (Pr. 636). Pour l'original du commandement qui doit précéder la saisie de rentes constituées sur particuliers ;

§ 40 (Pr. 641). De dénonciation à la partie saisie de l'exploit de saisie de rentes constituées sur particuliers ; *

§ 41 (Pr. 659, 660). D'une sommation aux créanciers de produire dans les contributions, et à la partie saisie de prendre communication des pièces produites, et de contredire s'il y échet ;

§ 42 (Pr. 661). D'une sommation à la partie saisie qui n'a point d'avoué constitué, à la requête du propriétaire, de comparaître en référé devant le juge-commissaire, pour faire statuer préliminairement sur son privilége pour raison des loyers à lui dus ;

§ 43 (P. 663). De dénonciation à la partie saisie, qui n'a point d'avoué constitué, de la clôture du procès-verbal du juge-commissaire, en contribution, avec sommation d'en prendre communication, et de contredire sur le procès-verbal dans la quinzaine ;

Les §§ 44, 45, 46, 47, 48 et 49, qui sont relatifs à l'original du commandement tendant à expropriation, de la notification de l'acte d'apposition de placards, de la notification aux créanciers inscrits, de l'acte de consignation du prix de la vente, postérieure à la saisie immobilière, de la notification d'un exemplaire du placard aux créanciers inscrits, de la demande en distraction, de la notification au greffier de l'appel du jugement qui statue sur les nullités de la saisie immobilière, sont abrogés par l'article 20 de l'ordonnance du 10 octobre 1841, laquelle règle le nouveau tarif des frais d'expropriation.—Il est inutile de les reproduire ici.

§ 50 (Pr. 753). De sommation aux créanciers inscrits de produire dans les ordres ;

§ 51 (Pr. 807). D'assignation en référé dans les cas d'urgence, ou lorsqu'il s'agit de statuer sur des difficultés relatives à l'exécution d'un titre exécutoire, ou d'un jugement ;

§ 52 (Pr. 809). De signification d'une ordonnance sur référé ;

§ 53 (C. C. 1259). D'une sommation d'être présent à la consignation d'une somme offerte ;—de dénonciation du procès-verbal de la chose ou de la somme consignée, au créancier qui n'était pas présent à la consignation ;

§ 54 (C. C. 1264). De sommation au créancier d'enlever le corps certain qui doit être livré au lieu où il se trouve ;

§ 55 (Pr. 819). D'un commandement à la requête des propriétaires et principaux locataires de maisons ou biens ruraux à leurs locataires, sous-locataires et fermiers, pour paiement des loyers et fermages échus ;

§ 56 (C. C. 2183). De la notification aux créanciers inscrits de l'extrait du titre du nouveau propriétaire, de la transcription et du tableau prescrit par l'art. 2183 du Cod. civ.;

§ 57 (Pr. 839). D'une assignation et sommation à un notaire, et aux parties intéressées s'il y a lieu, pour avoir expédition d'un acte parfait

§ 58 (Pr. 841). D'un acte non enregistré ou resté imparfait ;

§ 59 (Pr. 844). Ou d'une seconde grosse ;

§ 60 (P. 864). D'une sommation à la requête de la femme à son mari, de l'autoriser ;

§ 61 (Pr. 856). D'une demande à domicile, afin de rectification d'un acte de l'état civil ;

§ 62 (Pr. 876). D'une demande en séparation de corps ;

§ 63 (C. C. 241). D'une demande en divorce pour cause déterminée ;

§ 64 (Pr. 883). D'ajournement pour demander la réformation d'un avis du conseil de famille qui n'a pas été unanime ;

§ 65 (Pr. 888). De l'opposition formée à la requête des membres du conseil de famille, à l'homologation de la délibération ;

§ 66 (Pr. 947). De sommation aux parties qui doivent être appelées à la vente des meubles dépendant d'une succession ;

§ 67 (Pr. 976). De sommation aux copartageants de comparaître devant le juge-commissaire ;

§ 68 (Pr. 980). De sommation aux parties pour assister à la clôture du procès-verbal de partage chez le notaire ;

§ 69 (Pr. 992). De sommation, à la requête d'un créancier, à l'héritier bénéficiaire de donner caution,

§ 70 (Pr. 1018). De sommation aux arbitres de se réunir au tiers arbitre pour vider le partage ;

§ 71. De tout exploit contenant sommation de faire une chose, ou opposition à ce qu'une chose soit faite, protestation de nullité, et généralement de tous actes simples du ministère des huissiers, non compris dans la deuxième partie du présent tarif :

A Paris, Bordeaux, Lyon, Rouen.	2 f. 00 c.
Dans les villes où il y a une Cour d'appel, ou dont la population excède 30,000 habitants.	1 80
Partout ailleurs.	1 50

Pour chaque copie, le quart de l'original.

Indépendamment des copies de pièces qui n'auront pas été faites par les avoués, et qui seront taxées comme il a été dit ci-dessus (art. 28) (1).

---

(1) EXPROPRIATIONS POUR CAUSE D'UTILITÉ PUBLIQUE.

Droits et émoluments des huissiers pour les actes qu'ils signifient dans les expropriations pour cause d'utilité publique. (Ces droits sont invariables et indépendants des localités).

Il y a un tarif particulier pour les frais faits par les huissiers dans les expropriations pour cause d'utilité publique. Il est établi dans une ordonnance royale des 18-20 sept. 1833. En voici les dispositions, en ce qui concerne ces officiers ministériels :

CHAP. I. — *Des huissiers.*

ART. 1er. Il sera alloué à tous huissiers, 4 fr. pour l'original :

1° De la notification de l'extrait du jugement d'expropriation aux personnes désignées dans les art. 15 et 22 de la loi du 7 juillet 1833 ;

2° De la signification de l'arrêt de la Cour de cassation (art. 20 et 42 de ladite loi :

3° De la dénonciation de l'extrait du jugement d'expropriation aux ayants droit mentionnés aux art. 21 et 22 :

4° De la notification de l'arrêté du préfet qui fixe la somme offerte pour indemnités (art. 23) :

5° De l'acte contenant acceptation des offres faites par l'administration, avec signification, s'il y a lieu, des autorisations requises (art 24, 25 et 26) :

6° De l'acte portant convocation des jurés et des parties, avec notification aux parties d'une expédition de l'arrêt par lequel la Cour royale a formé la liste du jury (art. 31 et 33);

§ 2. — *Actes de seconde classe et procès-verbaux.*

Art. 30. (Pr. 45).—Pour l'original de la récusation du juge de paix,

---

7° De la notification au juré défaillant de l'ordonnance du directeur du jury, qui l'a condamné à l'amende (art. 32) ;

8° De la notification de la décision du jury, revêtue de l'ordonnance d'exécution (art. 41);

9° De la sommation d'assister à la consignation, dans le cas où il n'y aura pas eu d'offres réelles (art. 54) ;

10° De la sommation au préfet pour qu'il soit procédé à la fixation de l'indemnité (art. 55) ;

11° De l'acte contenant réquisition, par le propriétaire, de la consignation des sommes offertes, dans le cas où cette réquisition n'a pas été faite par l'acte même d'acceptation (art. 59) ;

12° Et généralement de tous actes simples auxquels pourra donner lieu l'expropriation.

Art. 2. Il sera alloué à tous huissiers 1 fr. 50 c. pour l'original :

1° De la notification du pourvoi en cassation formé, soit contre le jugement d'expropriation , soit contre la décision du jury (art. 20 et 42);

2° De la dénonciation faite au directeur du jury, par le propriétaire ou l'usufruitier, des noms et qualités des ayants droits mentionnés au § 1er de l'art. 21 de la loi précitée (art. 21 et 22) ;

3° De l'acte par lequel les parties intéressées font connaître leurs réclamations (art. 18, 21, 39, 52 et 54) ;

4° De l'acte d'acceptation des offres de l'administration, avec réquisition de consignation (art. 24 et 29) ;

5° De l'acte par lequel la partie qui refuse les offres de l'administration indique le montant de ses prétentions (art. 17, 24, 28 et 53) :

6° De l'opposition formée par un juré à l'ordonnance du magistrat-directeur du jury, qui l'a condamné à l'amende (art 32) :

7° De la réquisition du propriétaire tendant à l'acquisition de la totalité de son immeuble (art. 50);

8° De la demande à fin de rétrocession des terrains non employés à des travaux d'utilité publique (art. 60 et 64);

9° De la demande tendant à ce que l'indemnité d'une expropriation déjà commencée soit réglée conformément à la loi du 9 juill. 1833 (art. 68) ;

10° Enfin, de tous actes qui, par leur nature, pourront être assimilés à ceux dont l'énumération précède.

Art. 3. Il sera alloué à tous huissiers, pour l'original :

1° Du procès-verbal d'offres réelles, contenant le refus ou l'acceptation des ayants droit, et sommation d'assister à la consignation (art. 53); 2 fr. 25 c.:

2° Du procès-verbal de consignation, soit qu'il y ait ou non offres réelles (art. 52, 53 et 54), 4 fr.

Art. 4. Il sera alloué pour chaque copie des exploits ci-dessus, le quart de la somme fixée pour l'original.

Art. 5 Lorsque les copies des pièces dont la notification a lieu, en vertu de la loi, seront certifiées par l'huissier, il lui sera payé 30 cent. par chaque rôle, évalué à raison de vingt-huit lignes à la page, et quatorze à seize syllabes à la ligne (art. 57).

Art. 6. Les copies des pièces déposées dans les archives de l'administration, qui seront réclamées par les parties dans leur intérêt pour l'exécution de la loi, et qui seront certifiées par les agents de l'administration, seront payées à l'administration sur le même taux que les copies certifiées par les huissiers.

Art. 7. Il sera alloué à tous huissiers 50 cent. pour visa de leurs actes, dans le cas où cette formalité est prescrite. — Ce droit sera double, si le refus du fonctionnaire qui doit donner le visa oblige l'huissier à se transporter auprès d'un autre fonctionnaire.

Art. 8. Les huissiers ne pourront rien réclamer pour le papier des actes par eux notifiés, ni pour l'avoir fait viser pour timbre.

Ils emploieront du papier d'une dimension égale au moins à celle des feuilles assujetties au timbre de 70 cent.

qui en contiendra les motifs et qui sera signé par la partie, ou son fondé de pouvoir spécial, ainsi que la copie :

A Paris, Bordeaux, Lyon, Rouen. . . . . 3 f. 00 c.
Dans les villes où il y a une Cour d'appel, ou dont la population excède 30,000 habitants. 2 70
Dans les villes où il y a un tribunal de 1re instance et dans les autres villes et cantons ruraux. . . . . · 2 25

Et pour la copie, le quart

Art. 31 (Pr. 585 à 590, et 601).—Pour un procès-verbal de saisie-exécution, qui durera trois heures, y compris le temps nécessaire pour requérir, soit le juge de paix, soit le commissaire de police, ou les maires et adjoints, en cas de refus d'ouverture de porte :

A Paris, Bordeaux, Lyon, Rouen, y compris 1 fr. 50 c. pour chaque témoin. . . . . 8 f. 00 c.
Dans les villes où il y a une Cour d'appel, ou dans celles dont la population excède 30,000 habitants, y compris 1 fr. 35 c. pour chaque témoin. 7 20
Dans les villes où il y a un tribunal de 1re instance, dans les autres villes et cantons ruraux, y compris 1 fr. pour chaque témoin. 6 00

§ 2. Si la saisie dure plus de trois heures, pour chacune des vacations subséquentes aussi de trois heures :

A Paris, Bordeaux, Lyon, Rouen, y compris 80 cent. pour chaque témoin. . . . . 5 f. 00 c.
Dans les villes où il y a une Cour d'appel, ou dont la population excède 30,000 habitants, y compris 72 cent. pour chaque témoin. 4 50
Dans les villes où il y a un tribunal de 1re instance, et dans les autres villes et cantons ruraux, y compris 60 cent. pour chaque témoin. 3 75

Dans les taxes ci-dessus se trouvent comprises les copies pour la partie saisie et pour le gardien.

Observations.—1° Lorsqu'il n'y a qu'une vacation, elle doit être payée comme complète, quoiqu'elle n'ait pas duré trois heures ; on décide cela par analogie des vacations attribuées aux juges de paix par l'article 1er du tarif.

2° *Quid* si la saisie dure plus de trois heures et moins de six ? est-il dû un émolument proportionnel à la vacation commencée ?

Il paraît juste et naturel de l'accorder ; car en cela, comme en autre chose, on ne doit exiger de personne de travail utile sans lui accorder l'émolument proportionnel.

3° Les frais de transport, dans les cas de l'article 66, doivent être accordés en sus des droits tarifés par l'article 31 ; c'est une observation qu'il sera inutile de répéter pour les autres actes d'huissier. Mais cela ne doit pas s'appliquer aux témoins, parce qu'il est toujours facile de les prendre dans un lieu rapproché de la saisie.

Il va de soi aussi que l'huissier ne peut faire que trois vacations par jour, dans le lieu de sa résidence (art. 151, § 5).—Quant à la copie, l'huissier n'est pas obligé d'en donner autant qu'il y a de séances.

4° Les copies étant comprises dans l'émolument alloué pour l'original, on doit comprendre dans les vacations le temps de les faire.

5° Si la partie saisissante avait choisi un huissier éloigné du domicile du saisi, et qu'il apparût une intention évidente de vexation, on devrait laisser à son compte les frais de transport ; mais il n'y aucun doute qu'ils sont dus à l'huissier qui a accepté la mission de bonne foi. Cette bonne foi doit être présumée quand le contraire n'apparaît pas (V. arrêt d'Orléans du 17 fév. 1830, rapporté par M. Chauveau, 2e v., p. 114).

6° Le procès-verbal de carence doit-il être assimilé au procès-verbal de saisie. M. Chauveau, page 115, pense qu'il a plus d'analogie avec le procès-verbal de récolement, tarifé par l'art. 36. Nous partageons complétement cette manière de voir.

Art. 32 (Pr. 587).—Vacation du commissaire de police qui aura été requis pour être présent à l'ouverture des portes, et des meubles fermant à clef, ou aux maires et adjoints, si ces derniers le requièrent :

A Paris, Bordeaux, Lyon, Rouen..............	5 f.	00 c.
Dans les villes où il y a une Cour d'appel, et dans celles dont la population excède 30,000 habitants.............	4	50
Dans les villes où il y a un tribunal de 1re instance.....	3	75
Dans les autres villes et cantons ruraux...........	2	50

Observations. Quant au juge de paix, il ne lui est plus accordé d'émoluments, hors des cas prévus par l'ordonnance du 6 décembre 1845 (V. liv. 1er) ; et de ce qu'il n'y a aucun émolument fixé pour le greffier, il faut en induire que sa présence n'est pas nécessaire.

Par analogie du cas prévu dans l'art. 6, § 1er, on doit décider que l'émolument du commissaire de police, et des maires et adjoints, doit être fixé par vacation et non pas pour le tout.

Art. 33 (Pr. 590).—Vacation de l'huissier pour déposer au lieu établi pour les consignations, ou entre les mains du dépositaire qui sera convenu, les deniers comptants qui pourraient avoir été trouvés :

A Paris, Bordeaux, Lyon, Rouen..............	2 f.	00 c.
Dans les villes où il y a une Cour d'appel, et dans celles dont la population excède 30,000 habitants............	1	80
Dans les villes où il y a un tribunal de 1re instance.....	1	50
Dans les autres villes et cantons ruraux...........	1	50

Observations. Je crois que l'art. 66 ne permet pas qu'on mette en question le droit de transport, quand il y a lieu. Cet émolument doit être accordé. C'est d'ailleurs l'opinion de tous ceux qui ont écrit sur le tarif.

Art. 34 (Pr. 596).—Les frais de garde seront taxés pour chaque jour pendant les douze premiers jours :

A Paris, Bordeaux, Lyon, Rouen..............	2 f.	50 c.
Dans les villes où il y a une Cour d'appel, et dans celles dont la population excède 30,000 habitants............	2	25

Dans les villes où il y a un tribunal de 1re instance. . . . . 2 f. 00 c.
Dans les autres villes et cantons ruraux. 1   50

Ensuite seulement, à raison de :

A Paris, Bordeaux, Lyon, Rouen. . . . . 1 f. 00 c,
Dans les villes où il y a une Cour d'appel, et dans celles dont
    la population excède 30,000 habitants. 0   90
Dans les villes où il y a un tribunal de 1re instance.. . , . . 0   80
Dans les autres villes et cantons ruraux. 0   60

Observations. 1° Par arrêt du 19 août 1825 (Dalloz, 27.2. 121), il a été jugé que les salaires doivent être adjugés au gardien, à tant par jour, jusqu'à sa décharge, et sans qu'il soit permis au juge de les modérer, sous le prétexte qu'il n'y a pas eu garde effective jusque-là ; qu'il n'y a pas lieu d'adopter la disposition de l'ordonnance de 1667 qui n'allouait ces frais que pendant un an, attendu qu'elle a été abrogée. Dans l'espèce, la garde avait duré depuis le 17 mai 1810, jusqu'au 27 avril 1813.

2° Le gardien qui a laissé soustraire une partie des objets saisis n'a point droit aux salaires de l'art. 34 (Bordeaux, 21 déc. 1827 ; Dalloz, 30.2.113 ; Poitiers, 20 janv. 1826).

3° Au cas de nullité de la saisie, le gardien n'a de recours que contre le saisissant, dont il est l'homme (Bordeaux, 17 mars 1831 ; Dalloz, 31.2.210).

Art. 35 (Pr. 606). — Pour un procès-verbal de récolement des effets saisis, quand le gardien a obtenu sa décharge :

A Paris, Bordeaux, Lyon, Rouen.. . . . . 3 f. 00 c.
Dans les villes où il y a une Cour d'appel, et dans celles dont
    la population excède 30,000 habitants.. 2   70
Dans les villes où il y a un tribunal de 1re instance, et dans
    les autres villes et cantons ruraux.. 2   25

Ce procès-verbal ne contiendra aucun détail, si ce n'est pour constater les effets qui pourraient se trouver en déficit, et l'huissier ne sera point assisté de témoins.

Il sera donné copie du procès-verbal de récolement au gardien qui aura obtenu sa décharge ; il remettra la copie de la saisie qu'il avait entre les mains au nouveau gardien, qui se chargera du contenu sur le procès-verbal de récolement.

Pour chacune des copies à donner du procès-verbal de récolement, le quart de l'original.

Art. 36 (Pr. 611). — Dans le cas de saisie antérieure et d'établissement de gardien, pour le procès-verbal de récolement sur le premier procès-verbal que le gardien sera tenu de représenter, et qui, sans entrer dans aucun détail, et *contenant* seulement la saisie des effets omis, et sommation au premier saisissant de vendre, témoins compris, et deux copies, sera taxé :

A Paris, Bordeaux, Lyon, Rouen.. . . . . 6 f. 00 c.
Dans les villes où il y a une Cour d'appel, et dans celles dont
    la population excède 30,000 habitants. 5   40
Dans les villes où il y a un tribunal de 1re instance et dans
    les autres villes et cantons ruraux. 4   50

Et pour une troisième copie, s'il y a lieu, le quart de l'original.

Observations. Cet article, dont la construction grammaticale n'est pas heureuse, n'indique pas quelle sera la somme à allouer aux témoins. Cela n'a peut-être jamais offert de difficulté, parce que les témoins se sont toujours parfaitement entendus avec l'huissier, puisqu'il lui est loisible de choisir les plus accommodants.

Mais si la discussion avait lieu, il faudrait décider que le salaire des témoins ne devrait pas descendre au-dessous de celui fixé par l'art. 31, § 2, pour le *minimum*, c'est-à-dire, pour Paris, 80 centimes, et partout ailleurs, 60 centimes.

Art. 37 (Pr. 616).—Pour le procès-verbal de récolement qui précédera la vente, et qui ne contiendra aucune énonciation des effets saisis, mais seulement de ceux en déficit, s'il y en a, y compris les témoins :

> A Paris, Bordeaux, Lyon, Rouen. . . . . 6 f. 00 c.
> Dans les villes où il y a une Cour d'appel, et dans celles où
>   la population excède 30,000 habitants. 5 40
> Dans les villes où il y a un tribunal de 1re instance, et dans
>   les autres villes et cantons ruraux. 4 50

Il n'en sera point donné de copie.

Observations. Il faut remarquer qu'encore qu'il n'ait pas été donné de copie de ce procès-verbal, il est tarifé comme le précédent. Cette différence ne s'explique pas, mais il faut exécuter la loi telle qu'elle est.

Art. 38 (Pr. 617). S'il y a lieu au transport des effets saisis, l'huissier sera remboursé de ses frais, sur les quittances qu'il en représentera, ou sur sa simple déclaration, si les voituriers et gens de peine ne savent écrire, ce qu'il constatera par son procès-verbal de vente.

§ 2. Il sera alloué à l'huissier, *ou autre officier qui procédera* à la vente, pour la rédaction de l'original du placard qui doit être affiché :

> A Paris et partout ailleurs. . . . . 1 f. 00 c.

§ 3. Pour chacun des placards s'ils sont manuscrits (*ils doivent être timbrés*) :

> A Paris et partout ailleurs. . . . . 0 f. 50 c.

§ 4. Et s'ils sont imprimés, l'officier qui procédera à la vente en sera remboursé sur les quittances de l'imprimeur et de l'afficheur (*y compris le timbre*).

Observations. Lorsque les affiches sont manuscrites, n'est-ce pas l'huissier qui doit les apposer lui-même? Il paraît d'autant plus raisonnable de l'y obliger, que le tarif ne lui accorde aucun déboursé pour cet objet, c'est l'opinion de M. Sudraud-Desisles (p. 64, n° 190); mais il est repris par M. Chauveau (2e v., p. 45, n° 26). Ce dernier commentateur prétend que l'opinion de M. Sudraud n'est pas suivie dans la pratique.

Art. 39. — § 1er. Pour l'original de l'exploit qui constatera l'apposition des placards, dont il ne sera point donné de copie :

A Paris, Bordeaux, Lyon, Rouen. . . . . 3 f. 00 c.
Dans les villes où il y a une Cour d'appel, ou dans celles
    dont la population excède 30,000 habitants.. 2   70
Dans les villes où il y a un tribunal de 1re instance, et dans
    les autres villes et cantons ruraux. 2   25

§ 3. Il sera passé, en outre, la somme qui aura été payée pour l'insertion de l'annonce de la vente dans le journal, si la vente est faite dans une ville où il s'en imprime;

§ 4. Pour chaque vacation de trois heures, à la vente, le procès-verbal compris, il sera taxé à l'huissier, dans les lieux où ils *sont* autorisés à la faire :

A Paris, Bordeaux, Lyon, Rouen. . . . . 8 f. 00 c.
Dans les villes où il y a une Cour d'appel, et dans celles dont
    la population excède 30,000 habitants.. 7   20
Dans les villes où il y a un tribunal de 1re instance. . . . 5   00
Dans les autres villes et cantons ruraux. 4   00
Et à Paris, où les ventes sont faites par les commissaires-
    priseurs, il sera alloué à l'huissier, pour requérir le com-
    missaire-priseur, une vacation de. 2   00 (1)

Observations. La signature de l'imprimeur du journal, dans

---

(1) Lorsque la vente a lieu par le ministère d'un commissaire-priseur, le tarif de 1807 est-il encore applicable pour la taxe de ses droits ?

Il est certain que dans le principe les émoluments des commissaires-priseurs, pour les ventes dont il s'agit, ont dû être réglés par ce décret, dont l'article 38 porte : « il *sera* alloué à l'huissier ou autre officier qui procédera à la vente pour la rédaction de l'original du placard.

Mais il doit en être autrement aujourd'hui ; la loi du 18-20 juin 1843 a réglé d'une manière générale les droits des commissaires-priseurs pour les ventes auxquelles ils procèdent. L'article 1 porte : « il sera alloué aux commissaires-priseurs ; 1°....., 2°.....; « 3° *pour tous droits de vente, non compris les déboursés pour y parvenir, et en ac-« quitter les droits, non plus que la rédaction des placards*, SIX POUR CENT SUR LE « PRODUIT DES VENTES, sans distinction de résidence. (a)

« 4° Pour expédition ou extrait de procès-verbaux de vente, s'ils sont requis, outre « le timbre, et pour chaque rôle de vingt-cinq lignes à la page et de quinze *syllables* « *à la ligne*, 1 f. 50 c.

« Pour consignation à la caisse s'il y a lieu :

    « A Paris, Lyon, Bordeaux, Rouen, Toulouse et Marseille. . . . 6 f. 00 c.
    « Partout ailleurs. 5   00

« Pour assistance à l'essai ou au poinçonnage des matières d'or et d'argent :

    « A Paris, Lyon, Bordeaux, Rouen, Toulouse et Marseille. . . 6 f. 00 c.
    « Partout ailleurs. 5   00

« Pour paiement des contributions, conformément aux dispositions des lois des « 5-18 août 1791 et 12 nov. 1808 :

    « A Paris, Lyon, etc. 4 f. 00 c.
    « Partout ailleurs. 3   00

L'art. 10 de cette même loi abroge toutes les dispositions contraires, de sorte qu'il paraît hors de doute que le décret du 16 fév. 1807 ne leur est plus applicable.

Ont-ils droit, comme les huissiers, à un émolument pour faire taxer leurs frais ? — Non, car l'art. 2 de la loi du 18-20 juin 1843, porte *que l'état des vacations, droits et remises alloués aux commissaires-priseurs sera délivré sans frais aux parties.*

(a) Le décret du 5-8 nov. 1851, établit un autre droit pour les ventes publiques de récoltes pendantes par racines et de coupes de bois taillis.

lequel l'insertion aura été faite devra, sans aucun doute, être légalisée ; mais il ne paraît pas que cette légalisation doive procurer aucun émolument à l'huissier ; elle est ordinairement faite par les soins du gérant, ou de l'imprimeur du journal, qui doit en porter dans son mémoire les frais, dont l'huissier est remboursé.

Art. 40 (Pr. 623).—En cas d'absence de la partie saisie, son absence sera constatée, et il ne sera nommé aucun officier pour la représenter.

Art. 41. — § 1er (Pr. 620, 621). Dans le cas de publication sur les lieux où se trouvent les barques, chaloupes et autres bâtiments, prescrite par l'article 620 du Code, et dans les cas d'exposition de la vaisselle d'argent, bagues et joyaux, ordonnée par l'article 621, il sera alloué à l'huissier, pour chacune des deux premières publications ou expositions :

A Paris, Bordeaux, Lyon, Rouen.	6 f. 00 c.
Dans les villes où il y a une Cour d'appel, et dans celles dont la population excède 30,000 habitants.	5 40
Dans les villes où il y a un tribunal de 1re instance.	4 00
Dans les autres villes et cantons ruraux.	3 00

§ 2. La troisième publication ou exposition est comprise dans la vacation de vente.

§ 3. A Paris et dans les villes où il s'imprime des journaux, les vacations pour publication et exposition ne pourront être allouées aux huissiers, attendu qu'il doit y être suppléé par l'insertion dans un journal.

§ 4. Si l'expédition du procès-verbal de vente est requise par l'une des parties, il sera alloué à l'huissier, ou autre officier, qui aura procédé à la vente, par chaque rôle d'expédition, contenant vingt-cinq lignes à la page, et de dix à douze syllabes à la ligne :

A Paris, Bordeaux, Lyon, Rouen.	1 f. 00 c.
Dans les villes où il y a une Cour d'appel, et dans celles dont la population excède 30,000 habitants.	0 90
Dans les villes où il y a un tribunal de 1re instance.	0 50
Dans les autres villes et cantons ruraux.	0 40

Art. 42. — § 1er (Pr. 657). Pour la vacation de l'huissier, ou autre officier qui aura procédé à la vente, pour faire axer ses frais par le juge, sur la minute de son procès-verbal :

A Paris, Bordeaux, Lyon, Rouen.	3 f. 00 c.
Dans les villes où il y a une Cour d'appel, et dans celles ou la population excède 30,000 habitants.	2 70
Dans les villes où il y a un tribunal de 1re instance..	2 00
Dans les autres villes et cantons ruraux.	1 50

§ 2. Et pour consigner les deniers provenant de la vente (1) :

A Paris..	3 f. 00 c.
Dans les villes où il y a une Cour d'appel, et dans celles où la population excède 30,000 habitants..	2 70
Dans les villes où il y a un tribunal de 1re instance.	2 00
Dans les autres villes et cantons ruraux.	1 50

---

(1) 1° Est-il dû une vacation à l'huissier pour payer les contributions ?
2° Est-il dû un droit pour les ventes à terme autorisées pas les ayants droit ? Voir ces questions, p. 8 et 11.

Art. 43. — § 1er (Pr. 627). Pour un procès-verbal de saisie-brandon, contenant l'indication de chaque pièce, sa contenance et sa situation, deux au moins de ses tenants et aboutissants, et la nature des fruits, quand il n'y sera pas employé plus de trois heures :

A Paris, Bordeaux, Lyon, Rouen. . . . . 6 f. 00 c.
Dans les villes où il y a une Cour d'appel, et dans celles où
   la population excède 30,000 habitants. 5   40
Dans les villes où il y a un tribunal de 1re instance. 5   00
Dans les autres villes et cantons ruraux. 4   00

§ 2. Et quand il y sera employé plus de trois heures, pour chacune des autres vacations aussi de trois heures :

A Paris, Bordeaux, Lyon, Rouen. . . . . 5 f. 00 c.
Dans les villes où il y a une Cour d'appel, et dans celles où
   la population excède 30,000 habitants. 4   50
Dans les villes où il y a un tribunal de 1re instance. · . . . 4   00
Dans les autres villes et cantons ruraux. 3   00

L'huissier ne sera point assisté de témoins.

Art. 44 (Pr. 628).—Pour les copies à délivrer à la partie saisie, au maire de la commune et au garde champêtre, ou autre gardien, pour chacune, le quart de l'original.

Nota. Le surplus des actes sera taxé comme en saisie-exécution.

Art. 45. — § 1er. Il sera alloué pour frais de garde, soit au garde champêtre, soit à tout autre gardien qui pourrait être établi, aux termes de l'article 628, pour chaque jour, savoir :
Au garde champêtre :

A Paris, Bordeaux, Lyon, Rouen. . . . . 0 f. 75 c.
Et partout ailleurs.. 0   75
Dans les villes où il y a un tribunal de 1re instance. . . .⎫
Dans les autres villes et cantons ruraux.. . . . .⎭ 0   75

§ 2. Et à tout autre que le garde champêtre :

A Paris et partout ailleurs.. 1   25

Art. 46 (Pr. 637).—Pour un exploit de saisie du fonds d'une rente constituée sur particuliers, contenant assignation au tiers saisi, en déclaration affirmative devant le tribunal :

A Paris, Bordeaux, Lyon, Rouen. . . . . 4 f. 00 c.
Dans les villes où il y a une Cour d'appel, et dans celles où
   la population excède 30,000 habitants. 3   60
Partout ailleurs. 3   00

Pour la copie, le quart.

Nota. La dénonciation des placards et tous les autres actes seront taxés comme en saisie immobilière.

Les art. 47-48-49 et 50, relatifs au procès-verbal de saisie immobilière et à ses copies, à la dénonciation des placards, ont été abrogés par l'art. 20 de l'ordonnance du 10 oct. 1841. Leur texte se trouve, en note, sous l'art. 4 de cette ordonnance.

Observations.

CONTRAINTE PAR CORPS.

L'art. 15 de la loi des 13-16 déc. 1848, relative à la contrainte par corps, porte *que dans les trois mois qui suivront la promulgation de cette loi, un arrêté du pouvoir exécutif, rendu dans la forme des règlements d'administration publique, modifiera le tarif des frais en matière de contrainte par corps.*

Cet arrêté a été rendu le 24-29 mars 1849. Il a remplacé et abrogé les art. 51 à 58 du décret du 16 fév. 1807, qui suivent en note (1), ainsi que les art. 20 et 21 du décret du 14 mars 1808, concernant les gardes du commerce.

Voici le texte de cet arrêté :

---

(1) Art. 51 (*abrogé*) (Proc. 780). Pour l'original de la signification du jugement qui prononce la contrainte par corps, avec commandement :

A Paris, Bordeaux, Lyon, Rouen. . . . . 3 f. 00 c.
Dans les villes où il y a une Cour d'appel, et dans celles où la
    population excède 30,000 âmes. 2 70
Dans les villes où il y a un tribunal de première instance. . . . 2 00
Et dans les autres villes et cantons ruraux. 1 25

Et pour la copie, le quart.

Art. 52 (*abrogé*) (Proc. 781). Vacation pour obtenir l'ordonnance du juge de paix, à l'effet, par ce dernier, de se transporter dans le lieu où se trouve le débiteur condamné par corps, et requérir son transport :

A Paris, Bordeaux, Lyon, Rouen. . . . . 2 f. 50 c.
Dans les villes où il y a une Cour d'appel, et dans celles dont la
    population excède 30,000 âmes. 2 25
Partout ailleurs. 2 00

Art. 53 (*abrogé*) (Proc. 783, 789). Pour le procès-verbal d'emprisonnement d'un débiteur, y compris l'assistance de deux recors et l'écrou :

A Paris, (a) Bordeaux, Lyon, Rouen. . . . . 60 f. 25 c.
Dans les villes où il y a une Cour d'appel, et dans celles où la po-
    pulation excède 30,000 âmes. 54 23
Dans les villes où il y a un tribunal de première instance. . . . 40 00
Dans les autres villes et cantons ruraux. 30 00

Il ne pourra être passé aucun procès-verbal de perquisition, pour lequel l'huissier n'aura

(a) DES GARDES DU COMMERCE A PARIS (décret du 14 mars 1808).

Depuis le décret du 16 fév. 1807, le Code de commerce a été décrété le 10 sept. 1807, et promulgué à la fin du même mois ; il avait ordonné la création, ou plutôt le rétablissement, d'officiers publics qui seraient chargés de mettre à exécution les jugements portant contrainte par corps.

L'art. 625, en effet, prescrit l'établissement, pour la ville de Paris seulement, de *gardes du commerce* pour l'exécution des jugements emportant la contrainte par corps. La forme de leur organisation et leurs attributions devaient être déterminées par un règlement particulier.

C'est en exécution de cette loi qu'est intervenu le décret du 14 mars 1808, qui a modifié celui du 16 fév. 1807, en ce qui concerne la ville de Paris.

Il a fixé à dix le nombre des gardes du commerce. Leur nomination appartient au Gouvernement; leurs fonctions sont à vie. Ils sont chargés exclusivement de l'exécution des contraintes par corps, et ne peuvent en aucun cas être suppléés par les *huissiers*. Ils forment un bureau de service permanent dans le centre de la ville de Paris, où les gardes du commerce sont tenus de se trouver alternativement, selon le règlement de leur service.

Il y a dans ce bureau un *vérificateur*, nommé par le ministre de la justice, dont les fonctions

ARRÊTÉ *des 24-29 mars 1849, qui modifie le tarif des frais, en matière de contrainte par corps.*

Le Président de la République, le conseil d'Etat entendu, ARRÊTE :

Art. 1er.—Il est alloué à *tous* huissiers (*c'est-à-dire sans distinction de résidence*) :

---

point de recours même contre sa partie, la somme ci-dessus lui étant attribuée en considération de toutes les démarches qu'il pourra faire.

ART. 54 (*abrogé*) (Proc. 786). Vacation de l'huissier en référé, si le débiteur arrêté le requiert :

A Paris, Bordeaux, Lyon, Rouen. . . . . 8 f. 00 c.
Dans les villes où il y a une Cour d'appel, et dans celles où la population excède 30,000 âmes. 7   20
Dans les villes où il y a un tribunal de première instance. . . } 6   00
Dans les autres villes et cantons ruraux. . . . . }

ART. 55 (*abrogé*) (Proc. 789). Pour la copie du procès-verbal d'emprisonnement et de l'écrou, le tout ensemble :

A Paris, Bordeaux, Lyon, Rouen. . . . . 3 f. 00 c.
Dans les villes où il y a une Cour d'appel, et dans celles où la population excède 30,000 âmes. 2   70
Partout ailleurs. 2   25

consistent à vérifier si, d'après l'état des pièces qui lui sont remises par les parties, la contrainte par corps peut être mise à exécution. Il est responsable tant vis-à-vis du créancier qu'envers le débiteur. La contrainte par corps ne peut être mise à exécution par les gardes du commerce qu'après la remise des pièces aux mains de celui qui doit y procéder, accompagnée du certificat du vérificateur qu'il n'existe aucun empêchement. Tout débiteur, dans le cas d'être arrêté, peut notifier au bureau les oppositions, ou appels, ou autre actes empêchant l'exécution de la contrainte par corps prononcée contre lui.

Le garde du commerce n'a pas besoin de l'autorisation ni de l'assistance du juge de paix pour arrêter le débiteur dans son *propre domicile*, si l'entrée ne lui en est pas refusée.

Il n'en a besoin que quand le débiteur se trouve dans une *maison tierce*.

Si le juge de paix du canton ne peut ou ne veut autoriser l'arrestation et se transporter avec le garde pour y procéder, le garde du commerce chargé de l'exécution *peut requérir le juge de paix d'un autre canton* (art. 15 du décret).

Les art. 20 et 21 de ce décret contiennent le tarif des arrestations et recommandations dues aux gardes du commerce. Les deux premiers §§ de l'art. 20 et l'art. 21 sont abrogés par l'art. 8 de l'arrêté du 24-29 mars 1849, et remplacés :

ART. 20, § 1er. « Le salaire des gardes du commerce qui procèderont à une arrestation ou « à une recommandation est de. . . . . 60 f. 00 c.
§ 2. « Dans le cas où l'arrestation n'aurait pu s'effectuer, il en sera dressé pro- « cès-verbal, pour lequel il sera payé seulement. 20   00
§ 3. « Le droit de garde au domicile d'un failli sera de. 5   00
ART. 21 « (*abrogé*). Il sera alloué au garde du commerce, 1° pour le dépôt des « pièces par le créancier. 5   00
« 2° Pour le visa apposé sur chaque pièce produite ou signifiée par le créan- « cier ou le débiteur. 0   23
« 3° Pour le certificat mentionné en l'art. 11, droits de recherche compris. . 2   00
« Outre les droits d'enregistrement. »

On s'est demandé, sous l'empire de ce décret, si les huissiers dans la ville de Paris pouvaient concurremment avec les gardes du commerce procéder à la recommandation d'un débiteur déjà incarcéré.

La question avait bien son importance sous le rapport des frais, car le décret du 14 mars 1808 accorde aux gardes du commerce le même droit pour la recommandation que pour l'arrestation, 60 fr., tandis que le tarif de 1807, art. 57, n'accordait que 4 fr. à l'huissier.

Le droit de concurrence est soutenu par des auteurs recommandables, MM. Carré, tom. 3, page 56 et 89, n° 2, et Pigeau, tom. 2, page 294.

1° (Pr. 780).—Pour l'original de la signification du jugement qui prononce la contrainte par corps,

    Avec commandement. . . . . 2 f. 00 c.
    Pour la copie, le quart. 0 50
    Pour droit de copie de jugement. 2 00

ART. 56 (*abrogé*) (Proc. 790). Il sera taxé au gardien ou geôlier qui transcrira sur son registre le jugement portant la contrainte par corps, par chaque rôle d'expédition :

    A Paris, Bordeaux, Lyon, Rouen. . . . . 0 f. 25 c.
    Dans les villes où il y a une Cour d'appel, et dans celles où la population excède 30,000 âmes. 0 23
    Partout ailleurs. 0 20

ART. 57 (*abrogé*) (Proc. 792, 793). Pour un acte de recommandation d'un débiteur emprisonné, sans assistance de recors :

    Paris, Bordeaux, Lyon, Rouen. . . . . 4 f. 00 c.
    Dans les villes où il y a une Cour d'appel, et dans celles où la population excède 30,000 habitants. 3 60
    Partout ailleurs. 3 00

ART. 58 (*abrogé*) (Proc. 796). Pour la signification du jugement qui déclare un emprisonnement nul, et la mise en liberté du débiteur :

    A Paris, Bordeaux, Lyon, Rouen. . . . . 4 f. 00 c.
    Dans les villes où il y a une Cour d'appel, et dans celles où la population excède 30,000 âmes. . . . , ... 3 60
    Dans les villes où il y a un tribunal de première instance et ailleurs. 3 00
    Pour la copie à laisser au gardien ou geôlier, le quart.

Ils fondent leur raisonnement sur les termes de l'art. 7 du décret, « les gardes du commerce sont chargés *exclusivement* de l'exécution des contraintes par corps.»

Or, disent-ils, cet article n'ajoutant pas : *et des recommandations*, il faut en conclure que le droit de les faire, que les huissiers avaient avant le décret, ne leur a pas été ôté. Quant à l'art. 19, il détermine les formalités que devront suivre les gardes du commerce dans les recommandations, quand ils les feront.

On répondait que les *recommandations* sont des moyens d'exécution *des contraintes par corps*, qu'ainsi l'art. 7 s'y applique tout aussi bien qu'aux arrestations.

On ajoute que d'après le vœu de l'art. 625 du Code de commerce ; les gardes du commerce sont institués pour l'exécution des jugements emportant la contrainte par corps, ce qui veut dire qu'ils ont attribution exclusive, aux termes de l'art. 7 du décret, pour tout ce qui concerne cette exécution.

M. Chauveau dans son commentaire sur le tarif, 2e vol, p. 277, n° 48, partage cette opinion.

Il ne paraît pas qu'elle doive être suivie depuis la promulgation de l'arrêté des 24-29 mars 1849, dont l'art. 2 porte : « *Il est alloué aux gardes du commerce* et aux *huissiers pour le procès-verbal d'emprisonnement... A Paris*, 40 fr.» Les huissiers, d'après cet article, devraient donc avoir à Paris la concurrence avec les gardes du commerce, non pas seulement pour la recommandation d'un débiteur incarcéré, mais même pour la capture. Cependant l'art. 7 du décret du 14 mars 1808, qui donne le droit exclusif aux gardes du commerce, n'est point compris au nombre des articles abrogés par l'arrêté des 24-29 mars 1849.

Ne faut-il pas admettre, pour concilier ces différents textes, que les gardes du commerce ont une attribution exclusive pour l'exécution des contraintes par corps, en matière commerciale, ainsi que pour les recommandations des débiteurs incarcérés dans les mêmes matières, tandis que les huissiers ont, de leur côté, le droit exclusif de faire les emprisonnements et les recommandations lorsque la contrainte par corps est prononcée, soit en matière civile, soit en matière criminelle ou de police?

Je le crois d'autant plus volontiers que c'est le Code de commerce qui crée les gardes du commerce, et qu'il n'a voulu donner à ces officiers publics que des attributions commerciales. Le décret du 14 mars 1808 ne contient rien d'où l'on puisse induire qu'on ait voulu leur donner des attributions civiles.

Avec cette distinction, l'art. 7 de ce décret et l'art. 2 de l'arrêté de 1849 se concilient parfaitement, et peuvent recevoir une complète exécution, renfermés chacun dans sa spécialité.

Sans qu'il puisse être passé d'autres droits en taxe, dans le cas où la signification et le commandement seraient faits par actes séparés.

2° (Pr. 796).—Pour l'original de la signification du jugement qui déclare un emprisonnement nul. . . . . 2 fr. 00 c.

Pour la copie à laisser au geôlier ou au gardien, le quart. .   0   50

Art. 2.—Il est alloué aux gardes du commerce ou aux huissiers,

1° (Pr. 783, 789).—Pour le procès-verbal d'emprisonnement d'un débiteur, y compris l'assistance de deux recors et l'écrou :

> A Paris (seulement, et non plus à Bordeaux, Lyon, Rouen).   40 f. 00 c.
> Ailleurs..   30   00

Pour la copie du procès-verbal d'emprisonnement et de l'écrou, le tout ensemble. . . . . 2 fr. 00 c.

Il ne pourra être passé en taxe aucun procès-verbal de perquisition pour lequel les gardes du commerce, ou huissiers, n'auront point de recours, même contre leur partie, les sommes ci-dessus leur étant allouées en considération de toutes les démarches qu'ils pourraient faire, autres que celles expressément rémunérées par le présent tarif.

2° (Pr. 781).—Pour vacation tendant à obtenir l'ordonnance du juge de paix, à l'effet, par ce dernier, de se transporter dans le lieu où se trouve le débiteur condamné par corps, et à réquérir son transport. .   2 fr. 00 c.

3° (Pr. 786).—Pour vacation en référé, si le débiteur arrêté le requiert. 5   00

4° (Pr. 792, 793).—Pour un acte de recommandation d'un débiteur emprisonné sans assistance de recors. 3   00

Pour chaque copie à donner au débiteur et au geôlier, le quart. 0   75

Art. 3.—Il est alloué aux gardes du commerce (*décret du 14 mars 1808, article 21*) :

Pour le dépôt des pièces par le créancier. . . . . 3 fr. 00 c.

Pour le *visa* apposé sur chaque pièce, produite ou signifiée par le créancier ou le débiteur. 0   25

Pour le certificat mentionné en l'article 11 du décret du 14 mars 1808, droit de recherche compris. 2   00

Art. 4.—Il est alloué aux huissiers pour rédaction du pouvoir spécial exigé par l'art. 456 du Code de procédure civile. . . . . . 1 fr. 00 c.

Art. 5. — Il ne sera alloué aucun droit au gardien ou geôlier à raison de la transcription sur son registre du jugement prononçant la contrainte par corps.

Art. 6. — Outre les fixations établies par les quatre premiers art. seront alloués les simples déboursés de timbre et d'enregistrement, justifiés par pièces régulières.

Art. 7. — Il ne sera rien alloué aux huissiers et aux gardes du commerce pour leur transport jusqu'à un demi-myriamètre.

Il leur sera alloué au delà d'un demi-myriamètre, pour frais de voyage, qui ne pourra excéder une journée de cinq myriamètres, savoir :

Au delà de un demi-myriamètre jusqu'à un myriamètre, pour aller et retour. . . . . 4 fr. 00 c.

Au delà d'un myriamètre, il sera alloué, par chaque demi-myriamètre, sans distinction. . . . . 2 fr. 00 c.

Art. 8. — Sont et demeurent abrogés les art. 51, 52, 53, 54, 55, 56, 57 et 58 du premier décret du 16 février 1807, les deux premiers paragraphes de l'art. 20, et l'art. 21 du décret du 14 mars 1808, concernant les gardes du commerce.

Observations. — 1° Les juristes qui se sont occupés de la taxe, en matière d'emprisonnement, ont examiné beaucoup de questions qui présentent des difficultés fort graves. Je ne crois pas devoir les rappeler ici, car la plupart d'entre elles sont relatives à des nullités d'emprisonnement, qui rentrent dans le domaine de la procédure ; elles doivent faire l'objet d'autres études. Je les passe donc.

2° Mais il en est d'autres plus spéciales que je dois au moins indiquer.

Est-il nécessaire que les significations du jugement, portant contrainte par corps, et du commandement tendant à l'exercice de cette contrainte, aient lieu dans le même acte ?

S'il ne s'agissait que de la nullité de l'exécution, on devrait sans doute décider qu'elle n'existe pas, n'étant formellement prononcée par aucune loi (Arrêt de Limoges du 18 janv. 1811 ; Dalloz, v° *Contrainte par corps*, anc. édit., 3° vol., p. 777).

Mais il s'agit là d'un acte qui augmente les frais contre la volonté formelle de l'art. 51 du tarif de 1807, et de l'art 1er de celui de 1849. Si donc la copie du jugement, qui prononce la contrainte par corps, a déjà été signifiée avant le commandement, et qu'elle soit répétée dans cet acte, il est évident qu'elle ne doit pas entrer en taxe contre le débiteur ; elle ne doit pas y entrer non plus contre le créancier qui l'a requise, parce qu'elle est une violation du devoir de l'huissier.

2° *bis*. Lorsqu'il s'est écoulé plus d'une année depuis la signification du commandement, l'art. 784 veut qu'il soit fait un nouveau commandement, *par un huissier commis à cet effet ;* cela signifie-t-il que l'ancienne commission, donnée à l'huissier par le jugement, est tombée, et qu'il en faut une nouvelle ?

La Cour de Rennes a jugé que oui par arrêt du 28 déc. 1814 (Rapporté par le *Journal des Avoués*, t. 8, n° 148 *bis*).

Quoique cette décision soit judaïquement conforme aux termes de l'art. 784 du Code de procédure, elle paraît bien rigoureuse. C'est une aggravation de frais peu motivée. Cependant le devoir du taxateur serait de les admettre, à cause de la bonne foi de ceux qui auraient ainsi entendu cet article.

3° Mais il ne devrait pas en être de même d'une nouvelle signification du jugement.

La Cour de Toulouse, par arrêt du 11 février 1808, a jugé, en effet, que la signification du jugement, portant la contrainte par corps, ne se périmait pas comme le commandement par le laps d'une année. Dalloz, v° *Contrainte par corps*, 3° vol., p. 777, et Carré, *Lois de la procédure*, t. 3, p. 77, approuvent la doctrine de cet arrêt.

Mais Dalloz, dans une note dont il le fait suivre, paraît se ranger à l'opinion que le débiteur a intérêt à connaître le jugement en même temps que le commandement. M. Favard de Langlade (v° *Contrainte par corps*, § 4, n° 5) ne croit pas que la signification du jugement avec le nouveau commandement soit exigée à peine de nullité; mais il pense qu'il est néanmoins prudent de la répéter, parce qu'il paraît dans le vœu de la loi que le débiteur soit dûment averti, à une époque rapprochée des poursuites rigoureuses dont il va être l'objet.

Je n'approuve pas ces ménagements à l'aide desquels on écrase de frais un débiteur qui n'en peut mais; cependant je ne me dissimule pas que, dans les divergences d'opinions, les praticiens agiront, en général, dans le sens qu'on leur présente comme le plus prudent; peut-être ferais-je comme eux; mais alors il y a un moyen de concilier la précaution avec les intérêts réels et légitimes du débiteur : c'est de laisser à la charge du créancier les frais du commandement périmé, et de la première signification. N'est-il pas en faute de ne les avoir pas utilisés?

4° Le changement d'état d'une veuve contraignable par corps, qui s'est remariée, nécessite-t-il une nouvelle signification du jugement au mari?

La Cour de Paris a jugé que non (Arrêt du 25 fév. 1808). Dalloz, (*Alp.*, vol. 3, p. 785, anc. édit.) et Chauveau (*Comm.*, 2ᵉ vol., p. 265) estiment que, si cette signification était faite, elle devrait être admise à la taxe. Je ne saurais adopter ce sentiment. Peut-être l'huissier ne devrait-il pas la perdre, comme frustratoire; mais, dans mon opinion, il ne pourrait en obtenir les frais que contre son requérant.

5° Si le juge de paix se faisait suivre de son greffier, dans les cas où il est requis par l'huissier de l'accompagner au domicile de celui qu'il veut contraindre, cela donnerait-il lieu à des émoluments taxables?

Non, car la présence du greffier est inutile. Les ordonnances du juge de paix se portent sur le procès-verbal de l'huissier, qui remplit dans cette circonstance les fonctions de greffier, et elles ne donnent lieu qu'à de simples droits d'enregistrement; la signature seule du juge de paix sur le procès-verbal de l'huissier serait suffisante.

6° En cas de refus ou d'absence du juge de paix, et de ses suppléants, l'huissier peut-il requérir le juge de paix d'un autre canton?

Dans ce cas, les gardes du commerce sont autorisés, par l'art. 15 du décret du 14 mars 1808, à requérir le juge de paix d'un autre canton. Est-ce une raison d'appliquer cet article aux huissiers, instrumentant dans les cantons ruraux, pour donner une juridiction à un juge de paix hors de son territoire? Cela paraît très-contestable au premier abord.

Si cependant cela avait eu lieu sans difficulté, les frais de transport devraient être alloués à l'huissier et au juge de paix, ainsi qu'une double vacation à l'huissier, pour la démarche faite d'abord auprès du juge de paix du canton, où l'arrestation devait s'opérer.

7° L'huissier peut-il se servir de gendarmes pour l'arrestation?

oui ; mais si leur emploi n'a pas été nécessité par la résistance obstinée et violente du débiteur, les frais en restent à la charge de l'huissier ou de son requérant.

Le décret du 7 avril 1813, art. 6, § 1er, alloue aux gendarmes qui assistent les huissiers :

A Paris. . . . . 5 f. 00 c.
Dans les villes de 40,000 âmes et au-dessus. 4   00
Dans les autres villes et communes. 3   00

8° L'art. 53 du tarif s'oppose-t-il à ce que l'huissier ne puisse réclamer de droits de transport, en matière d'emprisonnement ?

Non : l'art. 66 est général. C'est aussi l'opinion de MM. Sudraud-Desisles et Vervoort, attestée par M. Chauveau (2e vol., p. 272). Il y a une opinion contraire, celle de M. Cabissol (p. 74); mais elle ne paraît pas devoir être suivie.

9° Si le débiteur s'échappe, ou s'il paie, quel sera le droit de l'huissier ?

Si l'on s'en rapportait au tarif, il semble qu'il ne serait rien dû : en effet, si le débiteur obéit à l'itératif commandement, qui doit précéder le procès-verbal d'arrestation, il ne doit d'autres frais que ceux de cet itératif commandement; s'il s'échappe, l'huissier n'aura fait qu'une perquisition inutile, qui, aux termes de l'art. 53, § 2, et de l'art. 2 de l'arrêté des 24-29 mars 1849, ne donne droit à aucun émolument. D'un autre côté, l'huissier aura peut-être à s'imputer de n'avoir pas pris toutes les précautions nécessaires pour le succès. Mais c'est une question qui ne serait pas de la compétence des juges taxateurs; si elle s'élevait entre l'huissier et son requérant, c'est le tribunal qui devrait la juger.

Quand il s'agissait de la contrainte par corps, exercée par les gardes du commerce, l'art. 20 du décret du 14 mars 1808 accordait 20 fr. *dans le cas où l'arrestation n'aurait pu s'effectuer.*

Aujourd'hui cette taxe leur serait refusée.

10° L'huissier peut-il, par des conventions particulières avec le créancier, stipuler qu'il recevra des honoraires plus forts que ceux déterminés par le tarif ?

Peut-être; mais il est certain que la position du débiteur ne se trouvera en rien aggravée par ces stipulations, et qu'il ne pourra être taxé contre lui d'autres frais que ceux alloués par le tarif. Quant à ce qui concerne le créancier, le juge taxateur ne pourra jamais être saisi de la question, car, s'il y a contestation entre l'huissier et le créancier, le litige devra être porté au tribunal.

Art. 59 (C. pr., 813). — Pour l'original d'un procès-verbal d'offres, contenant le refus ou l'acceptation du créancier :

A Paris, Bordeaux, Lyon, Rouen. . . . . 3 f. 00 c.
Dans les villes où il y a une Cour d'appel, et dans celles où la
    population excède 30,000 habitants. 2   70
Partout ailleurs. 2   25

Pour la copie, le quart.

Art. 60 (C. N., 1259). — D'un procès-verbal de consignation de la somme ou de la chose offerte :

    A Paris, Bordeaux, Lyon, Rouen. . . . . 5 f. 00 c.
    Dans les villes où il y a une Cour d'appel, et dans celles où
      la population excède 30,000 âmes. 4   50
    Partout ailleurs. 4   00

Pour chaque copie à laisser au créancier, s'il est présent, et au dépositaire, le quart.

Art. 61 (Pr. 819, 822, 825). — Les procès-verbaux de saisie-gagerie sur locataires et fermiers, et ceux de saisie des effets d'un débiteur forain, seront taxés comme ceux de saisie-exécution, ainsi que tout le reste de la poursuite.

Art. 62 (Pr. 829). — Pour un procès-verbal tendant à saisie-revendication, s'il y a refus de portes ou opposition à la saisie, contenant assignation en référé devant le juge, y compris les témoins :

    Paris, Bordeaux, Lyon, Rouen. . . . . 5 f. 00 c.
    Dans les villes où il y a une Cour d'appel, et dans celles où
      la population excède 30,000 habitants.. 4   50
    Partout ailleurs. 4   00

Pour la copie, le quart.

Le procès-verbal de saisie-revendication sera taxé comme celui de saisie-exécution.

Observations. — L'art. 63, qui est relatif aux surenchères sur aliénation volontaire, a été abrogé par l'art. 20 de l'ordonnance du 10 oct. 1841.

Art. 64 (Pr. 901). — Pour un procès-verbal de réitération de la cession par le débiteur failli à la maison commune, s'il n'y a pas de tribunal de commerce :

    A Paris, Bordeaux, Lyon, Rouen. . . . . 4 f. 00 c.
    Dans les villes où il y a une Cour d'appel, et dans celles où
      la population excède 30,000 habitants.. 3   60
    Partout ailleurs. 3   00

Art. 65 (Pr. 902). — Pour un procès-verbal d'extraction de la prison du débiteur failli, à l'effet de faire la réitération de sa cession de biens, indépendamment du procès-verbal de ladite réitération :

    A Paris, Bordeaux, Lyon, Rouen. . . . . 6 f. 00 c.
    Dans les villes où il y a une Cour d'appel, et dans celles où
      la population excède 30,000 habitants.. 5   40
    Partout ailleurs. 5   00

Observations. — Le § 2, relatif au procès-verbal d'apposition de placards en matière de saisie immobilière, a été abrogé par l'art. 20 de l'ordonnance du 10 oct. 1841.

§ 3 (*modifié par le décret du 23 mars 1848. V. la note* (1). Par chaque

---

(1) Depuis longtemps ces émoluments étaient considérés comme insuffisants pour rétribuer les actes auxquels ils s'appliquent. Les conditions onéreuses imposées aux huissiers et aux notaires par les art. 173, 174, 175 et 176 du Cod. de comm., telles que l'assistance de témoins, ou d'un notaire en second, la transcription littérale de la lettre de change ou du billet, de l'acceptation, des endossements et des recommandations, l'inscription en entier du protêt sur un registre spécial, pouvaient les constituer en perte.

A Paris, on avait cru devoir interpréter d'une manière un peu large les §§ 3 et 4 de cet art. 65.

original de protêt, intervention à protêt, et sommation d'intervenir, assistants et copie compris :

Indépendamment des émoluments qu'ils accordent, on portait un droit de copie pour l'effet, sur l'original et la copie du protêt, un autre pour la transcription du protêt sur le registre prescrit par l'art. 176 du Cod. de comm., un autre encore pour la transcription de l'effet sur le même registre. Il avait été rédigé un tableau de ces droits, qui se percevaient à titre d'usage; ce tableau avait été revêtu d'une sorte de caractère officiel, ou public, par un avis de la chambre des huissiers du département de la Seine. Il était suivi dans beaucoup de localités, comme base proportionnelle de perception, quoiqu'il n'eût, à vrai dire, aucune autorité légale.

Les choses étaient en cet état au moment de la révolution de février 1848; la crise commerciale qui se produisit immédiatement, et qui occasionna une grande multiplicité de protêts, éveilla la sollicitude du gouvernement provisoire; il tâcha d'amoindrir le désastre en diminuant les frais de poursuites. S'il ne crut pas que le tarif dont je viens de parler eût une existence légale, il le trouva raisonnable en soi ; il le prit pour point de départ et y appliqua les réductions qu'il crut possible de faire.

Voici le texte du décret que le gouvernement provisoire a rendu, le 23 mars 1848, à cette occasion :

« LE GOUVERNEMENT PROVISOIRE,

« Voulant venir en aide aux embarras momentanés du commerce, en diminuant les « frais de protêt, les droits d'enregistrement et les émoluments attachés à chacun de ces actes, DÉCRÈTE :

« ART. 1er. Provisoirement, et jusqu'à ce qu'il en soit autrement ordonné, le tarif actuel est modifié comme il suit :

ANCIEN TARIF.	Em.	Déb.	Total.	NOUVEAU TARIF.	Em.	Déb.	Total.
PROTÊT SIMPLE.	fr. c.	fr. c.	fr. c.	PROTÊT SIMPLE.	fr. c.	fr. c.	fr. c.
Original et copie. . .	2 00	»		Original et copie. . .	1 60	»	
Droit de copie de l'effet sur l'original et la copie du protêt..	1 50	»		Droit de copie de l'effet sur l'original et la copie du protêt..	0 75	»	
Transcription de l'effet et du protêt sur le répertoire. . . .	»	»	6 80	Transcription sur le répertoire.	»	»	4 40
Timbre du protêt. . .	»	0 70		Timbre du protêt. . .	»	0 70	
Timbre du registre des protêts.	»	0 40		Timbre du registre. .	»	0 25	
Enregistrement. . . .	»	2 20		Enregistrement. . . .	»	1 40	
PROTÊT A DEUX DOMICILES OU AVEC UN BESOIN.				PROTÊT A DEUX DOMICILES OU AVEC UN BESOIN.			
Protêt simple.	»	6 80		Protêt simple.	»	4 40	
Pour le second domicile ou le besoin. .	»	»	8 80	Pour le second protêt ou le besoin. . . .	1 00	»	5 75
Timbre.	»	0 35		Timbre.	»	0 35	
Emolument.	1 65	»					
PROTÊT A DEUX EFFETS.				PROTÊT A DEUX EFFETS.			
Le protêt simple. . .	»	6 80		Protêt simple.	»	4 40	
Copie du second effet sur l'original et la copie.	0 50	»	7 70	Emoluments pour le 2e effet..	0 50	»	5 05
Transcription de l'effet sur le registre. . .	0 25	»		Timbre.	»	0 15	
Papier timbré du registre..	0 15	»					

ANCIEN TARIF.	Em.	Déb.	Total.	NOUVEAU TARIF.	Em.	Déb.	Total.
	fr. c.	fr. c.	fr. c.		fr. c.	fr. c.	fr. c.
PROTÊT DE PERQUISITION.				PROTÊT DE PERQUISITION.			
Original et copie du procès-verbal et du protêt.	5 00	»		Original et copie. . .	5 00	»	
Droit de 2 copies à afficher au tribunal de commerce et au tribunal civil. . . .	2 50	»		Droit de copies. . . .	1 25	»	
Les copies du titre. .	1 00	»		Les copies du titre. .	0 50	»	
Visa du parquet.. . .	1 00	»		Visa.	1 00	»	
Timbre de l'original et des copies.	»	»		Timbre des copies.. .	»	1 75	
Au parquet et pour les affiches.	»	2 10		Enregistrement. . . .	»	1 10	
Enregistrement. . . .	»	2 20		Transcription du titre au registre.	»	»	11 75
Transcription du titre au registre.	0 25	»	15 70	Transcription du procès-verbal de perquisition et du protêt.	0 75	»	
Transcription du procès-verbal de perquisition et du protêt.	1 25	»		Papier du registre pour la transcription. . .	»	0 40	
Papier du registre pour la transcription. . .	»	0 40					
PROTÊT AU PARQUET.				PROTÊT AU PARQUET.			
Le protêt simple. . .	0 80	»		Prôtet simple.	4 40	»	
Pour une 2e copie au parquet..	0 50	»		Deuxième copie au parquet..	0 60	»	
Pour une 3e au tribunal.	0 50	»		Troisième au tribunal et droit de la copie du titre.	1 50	»	8 20 (a)
Droit de copies de l'effet sur les 2e et 3e copies..	0 50	»	10 35	Visa.	1 00	»	
Vacation au *visa*. . .	1 00	»		Timbre.	»	0 70	
Timbre de la copie du parquet et de l'affiche..	»	1 05					
INTERVENTION.				INTERVENTION.			
Original..	2 00	»		Original et copie.. . .	2 00	»	
Transcription au registre..	0 50	»	5 00	Transcription au registre.	0 25	»	3 50
Papier du registre. .	»	0 30		Papier du registre.. .	»	0 15	
Enregistrement. . . .	»	2 20		Enregistrement. . . .	»	1 10	
DÉNONCIATION DE PROTÊT				DÉNONCIATION DE PROTÊT.			
Original..	2 00	»		Original..	2 00	»	
Copie de l'exploit.. .	0 50	»		Copie de l'exploit.. .	0 50	»	
Copie du billet. . . .	0 50	»		Copie du billet. . . .	0 75	»	
Copie du protêt.. . .	0 75	»		Copie du protêt.. . .		»	
Copie d'intervention.	0 25	»	7 75	Copie d'intervention..	0 25	»	5 90
Copie de compte de retour.	0 50	»		Copie de compte de retour.	0 25	»	
Timbre.	»	1 05		Timbre.	»	1 05	
Enregistrement. . . .	»	2 20		Enregistrement. . . .	»	1 10	

(a) C'est par erreur que le *Bulletin des Lois* porte seulement 7 fr. 10 c.; ou bien le détail serait inexact, ce qui n'est pas probable.

A Paris, Bordeaux, Lyon, Rouen. . . . .   2 f. 00 c.
Dans les villes où il y a une Cour d'appel, et dans celles où
   la population excède 30,000 habitants.   1   80
Partout ailleurs.   1   50

§ 4. Pour l'original d'un protêt avec perquisition, assistans et copie
compris :

A Paris, Bordeaux, Lyon, Rouen. . . . .   5 f. 00 c.
Dans les villes où il y a une Cour d'appel, et dans celles où
   la population excède 30,000 habitants..   4   50
Partout ailleurs.   4   00

« Art. 2. Les actes de protêt seront désormais dressés sans assistance de témoins. »

Ce décret a donné force obligatoire et légale au tarif de la chambre des huissiers de Paris ; c'est maintenant un règlement d'administration publique régissant la taxe des protêts. Cela ne fait aucun doute ; mais il s'élève cependant des difficultés d'application qui sont assez sérieuses.

1° *Est-il encore en vigueur ?* Oui.

Il est vrai qu'il n'était que provisoire, ainsi que le dit son art. 1er, mais cet article ajoute aussi ces mots : *et jusqu'à ce qu'il en soit autrement ordonné.*

Je ne connais aucune décision qui soit depuis intervenue sur cette matière, et je pense que ce décret a continué et continuera d'avoir force de loi *jusqu'à ce qu'il en ait été*, comme il le dit, *autrement ordonné.*

2° *Mais doit-il recevoir son application ailleurs qu'à Paris ?* Oui.

Il est vrai encore que le tableau qu'il a adopté, en le modifiant, ne concernait que les protêts faits à Paris. Si on l'appliquait quelquefois ailleurs, c'était en réduisant les droits qu'il accordait, suivant les bases fixées par le 2e décret du 16 fév. 1807, c'est-à-dire qu'on diminuait d'un dixième les émoluments dans les villes où il y a une Cour d'appel, et dans celles où la population excède 30,000 habitants, et d'un quart dans les autres localités ; mais rien dans le texte n'autorise à penser que ce décret ne doive être appliqué qu'à Paris ; il est général dans ses termes et dans son esprit ; à l'époque où il a été rendu, il n'y avait aucun motif pour en faire une mesure exclusivement locale. Le commerce de toute la République était atteint comme celui de Paris, et méritait la même protection et la même sollicitude. Je ne fais donc aucun doute que ce décret doit s'appliquer partout.

3° *Les chiffres qu'il fixe doivent-ils être alloués invariablement, et sans distinction de la résidence des officiers publics chargés de faire les protêts ?*

Je ne le crois pas. Sans doute ce décret ne dit pas qu'il se réfère au 2e décret du 16 fév. 1807 (1), pour son application dans les divers ressorts des tribunaux de la France, mais cela a dû néanmoins entrer dans l'intention de ses auteurs. Ils n'ont point déclaré qu'ils abrogeaient les §§ 3 et 4 de l'art. 65 du 1er décret du 16 fév. 1807 ; ils en ont seulement abaissé les chiffres, en adoptant, toutefois, l'interprétation qui lui avait été déjà donnée par l'usage à Paris, usage dont le tableau adopté par le décret justifie l'existence.

Ce qui, au reste, lève toute espèce de doute, c'est le motif exprimé dans le décret : *Voulant venir en aide aux embarras momentanés du commerce, en diminuant les frais de protêt, les droits d'enregistrement et les émoluments attachés à ces divers actes,* DÉCRÈTE, etc. : car, s'il fallait l'appliquer sans distinction de localité, il en résulterait qu'au lieu d'avoir diminué les *émoluments*, il les aurait augmentés ; en effet, le tarif de 1807 accorde, pour l'original et la copie d'un protêt simple, 1 fr. 50 c. partout ailleurs qu'à Paris, Bordeaux, Lyon, Rouen et dans les villes où il y a une Cour d'appel, tandis que le décret de 1848 accorderait 1 fr. 60 c.

Il en est de même pour le protêt avec perquisition : là où le 1er décret n'accorde que 4 fr., le second en accorderait 5 ; là aussi où l'un n'accorde que 75 c. pour les *visa*, l'autre accorderait un 1 fr. Il en est de même encore pour l'émolument des copies et autres droits, ainsi qu'on peut s'en convaincre en continuant de rapprocher et de comparer ces deux tarifs.

4° De tout ce qui vient d'être dit, il faut conclure qu'il est nécessaire, pour la juste

(1) Voyez les art. 1, 2 et 3 du 2e décret du 16 fév. 1807.

§ 3. *Dispositions générales relatives aux huissiers.*

Art. 66. — § 1er (Pr. 62). Il ne sera rien alloué aux huissiers pour transport jusqu'à un demi-myriamètre.

§ 2. Il leur sera alloué au delà d'un demi-myriamètre, pour frais de voyage qui ne pourra excéder une journée cinq myriamètres (10 lieues anciennes); savoir : au delà d'un demi-myriamètre, et jusqu'à un myriamètre, pour aller et retour :

A Paris.	4 f. 00 c.
Partout ailleurs.	4　00

§ 3. Au delà d'un myriamètre il sera alloué :

Par chaque demi-myriamètre sans distinction.	2　00

§ 4. Il sera taxé pour *visa* de chacun des actes qui y sont assujettis :

A Paris, Bordeaux, Lyon, Rouen.	4 f. 00 c.
Dans les villes où il y a une Cour d'appel, et dans celles où la population excède 30,000 habitants.	0　90
Partout ailleurs.	0　75

§ 5. En cas de refus de la part du fonctionnaire public qui doit donner le *visa*, et dans le cas où l'huissier sera obligé, à raison de ce refus, de requérir le visa du procureur impérial, le droit sera double.

§ 6. Les huissiers qui seront commis pour donner des ajournements, faire des significations de jugement, et tous autres actes, ou procéder à des opérations, ne pourront prendre de plus forts droits que ceux énoncés au présent tarif, à peine de restitution et d'interdiction, quels que soient la Cour et le tribunal, auxquels ils sont attachés.

§ 7. Les huissiers qui auront omis de mettre au bas de l'original et de chaque copie des actes de leur ministère la mention du coût d'icelui pourront, indépendamment de l'amende portée par l'art. 67 du Code de procédure, être suspendus de leurs fonctions, sur la réquisition d'office des procureurs généraux et impériaux.

---

application du décret de 1848, de faire des calculs analogues à ceux qu'on a faits pour l'application du tarif de 1807.

Ainsi, quand il s'agira de protêts faits à Paris, Bordeaux, Lyon et Rouen, on allouera les chiffres mêmes portés dans le tableau qui précède.

On les diminuera d'un dixième pour les protêts faits dans les villes où il y a une Cour d'appel, et dans celles où la population excède 30,000 âmes.

Enfin, on les diminuera d'un quart pour les protêts faits dans toutes les autres localités.

Je ne crois pas nécessaire de refaire ici le tableau pour y ajouter ces calculs ; les opérations dont il s'agit sont trop faciles pour n'être pas comprises par tout le monde.

5° Il est indubitable que c'est ce tarif qui doit être appliqué aux protêts qui sont faits par les notaires : la loi, en leur accordant la concurrence avec les huissiers, n'a pas dû vouloir tarifer le même acte d'une façon différente, selon qu'il serait fait par les uns ou par les autres.

6° *Mais les notaires sont-ils, comme les huissiers, dispensés d'employer les témoins dans les protêts qu'ils font ?*

Je le crois aussi, car les termes de l'art. 2 du décret du 23 mars 1848 sont si formels, qu'ils ne paraissent comporter aucune distinction. Et, puisqu'on s'en est rapporté aux huissiers pour constater seuls l'existence de leurs protêts, il y a au moins autant de raison pour accorder la même confiance aux notaires. Si l'on n'exige pas que ces derniers soient assistés de témoins, il faut en tirer la conséquence que la présence d'un notaire en second est pareillement inutile.

Observations.

§ 1er. — *Frais de voyage ou transport des huissiers.*

1° C'est une règle générale que, dans tous les cas où il y a lieu au transport d'un huissier, des frais de voyage lui sont dus, s'il est allé à plus d'un demi-myriamètre du chef-lieu de sa résidence ; peu importe qu'il s'agisse d'actes concernant la juridiction du juge de paix, celle des tribunaux civils ou de commerce, ou d'actes particuliers. Il n'y a d'autre exception que celle qui résulterait d'un texte spécial.

Quelque minime que soit la fraction qui excède le premier demi-myriamètre, elle est comptée aux huissiers pour un demi-myriamètre entier en allant et pour autant en revenant, ce qui fait un myriamètre parcouru, qui leur donne droit à un émolument de 4 fr. Il en est de même du deuxième demi-myriamètre, qui est dû en entier aussitôt que le troisième est commencé, et ainsi de suite jusqu'au onzième exclusivement, car le droit de transport est limité à une journée de cinq myriamètres. Ainsi, quel que soit le nombre des myriamètres parcourus après les cinq premiers, le droit de l'huissier reste fixé à 20 fr. pour une journée. C'est le *maximum* d'indemnité qui puisse lui être accordé pour frais de voyage.

Est-il dû à l'huissier un émolument à raison des fractions qui excèdent le demi-myriamètre, mais qui cependant n'atteignent pas le myriamètre ? S'il y avait, par exemple, huit kilomètres, devrait-on compter un myriamètre, et deux myriamètres, s'il y avait dix-huit kilomètres ? D'après l'art. 66 du tarif et l'interprétation qu'on vient d'y donner, il est évident que non. Mais l'ordonnance des 18-20 sept. 1833, dont nous avons rapporté le texte, en ce qui concerne les émoluments des huissiers pour les actes qu'i's font en matière d'expropriation pour cause d'utilité publique (Voy. page 26), donne à la question une solution contraire. L'article 22 de cette ordonnance porte en effet : « Les indemnités de transport « ci-dessus établies seront réglées par myriamètre et demi-myria- « mètre : *les fractions de* huit ou de neuf kilomètres seront comptées « pour un myriamètre, et celles de trois à huit kilomètres pour un « demi-myriamètre. »

Cet article est conforme au décret du 18 juin 1811 sur les frais en matière criminelle, et M. Dalloz (*Jurisprudence générale*, v° *Frais et dépens,* n° 331) ajoute : « Nous ne voyons pas pourquoi les prin- « cipes, consacrés dans les matières d'expropriation, ainsi que « dans les matières criminelles, ne recevraient pas application « dans les matières civiles. »

L'honorable jurisconsulte aurait parfaitement raison, s'il s'agis- sait de faire le règlement ; mais il ne faut pas oublier que pour les officiers ministériels et les taxateurs, il ne s'agit que de l'appliquer, et nous avons déjà dit que rien n'est plus clair que l'article 66 du décret de 1807. M. Dalloz en convient lui-même, et quoique les tarifs de ce décret, en ce qui concerne les huissiers, soient peu en rapport avec les besoins de l'époque, il faut les appliquer jusqu'à ce qu'il plaise aux pouvoirs publics de les modifier.

Ce n'en est pas moins une justice que de reconnaître que les huissiers, qui forment la classe la plus nombreuse des officiers ministériels, sont ceux dont les émoluments sont le moins proportionnés aux peines et aux soins qui leur sont imposés, et qu'il serait à désirer que l'administration publique vînt bientôt à leur secours, en augmentant un peu le taux de leurs émoluments.

S'il n'y avait que l'article 66 du tarif, on pourrait penser que, dans le cas où l'huissier aurait plusieurs actes à donner dans le même lieu, chacun de ces actes lui donnerait droit à l'émolument entier du transport. Cela paraîtrait une circonstance favorable à l'huissier, qui n'aggraverait en rien la position de celui qui, en définitive, devrait supporter les frais de l'acte donnant lieu au droit de transport ; mais on a craint avec raison que des bénéfices trop élevés, et quelquefois accaparés au détriment de confrères moins intrigants ou moins heureux, n'excitassent trop la cupidité, et l'on a modifié les dispositions de l'article 66 du tarif par les articles 35 et 36 du décret du 14 juin 1813, sur l'organisation et le service des huissiers. Ils sont ainsi conçus :

« ART. 35. — Dans tous les cas où les règlements accordent aux « huissiers une indemnité pour frais de voyage, il ne sera alloué « qu'un seul droit de transport pour la totalité des actes que l'huis- « sier aura faits *dans une même course et dans le même lieu.*

« *Ce droit sera partagé en autant de portions égales entre elles* « *qu'il y aura d'originaux d'actes ;* et à chacun de ces actes, l'huis- « sier appliquera l'une desdites portions, le tout à peine de rejet « de la taxe, ou de restitution envers la partie, et d'une amende, « qui ne pourra excéder 100 francs ni être moindre de 20 francs. »

« ART. 36. — Tout huissier qui chargera un huissier d'une autre « résidence d'instrumenter pour lui, à l'effet de se procurer un « droit de transport qui ne lui aurait pas été alloué, s'il eût instru- « menté lui-même, sera puni d'une amende de 100 francs ; l'huis- « sier qui aura prêté sa signature sera puni de la même peine.

« En cas de récidive, la peine sera double, et l'huissier sera de « plus destitué.

« Dans tous les cas, le droit de transport indûment alloué, ou « perçu, sera rejeté de la taxe ou restitué à la partie. »

Le vœu de ces articles est bien positif et bien nettement exprimé ; cependant il n'est pas aisé de donner une formule générale qui puisse s'appliquer facilement à tous les cas où il y a lieu par l'huissier de faire à chacun des actes la part qu'il doit supporter. Cette part ne doit pas toujours être égale, elle doit être proportionnelle quelquefois.

Trois cas peuvent se présenter :

1° Les actes ont été donnés dans le même lieu.

2° Ils ont été donnés dans des lieux différents, mais sur une même ligne parcourue.

3° Ils l'ont été sur des lignes brisées.

PREMIER CAS.

Si les actes ont été donnés, le même jour et dans le même lieu, il ne s'élève aucune difficulté. La somme des frais de voyage se partage également en autant de portions qu'il y a d'originaux d'actes.

Ainsi, un huissier de Poitiers a donné à Mirbeau, éloigné de Poitiers de près de deux myriamètres et demi, les copies de trois originaux d'exploits : il a droit à une journée de cinq myriamètres, 20 fr., cette somme sera partagée en trois portions égales, de chacune 6 fr. 66 c., et attribuée à chacun des trois originaux. Cela va de soi-même.

SECOND CAS.

Les actes ont été laissés dans des lieux différents, mais sur une même ligne parcourue.

Par exemple, un huissier de Poitiers a fait un acte à Migné, lieu distant de sa résidence de plus d'un demi-myriamètre ; il en a fait un autre à Neuville, à un myriamètre de Migné ; un autre à Varennes, aussi à un myriamètre de Neuville ; enfin un quatrième à Mirbeau, à quatre kilomètres de Varennes. Comment l'huissier devra-t-il faire le partage des 20 francs qui lui sont dus pour sa course ? Il ne pourra le faire par *portions égales*, car l'acte de Migné ne paierait que quatre francs, si l'huissier n'était pas allé plus loin, et dans l'hypothèse de *portions égales*, il aurait cinq francs à payer, ce serait une surtaxe d'un franc qu'il est impossible d'accorder.

M. Favard-Langlade, alors conseiller d'État, qui avait publié une instruction sur l'application du décret du 14 juin 1813, s'y est occupé de cette difficulté ; il reconnaît l'impossibilité d'un partage égal entre tous les actes, et il est d'accord que c'est une division inégale qui doit avoir lieu. Il donne un exemple (1) d'où il résulte,

---

(1) Voici son hypothèse ; je copie :

TROISIÈME EXEMPLE.

Luzy.   Nerville.   Orbec.
†. . 1 myriamètre. †. . . plus 1/2 myriamètre. † (a).

« Ici, on suppose que Nerville est à un myriamètre de Luzy, et Orbec à un myriamè-
« tre et demi (a) ; l'huissier qui est allé à Orbec a fait un acte en passant à Nerville, et
« la totalité des frais est de 12 fr. : s'il n'eût pas été au delà de Nerville, il ne lui serait
« dû que 8 fr., puisqu'il n'y a que deux myriamètres. Or il n'y a donc que quatre francs
« de plus pour Orbec. Il est juste que la partie à laquelle il a signifié un acte dans cette
« dernière commune ne paie que ce surplus de distance.

« Il n'est dû 12 fr. à l'huissier que lorsqu'il se transporte exprès de Luzy à Orbec.
« Mais lorsqu'il est notoire qu'il se trouve à Nerville, on ne peut nier qu'il n'a pas au-
« tant de chemin à faire ; que ce chemin lui ayant déjà été payé jusqu'à Nerville, il ne
« lui reste dû que celui qu'il doit parcourir au delà.

« Le partage égal ne doit donc pas avoir lieu comme dans les autres exemples, car il
« serait injuste que la partie d'Orbec payât la moitié de la course, tandis que l'huissier

(a) En tout trois myriamètres, aller et retour compris.

4

en l'appliquant à celui que nous venons de poser, que, sur les 20 francs qui seront dus à l'huissier de Poitiers pour sa course à Mirbeau, la partie de Migné paierait pour le premier myriamètre parcouru, aller et retour. . . . . 4 fr. 00 c.

Que celle de Neuville paierait pour les deux myriamètres parcourus depuis Migné, aller et retour. 8   00

Que celle de Varennes paierait pour le même motif. 8   00

20 fr. 00 c.

Et qu'enfin celle de Mirbeau ne paierait rien du tout, quand elle aurait dû 20 francs, sans l'heureux concours de circonstances qui la favorise.

Ces résultats suffisent pour démontrer que M. Favard-Langlade s'est trompé sur les intentions de la loi, et qu'il a méconnu son esprit et son texte.

N'est-il pas clair que les quatre parties de Migné, de Neuville, de Varennes et de Mirbeau doivent acquitter en commun les frais d'un parcours commun, depuis Poitiers jusqu'à Mirbeau, et que pour cela, elles doivent à elles toutes la somme de 20 francs ? n'est-il pas dans l'ordre le plus naturel des choses, que la partie la plus rapprochée de la résidence de l'huissier paie moins, et que celle qui en est la plus éloignée paie davantage ?

Il n'y a personne qui ne se rende à de telles vérités quand elles sont exposées, et pourtant c'est l'inverse du système admis par M. Favard-Langlade, système que je crois parfaitement inacceptable.

Ceci posé, il ne reste plus qu'à chercher la part contributive de chacune de nos parties dans la somme de 20 francs que nous attribuons à l'huissier de Poitiers.

1° Quand il est arrivé de Poitiers à Migné, il avait quatre exploits dans son portefeuille, s'il les avait tous laissés à cet endroit, ils supporteraient également, c'est-à-dire pour chacun un quart, les quatre francs de frais de voyage auxquels il a droit : soit donc pour l'acte à faire à Migné. . . . . 1 fr. 00 c.

2° Quand l'huissier est arrivé à Neuville, il n'avait plus que trois exploits ; or ses frais de transport de Poitiers à Neuville sont de huit francs, mais il faut en déduire un franc, mis à la charge de l'acte fait à Migné ;

« n'en aurait fait pour elle que le tiers ; et de ne faire supporter à la partie de Nerville
« que l'autre moitié de cette course, tandis que, soit qu'il allât à Orbec, soit qu'il ne
« dépassât pas Nerville, il fallait nécessairement qu'il fit pour cette partie de Nerville.
« les deux tiers de cette même course Ainsi il demeure constant que pour se confor-
« mer à la loi, la partie domiciliée à Nerville paiera 8 fr., et celle d'Orbec 4 fr. »
(FAVARD-LANGLADE, sur l'art. 35 du décret du 14 juin 1813, p. 65).

Il est bien clair que, dans l'opinion de M. Favard, la partie de Nerville ne doit profiter en rien de la circonstance que l'huissier avait une diligence à faire plus loin. Elle paie son transport entier comme s'il s'était arrêté à Nerville ; la partie d'Orbec profite seule ; elle a dans le partage des frais ce qu'on peut appeler la part du lion : elle paie 4 fr. quand elle aurait dû 12 fr. cessant la concurrence de celle de Nerville ; c'est là un résultat trop bizarre, pour que le système soit bon.

reste sept francs, dont le tiers est la charge de l'acte
fait à Neuville. 2 34

3° Il ne reste plus que deux exploits à Varennes,
distant de Poitiers de deux myriamètres et demi. C'est
la plus longue distance à passer en taxe : le droit est
de vingt francs. Il faut en déduire trois francs trente-
quatre centimes pour les exploits de Migné et de
Neuville; il reste seize francs soixante-six centimes,
dont la moitié est de. 8 33

4° Quant à l'exploit à remettre à Mirbeau, il n'y a
aucune augmentation de droit, c'est comme s'il avait
été laissé à Varennes. 8 33

Total égal. . . . . . .   20 fr. 00 c.

Ce calcul n'est pas tout à fait proportionnel aux distances parcourues pour chaque acte, mais il s'en rapproche. Pour trouver la
moyenne proportionnelle, il faudrait faire l'opération suivante,
qui est aussi très-simple :

1° Pour l'acte fait à Migué, il a été parcouru, pour aller seulement. . . . . 5 kilom.
2° Pour celui fait à Neuville, il en a été parcouru. . 10
3° Pour celui fait à Varennes, le *maximum*. . . . 25
4° Pour celui fait à Mirbeau, 28, qu'il faut réduire à. 25

Total. . . . . 65 kilom.

Or la somme de 20 francs est due dans la proportion des quatre
sommes qui composent ce nombre de 65 kilomètres, et en voici la
formule :

$$65 : 20 \begin{cases} :: \quad 5 \ : \ x = 1 \text{ fr. } 54 \text{ c.} \\ :: \ 10 \ : \ x = 3 \quad 08 \\ :: \ 25 \ : \ x = 7 \quad 69 \\ :: \ 25 \ : \ x = 7 \quad 69 \end{cases} = 20 \text{ fr. } 00 \text{ c.}$$

La différence de cette dernière formule à la première opération
consiste dans la charge que l'on impose aux distances les plus rap-
prochées de contribuer dans les frais pour parcourir les distances
plus éloignées, ce qui paraît un peu contraire au texte de l'article 35
du décret de 1813.

Mais quel que soit celui de ces deux systèmes qu'on choisisse, il
est très-certain que celui de M. Favard-Langlade doit être exclu. Il
reste à examiner la troisième hypothèse.

TROISIÈME CAS.

Quand les actes sont faits dans des lieux, qui ne sont pas, en quelque sorte, sur le prolongement d'un rayon partant du centre, qui
sert de résidence à l'huissier, mais sur différents rayons, de manière
qu'on n'y arrive qu'en suivant des lignes brisées, il y a quelques
difficultés de plus.

4.

Prenons un exemple de localités situées sur des circonférences ayant Poitiers pour centre.

Un huissier de cette localité a donné le même jour, *dans la même course*, des assignations à Mialou, à Croutelle, à Cissé et à Saint-Georges-les-Baillargeaux. Il y a de Poitiers à

Mialou. . . . . 7 kilom.

De Mialou à Croutelle. 10

De Croutelle à Cissé. 12

De Cissé à Saint-Georges. 14

De Saint-Georges à Poitiers. 10

Total. . . . . 53 kilom.

L'huissier aura donc droit à 20 francs, *maximum* d'une journée de cinq myriamètres, puisqu'il a parcouru trois kilomètres en sus.

Comment cette somme sera-t-elle répartie entre les quatre actes?

1° Elle ne peut pas l'être par égales portions, car les actes à Mialou et à Croutelle supporteraient chacun cinq francs, ce qui excéderait leur taxe ordinaire, qui n'est que de quatre francs, puisqu'ils sont l'un et l'autre à moins d'un myriamètre de Poitiers. Le partage égal ne devrait être pratiqué qu'autant que tous les lieux, où il a été fait des actes, seraient à une distance égale de Poitiers, ce qui ne se rencontre pas dans notre exemple.

2° On ne peut pas pratiquer davantage le premier mode de partage indiqué pour le second cas, car on arriverait à faire supporter à la partie, qui demeure à Saint-Georges, une taxe plus forte que celle de huit francs qu'elle aurait dû pour le parcours des dix kilomètres, dont Saint-Georges est distant de Poitiers.

En effet, si l'on partageait en quatre le droit dû par la partie de Mialou, elle ne supporterait qu'un franc; pour les trois autres, le droit serait, à Croutelle, de huit francs pour dix-sept kilomètres; il faudrait en ôter un franc, il resterait sept francs, dont le tiers pour la partie de Croutelle, serait de deux francs trente-quatre centimes. A Cissé, le droit serait, pour vingt-neuf kilomètres, de douze francs, dont il faudrait ôter trois francs trente-quatre centimes, laissés à la charge des deux premiers actes; il resterait huit francs soixante-six centimes à partager en deux, de sorte que le dernier acte se trouverait être de treize francs trente-trois centimes, et il serait surtaxé de cinq francs trente-trois centimes. Cela, comme on le voit, n'est pas admissible.

3° Il n'y a donc, en dernière analyse, que le système de partage proportionnel qui puisse être appliqué, et la proportion doit être établie sur la différence des distances, à Poitiers, de chacune des communes où les actes ont été faits.

Mialou est éloigné de Poitiers d'une distance taxable de. 5 kilom.

Croutelle est à la même distance taxable. 5

Cissé est à une distance double. 10

Et Saint-Georges est aussi à la même distance double. 10

Total. . . . . 30 kilom.

Voici donc la proportion :

$$30 : {}_{20} \left\{ \begin{array}{l} :: \quad 5 \; : \; x = 3 \text{ fr. } 34 \text{ c.} \\ :: \quad 5 \; : \; x = 3 \quad\;\; 34 \\ :: \quad 10 \; : \; x = 6 \quad\;\; 66 \\ :: \quad 10 \; : \; x = 6 \quad\;\; 66 \end{array} \right\} = 20 \text{ fr. } 00 \text{ c.}$$

Ces exemples doivent servir à la solution de toutes les difficultés, qui peuvent s'élever sur la répartition des frais de transport.

On s'est un peu étendu dans les explications qui précèdent, parce qu'on rencontre beaucoup de confusion dans les auteurs qui ont examiné les difficultés que cette matière présente.

Cela embarasse singulièrement les huissiers honnêtes, et il y en a, Dieu merci, beaucoup qui veulent remplir tous leurs devoirs, et n'exiger que les émoluments que la loi leur accorde.

2° Quelles sont les règles à suivre pour déterminer les distances taxables ?

C'est là une question de fait, qui se résout par la connaissance des distances réelles. Cependant il existe des dispositions dans les articles 92 et 93 du décret de 1811, concernant la taxe des frais, en matière criminelle, qui portent : *Article* 92. « L'indemnité sera « réglée par myriamètre et demi-myriamètre. » *Article* 93. « Pour « faciliter le règlement de cette indemnité, les préfets feront dres- « ser un tableau des distances en myriamètres et kilomètres de « chaque commune, ou chef-lieu de canton, au chef-lieu d'arrondis- « sement et au chef-lieu de département.

« Ce tableau sera déposé aux greffes des Cours d'appel, des tri- « bunaux de première instance et des justices de paix. »

Les distances fixées par ce tableau sont obligatoires pour la taxe, en matière criminelle, elles ne le sont pas pour la taxe en matière civile; mais il n'en est pas moins vrai, en fait, que le tableau dont il s'agit est le meilleur guide que puissent prendre les officiers ministériels et les taxateurs, aussi, dans la pratique, il est généralement pris pour le règlement à suivre.

Ce n'est plus une question, que les distances doivent être comptées de clocher à clocher ou de chef-lieu de commune à chef-lieu de commune, et qu'elles sont applicables à tous les lieux compris dans la circonscription de la commune, qu'ils soient plus rapprochés ou plus éloignés du point de départ. (Cass. 14 fév. 1838, Dalloz 18. 1.96).

§ 2.—*De l'obligation faite aux huissiers de mettre au bas de l'original, et de chaque copie, la mention du coût de l'acte.*

1° L'article 48 du décret, du 14 juin 1813, a ajouté aux obligations imposées aux huissiers par le § 7 de l'article 66 du tarif, celle d'indiquer, en marge de l'original, le nombre de rôles des copies de pièces, et d'y marquer de même le détail de tous les articles de frais formant le coût de l'acte, en voici le texte : « Pour faciliter « la taxe des frais, les huissiers, outre la mention qu'ils doivent

« faire, au bas de l'original et de la copie de chaque acte, du mon-
« tant de leurs droits, *seront tenus d'indiquer, en marge de* L'ORI-
« GINAL, *le nombre de rôles des copies de pièces, et d'y marquer*
« *de même le détail de tous les articles de frais, formant le coût de*
« *l'acte.* »

Le motif de cette disposition est facile à saisir ; l'original ne
faisant qu'une mention sommaire des pièces dont il a été donné
copie, il était, pour la taxe de cet original, intéressant de savoir
combien l'huissier avait signifié de rôles de copies de pièces, et la
quantité de feuilles timbrées qu'il y avait employée. C'est quand ces
copies étaient encore en sa possession qu'il lui a été plus facile de
faire ce compte ; il doit le consigner sur son original, où il sera très-
difficile de l'oublier, et même de le changer après coup.

Cet article ne fait aucune distinction entre les copies de pièces,
certifiées et signées par l'huissier, et celles qui le seraient par les
avoués, il est applicable aux unes et aux autres.

2° Est-il aussi applicable aux écritures signifiées d'avoués à avoués
par les huissiers audienciers ?

La question est loin d'être sans intérêt dans la pratique ; il
n'arrive, sans doute, que très-rarement que des avoués portent dans
leurs états de frais plus de papier timbré qu'ils n'en ont employé
dans les copies qu'ils ont données à leurs confrères ; cependant les
taxateurs n'ont à cet égard que leur déclaration ; c'est beaucoup certainement, mais ne serait-il pas convenable que cette déclaration
pût être appuyée du certificat d'un officier ministériel, dont les actes
font foi de leur contenu, d'un officier ministériel, qui peut s'assurer
de l'exactitude du détail, avant de remettre les copies qu'il est
chargé de signifier ? sans aucun doute, cela serait bien.

L'avoué lui-même trouverait toujours dans son dossier, où il
conserve l'original, le moyen de réparer une erreur ou un oubli.

On se demande maintenant pourquoi la loi ne s'appliquerait pas
à ce cas, et s'il y a un texte qui fasse une exception pour les actes
du palais ? pour mon compte, je n'en connais aucun.

Invoquerait-on un usage contraire ? je ne sais pas s'il en existe,
mais si cela est, je suis porté à croire que c'est un abus qu'il faut
s'empresser de réformer. (V. *sous l'article* 156, l'observation dans
laquelle je cite la décision du ministre des finances qui déclare que
l'article 67, § 7, est applicable aux actes du Palais comme aux
autres).

3° Quelle est la sanction contre l'huissier qui n'obéirait pas aux
injonctions de l'article 48 ?

Cet article ne le dit pas, et il ne répète pas la pénalité prononcée par l'article 67 du Code de procédure. — Mais en admettant que
l'omission n'entraîne pas l'amende de cinq francs payable à l'instant de l'enregistrement, il est certain qu'elle peut entraîner des
peines disciplinaires, et de plus l'application de l'article 1030 du
Code de procédure civile.

§ 3. — *Si les huissiers peuvent exiger d'autres droits que ceux alloués par le tarif.*

Il n'y a pas de question, le § 6 de l'article 66 est formel :

1° Cependant certains huissiers élevaient la prétention d'avoir droit à quelque chose pour la tenue de leur répertoire. — Il n'est absolument rien dû.

2° Peuvent-ils ajouter les frais de port de pièces et de correspondance à leurs émoluments taxables ?

Sans aucun doute, ce sont des déboursés ; mais ces déboursés doivent rester à la charge de leur partie requérante, et ne peuvent jamais entrer dans la taxe des frais qu'elle aurait obtenue contre ses adversaires. Il y a dans quelques tribunaux des usages contraires, qui ne sont que des abus.

TITRE II.

DES AVOUÉS DE PREMIÈRE INSTANCE.

CHAPITRE Ier.

MATIÈRES SOMMAIRES.

Observations générales et préliminaires.

§ Ier.—*Ce qu'on doit entendre par matières sommaires.*

Les affaires sommaires sont celles qui sont jugées à l'audience, après les délais de la citation échus, sur un simple acte, sans autres procédures ni formalités (Proc. c. 405), et dans lesquelles il n'est fait d'autre instruction que celle orale, qui a lieu à l'audience.

L'article 404 du Code de procédure civile indique quelles sont les matières qui sont réputées sommaires, ce sont:

1° *Les appels des juges de paix;*

Qu'il s'agisse de choses mobilières, ou de choses immobilières, peu importe, il n'y a pas d'exception.

2° *Les demandes pures personnelles, à quelque somme qu'elles puissent monter, quand il y a titre, pourvu qu'il ne soit pas contesté;*

3° *Les demandes formées sans titre, lorsqu'elles n'excèdent pas mille francs;*

4° *Les demandes provisoires, ou qui requièrent célérité;*

Celles de l'élargissement des personnes emprisonnées pour dettes;

La mainlevée des marchandises prêtes à être envoyées;

Le paiement des hôteliers vis-à-vis des étrangers;

Les demandes en restitution de dépôt de papiers, etc. (Jousse, sur l'ord. de 1667).

Mais toutes les affaires qui requièrent célérité ne sont pas pour cela des affaires sommmaires; il faut que la nécessité de la célérité résulte de la nature de l'affaire, et non pas de circonstances accidentelles. (Arrêt de la Cour de Douai, 7 déc. 1825, Dalloz 26.2.8).

5° *Les demandes en paiement de loyers et fermages et arrérages de rentes.*

Mais il ne faut pas qu'il s'élève de contestation sur l'existence même du bail ou de la rente.

Ces cinq cas, pour être les seuls énumérés dans l'article 404, ne sont cependant pas les seuls qui constituent les matières sommaires: il y en a beaucoup d'autres pour lesquels le Code de procédure, des lois particulières, et le tarif prescrivent la procédure sommaire, en se servant de diverses formules, telles que : *L'affaire sera jugée comme en matière sommaire ; Il sera statué sommairement et sur un simple acte, sans instruction ni procédures ; Le juge statuera sommairement, etc.*

Il faut, à cet égard, voir les articles 311, 320, 558, 521, 832, 666, 761, 805, 809 du Code de procédure civile.

Mais lorsque la loi s'est servie des expressions suivantes sans autre explication : *Il sera statué sommairement ; L'affaire sera jugée sommairement*, il y a beaucoup de jurisconsultes et de tribunaux qui pensent que cela ne veut pas dire que l'affaire sera jugée *comme en matière sommaire*, mais que c'est un conseil donné au juge, de statuer promptement, conseil qui ne change pas la nature de l'affaire.

Les opinions sont très-divergentes à cet égard.

La Cour d'appel de Grenoble a rendu, le 20 mai 1817, un arrêt qui n'est autre chose qu'un arrêt de règlement (V. Dalloz, *Jurisprudence générale*, v° *Frais et dépens*, n° 380), où elle déclare :

« 1° Que les frais et dépens, dans les instances portées devant elle,
« qui auront pour objet les demandes ou les incidents mentionnés
« aux articles 172, 174, 180, 192, 287, 311, 320, 348, 391, 404,
« 405, 406, 457, 458, 459, 521, 608, 669, 721, 722, 723, 733, 735,
« 779, 795, 805, 809, 840, 847, 883, 889, 966 et 973 du Code de
« procédure (Les articles 404 et 521 se référant aux articles 72,
« 134 et 135, C. pr.—Les articles 721 à 735 se référant à l'article
« 718.—Les articles 883 et 889 se référant aux articles 135, 404
« et 884 C. pr., et encore l'article 449 C. C., et les articles 966 et 973
« se référant à l'article 823 C. C.) doivent être taxés conformément
« au tarif *de 1807, chapitre des matières sommaires*, lors même
« que les incidents prévus par lesdits articles se rattacheraient à
« une demande principale qui serait matière ordinaire, sauf à
« ajouter les frais des actes et requêtes autorisés par le tarif ;

« 2° Que les frais et dépens dans les instances sur appel des tri-
« bunaux de commerce doivent être également taxés comme *ma-
« tières sommaires*, 648, Code de commerce ;

« 3° Qu'il ne doit être alloué pour frais de port de pièces et de
« correspondance dans les matières sommaires, que les déboursés
« qui sont justifiés ;

« 4° Que dans les *causes ordinaires*, il ne doit point être alloué
« d'écritures, lorsque l'appel est repoussé par fin de non-recevoir
« ou nullité....., sauf à taxer les frais de l'incident comme en ma-
« tière ordinaire, et sauf encore le cas, où la fin de non-recevoir
« n'est élevée qu'après la signification des griefs de l'appelant ;

« 5° . . . . ;

« 6° Que les écritures même des conclusions motivées, signifiées
« par l'intimé, avant aucune communication de griefs de la part
« de l'appelant, ne doivent point être passées en taxe, sauf le cas
« où l'intimé se rend immédiatement *incidemment* appelant ;

« 7° Que tout arrêt de défaut ne peut jamais donner lieu qu'à
« un simple droit d'obtention d'arrêt *de défaut*, soit qu'il devienne
« définitif par défaut d'opposition, soit qu'il intervienne sur une
« opposition à un premier défaut. »

Cette doctrine est fort nette ; malheureusement un pareil arrêt
n'a ni autorité législative ni autorité réglementaire ; il ne lie ni la
Cour qui l'a rendu, ni les taxateurs pris dans son sein, ni les officiers ministériels de son ressort, c'est un simple parère.

Cependant c'est un acte grave, et qui a toute l'autorité d'un
usage, qui sans doute a été suivi depuis dans le ressort de la
Cour de Grenoble.

Mais on peut lui opposer sur beaucoup de points, décidés dans le
premier chef, un autre arrêt de la Cour de Limoges, rendu sur la
même matière, le 9 février 1819 (Dalloz alphabétique, ancienne
édit., vol. 9, p. 678), cet arrêt est fort long, et rendu en forme
d'instruction motivée; il commence ainsi :

« La question ayant été proposée à la Cour, *si les affaires dont le*
« *Code de procédure dit :* QU'ELLES SERONT JUGÉES SOMMAIREMENT,
« *doivent être taxées comme matières sommaires ?* La Cour a répondu
« QUE NON. »

Viennent ensuite les motifs et les longues considérations qui ont
amené cette solution, il serait superflu de les transcrire ici, d'autant qu'on peut recourir à la source indiquée ; puis, la Cour fait
l'énumération des affaires qui doivent être jugées sommairement,
mais qui ne sont pas taxées comme *matières sommaires* (1).

Ces décisions ont été prises dans les deux Cours de Grenoble et
de Limoges, en réunion générale de toutes les chambres.

Ce qu'on vient de voir suffit pour indiquer combien la matière est
épineuse, et pour faire comprendre tout l'embarras que doivent
éprouver les officiers ministériels pour établir leurs états de frais, et
les juges pour les taxer.

Il y a longtemps que tout le monde sent le besoin d'une décision
de la loi, qui peut-être n'interviendra jamais, d'autres intérêts dé-
tournant sans cesse les législateurs et le Gouvernement de s'occuper de ces questions de détails.

Le ministre de la justice avait, le 21 octobre 1820, adressé aux
procureurs généraux une circulaire (Dalloz alphabétique, tome 9,
p. 678 en note) pour leur recommander d'engager les tribunaux
à déclarer, en jugeant le procès, *s'ils statuent sur une matière
sommaire ou sur une matière ordinaire.*

« Cette précaution, dit-il, sera non-seulement facile, elle rendra
« encore plus régulière la taxe des dépens ; il est plus légal, en
« effet, que ce soient les magistrats qui prononcent sur le débat,
« qui en déterminent la *matière ordinaire* ou *sommaire ;* cette

---

(1) 1° Toutes les demandes en renvoi (172, Pr.) ; 2° celles d'un nouveau délai pour
faire inventaire.

« mesure exécutée, le greffier devra constater sur les dossiers,
« avant de les rendre aux avoués, si la cause a été jugée *sommaire*
« ou *ordinaire*, et le juge chargé de la taxe devra refuser de rece-
« voir le mémoire et les pièces lorsque cette annotation n'aura pas
« été faite. »

Je ne sais si cette mesure s'exécute dans quelques autres ressorts, mais il s'est établi à la Cour d'appel de Poitiers un usage qui
a pour but d'y suppléer.

On fait, chaque semaine, aux deux chambres civiles, les jours
d'audience, l'appel des causes inscrites au rôle pendant la semaine
précédente, et la Cour décide si elles sont sommaires ou ordinaires;
de cette manière, les avoués et les taxateurs n'ont plus à s'occuper,
dans les états de frais et dans les taxes, de la classification des affaires.
C'est une excellente mesure, seulement les avoués devraient avoir
soin de mettre, en tête de leurs états, la mention de l'arrêt de classification. Comme on ne se propose, dans ce travail, que d'indiquer
les seules questions qui se rapportent à la taxe, et non de faire un
traité de procédure, il suffit de faire remarquer qu'il existe un principe dont tout le monde convient : c'est que, dans le doute, les
affaires doivent être réputées *ordinaires;* il faut un texte positif pour
les ranger dans les affaires *sommaires,* qui constituent une classe
exceptionnelle.

Ceci posé, rentrons dans notre spécialité.

§ 2.

Un mot sur l'ordre que nous croyons devoir suivre dans la distribution des articles du tarif, concernant les avoués, et dans l'application simultanée que nous nous proposons d'en faire aux
avoués des Cours d'appel.

L'art. 147 du tarif porte: « Les émoluments des avoués de la
« Cour d'appel (*de Paris*), seront taxés au même prix et dans la
« même forme que ceux des avoués du tribunal de première
« instance de Paris, avec une augmentation sur chaque espèce de
« droits savoir :
« Dans les *matières sommaires,* DU DOUBLE.
« Et dans les *matières ordinaires,* DU DOUBLE, pour le droit de
« consultation ainsi que pour le port de pièces, lorsque les parties
« sont domiciliées hors de l'arrondissement du tribunal de pre-
« mière instance de Paris.
« Et pour les autres droits D'UNE MOITIÉ SEULEMENT de ceux attri-
« bués aux avoués de première instance. »

On appliquera successivement ces dispositions à la suite des
articles du tarif qui concernent les droits des avoués de première
instance.

On a déjà dit que le troisième décret du 16 février 1807 a
rendu commun aux Cours de Bordeaux, Lyon et Rouen, le tarif des
frais et dépens en la Cour d'appel de Paris;

Qu'il a réduit d'un dixième les sommes portées en ce tarif pour la taxe des frais et dépens dans les autres Cours d'appel ;

Que le tarif décrété pour le tribunal de première instance de Paris est rendu commun aux tribunaux de Bordeaux, Lyon et Rouen ;

Que toutes les sommes portées dans ce tarif doivent être réduites d'un dixième pour les tribunaux établis dans les villes où siége une Cour d'appel, ou dans celles dont la population excède 30,000 habitants ;

Qu'enfin, dans tous les autres tribunaux, le tarif des frais et dépens (*deuxième tarif pour la liquidation des frais et dépens*) est le même que celui décrété pour les tribunaux de première instance du ressort de la Cour d'appel de Paris.

Passons maintenant aux articles du tarif.

MATIÈRES SOMMAIRES.

Art. 67. § 1er. Les dépens, dans ces matières, seront liquidés tant en demandant qu'en défendant ; savoir :

§ 2. Pour l'obtention d'un jugement par défaut contre partie ou avoué, y compris les qualités et la signification, s'il y a lieu, quand la demande n'excédera pas 1,000 fr. :

A Paris, Bordeaux, Lyon, Rouen.	7 f. 50 c.
Dans les villes où il y a une Cour d'appel, et dans celles dont la population excède 30,000 habitants.	6 75
Dans le ressort, les trois quarts. . . . . }	
Et dans tous les autres tribunaux de l'Empire. . . . . . }	5 63

EN APPEL { Pour l'obtention d'un arrêt par défaut, etc.
Dans les Cours de Paris, Bordeaux, Lyon, Rouen. 15 f. 00 c.
Dans les autres Cours d'appel. 13   50

§ 3. Et quand elle (*la demande*) excédera 1,000 fr. jusqu'à 5,000 fr. :

A Paris, Bordeaux, Lyon, Rouen (1).	10 f. 00 c.
Dans les villes où il y a une Cour d'appel, et dans celles dont la population excède 30,000 habitants.	9 00
Dans le ressort de Paris et dans les autres tribunaux les trois quarts (de 10 fr.).	7 50

EN APPEL { Dans les Cours d'appel de Paris, Bordeaux, Lyon,
Rouen. . . . . 20 f. 00 c.
Dans les autres Cours d'appel. 18   00

-----

(1) Des avoués d'un tribunal du ressort de la Cour de Lyon, se fondant sur la rédaction des §§ 3, 4, 5, 6 et 7 de cet art. 67,

§ 3, et quand la demande excédera 1,000 jusqu'à 5,090.   10 fr. 00 c.
§ 4, et quand elle excédera 5,000.   15   00   etc.

ont demandé que cet article fût interprété en ce sens, que les divers émoluments ne fussent pas susceptibles de réductions selon les localités ; M. Chauveau qui rapporte, 1er vol., p. 470, n° 26, les termes de la requête qu'ils avaient présentée au tribunal de leur résidence, déclare formellement qu'il ne peut partager leur opinion. Effectivement, il est plus clair que le jour que la dernière partie du § 2, *et dans le ressort, les 3/4*, est sous-entendu dans les cinq paragraphes dont il s'agit, et qu'il y aurait de la déraison à l'en exclure, c'est pour cela que je crois devoir la répéter. Du reste, il n'y a point à s'arrêter un seul instant à des arguments de cette valeur.

§ 4. Et quand elle (*la demande*) excédera 5,000 fr. :

A Paris, Bordeaux, Lyon, Rouen. . . . . 15 f. 00 c.
Dans les villes où il y a une Cour d'appel, et dans celles dont
    la population excède 30,000 habitants. 13   50
Dans le ressort de Paris et dans tous les autres tribunaux. . 11   25
En appel { Dans les Cours d'appel de Paris, Bordeaux, Lyon
          et Rouen. 30   00
        { Dans les autres Cours d'appel. 27   00

§ 5. Et pour l'obtention d'un jugement contradictoire ou définitif —
quand la demande n'excédera pas 1,000 fr. :

A Paris, Bordeaux, Lyon, Rouen. . . . . 15 f. 00 c.
Dans les villes où il y a une Cour d'appel, et dans celles dont
    la population excède 30,000 habitants. 13   50
Dans tous les autres tribunaux. 11   25
En appel { Dans les Cours d'appel de Paris, Bordeaux, Lyon,
          Rouen. 30   00
        { Dans les autres Cours d'appel. 27   00

§ 6. Et quand elle (*la demande*) excédera 1,000 jusqu'à 5,000 f. :

A Paris, Bordeaux, Lyon, Rouen. . . . . 20 f. 00 c.
Dans les villes où il y a une Cour d'appel, et dans celles dont
    la population excède 30,000 habitants. 18   00
Dans tous les autres tribunaux. 15   00
En appel { Dans les Cours d'appel de Paris, Bordeaux, Lyon,
          Rouen. 40   00
        { Dans les autres Cours d'appel. 36   00

§ 7. Et quand elle (*la demande*) excédera 5,000 fr. :

A Paris, Bordeaux, Lyon, Rouen. . . . . 30 f. 00 c.
Dans les villes où il y a une Cour d'appel, et dans celles dont
    la population excède 30,000 habitants. 27   00
Dans tous les autres tribunaux. 22   50
En appel { Dans les Cours de Paris, Bordeaux, Lyon, Rouen. 60   00
        { Dans les autres Cours. 54   00

NOTA. Si la valeur de l'objet de la contestation est indéterminée, le juge allouera une des sommes ci-dessus indiquées.

§ 8. S'il y a lieu à enquête ou à visite et à estimation d'experts, ordonnée contradictoirement, et s'il est intervenu aussi jugement contradictoire
sur l'enquête ou le rapport d'experts, il sera alloué un demi-droit.

§ 9. Et en outre pour copie des procès-verbaux d'enquête et d'expertise, par chaque rôle :

A Paris, Bordeaux, Lyon, Rouen. . . . . 0 f. 15 c.
Dans les villes où il y a une Cour d'appel, et dans celles dont
    la population excède 30,000 habitants. 0   14
Dans le ressort (et dans tous les autres tribunaux), les trois
    quarts de 0 fr. 15 c. 0   12
En appel { Dans les Cours de Paris, Bordeaux, Lyon, Rouen. 0   30
        { Dans les autres Cours. 0   27

§ 10. S'il y a plus de deux parties en cause, et si elles ont des intérêts
contraires, il sera alloué un quart en sus des droits ci-dessus à l'avoué
qui aura suivi contre chacune des autres parties.

Observations. Le paragraphe 12 de l'art. 67, ci-après, dit *qu'il sera passé à l'avoué, qui lèvera le jugement rendu contradictoirement, pour dressé des qualités et de signification du jugement à avoué, le quart du droit accordé pour l'obtention du jugement contradictoire.*

Comment ce droit du quart doit-il être fixé, s'il y a plus de deux parties en cause ayant des intérêts contraires ?

Supposons que le droit d'obtention d'arrêt est de 60 francs, et qu'il faille y ajouter 15 francs parce qu'il y a plus de deux parties en cause ayant des intérêts contraires ; le droit de qualités devra-t-il être de 15 francs seulement ou bien de 18 fr. 75 c. ?

Il paraît que dans le ressort de Bordeaux, on n'accorde que le quart du droit simple, sans aucun égard à l'augmentation qu'il doit subir, aux termes du paragraphe 10 de l'art. 67.

Cet usage nous paraît rigoureux : dans le cas où il y a plus de deux parties en cause ayant des intérêts contraires, le droit d'obtention d'un jugement contradictoire est augmenté d'un quart, c'est le total que le produit de cette augmentation donne qui est le droit véritable d'obtention de jugement, et c'est sur ce droit entier que doit se calculer celui de *dressé* de qualités.

C'est, du moins jusqu'à présent, ainsi que nous l'avions entendu et pratiqué.

§ 11. S'il y a lieu à un interrogatoire sur faits et articles, il sera passé à l'avoué de la partie, à la requête de laquelle il aura été subi, un demi-droit, et, en outre, pour copie du procès-verbal d'interrogatoire, par chaque rôle d'expédition :

A Paris, Bordeaux, Lyon, Rouen..............	0 f. 15 c.
Dans les villes où il y a une Cour d'appel, et dans celles dont la population excède 30,000 habitants............	0 14
Dans le ressort (et dans les autres tribunaux), les trois quarts (sur 15 cent.).....................	0 12
EN APPEL { Dans les Cours de Paris, Bordeaux, Lyon, Rouen.	0 30
{ Dans les autres Cours.	0 27

§ 12. Il sera passé à l'avoué, qui lèvera le jugement rendu contradictoirement, pour dressé des qualités et de signification du jugement à avoué, le quart du droit accordé pour l'obtention du jugement contradictoire.

§ 13. Il ne sera alloué aucun honoraire aux avocats dans ces sortes de causes.

§ 14. Si l'avoué est révoqué, ou si les pièces lui sont retirées, il lui sera alloué ; savoir :

§ 15. S'il y a eu constitution d'avoué avant l'obtention d'un jugement par défaut, *moitié* du droit accordé pour faire rendre un jugement par défaut.

§ 16. Et s'il a été obtenu un premier jugement par défaut, ou un jugement interlocutoire, indépendamment de l'émolument pour ces jugements, moitié du droit accordé pour obtenir un jugement contradictoire (1).

---

(1) L'art. 147 du Tarif, § 5, restreint ces droits lorsqu'il s'agit de frais faits par un avoué contre sa partie. « Néanmoins porte cet article, dans les demandes de condamnation de

§ 17. Mais ces droits ne seront acquis et ils ne pourront être exigés que lorsqu'il y aura eu constitution d'avoué dans le premier cas, ou qu'il aura été formé opposition au premier jugement par défaut, et que l'avoué qui aura obtenu le premier jugement aura suivi l'audience sur le débouté de l'opposition.

§ 18. Au moyen de la fixation ci-dessus, il ne sera passé aucun honoraire pour aucun acte et sous aucun prétexte. Il ne sera alloué, en outre, que les simples déboursés.

Observations.

Abordons maintenant quelques-unes des principales difficultés que présente l'art. 67 dans l'application et la pratique.

1° L'avoué a-t-il droit à des émoluments, en matière sommaire, pour l'acte de sa constitution ? Non.

L'art. 67 lui accorde des droits d'obtention de jugement, à forfait, et pour tous les actes que la procédure sommaire peut exiger ; il ne lui est alloué, en outre, que les simples déboursés (§ 17). Il n'a pas non plus de vacations pour mettre la cause au rôle, ni pour consigner l'amende ;

2° L'avoué peut-il, en matière sommaire, réclamer le droit de port de pièces accordé pour l'art. 145 du Tarif ?

Cette question a soulevé les controverses les plus animées ; elle a divisé les auteurs et les Cours d'appel ; en vain, la Cour de cassation est venue mettre dans un des plateaux de la balance l'autorité de deux arrêts uniformes ; une notable partie des Cours d'appel a résisté, tant sont vifs, et surtout tenaces, les intérêts auxquels elle touche.

Dans le conflit qui a suivi les deux arrêts de la Cour de cassation dont on vient de parler, la Cour de Douai et celle de Poitiers ont pris une position, plus avancée que les autres, dans chacun des deux camps opposés ; de sorte que c'est entre elles que la question s'est le plus nettement posée.

La Cour de Douai, contrairement à la jurisprudence de la Cour de cassation, a décidé que les avoués sont fondés à réclamer le droit de port de pièces et de correspondance dans les affaires sommaires comme dans les affaires ordinaires, et la Cour de Poitiers a décidé, elle, conformément à cette jurisprudence, qu'ils n'y ont pas droit, en matière sommaire (1). C'est dans les arrêts de ces

---

« frais d'un avoué contre sa partie, il ne sera alloué que moitié du droit ci-dessus fixé « pour les *matières sommaires.*» Cet article, qui est placé sous la rubrique des avoués de la Cour d'appel de Paris, s'applique-t-il aux avoués de première instance ? Il y a beaucoup de motifs de le penser. M. Chauveau est de cet avis, 1er vol. p. 82 et 83 ; il cite l'opinion conforme de M. Sudraud-Desisles.

(1) Nous transcrivons ici les deux arrêts principaux, l'un en regard de l'autre :

ARRÊT *de la Cour de Douai du* 26 *janvier* 1845, *qui décide, après un premier arrêt de partage, que les avoués*	ARRÊT *de la Cour de Poitiers du* 6 *janvier* 1852, *qui décide que le droit de port de pièces et de correspondance ne*

Cours que la question a été posée plus nettement et discutée d'une manière plus approfondie.

---

peuvent exiger le droit de port de pièces et de correspondance, en matière sommaire. (Dalloz, Jurisprudence générale, v° *Frais et dépens*, p. 107. N° 179, à la note 4).

LA COUR (après partage) attendu que, sauf ce qui concerne les copies d'enquête, d'expertise et d'interrogatoire, l'art. 67 du tarif ne règle que les émoluments qui doivent être alloués aux avoués en matière sommaire; — que les déboursés doivent être, en outre, alloués en dehors des honoraires, suivant la disposition finale de cet article, qui se borne à en énoncer le principe; — que les règles générales, relatives aux déboursés, sont posées au titre des matières ordinaires, et que c'est à ces règles que l'on doit recourir dans le silence des dispositions spéciales aux matières sommaires; — que ce principe, consacré par la doctrine et la jurisprudence a été particulièrement appliqué aux frais de copie des qualités et des jugements, réglés par les articles 88 et 89;

Attendu que si, en général, les frais et déboursés peuvent et doivent se justifier par les pièces mêmes du dossier, il n'en peut être ainsi de ceux à l'égard desquels une telle justification serait non-seulement difficile mais souvent impossible; que de ce nombre sont les frais de copie dont il vient d'être parlé, ceux de voyage, et surtout *ceux de port de pièces et de correspondance;* — qu'il faudrait en effet, si, pour ces derniers déboursés, la justification par détail et par pièce était exigée, produire l'enveloppe des pièces envoyées, celle de la correspondance et la correspondance elle-même; établir la relation des unes et des autres, débattre des questions d'identité, opérer des ventilations, dans le cas où la même correspondance s'appliquerait à plusieurs affaires; — que les lettres écrites à la partie par l'avoué devraient être renvoyées à celui-ci pour la taxe, et que le tout devrait être soumis non-seulement à l'examen du juge taxateur, mais aussi à l'examen et à la critique de la partie condamnée, toutes choses qui donneraient lieu aux inconvénients les plus graves; — que la loi, frappée de ces inconvénients et déterminée par des motifs d'ordre et d'intérêt publics, a pris le soin de pourvoir à ce qu'exigera la nature de certains déboursés, en établissant pour leur remboursement une allocation à forfait, qui, dans certains cas, peut sans doute dépasser le chiffre du déboursé réel, mais qui, dans d'autres, peut être infé-

peut être réclamé, en matière sommaire. (Journal des arrêts de la Cour de Poitiers, 1852, p. 237).

LA COUR, vu l'art. 6 du décret supplémentaire du 16 février 1807, et les art. 67, 145 et 147 du Tarif, en matière civile;

Attendu qu'il est constant que l'affaire pour laquelle les frais réclamés ont été faits est une cause sommaire de sa nature; que c'est aussi comme en matière sommaire que l'avoué de B. a rédigé l'état de ses frais et l'a présenté à la taxe;

Attendu que par son opposition il demande que la Cour lui alloue, *pour frais de port de pièces et de correspondance* la somme de 18 fr. que le conseiller-taxateur à rejetée de la liquidation de ses dépens;

Attendu que le Code de Proc. civ., articles 404 et suivants, a soigneusement séparé les procès sommaires des procès ordinaires, pour l'instruction et la procédure à suivre devant les tribunaux civils; que le décret du 16 février 1807, rendu en exécution des art. 543, 544 et 1042 du même Code, a maintenu cette séparation non moins formellement pour la taxe des frais et dépens; qu'il a distribué en deux chapitres les règles relatives à cet objet; que les matières sommaires sont régies par le chap. 1 du titre 2. et les matières ordinaires par le chap. 2;

Attendu que l'art. 67, dont les divers paragraphes composent seuls le chapitre 1er, n'accorde, en matière sommaire, à titre de forfait, pour tous les actes de la procédure, qu'un émolument unique qu'il désigne sous la qualification de *droit d'obtention de jugement;* que cet émolument varie selon les diverses circonstances énumérées dans cet article; que pour prévenir toute incertitude, il ajoute dans son dernier paragraphe : *au moyen de la fixation ci-dessus, il ne sera passé aucun autre honoraire pour* AUCUN ACTE ET SOUS AUCUN PRÉTEXTE : *il ne sera alloué, en outre, que les simples déboursés;*

Attendu que l'art. 145 du même décret fixe aussi, à forfait, les frais de port de pièces et de correspondance quand les parties sont domiciliées hors de l'arrondissement du tribunal; mais que cet article est placé dans le chapitre 2 des matières ordinaires, paragraphe 12;

Attendu que ce serait déjà trancher une grave difficulté que de l'appliquer aux matières sommaires, fût-il admis, contre toute évidence, que l'allocation qu'il accorde, à for-

Quoique notre intention soit de ne donner, dans ce travail, que des notions élémentaires, on nous pardonnera certainement d'a-

rieure à ce chiffre, ce qui est le propre des règlements de cette espèce ; que c'est de cette dernière manière qu'elle a réglé ce qui doit entrer en taxe pour les frais de copie, pour ceux de voyage et pour ceux de port de pièces et de correspondance ;

Attendu, quant à ces derniers frais, que tout démontre que, dans l'intention de la loi, l'allocation faite par l'article 145 ne l'a été qu'à titre de remboursement, et sans aucun mélange d'honoraires pour l'avoué ; qu'indépendamment de la preuve qui ressort, à cet égard, des motifs qui ont donné lieu à une telle allocation, les termes mêmes de l'article 145 viennent justifier cette interprétation ; que c'est, en effet, pour le remboursement des frais de port que cette allocation est autorisée ; que si l'expression *frais*, prise même isolément, présente naturellement l'idée d'un déboursé, les expressions qui la suivent immédiatement dans l'article lui impriment nécessairement ce caractère ; — que ce ne sont pas des frais *in genere* qui sont passés à l'avoué, mais des frais de port, expression qui exclut toute idée d'un émolument quelconque compris dans l'allocation ; que d'un autre côté, dans ledit article, les mots *frais de port* se lient aussi intimement au mot *correspondance* qu'ils se lient au mot *pièces*, d'où il suit que l'allocation ne comprend que les frais de port de correspondance, comme elle ne comprend que les frais de port de pièces, et par conséquent un déboursé seulement ; — que la même conséquence résulte du rapprochement de l'art. 145 et des art. 144 et 146 ; que l'expression *frais*, également employée dans ces deux derniers articles, y est nécessairement exclusive de tout émolument, et qu'on ne concevrait pas qu'il en fût autrement de l'article intermédiaire.

Attendu qu'il n'est aucune des considérations qui précèdent, en tant surtout qu'elles se rapportent à l'allocation du port de pièces et de correspondance, en matière ordinaire, qui ne s'applique aux matières sommaires ; que là existent les mêmes difficultés, les mêmes inconvénients, et par suite la même nécessité d'un règlement à forfait ; que du moment que celui qu'a établi l'article 145 est exempt de tout mélange d'honoraires, rien dans l'article 67 ne fait obstacle à ce qu'il reçoive son application en matières sommaires ; qu'on objecterait en vain que l'instruction des affaires sommaires étant généralement moins étendue que celle des affaires ordinaires, il y aura inconséquence à allouer la

fait ne représente que des déboursés, puisque, n'étant pas effectifs, ils ne seraient peut-être pas les *simples déboursés* de l'article 67 ;

Mais qu'il est impossible de ne pas reconnaître que ce serait violer manifestement ce dernier article que d'attribuer le droit de correspondance aux matières sommaires, s'il est démontré que ce droit ne se compose pas seulement de déboursés, mais encore, et en proportion plus grande, d'émoluments et d'honoraires ;

Attendu qu'il ne peut être douteux que cela est : qu'il est en effet de la nature des déboursés d'être fixés et déterminés d'une manière invariable par les avances ; que si les frais de port de pièces sont plus ou moins élevés, ce n'est qu'en raison de la distance parcourue, et non pas en raison de la qualité de l'avoué auquel les pièces sont adressés ; qu'il n'en coûte pas plus, en effet, pour faire parvenir un paquet de pièces dans la même ville à un avoué d'appel qu'à un avoué de première instance ; que cependant la différence des droits dans la circonstance serait du simple au double, puisque l'article 147 du même décret dispose que les émoluments des avoués d'appel seront taxés dans les matières sommaires avec une augmentation *du double*, et dans les matières ordinaires aussi avec une augmentation *du double* pour le droit de consultation *ainsi que pour le port de pièces* ; qu'il faut tirer de cela la conséquence certaine que le droit de port de pièces et de correspondance est considéré comme un émolument accordé pour les soins à donner à la correspondance, et que par suite il est refusé aux matières sommaires par l'article 67 ;

Attendu que l'objection tirée de la difficulté pour l'avoué de justifier ses déboursés, dans les cas dont il s'agit, n'est pas très-sérieuse, puisque le forfait de l'art. 145 n'est établi que pour les cas, très-rares en première instance, où la partie réside hors de l'arrondissement de l'avoué, et que, dans tous les autres, tant en matière ordinaire qu'en matière sommaire, il est obligé de justifier des déboursés qu'il a pu faire pour cet objet ;

Attendu que, dans la cause actuelle, le conseiller taxateur n'a pas refusé d'allouer en principe les déboursés pour port de pièces, mais qu'il a constaté qu'ils n'étaient ni justifiés ni réclamés ; que l'opposant se trouve encore dans les mêmes termes devant la Cour ;

Par ces motifs ;

voir donné quelques développements à une difficulté dans laquelle tant de gens compétents ont des opinions opposées.

Voici donc les éléments d'abord, puis l'historique de la question.

Le décret de 1807 a posé des règles distinctes pour la taxe en matière sommaire, et pour celle en matière ordinaire. Il a établi deux modes de rémunération qui n'ont aucun rapport entre eux ; il est impossible de les confondre ; ils sont séparés par des barrières infranchissables. En matière sommaire, il fixe à forfait les émoluments de la procédure, quelque nombreux ou restreints qu'en soient les actes.

En matière ordinaire, il ne considère que les actes de procédure, et il les rétribue individuellement et séparément, selon les classes qu'il a déterminées pour chacun d'eux.

C'est l'art. 67 tout seul qui régit les matières sommaires ; on vient d'en voir l'économie et les développements.

C'est l'art. 145 du tarif, placé au chapitre des matières ordinaires, qui fixe les droits dus aux avoués *pour frais de port de pièces et de correspondance*. Il faut en rappeler les termes :

même somme aussi bien dans une matière que dans l'autre ; — que si l'observation peut être vraie en tant qu'elle porte sur les actes de procédure et d'instruction, elle cesse de l'être en ce qui touche l'envoi des pièces et la correspondance, surtout à l'égard des affaires d'une certaine nature, telles que celles de commerce en général, celles de faillite, celles d'ordre, celles de distribution par contribution et autres ; que l'application d'un forfait aux matières sommaires pour le remboursement des frais de port de pièces et de correspondance est d'autant plus nécessaire que, dans ces sortes d'affaires, la liquidation des dépens doit être faite par le jugement même, et que les frais de port de pièces ne s'arrêtent pas tous à ce moment ; qu'il en est au contraire qui doivent nécessairement avoir lieu pour un temps postérieur, tels que ceux occasionnés par le renvoi des pièces à la partie, et par l'accusé de réception de celle-ci à l'avoué ; et qu'il suivrait du système du règlement à vue de pièces, ou que ces frais postérieurs seraient irrécouvrables pour la partie ou qu'une action spéciale devrait être accordée pour leur recouvrement, ce qui est également inadmissible ; que de toutes ces considérations il résulte que la disposition de l'art. 145 du tarif est applicable aux matières sommaires comme aux matières ordinaires ;

Par ces motifs ;

LA COUR, vidant le partage, reçoit l'opposition à la taxe, dit que la somme de 18 fr., réclamée pour port de pièces et correspondance, est légitimement due à chacune desdites parties, ordonne, etc.

LA COUR déclare l'opposition régulière et recevable, dans la forme seulement, au fonds la déclare mal fondée..... maintient la liquidation des dépens telle qu'elle a été réglée par le conseiller taxateur.

Condamne l'opposant aux dépens.

Art. 145. « Quand les parties sont domiciliées hors de l'arron-
« dissement du tribunal, il sera passé à leurs avoués, *pour frais*
« *de port et de correspondance*, pour chaque jugement définitif :

A Paris, Bordeaux, Lyon, et Rouen. . . . . 10 f. 00 c.
Dans les villes où il y a une Cour d'appel, et dans celles où
   la population excède 30,000 habitants. 9 00
Dans le ressort de Paris et partout ailleurs. 7 50
En appel. { Dans les Cours de Paris, Bordeaux, Lyon et
         Rouen. 20 00
         Dans les autres Cours d'appel. 18 00

Une des objections les plus graves, qu'on faisait à ceux qui veulent appliquer cet article aux matières sommaires, se tirait précisément de la place qu'il occupe, et du principe qu'on ne peut
transporter, dans les matières sommaires, les règles établies pour
les matières ordinaires. Mais le dernier paragraphe de l'art. 67 est
ainsi conçu : « Au moyen de la fixation ci-dessus, il ne sera passé
« aucun autre honoraire pour aucun acte, et sous aucun prétexte.
« *Il ne sera alloué, en outre, que les simples déboursés.* »

En s'emparant de ces derniers termes, on a repoussé, jusqu'à
certain point, cette première objection, de sorte que, reportée sur
un autre terrain, la question est devenue celle-ci : *Le droit tarifé
dans l'art. 145 est-il un simple déboursé fixé à forfait, ou est-il un
mélange de déboursés et d'honoraires ?*

Dans le premier cas, il rentrerait dans les droits accordés en
matière sommaire ; dans le second, il en serait exclu.

C'est aussi à ces termes que les deux arrêts que nous venons de
transcrire en note ont réduit la difficulté. L'arrêt de la Cour de
Douai ne voit, dans l'art. 145, que des déboursés, fixés à forfait ;
la Cour de Poitiers y voit un mélange de déboursés et d'honoraires : de là la contrariété des deux décisions. Il faut désormais que
la question reste sur ce terrain, et y soit résolue.

Voici maintenant la phase qu'elle a parcourue avant d'en arriver à ce point.

Dès l'apparition du décret, après avoir divisé les auteurs, elle
avait embarrassé les officiers ministériels et les magistrats, à peu
près dans tous les tribunaux et toutes les Cours d'appel.

Nous avons déjà parlé plus haut de l'arrêt, en forme de règlement, que rendit la Cour de Grenoble, le 20 mai 1817, sur la provocation des avoués ; nous avons vu qu'elle y décide une multitude de questions concernant la taxe en matière sommaire. Sur
celle qui nous occupe, elle s'exprimait ainsi: « La Cour déclare…
« 3° qu'il ne doit être alloué, pour frais de port de pièces et de
« correspondance, dans la matière sommaire, que les déboursés
« qui sont justifiés . »

La Cour de Limoges rendait aussi, le 9 fév. 1819 (1), un arrêt

_____

(1) Voir cet arrêt dans Dalloz, Alphab., vol. 9, page 673, note 2 ; nous ne l'avons pas
trouvé dans la nouvelle édition.

dans la même forme, toutes les chambres réunies. En désaccord sur plusieurs points avec celui de la Cour de Grenoble, cet arrêt déclare aussi *que le droit de port de pièces et de correspondance ne peut être réclamé, en matière sommaire.*

A son tour la Cour de Paris prit, chambres assemblées, le 25 nov. 1822, un arrêté pour réglementer certaines perceptions en matière de taxe de frais et dépens (1). On y lit, art. 7 : « Le « droit de 10 francs et de 20 francs, pour port de pièces et de cor- « respondance, sera alloué, en matière sommaire, conformément « aux articles 145 et 147 du tarif. »

C'est le commencement de la divergence des Cours.

Ainsi, sur trois Cours, deux ont dit que le *droit* n'est pas dû. La Cour de Paris a dit, au contraire, qu'il devait être accordé.

Il faut remarquer, nous l'avons dit plus haut, que ces arrêts ne pouvaient acquérir ni l'autorité de la chose jugée, ni l'autorité de règlements, à cause de l'art. 5 du Code civil, qui défend aux juges de prononcer par voie de disposition générale et réglementaire. Aussi, ils n'ont lié ni les juges qui les ont rendus, ni les parties, ni les avoués, ni les taxateurs, et la question a continué à se produire comme auparavant, même dans le ressort des Cours qui l'avaient ainsi résolue.

M. Dalloz jeune, dans son *Dictionnaire général,* v° *Frais et dépens,* n° 273, nous apprend que les Cours d'appel d'Aix, de Bourges, Bastia, Lyon, Douai, accordent le droit ; mais que les Cours de Montpellier, Rennes, Besançon, Angers, Orléans et Amiens, le refusent, et n'accordent que les déboursés justifiés ; que les Cours de Colmar et de Metz passent un droit fixe, non susceptible d'être augmenté en appel.

La Cour de Caen avait aussi admis un moyen terme : elle a jugé, le 10 déc. 1829 (2) (*affaire Chevrel*), « que le droit de correspon- « dance ne peut pas être considéré comme un émolument, mais « qu'il est un forfait pour les déboursés ; qu'il doit donc être « alloué en matière sommaire, mais qu'il ne peut subir l'augmen- « tation *du double* au profit des avoués d'appel, l'article 147 n'au- « torisant ce doublement que pour les émoluments. »

C'était un troisième système qui n'a mis personne d'accord : il est, en effet, le moins appuyé de bonnes raisons.

En 1832, M. Adolphe Chauveau (3) a repris et discuté cette question. Il rapporte en entier un mémoire présenté par les avoués à la Cour de Douai, lors de l'arrêt du 16 juill. 1828 (4). C'est une pièce utile à consulter pour les détails ; mais il suffit d'y renvoyer, car tous les arguments qui s'y trouvent sont reproduits, en substance, dans les arrêts qui ont jugé dans le sens des conclusions de ce mémoire.

---

(1) On trouvera plus loin cet arrêté rapporté tout au long.
(2) Dictionnaire de la jurisprudence de la Cour de Caen, v° *Frais et dépens,* n° 52.
(3) CHAUVEAU, *Commentaire sur les tarifs,* V. 1re part.; page 444 et suivantes.
(4) Voir ces arrêts, Dalloz, 1829, 2e partie, p. 243.

M. Chauveau, qui se prononce fortement en faveur du droit, s'appuie sur deux arrêts : l'un de la Cour de Bourges, du 30 août 1827 (1), l'autre de la Cour de Douai ; il espère fermement que la jurisprudence finira par se fixer en ce sens et triomphera de l'opposition qu'elle a rencontrée.

Il n'en fut pas ainsi cependant. La Cour de Bourges avait rendu, le 24 août 1829, un autre arrêt jugeant comme le premier, et dont voici le motif principal :

« Considérant que les frais de port de pièces et de corres-
« pondance ne sont pas des honoraires, mais seulement le
« remboursement des déboursés ; qu'en vain on voudrait réduire
« l'avoué à compter en détail des ports de lettres ou paquets qu'il
« reçoit et des voyages qu'il peut faire ; que la loi n'a pas voulu
« engager les magistrats taxateurs dans des examens et des dé-
« bats avec les avoués ; qu'elle a, d'ailleurs, considéré qu'il serait
« impossible aux uns de justifier, aux autres de rectifier ; qu'elle
« a fait pour ces sortes de dépenses un forfait qui peut quelque-
« fois dépasser les véritables déboursés et quelquefois être au-
« dessous ; mais que ces mots : *frais de port de pièces* écrits dans
« l'art. 145, attestent qu'elle n'y a pas vu *des honoraires,* mais *de*
« *simples déboursés.* »

Cet arrêt présentait assez nettement le résumé des raisons allé-guées par les partisans du droit ; il ne manque ni de force ni de clarté ; il affirme cependant un peu trop que le droit de corres-pondance n'est pas un honoraire, et il ne le prouve pas assez : c'est poser en principe ce qui est en question.

Cet arrêt était rendu contre l'Etat, représenté par le préfet du Cher, qui se pourvut en cassation. C'était la première fois que la question se présentait devant la Cour régulatrice. On développa à son audience la doctrine consacrée par la Cour de Bourges. M. Ad. Chauveau lui-même avait été chargé de défendre son arrêt. Tout ce qui pouvait être dit sur cette question fut exposé avec la cha-leur qu'inspire une opinion longtemps mûrie et l'accent d'une profonde conviction.

Malgré l'autorité qui s'attachait à la parole d'un maître, d'un savant professeur et d'un jurisconsulte tel que M. Ad. Chauveau, il perdit son procès et la Cour de cassation, par arrêt du 7 janv. 1834, cassa celui de la Cour de Bourges (2).

« Attendu, dit-elle, qu'il est reconnu qu'en matière sommaire
« la loi n'alloue point *d'honoraires pour frais de port de pièces* et
« de voyage, comme elle le fait en matière ordinaire par les arti-
« cles 145 et 146 ; qu'il est vrai, néanmoins, qu'elle alloue les
« simples déboursés ; que la Cour de Bourges a cependant jugé que
« ces droits étaient dus conformément aux articles 145 et 146 du

---

(1) Voir ces arrêts, Dalloz, 1829, 2ᵉ partie, p. 243.
(2) Dalloz, 34. 1, 77. Dalloz, *Jurisprudence générale,* vᵒ *Frais et dépens,* nᵒ 169, à la note.

« tarif; qu'en jugeant ainsi, et en transportant ces articles au cha-
« pitre des matières sommaires, elle a fait une fausse application
« desdits articles et violé la disposition finale de l'article 67, qui
« lui prescrivait d'apprécier elle-même, dans sa sagesse, et d'après
« les justifications qu'elle avait droit d'exiger, quels étaient les
« simples déboursés que la loi l'autorisait à allouer. »

Nous avons reproché tout à l'heure à la Cour de Bourges d'avoir
affirmé plutôt que prouvé que les droits de l'art. 145 ne contiennent pas *d'honoraires*.

On a dit que la Cour de cassation avait fait aussi l'affirmation inverse sans trop en exposer la preuve. Cependant il résulte clairement de son arrêt qu'elle a vu dans les droits de l'art. 145 et des
émoluments et tout à la fois un remboursement d'avances possibles.
Peut-être serait-il à désirer que cette idée eût été appuyée de raisons et plus développée pour faire cesser la polémique.

Toujours est-il que cet arrêt reprend la Cour de Bourges de n'a-
voir pas soumis les déboursés réels réclamés à une sorte de ven-
tilation pour y appliquer ensuite l'art. 67.

Plus tard, en 1838, le tribunal de Coutances décida aussi que le
droit de port de pièces ne devait pas être accordé, en matière sommaire. Entrant dans les principes posés par la Cour de cassation,
il considéra que l'art. 145 avait deux objets : le premier de rembourser l'avoué des frais de port de pièces, et le second de lui
accorder un émolument pour les peines et soins exigés par la correspondance. Il dit qu'il est si vrai que l'intention de cet article
est d'accorder un émolument, qu'il le varie selon les localités, ce
qui serait injuste, s'il ne s'agissait que de faire rentrer l'officier
ministériel dans des déboursés, puisqu'il n'en coûte pas plus de
frais de port de pièces et de lettres dans un procès engagé d'Orléans à Paris que dans un procès engagé de Paris à Orléans ; que
pourtant le droit est bien différent ; qu'il y a donc dans ce droit
autre chose que des déboursés ; que cependant ce ne sont que des
déboursés qui doivent être accordés en matière sommaire.

Ce jugement n'était pas susceptible d'appel ; mais l'avoué, dont
l'opposition à la taxe avait été repoussée, se pourvut en cassation ;
la question fut regardée comme sérieuse, car la Chambre des requêtes admit le pourvoi ; mais la Chambre civile le rejeta, par arrêt
du 17 janv. 1842 (1).

« Attendu, porte l'arrêt, que l'article 67 du tarif du 16 février
« 1807, placé au chapitre des matières sommaires, n'accorde pour
« aucun acte et sous aucun prétexte aux avoués aucuns hono-
« raires, autres que ceux qu'il exprime, et ne leur alloue, en
« outre, que les simples déboursés ;

« Attendu que le jugement attaqué réserve à cet égard les dé-
« boursés effectifs, et qu'en refusant d'allouer l'émolument ac-
« cordé par l'article 145, placé au chapitre des matières ordi-

---

(1) DALLOZ, 1842. 1. 57. *Journal du Palais*, 1842, tome 1er, pages 105 et suiv.

« naires, il a fait une juste application de cet article et n'a point
« violé l'article 67. »

Quelques Cours abandonnèrent leur ancienne jurisprudence et
se rendirent à celle de la Cour de cassation ; mais d'autres ont
persisté dans une jurisprudence contraire ; elles se sont associées
au reproche fait à la Cour de cassation d'avoir supposé plutôt
qu'établi que l'art. 145 accorde un émolument, et non pas simplement et uniquement le remboursement d'avances possibles.

Mais elles ont senti aussi que, dans les monuments de leur jurisprudence, on avait posé en principe ce qui est précisément en
question, à savoir, si le droit de l'art. 145 ne constitue qu'un remboursement à forfait d'avances possibles ou présumées.

Les motifs donnés par le tribunal de Coutances, et dont les conséquences ont été sanctionnées par la Cour de cassation, sont, il
faut bien en convenir, de nature à jeter au moins quelques doutes
sur la vérité de l'axiome qui sert de base à leur décision.

Aussi la Cour de Douai, qui a été saisie de la question en 1843,
s'est attachée à démontrer, *à priori*, que le droit dont il s'agit ne
renferme aucun mélange d'honoraires. Nous avons reproduit son
arrêt en regard de celui de la Cour de Poitiers, qui admet la thèse
contraire, et qui s'attache aussi à la prouver de son mieux.

L'art. 7 du règlement, adopté par la Cour de Paris, le 25 novembre 1822, avait été admis, sans conteste, par celle de Bordeaux, qui se trouve sur la même ligne pour ce qui est relatif à
la taxe des frais ; il était naturel, en effet, qu'on accordât aux
avoués du ressort de Bordeaux les avantages dont jouissaient ceux
du ressort de Paris. Les taxateurs passaient donc le droit de correspondance, en matière sommaire, dans tous les cas où il a lieu
en matière ordinaire.

Mais les divergences se sont produites après les arrêts de la
Cour de cassation, qu'on vient de lire.

Les conseillers taxateurs des Chambres de la Cour de Bordeaux
formaient une sorte de Commission, qui se réunissait pour délibérer et décider, en commun, les difficultés de taxe qui surgissaient
dans la pratique ; cela produisait l'excellent résultat de maintenir l'uniformité de la taxe dans toutes les Chambres de la Cour.

Cette commission consignait ses délibérations sur un registre
particulier, et en donnait connaissance aux avoués.

Dans une séance, qui fut tenue le 30 mars 1854, la commission
(composée de MM. les conseillers Delange, Lacoste et Gellibert,
dont il est bon de rappeler les noms à cause de leur notoriété et
de leur autorité à la Cour), décida :

« 5° Qu'en matière sommaire, les frais de port de pièces et de
« correspondance ne seront plus alloués, conformément à l'ar-
« ticle 145 du tarif ; mais que les déboursés réels et effectifs se-
« ront passés, quel qu'en soit le chiffre » (1).

---

(1) Nous croyons qu'il n'est pas sans intérêt de donner ici la délibération tout en-

Les avoués ne se rendirent pas à cette décision ; ils formèrent opposition aux taxes, qui rejetaient de leurs états les frais de port de pièces et de correspondance.

Deux chambres de la Cour de Bordeaux, la deuxième et la quatrième, ont été appelées à se prononcer, et, malgré les conclusions

---

tière ; elle réforme, sur un grand nombre de points, des abus qui paraissaient s'être introduits dans la taxe des frais.

« *Séance du 30 mars 1854.*

« Présents : MM. Delange, Lacoste et Gellibert.

« Décidé :

« 1° Qu'il ne sera alloué aucun droit à l'avoué, tant en matière ordinaire qu'en matière « sommaire, pour le dépôt, entre les mains du greffier, des conclusions motivées, prescrit par « l'art. 33 du décret du 30 mars 1808, pour être admis à prendre défaut, ou à plaider contra- « dictoirement. »

« La raison, pour la Commission, de le décider ainsi, contrairement à la résolution « précédemment prise, le 6 mars 1854, c'est que ce dépôt n'est pas un acte de procé- « dure proprement dit, et qu'il n'a pour objet que de rappeler aux juges les conclu- « sions qui ont été prises en posant les qualités (*Circulaire du Ministre de la Justice,* « du 4 octobre 1825).

« 2° Qu'en matière sommaire il ne sera passé aucun émolument : 1° pour vacation à former « opposition aux qualités ; 2° pour la sommation pour être réglé sur l'opposition ; 3° pour « vacations au règlement. »

« La raison de le décider ainsi, c'est que l'affaire ne cesse pas d'être sommaire après « le jugement, surtout en ce qui concerne les qualités, puisque le § 13 de l'art. 67 du « tarif alloue, pour le dressé des qualités, en matière sommaire, un émolument diffé- « rent de celui qui est alloué par l'art. 87, en matière ordinaire. La disposition finale de « l'art. 67 reste donc applicable aux actes de la procédure postérieure au prononcé du « jugement pour tout ce qui concerne les qualités, de même qu'à tous les actes qui « l'ont précédé. L'arrêt de la Cour de cassation du 1er mars 1841, cité dans la résolu- « tion contraire du 3 avril 1854, loin de contrarier cette décision, ne fait que la justi- « fier, puisqu'il alloue à l'avoué les frais de copie des qualités ; c'est par application du « paragraphe final de l'art. 67, ces frais étant considérés comme déboursés et non pas « comme émolument.

« 3° Qu'il ne sera passé aucun émolument à l'huissier pour la mention de l'opposition qui « sera faite aux qualités, soit au moment de la signification, soit après, le tarif n'allouant « rien pour cette mention ;

« 4° Qu'en matière sommaire, il ne sera rien alloué à l'avoué, pour l'état des dépens, et ce « conformément au § 1er du tarif des frais de taxe ;

« 5° Qu'en matière sommaire, les frais de port de pièces et de correspondance ne seront pas « alloués, conformément à l'art. 145 du tarif, mais que les déboursés réels et effectifs seront « passés, quel qu'en soit le chiffre. »

« La raison de décider ainsi contrairement à la décision précédente, du 3 avril 1854, « c'est que la somme allouée par l'art. 145, placé au titre des affaires ordinaires, com- « prend en même temps et les déboursés pour port de pièces, et un émolument pour « les soins à donner à la correspondance, ainsi que cela ressort des termes de l'art. 147 « du tarif, et que l'ont décidé deux arrêts de la Cour de cassation, des 7 janvier 1834 et « 17 janvier 1842, divers arrêts de Cours impériales, et notamment celui de la Cour de « Poitiers du 7 janvier 1852.

« 6° Que la signification, à l'avoué de l'appelant, du jugement frappé d'appel, sera consi- « dérée comme frustratoire et rejetée de la taxe, à moins que ce jugement n'ait pas été signifié, « soit à l'avoué de première instance, soit à la partie, s'il émane d'un tribunal de commerce ;

« 7° Qu'il ne sera passé, à l'avoué de l'intimé, de requête ou défense que tout autant « qu'elle sera la réponse à des griefs d'appel précédemment signifiés.

« La raison de le décider ainsi, c'est que l'art. 462, Code proc. civ., n'autorise la si- « gnification des défenses qu'après celle des griefs d'appel, et en réponse à ces griefs, « disposition qui prend sa source dans ce principe, que le jugement se soutient par lui-

contraires de M. l'avocat général Peyrot, elles ont maintenu, contre la décision de leurs commissaires taxateurs, l'ancien usage admis à la Cour; mais la question a été de nouveau reportée devant la première chambre, vers la fin de l'année judiciaire 1856. Elle a été l'occasion de nouveaux débats et de nouvelles discussions ; M. l'avocat général Peyrot a persisté dans l'opinion qu'il avait déjà soutenue, devant la première et la quatrième chambre de la Cour, que l'art. 145 accorde un émolument qui n'est pas dû en matière sommaire ; mais la Cour, par arrêt du 30 juillet 1856, a déclaré un partage.

Il n'est pas encore vidé (1).

Notre position particulière nous fait un devoir de ne pas pousser plus loin notre examen, et surtout de ne pas manifester notre opinion personnelle sur cette grave question.

Nous avions l'honneur d'être au nombre des juges qui ont rendu l'arrêt de Poitiers du 6 janv. 1852 ; nous avons eu aussi celui de figurer parmi les membres de la première chambre de la Cour de Bordeaux qui a prononcé l'arrêt de partage, et nous pouvons être appelé à concourir à le vider.

C'est plus qu'il n'en faut pour motiver notre abstention de toutes autres réflexions.

3° En *matière sommaire*, les frais de voyage de la partie doivent-ils passer en taxe?

Cette question a encore quelques rapports avec la précédente, parce que les droits dont il s'agit sont régis par l'art. 146 du tarif, qui se trouve dans le même titre et le même paragraphe que l'art. 145.

« Lorsque les parties feront un voyage, et qu'elles se seront pré-
« sentées au greffe, assistées de leur avoué, pour y affirmer que le
« voyage a été fait dans la seule vue du procès, il leur sera al-
« loué pour frais de voyage, séjour et retour, 3 fr. par chaque
« myriamètre de distance entre leur domicile et le tribunal où le
« procès est pendant, et à l'avoué, pour vacation au greffe........

« Il ne sera passé en taxe qu'un seul voyage en première in-
« stance et un seul en cause d'appel ; la taxe pour la partie sera
« la même en l'un et l'autre cas.

« Cependant, si la comparution d'une partie avait été ordonnée
« par jugement, et qu'en définitive les dépens lui fussent adju-

---

« même, et n'a pas besoin, par conséquent, d'être défendu, tant que les moyens d'at-
« taque ne sont pas produits.

« 8° Que la signification de défenses à l'avoué d'une partie ayant le même intérêt, et con-
« tre laquelle il n'est pris aucunes conclusions, sera considérée comme frustratoire et rejetée de
« la taxe.

« La Commission adopte pleinement, sur ce point, les observations de M. Boucher-
« d'Argis, p. 108. »

(1) La 2ᵉ chambre de la Cour de Bordeaux a de nouveau jugé, le 22 janvier 1857, que les avoués peuvent réclamer le droit de port de pièces et de correspondance en matière sommaire.

« gés, il lui sera alloué pour cet objet une taxe égale à celle d'un
« témoin. »

En principe, les frais de voyage ont toujours été considérés
comme des déboursés, sans aucun mélange d'émoluments. Sous
un autre point de vue, le dernier paragraphe de l'art. 67 n'atteint
que les *honoraires* de l'avoué. « *Au moyen de la fixation ci-des-*
« *sus*, dit l'article, il ne sera passé *aucun autre honoraire.* »

M. Sudraud-Desisle, qui repousse les frais de voyage de la taxe
sommaire, les admet pourtant dans le cas où la comparution a
été ordonnée par jugement. Pourquoi cette différence? pourquoi
appliquer une partie de cet article et repousser l'autre? C'est au
moins une inconséquence.

La délibération de la Cour de Paris, du 25 nov. 1822, dont on
va parler plus loin, porte, art. 7, § 2 : « Les avoués ne pourront
« réclamer aucune vacation pour assistance à l'acte de voyage. »

Cela se conçoit très-bien pour l'avoué, puisque sa vacation est
compensée dans l'émolument général que la loi lui accorde, mais
c'est une reconnaissance que la partie a droit à son indemnité,
telle qu'elle est réglée par l'art. 146. C'est d'ailleurs la conséquence et l'application naturelle du principe posé par la Cour
dans le § 1er de ce même article 7.

M. A. Chauveau, qui admet aussi que dans ce cas l'avoué ne
peut obtenir les émoluments de sa vacation, est formellement d'o-
pinion que la partie a droit à l'indemnité de voyage ; il cite les
arrêts de Bourges, des 30 août 1827 et 24 août 1829, qui l'ont ainsi
jugé.

Comme on l'a vu plus haut, ce dernier arrêt a été cassé le 7
janv. 1834 (Dalloz, 1834, 1.77).

Quand on relit l'arrêt du 7 janvier avec attention, on y décou-
vre qu'il n'est pas entré dans l'intention de la Cour de rejeter
l'indemnité de voyage appartenant à la partie, mais seulement
l'émolument attribué à l'avoué.

Nous ignorons si l'arrêt de la Cour à laquelle l'affaire a dû être
renvoyée par la Cour de cassation a été publié. Il est probable
que les parties s'en seront tenues à la décision de la Cour de cassation et l'auront volontairement exécutée.

Nous pensons donc que l'indemnité de voyage doit être accordée
à la partie, comme déboursé. C'est aussi le sentiment de M. Dalloz,
JURISPRUDENCE GÉNÉRALE, v° *Frais et dépens*, n° 176.

Nous renvoyons, sous l'art. 146, l'examen des autres questions
auxquelles donnent lieu les frais de voyage de la partie, et notamment celles de savoir : 1° Si l'on peut accorder des frais de
voyage au mandataire de la partie;

2° Si la partie domiciliée en pays étranger a droit à toute la
distance parcourue pour venir de sa résidence au lieu où siége le
tribunal ;

3° Quelle est la règle qu'il faut suivre pour le calcul des myriamètres, quand les tableaux des distances dressés par les préfets en

exécution de l'art. 93 du décret du 18 juin (*tarif criminel*) sont insuffisants ;

4° On a vu, n° 1, que l'avoué, en matière sommaire, n'avait droit à aucun émolument pour l'acte de sa constitution, quand elle a lieu sur une assignation aux délais ordinaires : en est-il de même, au cas d'assignation à bref délai, pour la constitution dont l'avoué demande acte à l'audience ?

L'article 1er de la délibération de la Cour d'appel de Paris, du 25 nov. 1822, déjà citée, dit : « Il sera alloué un émolument de « 4 fr. 50 c., afin d'obtenir permission d'assigner à bref délai ; — « et 2 fr. 25 c. à l'avoué adverse pour son assistance à l'audience « dans laquelle il lui est donné acte de sa constitution » (1).

---

(1) Voici le texte de ce règlement en entier :

« *Délibération de la Cour royale de Paris, du* 25 *novembre* 1822.

« LA COUR arrête que pour la taxe des dépens on se conformera à l'avenir aux instructions suivantes :

« § 1er. — *Matières sommaires.*

« ARTICLE 1er. Il sera alloué un émolument de 4 francs 50 centimes pour la requête, « afin d'obtenir permission d'assigner à bref délai, et 2 francs 25 centimes à l'avoué ad-« verse pour assistance à l'audience dans laquelle il lui est donné acte de sa constitu-« tion.

« ART. 2. Il ne sera passé en taxe que le prix du papier timbré, soit pour la notice « de la distribution, soit pour les conclusions déposées, pour la copie du dispositif du « jugement dont est appel, ou de l'arrêt par défaut ; et la distribution des causes ne « donnera lieu à aucun émolument au profit de l'avoué.

« ART. 3. Le droit d'obtention d'un arrêt par défaut ou définitif, sur incompétence, « sera déterminé par le juge, suivant l'évaluation de l'art. 67 du tarif.

« Le droit d'obtention d'arrêt ne sera dû, ni à raison de l'appel incident, ni pour l'ar-« rêt portant que les choses demeureront en état, du consentement des parties.

« Les interventions, les demandes en garantie, celles en déclaration d'arrêt commun, « ne donneront pas lieu à un droit particulier d'obtention d'arrêt, sans préjudice, toute-« fois, du droit accordé à l'avoué par l'art. 67, lorsqu'il y a plusieurs parties en cause « ayant des intérêts différents.

« ART. 4. Les arrêts de renvoi d'une chambre à l'autre, les arrêts de jonction et les « arrêts prononçant qu'il en sera délibéré, ne donneront lieu à aucun émolument.

« ART. 5. Il sera passé une vacation de 2 francs 25 centimes pour la vacation à l'en-« registrement sur minute de tous les arrêts soumis à cette formalité.

« ART. 6. Les avoués auront droit à 45 centimes par rôle d'expédition pour la copie « faite et signée par eux des arrêts par défaut ou interlocutoires, signifiés à parties.

« Aucunes autres pièces, signifiées dans le cours du procès, ne passeront en taxe.

« ART. 7. Le droit de 10 francs et de 20 francs pour port de pièces et correspon-« dance sera alloué dans les *matières sommaires*, conformément aux art. 145 et 147 du « tarif.

« Les avoués ne pourront se faire allouer aucune vacation pour assistance à l'acte de voyage.

« ART. 8. Il sera alloué à l'avoué de l'appelant, qui aura gagné son procès, un émo-« lument de 3 francs pour l'extrait du dispositif de l'arrêt, à l'effet de retirer l'amende.

« § 2. — *Des matières ordinaires.*

« ART. 9. Il est dû un droit particulier de consultation sur la tierce opposition et la « requête civile incidente, de même que sur l'inscription aux incidents civils.

« Ce droit ne sera point alloué sur l'appel incident, la demande en garantie, la de-« mande en intervention, non plus que sur celle en déclaration d'arrêt commun.

Quelque puissante et respectable que soit l'autorité qui s'attache à une délibération émanée de magistrats aussi instruits que ceux de la Cour de Paris, nous ne saurions donner notre adhésion à cette dernière partie de la délibération; elle ne nous paraît pas en rapport avec l'art. 67, et nous ne croyons pas ce droit fondé; peut-être serait-il équitable de l'accorder, mais, pour le faire, il nous semble qu'il faudrait ajouter quelque chose à la loi, et les Cours d'appel, ou les autres tribunaux, n'ont pas plus ce pouvoir que les taxateurs. A notre avis, il n'y a pas plus de raison de passer les émoluments dont il s'agit que ceux de la constitution ordinaire, des avenirs et sommations d'audience, des renvois et remises de cause, des vacations pour la mise au rôle, des communications de pièces au ministère public, des interventions, des demandes en garantie et de tous autres actes ou assistances dont la Cour de Paris elle-même, dans les art. 2, 3, 4 et 7 de son règlement, rejette les émoluments;

5° Quant à l'émolument de la requête présentée par l'avoué pour être autorisé à assigner à bref délai, nous croyons qu'il y a lieu de le lui accorder; car cet acte est, comme l'exploit, antérieur à l'instance. Il doit être signifié en tête de l'ajournement, les droits en sont dus à l'avoué, conformément à l'art. 77, § 1er.

M. Chauveau, 1er vol., pag. 443, n° 50, après M. Vervoort, enseigne la même opinion.

« Art. 10. Il sera alloué, à titre d'émolument :
« 3 francs pour la copie du dispositif du jugement ;   .
« 3 francs pour les conclusions déposées sur le bureau ;
« 1 franc 50 cent. pour la rédaction de la notice à la distribution ;
« Seront passés en taxe :
« L'avenir à l'appel du rôle Bursal ;
« Le droit d'assistance audit appel ;
« La vacation à la vérification du rôle ;
« L'acte déclaratif de la distribution ;
« Le dernier acte devra contenir avenir à l'audience pour plaider la cause;
« Si l'avenir est donné par acte séparé, l'un des deux actes ne passera point en taxe.
« Art. 11. Il sera alloué une vacation de 2 francs 25 pour la vacation à l'enregistrement de l'arrêt sur minute (voy. art. 5).
« Art. 12. L'intimé pourra signifier ses moyens, soit avant, soit après la signification de la requête de l'appelant, mais après que les qualités auront été posées à l'audience.
« Toutes conclusions prises en dehors de la requête ne passeront en taxe que comme
« un simple acte d'avoué à avoué, sans préjudice des dispositions de l'art. 71 du tarif
« relatif aux demandes incidentes.
« Art. 13. Il ne sera passé aux avoués que trois remises de cause indépendamment
« des assistances aux audiences où la cause sera plaidée ou jugée.

« § 3. — *Matières criminelles et de police correctionnelle.*

« Art. 14. Les avoués d'appel ne pourront réclamer, pour frais faits, soit au nom de
« la partie civile ou contre elle, soit devant la Cour d'assises, soit devant la chambre de
« police correctionnelle, qu'un droit de 4 francs 50 centimes pour assistance à chaque
« jour d'audience, et un acte de conclusions qui sera taxé à raison de 7 francs 50 pour
« l'original et du quart en sus pour chaque copie signifiée. »
Si nos informations sont exactes, ce règlement n'est plus exécuté même dans le ressort de la Cour impériale de Paris.

M. Dalloz, Jurisp. gén., v° *Frais et dépens*, n° 170, est aussi de cet avis ;

6° Les dépens faits sur appel pour incompétence doivent-ils être taxés comme en matière sommaire ?

La Cour d'appel de Paris avait jugé, le 12 sept. 1810, que la matière est ordinaire, et que les dépens devaient être taxés aussi à l'ordinaire. M. Dalloz, qui rapporte cet arrêt dans son recueil alphabétique, ancienne édition, tome 10, page 383, n° 6, appuie cette opinion sur celle de Carré, n° 1474. Il y a aussi un arrêt de la Cour de Rennes dans le même sens, 2 oct. 1813 (*Journ. des Avoués*, tome 16, pag. 731, n° 16).

Mais la délibération de la Cour de Paris, du 25 oct. 1822, porte, art. 3 : « Le droit d'obtention d'un arrêt par défaut ou défi-« nitif sur incompétence sera déterminé par le juge, suivant les « règles d'évaluation de l'art. 67 du tarif. »

Quid juris ? Quant à nous, nous serions porté à faire une distinction. En effet, une question d'incompétence s'élève toujours incidemment à une demande principale. Si cette dernière rentre dans la classe des *matières sommaires*, la question préjudicielle pourrait bien être aussi considérée comme participant de la nature de ces *matières*. Il en est autrement, si la demande principale est ordinaire. Les art. 337 et 338 n'exigent point que les incidents soient jugés comme affaires sommaires, et, dans le doute, il faudrait les classer comme ordinaires, parce que les affaires ne sont sommaires que par exception et seulement quand la loi l'a dit ;

7° L'avoué qui a fait une instruction, en matière sommaire, peut-il en réclamer les émoluments à sa partie ?

Oui, si cette partie lui a donné mandat exprès de faire les actes qui donnent lieu à l'honoraire, et s'il n'apparaît pas qu'ils aient été faits seulement pour émolumenter.

Oui encore, lors même qu'il n'y aurait pas eu mandat exprès, s'il est justifié que ces actes étaient une chose utile à la défense du procès, l'avoué a, dans ce cas, les droits de celui qui a géré utilement la chose d'autrui ;

8° Suivant les art. 33, 70 et 71 du règlement (décret du 30 mars 1808), les avoués doivent, *dans toutes les causes*, signifier leurs conclusions, trois jours au moins avant de se présenter à l'audience, soit pour plaider, soit pour poser qualité ; ces conclusions doivent-elles être admises en taxe en *matière sommaire* (1) ?

---

(1) On a dit qu'en appel les conclusions ne doivent point être signifiées ; qu'il suffit qu'elles soient, aux termes de l'art. 33 du décret du 30 mars 1808, remises par les avoués au greffier de service à l'audience ; qu'il est vrai que l'art. 70 de ce même décret exige de plus que, dans les affaires portées aux affiches, les avoués soient tenus de signifier leurs conclusions trois jours au moins avant de se présenter à l'audience, mais qu'il n'est applicable qu'en première instance, ainsi que l'indique la place qu'il occupe dans le décret ; que si l'auteur du décret avait voulu rendre cette procédure obligatoire, il aurait répété cet article comme il l'a fait pour l'art. 74, qui est mot pour mot la répétition de l'art. 33.

Toutes ces remarques sont justes, mais nous ne croyons pas que les conséquences

L'article 84 du Code de procédure n'exige point la signification ni le dépôt des conclusions ; il défend même de signifier d'autres écritures que celles mentionnées au titre des *constitutions et défenses*, et de les passer en taxe.

L'article 6 du règlement de la Cour de Paris (V. pag. 75) n'admet en taxe aucune pièce signifiée au cours du procès, en matière sommaire ; cette prohibition embrasse certainement les conclusions. En matière ordinaire, ce règlement, art. 12, ne les admet en taxe que comme un simple acte d'avoué à avoué.

M. Vervoort, pag. 99, N *k*, dit que dans quelques tribunaux on accorde le même droit que dans les affaires ordinaires, et il approuve cet usage. Les adversaires de ce droit conviennent que le tarif n'avait pas prévu la disposition du décret du 30 mars, mais ils ne croient pas que ce soit une raison pour accorder ce droit, car l'esprit de la loi a été que les honoraires de l'avoué fussent fixés à forfait, selon la quotité de la demande, quels que soient les démarches et soins que l'affaire exige. Cette opinion, qui est celle de M. Carré, vol. 2, pag. 225, n° 1478, est partagée par M. Chauveau, vol. 1, pag. 442.

Le raisonnement sur lequel elle est fondée est loin d'être sans réplique : personne ne conteste qu'il soit entré dans les vues des auteurs du tarif de faire un forfait des émoluments, en matière sommaire ; mais il n'est pas moins certain que ce forfait a été réglé sur le nombre des actes que la loi exigeait alors et non pas en vue de ceux qui seraient prescrits dans l'avenir. Ceux-là sortent des premières conditions ; il faut, ou les payer, ou faire une nouvelle évaluation du forfait, évaluation dans laquelle ils seront pris en considération. On insiste cependant, en objectant qu'il ne suffit pas qu'un acte soit commandé à un officier ministériel pour entraîner *de plano* une rétribution ; qu'il faut, de plus, que cet acte soit tarifé, parce qu'il ne doit être payé que ce qu'il vaut, et que pour faire cette évaluation, il n'y a pas d'expert à substituer à l'autorité qui a le pouvoir réglementaire ; tout cela est certainement fort grave.

Mais quel sera l'émolument, dans l'opinion de ceux qui veulent en accorder un ?

Il est inutile de chercher dans les tarifs quelque article qui y soit directement applicable ; la formalité n'était pas exigée à la date des décrets qui les contiennent. Comment donc faire ?

Il n'est pas admissible qu'en matière sommaire on puisse con-

---

qu'on en tire soient le moins du monde fondées. En effet, l'art. 470 du Code de procédure civile prescrit, en Cour d'appel, l'observation des règles établies pour les tribunaux inférieurs. C'est là un principe général auquel le décret n'a certainement pas voulu déroger ; les raisons qui ont porté à prescrire la signification en première instance sont évidemment les mêmes en appel.

Nous pensons donc que dans toutes les affaires les avoués sont tenus, tant en première instance qu'en appel, de faire signifier leurs conclusions trois jours au moins avant de se présenter à l'audience. Cependant, il y a des Cours où cette formalité n'est pas suivie ; l'usage à la Cour de Bordeaux est de ne pas les signifier.

sidérer les conclusions comme une requête contenant les moyens de défense, ni qu'on puisse les grossoyer, car, en cette matière, le tarif repousse tout ce qui a l'apparence d'une instruction écrite : on ne voit guère que l'art. 71, § 12, concernant les actes qui *contiennent les moyens et conclusions des demandes incidentes* et les actes *en réponse*, qui ait de l'analogie avec les conclusions exigées par les art. 70, 71 et 83 du règlement du 30 mars 1808 (1).

C'est donc le tarif porté dans cet article qu'il serait uniquement possible d'appliquer, et il faudrait taxer ainsi :

A Paris, Bordeaux, Lyon, Rouen.	5 f. 00 c.
Dans les villes où il y a une Cour d'appel, et dans celles dont la population excède 30,000 habitants.	4 50
Partout ailleurs.	3 75
En Appel (2) { Paris, Bordeaux, Lyon, Rouen, 1/2 en sus. . .	7 50
{ Dans les autres Cours.	6 75
Pour chaque copie un quart en sus.	

Pour les matières ordinaires, il y a peut-être une autre marche possible, mais ce n'est pas encore ici le lieu de l'examiner (3) ;

9° Est-il dû un émolument pour un jugement préparatoire rendu contradictoirement ?

MM. Vervoort et Chauveau sont pour l'affirmative (*Chauveau*, 1er vol., pag. 174, n° 80); mais MM. Sudraud-Desisle et Boucher

---

(1) Il y a peut-être un autre moyen que celui tiré de l'analogie de l'art. 71, § 12, pour rétribuer les conclusions, en matière sommaire, en première instance (et aussi en appel, si on admet que l'art. 70 du règlement du 30 mars 1807 soit applicable aux deux degrés de juridiction (*voy. page* 77, *à la note*).

Il n'y a aucune difficulté quant aux frais de signification, ce sont des déboursés que le paragraphe final de l'art. 67 admet en taxe; mais il y a d'autres déboursés encore qu'il faut évaluer : ce sont ceux employés pour faire les écritures des significations, en originaux et en copies, ainsi que celles de la copie qui doit être déposée aux mains du greffier, en exécution des art. 33 et 74 du décret du 30 mars 1808.

Deux arrêts de la Cour de cassation, l'un du 1er mars 1844 (*Dalloz, Jurisp. gén.*, v° *Frais et dépens*, n° 193, note 1), l'autre du 7 janvier 1842 (*Journal du Palais, 1842, vol. 1, page* 105), décident, en principe, que les droits de copies de pièces attribués aux avoués ne sont point des émoluments, *mais un remboursement, à forfait, de déboursés effectifs*. Ces copies, alors, seraient taxées par chaque 360 syllabes (rôle de greffe ou d'expédition), conformément au § 11 de l'art. 67 ci-dessus. C'est certainement le moins qu'on puisse accorder aux avoués pour cet objet.

(2) Il ne paraît pas convenable de doubler les honoraires, en appel, car il arriverait que l'affaire sommaire serait plus taxée que l'affaire ordinaire, ce qui serait manifestement contraire à l'esprit général du Tarif.

(3) Les avoués de la Cour de Bordeaux étaient dans l'usage (autorisé, nous croyons, par une sorte de compromis passé entre eux et d'anciens taxateurs) de porter dans leurs états de frais, pour le dépôt au greffier des conclusions, en matière sommaire, 3 francs 75, et en matière ordinaire, 7 francs 50 : des conseillers taxateurs viennent de rejeter de la taxe ces droits d'une manière absolue.

Les avoués se sont pourvus, par la voie de l'opposition, devant la 1re chambre de la Cour. L'affaire a été plaidée en chambre du conseil, conformément au deuxième décret de 1807, mais la question n'a pas été jugée.

C'est une de celles sur lesquelles la Cour a déclaré le partage par l'arrêt dont nous avons parlé plus haut.

Si ce partage est vidé avant la publication de ce travail, nous en ferons connaître le résultat.

d'Argis sont d'un avis contraire. M. Dalloz (JURISP. GÉN., v° *Frais et dépens*, n° 186) discute aussi la question, et il la résout dans le même sens que M. Boucher-d'Argis, en s'appuyant d'un arrêt notable rendu par la Cour de Douai, le 8 mars 1844. La Cour de Bordeaux vient de juger la même question par arrêt du 30 juill. 1856, sous la présidence de M. le premier président de Laseiglière ; en voici les termes :

« Attendu qu'il résulte du texte et de l'économie de l'art. 67
« du Tarif, qu'il n'est accordé de droit d'obtention à l'avoué que
« pour les jugements et arrêts par défaut ou contradictoires *sur*
« *le fond*, et pour les jugements interlocutoires, tels que ceux
« qui ordonnent une enquête, une estimation d'experts, et aussi
« pour ceux qui ordonnent un interrogatoire sur faits et articles,
« mais, en ce dernier cas, au profit seulement de l'avoué de la
« partie à la requête de laquelle l'interrogatoire a été subi ;
« d'où suit qu'il n'est dû aucun droit pour les simples prépara-
« toires ;

« Qu'on s'autorise en vain des termes du premier alinéa de
« l'art. 67, qui accorde d'abord un droit pour l'obtention d'un ju-
« gement par défaut contre partie ou avoué, puis un droit double
« du premier pour l'obtention *d'un jugement contradictoire* ou
« *définitif*, pour inférer de cette dernière expression qu'il est dû
« un droit d'obtention pour tout jugement contradictoire, encore
« qu'il ne soit pas définitif ; que toute équivoque disparaît quand
« on considère l'ensemble de l'article, puisqu'il énumère ensuite
« les divers jugements, autres que les jugements définitifs, qui
« donnent ouverture *au droit d'obtention ;* qu'il n'y comprend
« point les jugements préparatoires, et n'accorde qu'un demi-
« droit pour les jugements interlocutoires rendus contradictoire-
« ment ; qu'il serait contre toute raison que les jugements pré-
« paratoires obtinssent plus de faveur et donnassent ouverture à
« un droit entier ; ce qui rend évident qu'on ne peut leur appli-
« quer le premier alinéa de l'art. 67, et que cet alinéa n'est rela-
« tif qu'aux jugements *sur le fond ;*

« Attendu que les deux arrêts pour lesquels le droit d'obten-
« tion est réclamé ne touchent point au fond et sont purement
« préparatoires ; qu'il suit de là que c'est avec raison que ce droit
« a été refusé » ;

10° Le droit d'obtention des jugements par défaut est-il dû pour les jugements et arrêts de défaut joint ?

Cette question n'est pas sans affinité avec la précédente, les mêmes raisons s'appliquent en partie à l'une et à l'autre ; aussi l'art. 3 de la délibération de la Cour de Paris refuse-t-il l'allocation de tout droit ; plusieurs commentateurs regardent ces jugements comme des actes de simple instruction, dont il ne faut allouer que les déboursés, parce que les honoraires en sont compris dans l'abonnement à forfait.

M. Chauveau, dans son Commentaire des tarifs, 1er vol., p. 472, s'est attaché à combattre cette opinion, et la Cour de cassation, dans un arrêt du 23 juin 1847, lui a donné raison (Dalloz, 47.1. 198).

L'ordonnance du 27 février 1822 interdit aux avoués la faculté de plaider dans les causes où ils occupent, quand il y a au tribunal un nombre suffisant d'avocats pour l'expédition des affaires, de sorte que le ministère des avocats se trouve forcé dans les affaires sommaires comme dans celles ordinaires.

Est-il dû un droit de plaidoirie en matière *sommaire?*

Quelques tribunaux l'ont pensé.

Dans les observations du tribunal de Niort, interprétatives du tarif des frais en matière civile (1837), on lit à l'art. 17 :

« Le droit de plaidoirie de l'avocat sera alloué comme en matière ordinaire » (1).

L'opinion consacrée par cet article n'est point suivie dans la pratique, et c'est avec raison.

Ce n'est point une règle que la partie qui gagne son procès doive être indemne des frais d'avocat, soit en matière sommaire, soit en matière ordinaire, seulement, dans ce dernier cas, l'art. 80 du tarif alloue à l'avocat de la partie qui obtient ses dépens une petite indemnité de plaidoirie, en général bien insuffisante pour le solder des honoraires qu'il réclame; c'est son client qui y satisfait sans recours. Mais l'art. 80 n'est applicable ni directement ni par analogie aux matières sommaires. Il n'est pas permis de l'y étendre arbitrairement. Il existe, à la date du 13 février 1823, une circulaire du garde des sceaux, qui décide qu'il n'est dû ni aux avoués ni aux avocats aucun droit de plaidoirie. Ce sont les vrais principes, et rien n'est plus formel que le § 13 de l'art. 67 : « *il ne* « *sera alloué aucuns honoraires aux avoués dans ces sortes de* « *causes* »;

11° Lorsqu'un jugement par défaut est devenu définitif faute d'opposition, le droit de l'avoué éprouve-t-il une augmentation ?

Non, il n'y a aucune raison dans ce cas pour élever l'émolument, puisque l'avoué n'a rien fait judiciairement de plus pour ramener le premier jugement par défaut à l'état de jugement définitif ;

12° L'avoué peut-il réclamer des frais de copies, 1° pour la signification des qualités ; 2° pour la signification des jugements à avoué et à parties?

En d'autres termes, les droits de copies sont-ils un émolument ou sont-ils des déboursés pour lesquels il y a abonnement ?

1° Quand aux copies des qualités et des jugements par défaut, l'art. 67, § 2, y a pourvu : *les dépens sont liquidés* pour l'obtention d'un jugement *par défaut contre partie ou avoué, y compris les qualités et la signification à avoué.....,* à Paris, etc.

----

(1) Le tribunal de Niort a publié, en 1837, un petit recueil *d'observations sur l'interprétation du tarif des frais en matière civile.* Il contient 210 articles. Les officiers ministériels y sont, en général, un peu favorisés contre les justiciables : c'est l'application au tarif des doctrines développées dans le commentaire de M. Chauveau. Le voir à la fin, avant la table de ce livre.

Cet article ne parle pas de la copie à la partie pour faire courir les délais de l'opposition, quand il n'y a pas avoué constitué ; mais il semble que la décision doive être la même pour ce cas ; en effet, la signification à partie n'exige pas plus de soins, pour l'avoué ; seulement, les émoluments de l'huissier sont plus considérables, et ils sont alloués comme déboursés.

2° Lorsqu'il s'agit de jugements contradictoires, le § 5 de l'art. 67 ne contient plus la même disposition que le § 2, relativement aux qualités et à la signification à avoué. Il accorde le droit entier d'obtention sans ajouter *y compris les qualités et la signification à avoué* ; s'il fallait y sous-entendre cette disposition, on se trouverait embarrassé pour concilier le § 12 avec ceux-là : « Il sera, dit-il, « passé à l'avoué qui lèvera le jugement rendu contradictoirement, « pour *dressé des qualités et de significations du jugement à avoué,* « le quart du droit accordé pour l'obtention du jugement con- « tradictoire. » En est-il de même pour les jugements par *dé- faut définitifs ?* Il n'y a pas tout à fait la même raison de décider parce que les qualités de ces jugements ne doivent point être signi- fiées à avoué (art. 88 du Tarif) ; à cela près, on ne voit pas qu'il y ait de différence, quant aux effets, entre un jugement contradic- toire définitif et un jugement par défaut définitif ; cependant il est peut-être plus conforme au texte de n'accorder que les déboursés pour la signification à avoué des jugements par défaut définitifs, et rien pour le dressé des qualités.

3° Mais en quoi consisteront ces déboursés ? Dans le papier timbré d'abord, dans les droits d'enregistrement et d'huissier, cela ne souffre aucune difficulté, mais est-ce tout ? N'est-il rien dû pour les déboursés qu'exige la façon des copies des qualités, quand il s'agit de jugements contradictoires, et celle des copies des jugements eux-mêmes ?

La question s'éleva, en 1842, devant le tribunal de Coutances (Manche) ; il décida qu'il n'était dû, pour *copie des qualités et des jugements* contradictoires à signifier, que le quart du droit accordé pour l'obtention du jugement. L'avoué Rachinel se pourvut en cassation, et par arrêt du 7 janvier 1842 (*Journ. du Palais,* tome 1er de 1842, p. 105), la Cour : « Vu les art. 88 et 89 du tarif ; —... At- « tendu que ces articles, par une règle qui est générale, allouent « aux avoués un droit de copie, des qualités et jugements ; que « l'art. 67 alloue tous les déboursés dans les matières sommaires ; « que le droit que ce même article accorde pour le dressé des « qualités et de la signification ne s'applique évidemment qu'à la « rédaction de l'original, et ne peut comprendre les copies, sou- « vent étendues et nombreuses, qu'en matières sommaires comme « en matières ordinaires, l'avoué peut être obligé de faire faire, et « pour lesquelles il est tenu à des déboursés, dont l'émolument « accordé pour le dressé des qualités et de la signification et pour « l'obtention du jugement peut être insuffisant à le remplir ; « que la somme allouée pour droit de copies ne peut être con- « sidérée comme émolument, mais comme le remboursement à

« forfait des déboursés *effectifs.* »—En conséquence, la Cour a cassé (V. arrêts conformes, 1er mars 1841, *Journ. du Palais,* tome 1er, 1841, p. 324. — 6 juin 1837, *dito,* tome 1er de 1837, p. 614; *contrà,* Chauveau, tome 1er, p. 478, n° 88); l'opinion consacrée par la Cour de cassation est conforme à l'équité et aux principes (1);

13° Un jugement par défaut, second ou *définitif,* donne-t-il lieu au droit entier comme s'il était contradictoire?

Oui, les termes du § 5 de l'art. 67 ne laissent aucun doute: « Et « pour l'obtention d'un jugement contradictoire ou *définitif.....* » Pour qu'il en fût autrement, il aurait fallu dire : *contradictoire et définitif,* ce qui présenterait un sens différent, et exclurait les jugements par défaut définitifs pour les laisser dans les termes du § 2 de notre art. 67 ;

14° L'avoué qui a conclu contre deux ou plusieurs parties ayant des intérêts contraires a droit au quart fixé en sus par le § 10 de l'art. 67, qu'il soit poursuivant ou non, parce que le § 1er veut que les dépens soient liquidés de la même manière pour le défendeur et pour le demandeur, *tant en demandant qu'en défendant;*

15° La convention, par laquelle les parties auraient consenti qu'une affaire sommaire fût jugée et instruite comme si elle était ordinaire, ne lierait pas le juge taxateur; les frais et dépens n'en devraient pas moins être taxés comme en matière sommaire, parce que c'est un motif d'ordre public qui a fait admettre la distinction des affaires sommaires et ordinaires; on trouve dans le recueil périodique de Dalloz un arrêt de cassation du 12 avril 1831, qui le décide ainsi (vol. 31.1.134) ;

16° La décision serait la même en renversant l'hypothèse. C'est aussi ce que la Cour d'Amiens a jugé le 12 juin 1841 (*Journal du Palais,* 1844, tome 2, p. 462);

17° Quels sont les droits qui sont dus aux avoués, en matière sommaire, en cas de désistement de l'appel ou de l'action, ou d'acquiescement à l'appel ou à l'action ?

Il y a des tribunaux où on leur accorde les mêmes droits que quand l'affaire s'est terminée par un jugement contradictoire définitif. On s'appuie, pour cela, sur l'esprit de l'art. 403 du Code de procédure civile, qui porte : *Que le désistement, lorsqu'il aura été accepté, emportera, de plein droit, consentement que les choses soient remises, de part et d'autre, au même état qu'elles étaient avant la demande ; qu'il emportera également soumission de payer les frais, au paiement desquels la partie qui se sera désistée sera contrainte sur simple ordonnance du président, mise au bas de la taxe, parties présentes ou appelées par acte d'avoué à avoué.*

On part de là pour prétendre que les frais sont, après le désis-

____

(1) L'art. 6 du règlement de la Cour de Paris accorde pour le droit de copie 45 centimes par rôle d'expédition, pour les significations à partie d'arrêts par défaut ou interlocutoires.

6.

tement, ce qu'ils seraient après un jugement définitif en matière
sommaire, puisque ce désistement a la même force, relativement
à eux, que ce jugement aurait.

Ce système a l'inconvénient grave d'ôter aux parties tout intérêt à se désister d'un procès qu'elles ne veulent plus avoir, sauf,
peut-être, les cas où elles voudraient prévenir des dommages et
intérêts.

Mais tous les hommes pratiques savent que ces cas sont fort rares, et que les tribunaux n'en accordent aux plaideurs qu'avec
une certaine répugnance, et seulement quand il leur apparaît d'un
préjudice réel pouvant être circonscrit dans quelque chose comme
des formules mathématiques.

C'est donc là un résultat que le législateur n'a pas dû vouloir,
et qu'il n'a pas voulu.

Nous croyons qu'il faut, relativement à la taxe, assimiler le
désistement, qu'une partie fait de son action ou de son appel, à un
retrait de pièces qu'elle ferait des mains de son avoué ; nous con-
sidérons que l'acceptation du désistement, par la partie au profit
de laquelle il est fait, est aussi un retrait de pièces des mains de
son avoué.

Qu'importe, en effet, à l'avoué que sa partie lui retire ses pièces
pour en constituer un autre à sa place, ou pour abandonner le
procès ? c'est réellement la même chose pour lui sous le point de
vue judiciaire.

C'est donc l'art. 67, §§ 14, 15 et 16, qu'il faut appliquer, pour
la taxe, dans les cas de désistement de l'action ou de l'appel,
et d'acquiescement à l'action ou à l'appel. Nous l'avons toujours
pratiqué ainsi, non sans quelques réclamations de la part des
avoués ; mais jusqu'à présent ces réclamations ne se sont pas
produites sous la forme d'opposition à la taxe ;

18° Le § 12 de l'art. 67, *qui alloue à l'avoué qui lève un jugement, rendu contradictoirement, pour dressé de qualités et de signification à avoué,* le quart du droit *accordé pour l'obtention d'un
jugement contradictoire,* s'applique-t-il aux jugements préparatoires rendus contradictoirement, dans le cas du § 8 du même article, c'est-à-dire aux jugements contradictoires ordonnant une
enquête, une visite, une expertise ?

Nous ne voyons pas bien clairement la raison d'en douter ; il
faut cependant que cela ait fait une question, car la Cour de Douai
en a été saisie, et, dans son arrêt du 8 mars 1834, que nous avons
déjà cité, elle a jugé que les avoués avaient droit au quart du
demi-droit pour le dressé des qualités de ces jugements (Dalloz,
45.4.288) ;

19° En résumé : de ce qu'il n'est dû aucun émolument en sus de
ce qui est fixé par l'art. 67, il résulte :

Qu'il n'est rien dû à l'avoué pour sa constitution, eût-elle lieu
à l'audience au cas d'assignation à bref délai ;

Rien pour mettre la cause au rôle ;

Rien pour consigner l'amende d'appel ou la retirer ;

Rien pour les sommations d'audience ou de communication de pièces;

Rien pour l'appel de la cause sur le rôle général;

Rien pour donner ou prendre communication des pièces;

Rien pour les jugements de remise de cause;

Rien pour les jugements préparatoires, contradictoires ou par défaut, sauf les jugements de défaut-joint;

Rien pour les jugements interlocutoires par défaut, sauf ceux qui ordonnent un interrogatoire sur faits et articles;

Rien pour la communication au ministère public, dans les causes où elle est exigée;

Rien pour les reprises d'instance;

Rien pour avoir plaidé la cause;

Rien pour assistance à l'expertise ou à l'enquête;

Rien pour articulation ou dénégation des faits qui l'ont précédée, si ce n'est quant il s'agit de statuer sur les reproches contre les témoins en matière ordinaire;

Rien pour les requêtes ou significations quelconques;

Rien pour les acquiescements ou les désistements;

Rien pour l'opposition aux qualités, ni pour l'avenir en règlement, ni pour la comparution devant le président pour y procéder;

Rien pour l'assistance de la partie à l'acte de voyage;

Rien pour la signification des jugements à avoué, sauf les déboursés d'écritures.

Tous ces actes sont compris et rémunérés, à forfait, par les *droits d'obtention de jugement ou d'arrêt*. Il n'y a que les déboursés, faits à l'occasion de ces actes, qui soient admis en sus dans la taxe des frais.

Ce que nous venons de dire des matières sommaires suffit à ce qu'exige la pratique ordinaire des taxes; des détails plus étendus nous feraient sortir du cadre dans lequel nous entendons nous inscrire.

Passons donc au chapitre des frais, en matière ordinaire.

CHAPITRE II.

MATIÈRES ORDINAIRES.

----

§ 1er. — *Droit de consultation.*

Art. 68. (Pr., 59, 61, 75, etc.) Pour la consultation sur toute demande principale, intervention, tierce opposition et requête civile, tant en demandant qu'en défendant, sans qu'il puisse être passé plus d'un droit par chaque avoué et par cause, et sans que l'intervention d'un appelé en garantie puisse y donner lieu (le droit ne pourra être exigé qu'autant qu'il aura été obtenu un jugement par défaut contre partie, ou qu'il y aura eu constitution d'avoué, et y compris la procuration sous signature privée ou par-devant notaire, indépendamment des déboursés) :

> A Paris, Bordeaux, Lyon, Rouen. . . . . 10 f. 00 c
> Dans les villes où il y a une Cour d'appel, et dans celles dont
>   la population excède 30,000 habitants. 9   00
> Dans le ressort et partout ailleurs. 7   50
> En appel. { Dans les Cours de Paris, Bordeaux, Lyon, Rouen. 20   00
>   { Dans les autres Cours.. 18   00

Art. 69. Il ne sera rien alloué à l'avoué dans le cas où il comparaîtrait au bureau de conciliation pour sa partie.

A moins peut-être que la partie ne justifiât d'un empêchement de comparaître en personne, d'un cas de maladie, par exemple (Dalloz, *Jurisprud. génér.*, v° *Frais et dépens*, n°s 327 et 328), et encore, il ne faudrait taxer que les déboursés, car les honoraires de l'avoué devraient rester au compte de sa partie.

Observations. — 1° Est-il dû à l'avoué autant de droits de consultation qu'il y a en cause de parties ayant des intérêts distincts ?

Il semble qu'il suffise d'énoncer la question pour que la solution se présente à l'esprit à l'instant même ; l'art. 68 dit : *sans qu'il puisse être passé plus d'un droit, par chaque avoué et par* cause. Cependant le tribunal de Niort, art. 5 des observations déjà citées, admet, sans hésiter, *qu'il sera accordé à l'avoué autant de droits de consultation qu'il y a de parties ayant des intérêts distincts ;* et, il faut bien en convenir, cette décision, toute étrange qu'elle puisse paraître, n'est point isolée dans la jurisprudence. M. Chauveau rapporte un arrêt de la Cour d'Amiens du 18 février 1825, qui juge la même chose dans une affaire où plusieurs créanciers dans un ordre, ayant des intérêts dictincts, avaient interjeté appel d'un jugement contre leur débiteur. Cet arrêt n'est que très-peu motivé, et M. Chauveau (1er vol., p. 543) n'hésite pas à dire qu'il n'en approuve pas la doctrine. Nous pensons qu'il a parfaitement raison.

1° (*bis*) Il en serait autrement s'il y avait eu jonction prononcée de plusieurs instances non connexes, et si, surtout, la jonction n'avait eu lieu qu'après constitution de la part de tous les avoués, et quand le droit de consultation était déjà acquis. Il faudrait allouer à chaque avoué autant de droits de consultation qu'il y aurait d'instances jointes.

2° En cas de démission, d'interdiction ou de décès d'un avoué, quand le droit de consultation lui était acquis, aux termes de l'art. 68, son successeur peut-il en réclamer un second ?

Dans la pratique, cela ne fait aucun doute. La partie qui est condamnée aux dépens supporte tous les deux droits, sa position n'est point en effet aggravée par la faute de sa partie adverse, qui n'a pu se défendre autrement. Mais il faudrait que cette dernière supportât, sans recours, un des droits de consultation, si par caprice ou par des motifs à sa convenance elle avait jugé à propos de changer d'avoué : car on n'admettrait pas que, par un fait volontaire de sa part, elle pût faire supporter à son adversaire plus de frais qu'il n'en aurait eu à payer, cessant le changement d'avoué.

M. Dalloz (*Jurisprud. génér.*, v° *Frais et dépens*, n° 201) professe une opinion contraire, ainsi que M. Boucher-d'Argis (p. 93).

3° La demande en péremption d'une instance donne-t-elle ouverture au droit de consultation, indépendamment de celui acquis dans l'instance dont la péremption est demandée ?

Cette question est assez sérieuse, sa solution dépend de celle de savoir si une demande en péremption est une demande principale ou seulement un incident. Si c'est une demande principale, le droit de consultation est incontestablement dû ; il ne l'est pas si elle n'est qu'un simple incident.

Un arrêt de cassation, du 30 mai 1823 (Dalloz, 23.1.473), intervenu sur la péremption d'une instance commencée avant la promulgation du Code de procédure civile, s'exprime ainsi :

« Attendu que la demande en péremption d'instance est, par sa
« nature, une demande principale et nouvelle qui doit être instruite
« et jugée d'après les lois en vigueur à l'époque où elle a été for-
« mée, encore que le procès sur le fond ait été intenté sous l'empire
« d'une législation antérieure. »

En conséquence, cet arrêt rejette le pourvoi formé contre celui de la Cour de Lyon, qui avait admis la même doctrine.

Plus tard s'est aussi présentée à la Cour de Lyon la question qui nous occupe. L'avoué, qui avait obtenu un jugement prononçant la péremption, avait porté deux droits de consultation, un pour la demande en péremption, et l'autre pour l'instance périmée. Le taxateur refusa d'admettre le droit de consultation pour l'instance en péremption ; il y eut opposition à la taxe, et par arrêt du 7 février 1829 (Dalloz 29.2.113), la Cour de Lyon a alloué les deux droits de consultation.

« Attendu qu'une telle demande (*celle en péremption*) a pour
« objet l'extinction de l'exercice de l'action, et ne se lie, en aucune
« manière, au fond du procès ; que si donc elle est étrangère à la
« question du fond, on ne peut pas dire qu'elle en soit un inci-
« dent. »

Jusque-là la question paraissait aller sans objection, mais d'autres hypothèses firent rechercher de nouveau si une demande en péremption est bien véritablement une action principale. L'art. 400 du Code de procédure civile veut qu'elle soit demandée par requête d'avoué à avoué, à moins que l'avoué ne soit décédé, interdit ou suspendu au moment où il s'agit de la demander ; on tire de là la conséquence que la péremption n'est qu'un incident à l'affaire principale, et il y a un arrêt de la Cour de cassation du 14 février 1831 (Dalloz 31.1.56), dans lequel on a inséré un motif complémentaire ainsi conçu : « Que la demande en péremption est
« une *demande incidente*, une exception préjudicielle *à la demande*
« *principale.* »

M. Chauveau part de cette proposition, émise à une toute autre occasion, pour décider qu'en matière de péremption d'instance le droit de consultation n'est pas dû (1er vol., p. 384, n° 4).

Cette opinion nous paraît très-susceptible de controverse.

En effet, la demande en péremption n'est pas un incident du procès à l'occasion duquel elle a pris naissance; aussitôt qu'elle est faite, si elle est fondée, le premier procès est réputé abandonné, éteint et anéanti.

Il n'y a aucune conséquence à tirer contre cette doctrine des dispositions de l'art. 400 du Code de procédure. L'avoué dans l'instance périmée occupera, parce qu'il est présumé avoir conservé les pièces, et avoir tous les renseignements utiles.

L'art. 1038 du même Code veut aussi que les avoués, qui ont occupé dans les causes où il est intervenu des jugements définitifs, soient tenus d'occuper sur l'exécution de ces jugements sans nouveaux pouvoirs. Voudrait-on en tirer la conséquence qu'à cette occasion il ne peut s'élever aucune difficulté donnant lieu au droit de consultation ? ce serait, nous le croyons, aller un peu loin.

Cependant M. Dalloz (*Jurisprud. génér.*, v° *Frais et dépens*, n° 201) est d'avis que le droit de consultation n'est pas dû sur les demandes en péremption. Il n'est pas inutile de citer ici ses paroles : « Le droit ne peut pas être passé en taxe, 1° sur les de-
« mandes incidentes (*Bourges, 4 janv.* 1854), et par conséquent
« sur les demandes en reprise d'instance, sur celle en péremption
« d'instance, sur le désaveu incident, sur la tierce opposition
« incidente, sur la requête civile incidente, sur les récusations de
« juges..... 2° Sur la demande en garantie, formée contre le garant
« par le défendeur à l'action principale..... 3° Sur les demandes
« reconventionnelles (*M. Boucher d'Argis*, p. 92). 4° Sur les
« poursuites de contributions, de saisies immobilières ou d'or-
« dre » (1) (*M. Boucher d'Argis*, p. 93). M. Chauveau (tome 2,
p. 162 et suiv.) soutient que le droit de consultation est dû en matière de saisie immobilière. M. Dalloz réfute son opinion.

4° M. Dalloz, reprenant ensuite la série des demandes où le droit de consultation ne doit pas être alloué, dit: « 6° Sur les demandes qui
« s'introduisent et se jugent sur requête, telles que les demandes
« en déclaration d'absence, en homologation d'avis de parents. »

Nous préférons la solution contraire qu'il indique, n° 204, et nous y renvoyons.

Nous en avons fini sur ce point.

Passons aux actes d'avoués tarifés par le décret.

Il les divise en plusieurs classes pour lesquelles il établit des droits différents, suivant un ordre qui, au premier abord, paraît plus compliqué qu'il ne l'est dans la réalité des choses.

---

(1) Voir nos observations n° 1, sous l'art. 13 du tarif des ventes judiciaires.

§ 2. — *Actes de première classe.*

Art. 70. § 1ᵉʳ. (Pr. 75). Pour l'original d'une constitution d'avoué.

§ 2 (Pr. 79, 82 *et passim*). Pour un acte d'avoué à avoué, pour suivre l'audience, sans qu'il puisse en être passé plus d'un seul pour chaque jugement par défaut, interlocutoire ou contradictoire.

§ 3 (Pr. 452). Les avoués seront tenus de se présenter aux jours indiqués par les jugements préparatoires ou de remises, sans qu'il soit besoin d'aucune sommation (1).

§ 4 (Pr. 96, 104). Pour l'original d'un acte de déclaration de production par le demandeur en instruction par écrit, contenant le nombre des rôles dont la requête est composée.

§ 5 (Pr. 97). *Idem* de la part du défendeur.

§ 6 (Pr. 110). De la signification de l'ordonnance du président, portant nomination d'un autre rapporteur, en cas de décès, démission ou impossibilité de faire le rapport en délibéré, ou instruction par écrit.

§ 7 (Pr. 115, *résultat de l'article*). D'une sommation d'être présent, ou retrait de pièces après le jugement sur délibéré ou instruction par écrit.

§ 8 (Pr. 121). D'une sommation d'avoué à avoué pour être présent à un serment ordonné.

§ 9 (Pr. 145). D'une sommation d'avoué à avoué pour être réglé sur une opposition aux qualités.

§ 10 (Pr. 179). De la déclaration au demandeur originaire de la part du défendeur qu'il a formé une demande en garantie.

§ 11 (Pr. 179). De la dénonciation au demandeur originaire de la demande en garantie.

§ 12 (Pr. 188). De la sommation de communiquer les pièces signifiées ou employées dans la cause.

§ 13 (Pr. 191). De la signification de la requête et de l'ordonnance portant que l'avoué, qui retient des pièces, sera tenu de les rendre.

§ 14. De la signification de l'acte de dépôt au greffe de la pièce dont l'écriture est déniée.

§ 15 (Pr. 204). De la sommation de comparaître devant le juge commis en vérification d'écritures, pour être présent au serment des experts et à la représentation des pièces de comparaison.

§ 16 (Pr. 206). De la sommation pour être présent à la confection d'un corps d'écriture.

§ 17 (Pr. 219). De la signification de l'acte de dépôt au greffe d'une pièce arguée de faux.

§ 18 (Pr. 221). De la sommation pour être présent à la réquisition d'apport au greffe de la minute de la pièce arguée de faux.

§ 19 (Pr. 224). De la signification de l'ordonnance portant que la minute de la pièce arguée de faux sera apportée au greffe.

§ 20 (Pr. 225). De la signification au greffe de l'acte de dépôt de la pièce arguée de faux, avec sommation d'être présent au procès-verbal qui sera dressé de son état.

§ 21 (Pr. 286). De la signification des procès-verbaux d'enquête.

§ 22 (Pr. 297). De la signification de l'ordonnance du juge commis

---

(1) Le tarif des greffiers, décrété le 24 mai 1854, les oblige, art. 1ᵉʳ, § 13, et art. 6, § 2, à remettre aux avoués de la cause des bulletins d'expéditions et de remises de cause, qui leur sont payés, en 1ʳᵉ instance, 10 centimes, et en appel, 20 centimes. Ces bulletins sont délivrés sur papier libre.

pour faire une descente sur les lieux, contenant la désignation du jour, lieu et heure, et sommation d'y être présent.

§ 23 (Pr. 299). De la signification du procès-verbal du juge-commissaire qui a fait une descente de lieux.

§ 24 (Pr. 315). De la sommation contenant indication des jour et heure choisis par les experts, si la partie n'était pas présente à la prestation de leur serment.

§ 25 (Pr. 321). De la signification du rapport des experts.

§ 26 (Pr. 335). De la signification de l'interrogatoire sur faits et articles.

§ 27 (Pr. 344). De la notification du décès d'une partie.

§ 28 (Pr. 354-355). De la signification d'un désaveu.

§ 29 (Pr. 372). De la signification de l'acte à fin de renvoi d'un tribunal à un autre des pièces y annexées et du jugement intervenu.

§ 30 (Pr. 396). De la signification de l'arrêt, intervenu sur l'appel d'un jugement qui aura rejeté une récusation, ou du certificat de la Cour d'appel contenant que l'appel n'est pas jugé et indication du jour où il doit l'être.

§ 31 (Pr. 403). De la sommation de se trouver devant le président, et voir déclarer la taxe des frais exécutoire, en cas de désistement de la demande.

§ 32 (Pr. 534). De la sommation d'être présent à la présentation et affirmation d'un compte.

§ 33 (Pr. 574). De la signification de la déclaration affirmative, et du dépôt des pièces contenant constitution d'avoué.

§ 34 (Pr. 375). D'un acte contenant dénonciation d'opposition formée sur le débiteur entre les mains d'un tiers saisi.

§ 35 (Pr. 378). De la signification de l'état détaillé des effets mobiliers saisis et arrêtés entre les mains d'un tiers saisi.

§ 36 (Pr. 871). De la sommation, à la requête des créanciers du mari à l'avoué de la femme poursuivant sa séparation de biens, de leur communiquer la demande et les pièces justificatives.

§ 37. *Il est relatif à la signification du cahier des charges en licitation et partages.* Il est abrogé par l'art. 20 de l'ordonnance du 10 oct. 1841.

§ 38 (Pr. *Titre des partages*). De l'acte de sommation aux avoués des copartageants de se trouver, soit devant le juge-commissaire, soit devant le notaire, pour procéder aux opérations du partage.

A Paris, Bordeaux, Lyon, Rouen..............	1 f. 00 c.
Dans les villes où il y a une Cour d'appel, et dans celles dont la population excède 30,000 habitants............	0 90
Dans le ressort et partout ailleurs.............	0 75
EN APPEL. { Dans les Cours de Paris, Bordeaux, Lyon, Rouen.	1 50
{ Dans les autres Cours d'appel..........	1 33

Pour les copies de chacun des actes ci-dessus énoncés, indépendamment des copies de pièces, le quart.

§ 3. — *Actes de deuxième classe.*

Art. 71. § 1 (Pr. 102). Acte de production nouvelle en instruction par écrit, contenant l'état des pièces.

§ 2 (Pr. 215). Sommation à la partie adverse de déclarer si elle veut ou non se servir d'une pièce produite avec déclaration que, dans le cas où elle s'en servirait, le demandeur s'inscrira en faux.

§ 3 (Pr. 216). Déclaration de la partie sommée, signée d'elle ou du fondé de sa procuration spéciale et authentique, dont il sera donné copie, qu'elle entend ou non se servir de la pièce arguée de faux.

§ 4 (Pr. 252). Acte contenant articulation succincte des faits dont une partie demandera à faire preuve.

§ 5. Acte contenant réponse au précédent, et dénégation ou reconnaissance des faits.

§ 6. Acte contenant justification des reproches par écrit.

§ 7. Acte en réponse.

§ 8 (Pr. 289). Acte contenant offre de prouver les reproches contre les témoins non justifiés par écrit, et désignation des témoins à entendre sur les reproches (1).

§ 9. Acte en réponse.

§ 10 (Pr. 309). Acte contenant les moyens de récusation contre les experts.

§ 11 (Pr. 311). Acte contenant réponse aux moyens de récusation.

§ 12 (Pr. 337). Acte contenant les conclusions et les moyens des demandes incidentes.

§ 13. Acte servant de réponse aux demandes incidentes.

§ 14 (Pr. 347). Acte de reprise d'instance.

§ 15 (Pr. 402). Acte de désistement, et d'acceptation de désistement.

§ 16 (Pr. 518). Acte de présentation de caution.

§ 17 (Pr. 519). Acte de déclaration d'acceptation de caution.

§ 18 (Pr. 520). Acte de contestation de la caution offerte.

§ 19 (Pr. 524). Acte d'offres sur la déclaration des dommages-intérêts.

§ 20 (Pr. 856). Acte contenant demande en rectification d'un acte de l'état civil.

§ 21. Acte en réponse.

§ 22. Tous ces actes seront taxés pour l'original.

A Paris, Bordeaux, Lyon, Rouen.	5 f.	00 c.
Dans les villes où il y a une Cour d'appel, et dans celles dont la population excède 30,000 habitants.	4	50
Dans le ressort et partout ailleurs.	3	75
EN APPEL. { Dans les Cours de Paris, Bordeaux, Lyon, Rouen.	7	50
{ Dans les autres Cours.	6	75

Et pour chaque copie, indépendamment des copies de pièces, le quart.

§ 4. — *Des requêtes et défenses qui peuvent être grossoyées et des copies de pièces.*

Art. 72. § 1er (Pr. 77). Pour l'original ou grosse des requêtes servant de défenses aux demandes, contenant vingt-cinq lignes à la page et douze syllabes à la ligne (*six cents syllabes au rôle*).

A Paris, Bordeaux, Lyon, Rouen.	2 f.	00 c.
Dans les villes où il y a une Cour d'appel, et dans celles dont la population excède 30,000 habitants. . . , ...	1	80
Dans le ressort et partout ailleurs.	1	50
EN APPEL. { Dans les Cours de Paris, Bordeaux, Lyon, Rouen.	3	00
{ Dans les autres Cours.	2	70

____

(1) Aux termes des art. 286, 287, 289 et 290 du Cod. proc. civ., l'enquête sur le reproche doit se faire, comme en matière sommaire; le reproche doit être jugé de même, le § 8 de l'art. 74 de notre décret fait exception à l'art. 67, sa place ne serait pas aux matières ordinaires.

§ 2. Les copies de pièces qui seront données avec les défenses, ou qui pourront être signifiées dans les causes, seront taxées, à raison du rôle, de vingt-cinq lignes à la page et de douze syllabes à la ligne ou évaluée sur ce pied (*six cents syllabes au rôle*):

A Paris, Bordeaux, Lyon, Rouen.	0 f. 30 c.
Dans les villes où il y a une Cour d'appel, et dans celles dont la population excède 30,000 habitants..	0 27
Dans le ressort et partout ailleurs.	0 25
En appel. { Dans les Cours de Paris, Bordeaux, Lyon, Rouen.	0 45
{ Dans les autres Cours.	0 41

§ 3. Les copies de tous actes ou jugements, qui seront signifiés avec les exploits des huissiers, appartiendront à l'avoué, si elles ont été faites par lui, à la charge de les certifier véritables et de les signer (1).

Art. 73. § 1er. Pour l'original ou grosse des requêtes, contenant réponse aux défenses dans la forme ci-dessus pour chaque rôle :

A Paris, Bordeaux, Lyon, Rouen.	2 f. 00 c.
Dans les villes où il y a une Cour d'appel, et dans celles dont la population excède 50,000 habitants.	1 80
Dans le ressort et partout ailleurs.	1 50
En appel. { Dans les Cours de Paris, Bordeaux, Lyon, Rouen.	3 00
{ Dans les autres Cours d'appel.	2 70

§ 2 (Pr. 96). Des requêtes en instruction par écrit, terminées par l'état des pièces.

§ 3 (Pr. 97). *Idem* servant de réponse à celle en instruction par écrit, avec l'état des pièces au soutien.

§ 4 (Pr. 103). *Idem* en réponse aux productions de nouvelles pièces, qui ne pourront excéder six rôles.

Art. 74 (Pr. 104). Dans les instructions par écrit, les grosses et les copies de toutes les requêtes porteront la déclaration du nombre de rôles dont elles sont composées, à peine de rejet de la taxe.

Art. 75. § 1er (Pr. 161). Pour la grosse de la requête d'opposition au jugement par défaut contenant les moyens, par chaque rôle :

A Paris, Bordeaux, Lyon, Rouen.	2 f. 00 c.
Dans les villes où il y a une Cour d'appel, et dans celles dont la population excède 30,000 habitants..	1 80
Dans le ressort et partout ailleurs.	1 50
En appel. { Dans les Cours de Paris, Bordeaux, Lyon, Rouen.	3 00
{ Dans les autres Cours.	2 70

§ 2. Si les moyens ont été fournis avant le jugement par défaut, la requête d'opposition, sans les moyens, ne sera passée que pour un rôle.

§ 3 (Pr. 166). *Idem* pour la grosse de la requête, qui ne pourra excéder deux rôles, tendant à ce que l'étranger demandeur soit tenu de fournir caution.

§ 4. *Idem* de celle en réponse, qui ne pourra non plus excéder deux rôles.

§ 5 (Pr. 168). *Idem* de la requête pour proposer un déclinatoire, qui ne pourra excéder six rôles.

§ 6. *Idem* de la réponse.

---

(1) Sur la question de savoir si le § 2 de l'art. 72 est applicable aux copies de jugement signifiées avec les défenses. voy., sous l'art. 89, *observations*, n° 3.

§ 7 (Pr. 173). *Idem* de la requête en nullité de la demande ou du jugement, qui ne pourra non plus excéder six rôles.

§ 8. *Idem* de la réponse.

§ 9 (Proc. 174). *Idem* de la requête pour demander délai, pour délibérer et faire inventaire, qui ne pourra aussi excéder six rôles.

§ 10. *Idem* pour la réponse.

§ 11 (Pr. 180). *Idem* de la requête pour soutenir qu'il n'y a lieu d'appeler garant, qui ne pourra excéder six rôles.

§ 12. *Idem* de la réponse.

§ 13 (Pr. 192). *Idem* de la requête d'opposition à l'ordonnance portant contrainte de remettre les pièces, qui ne pourra excéder deux rôles.

§ 14. *Idem* de la réponse.

§ 15 (Pr. 229). *Idem* de la requête contenant les moyens de faux.

§ 16 (Pr. 230). *Idem* de la requête contenant réponse aux moyens de faux.

§ 17 (Pr. 339). *Idem* de la requête d'intervention.

§ 18. *Idem* de la requête en réponse à l'intervention.

§ 19 (Pr. 348). *Idem* de la requête contenant contestation sur la demande en reprise d'instance, qui ne pourra excéder six rôles.

§ 20. *Idem* de la réponse.

§ 21 (Pr. 354). *Idem* de la requête servant de moyen contre un désaveu.

§ 22. Et réponse.

§ 23 (Pr. 373). *Idem* de la requête contre la demande à fin de renvoi d'un tribunal à un autre, pour cause de parenté ou d'alliance.

§ 24. Et pour la réponse.

§ 25 (Pr. 400). De la requête en péremption d'instance, qui ne pourra excéder six rôles.

§ 26. *Idem* de la réponse.

§ 27 (Pr. 475). *Idem* de la requête de tierce opposition.

§ 28. Et réponse.

§ 29 (Pr. 493). *Idem* de la requête civile incidente.

§ 30. Et réponse.

§ 31 (Pr. 514). *Idem* de la requête contenant défense du juge pris à partie.

§ 32. Et réponse.

§ 33 (Pr. 531). *Idem* pour la grosse d'un compte, dont le préambule ne pourra excéder six rôles.

§ 34. Il ne sera fait qu'une seule réponse.

§ 35 (Pr. 570). *Idem* pour la grosse de la requête du tiers saisi, qui demandera son renvoi devant son juge, en cas que sa déclaration affirmative soit contestée ; cette requête ne pourra excéder deux rôles.

§ 36. Et réponse.

§ 37 (Pr. 815). *Idem* de la requête pour demander incidemment la validité ou la nullité d'offres réelles.

§ 38. Et réponse.

§ 39 (Pr. 847). *Idem* de la requête à fin de se faire autoriser à compulser un acte, qui ne pourra excéder six rôles.

§ 40. Et réponse.

§ 41 (Pr. 871). *Idem* de la requête d'intervention des créanciers du mari dans les demandes en séparation de biens.

§ 42. Et réponse.

§ 43 (Pr. 972). *Idem de la requête de conclusions motivée contenant*

demande en entérinement du rapport des experts, en partage et licita-
tion (1).

§ 44. Et réponse.

§ 45. Il sera taxé pour chacun des rôles des requêtes ci-dessus énoncées :

A Paris, Bordeaux, Lyon, Rouen.	2 f. 00 c.	
Dans les villes où il y a une Cour d'appel, et dans celles dont		
la population excède 30,000 habitants.	1	80
Dans le ressort et partout ailleurs.	1	50
EN APPEL. { Dans les Cours de Paris, Bordeaux, Lyon, Rouen.	3	00
{ Dans les autres Cours.	2	70

§ 46. Pour chaque copie, le quart.

§ 47. Le nombre des rôles de requête en réponse ne pourra jamais
excéder celui fixé pour la requête en demande.

NOTA. Il ne sera passé aucun frais d'impression des requêtes et
défenses même autorisées.

Observations.

1° Des jurisconsultes, auxquels on ne peut refuser l'autorité
d'une grande expérience et d'un profond savoir, ont manifesté
leur étonnement de ce que l'usage des requêtes grossoyées ait sur-
vécu à la réforme de la procédure ; ils ont vu là le germe de grands
abus, germe qui se développe dans la pratique d'une manière
ruineuse pour les justiciables et honteuse pour la justice de notre
époque. M. Chauveau, dont la bienveillance à l'endroit des officiers
ministériels n'est pas plus suspecte que son amour de la vérité
et de la justice à l'égard de la loi, appelle les volumineuses écritures auxquelles donnent prétexte les art. 72 à 75 du tarif les
scandales de la justice. Il en désire ardemment la réforme.

Sans nier précisément les abus dont il s'agit, nous les croyons
moins graves qu'on ne le suppose.

Personne ne peut contester la nécessité, dans le jugement des
procès, d'un exposé écrit des faits et de l'aperçu des points de
droit auxquels le litige donne lieu. Si l'on venait sur la barre
poser des faits qui, avant l'audience, n'auraient pas subi l'épreuve
de la contradiction, des faits qui seraient restés jusque-là ignorés
et de la partie à laquelle on les oppose, et de son défenseur, à
quelles méprises et à quelles erreurs le juge ne serait-il pas exposé!
quelle prime d'encouragement à l'habileté de mauvaise foi, à
l'impudence éhontée! quel embarras pour le discernement du bon
droit et de la loyauté! ce serait le plus souvent livrer l'honneur et la
fortune des honnêtes gens aux hasards d'une discussion improvisée,
d'une argumentation trompeuse et mensongère.

Tous ceux qui ont l'expérience que donne la pratique des
affaires savent que, si les discussions de l'audience ne sont à l'a-
vance préparées dans les écrits, il n'en rejaillit toujours, en fait et

(1) Ces §§ 43 et 44 sont abrogés par l'art. 20 de l'ordonnance du 10 octobre 1841.

très-souvent en droit, qu'une lumière trompeuse qui égare les décisions de la justice.

Mais, dit-on, à quoi bon les grosses? eh! mon Dieu, elles servent
à éviter aux avocats qui doivent plaider et aux magistrats qui
doivent juger l'ennui d'une lecture trop difficile, qui les dé-
tournerait infailliblement d'une étude déjà très-fastidieuse de sa
nature.

Sans les grosses, l'instruction du procès serait inutile pour tout
le monde, et ne profiterait qu'aux avoués, au détriment de leurs
clients : voilà encore ce qu'apprend la pratique des affaires; c'est
alors qu'il faudrait les supprimer, sans hésitation, dans toutes les
affaires.

Elles servent encore à mesurer la rétribution qui revient à
l'avoué pour le travail auquel il s'est livré.

L'émolument fixé par le tarif n'est certes pas exagéré, si l'instruction est consciencieusement faite; et si l'on veut avoir dans
les affaires des agents capables et utiles, il faut rétribuer convenablement leur travail et leurs soins.

On insiste cependant, à cause des scandaleux abus qui se com-
mettent à cette occasion ; on a vu, dans un grand nombre d'affaires,
des volumes de grosses, qui contenaient des choses dérisoires,
même étrangères au procès et au dossier dans lequel on les inter-
calait.

Nous disons, nous, que quand cela arrive, les juges taxateurs
sont plus condamnables que les officiers ministériels qu'ils encou-
ragent dans leurs forfaitures et leurs rapines, par leur négligence
et leur incurie ; ils n'ont aucune excuse pour amoindrir la responsabilité que leur fait encourir la transgression de leur devoir. Ce
serait peut-être le reproche le plus grave qu'on pût adresser à un
magistrat, si cela était aussi fréquent qu'on le suppose. Il ne faut
pas craindre le reproche d'agir arbitrairement et fermer les yeux
sur les abus.

Un magistrat n'agit jamais arbitrairement, quand il ne suit que
les lumières de sa raison et les inspirations de sa conscience ; que
si les taxateurs se trompent, leurs jugements ne sont qu'en premier ressort, et l'avoué qui aurait véritablement à se plaindre aurait toujours le moyen d'obtenir le redressement de griefs sérieux.

Si le juge taxateur doit éviter les retranchements mesquins et
les tracasseries aux officiers ministériels, il doit faire aux perceptions abusives une guerre à outrance. Les officiers ministériels
honnêtes, et c'est le plus grand nombre, l'approuveront toujours
d'une fermeté et d'une droiture qui les défendent contre les soup-
çons, souvent injustes, des justiciables.

2° Les requêtes qui, en appel, ne contiendraient que la répétition des moyens produits dans les écrits de première instance,
celles qui contiendraient de longues citations, textuelles ou simplement analysées, de pièces, d'opinions d'auteurs, etc., devraient-
elles être admises en taxe ?

Ou le juge taxateur a la conviction que ces écritures ont été allongées sans aucun intérêt pour la cause, et uniquement pour procurer à l'avoué des bénéfices illégitimes, et alors il doit les rejeter impitoyablement, ou les réduire à ce qui est utile ;

Ou il ne lui apparaît pas que l'intention de l'avoué qui les a faites fût uniquement d'émolumenter, mais d'exposer *in extenso* tous les moyens de défense du procès, avec les pièces justificatives à l'appui : alors il arbitrera, dans sa sagesse, ce qui ne doit entrer dans la taxe que comme copie de pièces, et il le séparera de ce qui doit être alloué comme requête et comme véritables moyens de défense ; l'avoué n'aura guère à se plaindre qu'on ne lui alloue que des droits de copies pour tout ce qui ne lui a donné, dans la composition des requêtes, d'autre soin que celui de le rechercher dans son dossier, et de le copier littéralement ou par analyse. Mais encore faut-il que cela s'entende largement, et que le taxateur s'abstienne de toute réduction qui pourrait avoir l'apparence de mesquines taquineries. Du reste, l'avoué qui n'est pas satisfait de la taxe a toujours la faculté d'en appeler au second degré de juridiction, il a même le devoir de le faire, s'il est convaincu qu'on lui refuse, ou à son client, des droits qui lui appartiennent légitimement.

La Cour de Bordeaux, dans un arrêt du 30 juillet 1856, a jugé qu'on devait s'en rapporter aux appréciations des juges taxateurs pour la fixation du nombre des rôles dans les requêtes, voici son arrêt :

« Attendu que les retranchements opérés pour insuffisance dans le
« nombre des lignes ou des syllables rentrent dans la sphère d'ap-
« préciation qu'il convient de laisser au magistrat chargé de pro-
« céder à la taxe, lequel ne peut être soumis à compter, une à une,
« toutes les syllables d'un écrit ; — qu'il en est de même à l'égard
« des passages qu'il n'a pas cru devoir retrancher en entier, et
« pour lesquels il a accordé un droit de copie de pièces, ces passages
« contenant des citations de textes ou d'écrits qui lui ont paru
« passer les justes mesures ;

« La Cour rejette l'opposition. »

Dans l'espèce, l'avoué opposant avait compté l'écrit, syllabes par syllabes, et il résultait de son calcul que le taxateur, qui l'avait réduit au tiers, n'aurait dû le réduire qu'au quart, ou à un peu plus. La Cour ne s'est pas arrêtée à cette circonstance par le motif qu'elle a exprimé.

Elle a ensuite consacré formellement le droit du taxateur de faire descendre l'émolument des requêtes à celui de copie de pièces, quand les citations, sans être complétement inutiles, renferment cependant des longueurs calculées pour augmenter le nombre de rôles des écrits de défense.

On soutenait, dans la discussion, que ce moyen terme n'appartenait pas au magistrat chargé de la taxe ; qu'il ne pouvait que rejeter entièrement les passages qui lui paraissaient contenir des longueurs inutiles, ou les admettre comme rôles de grosse.

Ce système a été repoussé par l'arrêt cité.

3° De ce qu'il n'est passé en taxe aucun frais d'impression pour les requêtes et les moyens de défense, il ne faudrait pas conclure qu'on doit refuser à l'avoué le recours contre sa partie pour les déboursés qu'il a faits à cette occasion : il est un grand nombre de cas, où les parties et leurs conseils croient, avec raison, qu'il est intéressant, pour l'appréciation convenable de leurs moyens, qu'ils soient remis imprimés ou lithographiés à chacun des magistrats qui doivent concourir à les juger; il en est d'autres, où il n'est pas indifférent aux plaideurs de justifier devant l'opinion publique la conduite qu'ils tiennent, ou qu'ils ont tenue, à l'occasion du procès qu'ils ont à soutenir; on doit leur laisser la plus grande latitude pour les publications qu'ils jugent à propos de faire, mais à la condition de ne pouvoir en répéter les frais contre leurs parties adverses, qui ne doivent pas souffrir des dépenses extraordinaires faites pour satisfaire à des exigences et à des convenances particulières.

Quant aux émoluments qui appartiendraient à l'avoué, si les requêtes étaient grossoyées, et aux droits de copie, il est très-facile de les évaluer sur les imprimés, en prenant la proportion de six cents syllabes pour chaque rôle.

4° Les avoués sont-ils obligés de faire leurs grosses sur du papier timbré, appelé papier à expédition?

Non; les notaires seuls et les greffiers y sont astreints (art. 63 de la loi du 28 avril 1816). Quant aux avoués, l'usage constant est qu'ils font les grosses des requêtes sur du papier au timbre de 70 centimes la feuille, à raison de vingt-cinq lignes à la page et de douze syllabes à la ligne. S'ils employaient du papier de plus grande dimension, il ne devrait leur être alloué, en déboursés, qu'autant qu'ils auraient mis un nombre proportionnel de syllabes sur chaque page.

5° L'avoué qui, pour économiser les frais, n'a pas fait de grosse, a-t-il droit à l'évaluation?

Je ne verrais de raison de le lui refuser que si son original était d'une lecture difficile et embarrassante à cause de la ténuité de l'écriture. Mais s'il est aussi lisible que pourrait l'être une grosse, quel intérêt les parties auraient-elles à refuser l'émolument, parce que l'avoué leur aurait épargné des frais de papier timbré?

Les agents du Trésor public auraient seuls à se plaindre du préjudice que cette pratique pourrait occasionner au fisc; mais les taxateurs, au premier et au second degré de juridiction, n'ont point reçu de la loi la mission de protéger et de défendre cet intérêt; c'est une affaire à régler entre l'avoué et l'administration de l'enregistrement.

Nous croyons qu'en règle générale, on peut passer à l'avoué l'émolument de la grosse, en faisant l'évaluation des rôles que la requête aurait produits, comme on la fait lorsqu'elle a été imprimée ou lithographiée; cependant, il faut agir en cette matière avec beaucoup de réserve, de peur que l'abus ne vienne remplacer un usage·légitime.

6° Il n'y a aucun doute que les requêtes signifiées après les délais fixés par le Code de procédure doivent passer en taxe. Il n'y a même guère de tribunaux, s'il y en a, où les instructions se fassent exactement dans les délais impartis par le Code.

7° Il n'est pas douteux, non plus, qu'en dehors des cas où le tarif fixe le nombre de rôles, en demandant, les requêtes, en réponse, ne sont pas astreintes à n'avoir exactement que le même nombre de rôles. Les termes de l'art. 75, § 47, ne s'appliquent évidemment qu'aux requêtes dont les rôles sont limités à un maximum. « Le nombre des rôles des requêtes, en réponse, ne pourra jamais « excéder *celui fixé* pour la requête, en demande. »

8° Encore que, dans un procès, il y ait plusieurs parties ayant les mêmes intérêts, si elles ont plusieurs avoués, il doit être signifié, et passé en taxe, autant de copies qu'elles ont d'avoués. Il est intéressant que chaque avoué connaisse tout ce qui se fait dans la procédure où il est constitué, même par ses coïntéressés ; cela peut le dispenser de faire, en double emploi, des actes de défense, qui seraient beaucoup plus onéreux pour les partie s que les simples frais de copies. Mais il faut encore que le juge taxateur soit convaincu qu'on n'a pas abusivement multiplié le nombre des avoués pour grossir l'émolument.

9° Doit-on, en *matière ordinaire*, allouer pour les conclusions motivées qui doivent être signifiées les mêmes émoluments que pour les requêtes en grosses et en copies ?

Quant aux *matières sommaires*, il faut se reporter à ce qui a été dit, à l'occasion de l'art. 67 du tarif, au n° 8, pag. 77.

Pour les matières ordinaires, les art. 77, 78, 79 et 80 du Code de procédure disposent : 1° Que dans la quinzaine du jour de la constitution de son avoué la partie défenderesse doit faire signifier ses défenses, signées de son avoué (c'est la requête de l'art. 72, § 1er du tarif) ; 2° que dans la huitaine suivante le demandeur fera signifier sa réponse (c'est la requête de l'art. 73, § 1er) ; 3° qu'à l'expiration de ces délais, la partie la plus diligente pourra poursuivre l'audience sur un simple acte d'avoué à avoué (c'est l'acte taxé par l'art. 70, § 2).

L'article 81 du même Code ajoute : « Aucunes autres écritures « ou significations n'entreront en taxe. »

Cette marche n'était nullement compliquée ; mais on s'aperçut bientôt qu'il manquait quelque chose : c'étaient *les conclusions* ; car on ne disait pas que les requêtes les contiendraient. Lorsqu'on fit le règlement du 30 mars 1808, on crut devoir combler cette lacune. L'art. 33 porte : « Dans toutes les causes (*sommaires ou* « *ordinaires*), les avoués, avant d'être admis à requérir défaut « ou à plaider contradictoirement, remettront au greffier de ser- « vice à l'audience leurs conclusions motivées et signées d'eux, « avec le numéro du rôle d'audience de la chambre. »

Cet article, qui est applicable en appel, est rendu commun aux tribunaux de première instance par les art. 70, 71 et 73 du même décret. « Les avoués, dit le premier de ces articles, seront tenus, « dans les affaires portées aux affiches, de signifier leurs conclu-« sions, trois jours au moins avant de se présenter à l'audience, « soit pour plaider, soit pour poser qualité. » — L'art. 71 ajoute : « En toutes causes, les avoués ou défenseurs ne seront admis à « plaider contradictoirement ou à prendre leurs conclusions, qu'a-« près que les conclusions respectivement prises, signées des « avoués, ont été remises au greffier. »

Ainsi, les défenses autorisées par le Code de procédure et taxées par le tarif sont facultatives; il est loisible aux parties de ne point les faire; mais il n'en est pas de même des conclusions motivées; elles doivent, dans toutes les causes, être signifiées trois jours au moins avant l'audience; elles doivent être remises entre les mains du greffier.

Personne ne prétend qu'un acte aussi important, seul essentiel pour la validité de la procédure, ne doive pas procurer d'émolument à l'avoué qui le rédige; cependant il y a des taxateurs qui ne veulent rien passer pour cet acte, dans les matières sommaires. Mais on convient généralement qu'il doit être rétribué dans les affaires ordinaires (1).

La Cour de Paris, art. 10 du règlement déjà cité, alloue 3 fr. pour la copie déposée sur le bureau. Mais l'art. 12, § 2, dispose *que toutes les conclusions prises hors de la requête ne passeront en taxe que comme un simple acte d'avoué à avoué.* C'est certainement résoudre la question, mais c'est, nous le croyons, ajouter au Code de procédure et au tarif, qui n'ont point imposé aux parties l'obligation d'insérer leurs conclusions dans leurs requêtes de défense.

Dans le ressort de la Cour de Poitiers, on n'est pas dans l'usage de taxer les conclusions comme les requêtes grossoyées, mais comme des actes d'avoués, prévus par l'art. 71 du tarif; dans celui de la Cour de Caen, au contraire, on les taxe, en matière ordinaire, comme des requêtes grossoyées. Les avoués de Bordeaux les portent dans l'état de leurs frais aussi avec la taxe de l'art. 71; nous ignorons ce qui se fait ailleurs, car il n'y a sur cette question que bien peu de précédents dans la jurisprudence.

On dit, en faveur des droits les plus élevés, que les conclusions sont l'acte le plus obligatoire, le plus important du procès; celui dont la rédaction exige le plus de soin, d'attention et d'habileté, celui enfin qui engage le plus la responsabilité de l'avoué; que dès lors on ne doit pas hésiter à le classer au nombre de ceux qui doivent être le mieux rétribués. On fait remarquer que, pour rédiger la

---

(1) Voy. cependant, p. 72, à la note, le n° 4 de la décision des conseillers taxateurs de la Cour de Bordeaux, qui refuse toute espèce de droits, tant en matière sommaire, qu'en matière ordinaire, pour le dépôt, par l'avoué, des conclusions aux mains du greffier.

plupart des autres actes, il suffit d'avoir un protocole général dans lequel il n'y a, en quelque sorte, que les dates et les noms des parties à changer. Dans la rédaction des conclusions, au contraire, il faut avoir une connaissance approfondie des points de fait et des questions de droit que renferme le procès ; il faut l'avoir étudié dans tous ses détails, à peine de compromettre les intérêts qu'on est chargé de faire triompher.

C'est donc l'émolument des requêtes grossoyées qu'il faut appliquer aux conclusions, précisément parce qu'il est le plus considérable ; s'il y en avait un plus fort, c'est lui qu'il faudrait prendre.

Mais on insiste et l'on dit qu'il faudra donc admettre contre le vœu de l'art. 81 du Code de procédure deux écrits grossoyés pour chaque partie dans chaque affaire.

Pourquoi pas? répond-on. Est-ce que le règlement du 30 mars 1808, en exigeant impérieusement les conclusions, a supprimé les requêtes et abrogé les art. 77, 78 et suivants du Code de procédure? Non, évidemment, mais alors pourquoi ne pas rétribuer un écrit de plus quand la loi a cru utile de l'exiger?

Que le taxateur soit sévère contre les abus, rien de mieux : mais si l'avoué s'est renfermé dans les limites de la défense et s'il n'a mis dans les conclusions que ce qui est nécessaire ou utile, est-ce trop le rétribuer que de lui donner, à Paris, 2 fr. par rôle, et dans les autres localités, 1 fr. 80 c. et 1 fr. 50 c.? Certainement non ; on ajoute que les conclusions sont assurément les actes où les abus ont le moins de chance de trouver à se cacher, car elles sont destinées à être remises sous les yeux du magistrat, qui ne peut ni commencer l'étude approfondie du procès sans les avoir préalablement lues et méditées, ni la terminer sans les relire.

Nous venons de dire qu'à la Cour de Bordeaux les avoués étaient dans l'usage de les porter dans leurs états avec le droit tarifé par l'art. 71, § 12. Cette taxe leur ayant été refusée, ils ont fait opposition. Par arrêt du 30 juillet 1856, la première chambre a déclaré un partage. Nous avons l'honneur d'être au nombre des juges ; cela nous impose le devoir de ne rien dire de plus sur cette question (1).

10° Doit-on taxer toutes les conclusions additionnelles qui peuvent être prises et signifiées au cours de l'instance?

Il est écrit au Code de procédure civile qu'il ne sera passé en taxe qu'un seul écrit de défense pour chaque partie. Le règlement du 30 mars, en exigeant de plus des conclusions, n'a pas dû vouloir qu'il en fût pris et signifié autant qu'il plairait aux parties. Seulement, s'il parait évident au taxateur que d'autres conclu-

---

(1) Un dernier arrêt, rendu le 22 janvier 1857, par la 2ᵉ chambre de la Cour de Bordeaux, maintient l'ancien usage d'accorder, pour les conclusions, 3 fr. 75 c. en matière sommaire, et 7 fr. 50 c. en matière ordinaire ; le partage prononcé à la 1ʳᵉ chambre sur ces questions n'est pas encore vidé, nous donnerons l'arrêt à la fin de ce livre, avant la table.

sions sont devenues nécessaires pour la discussion ou l'instruction, il les admettra en taxe comme simples actes, suivant que le prescrit l'art. 6, § 2, du règlement de la Cour de Paris.

11° La nature des choses veut qu'il soit pris autant de conclusions qu'il intervient de jugements interlocutoires ou définitifs.

12° Dans le cas où les conclusions auraient été signifiées comme requête, doit-on compter au nombre des copies qui donnent droit au quart en sus de l'émolument accordé pour l'original la copie qui est déposée sur le bureau du greffier, en exécution des art. 33, 70 et 71 du règlement du 30 mars?

Cela est évident. Il n'y a aucun motif pour obliger à faire gratuitement cette copie; seulement il n'est pas nécessaire de la mettre sur papier timbré. Ainsi décidé par le ministre des finances, le 15 juillet 1825 (Sirey, 25.2.296)(1).

§ 5.—*Requêtes qui ne peuvent être grossoyées, et copies d'actes.*

Art. 76.—§ 1er (Pr. 110). Requête pour faire nommer un autre rapporteur en instruction, par écrit, ou sur délibéré.

§ 2 (Pr. 156). Pour faire commettre un huissier à l'effet de signifier un jugement par défaut contre partie.

§ 3 (Pr. 191). Pour faire contraindre un avoué à remettre les pièces qu'il a prises en communication.

§ 4 (Pr. 199). Pour obtenir l'ordonnance du juge-commissaire en vérification d'écriture, à l'effet de sommer la partie adverse de comparaître à jour et heure certains, pour convenir de pièces de comparaison.

§ 5 (Pr. 204). Afin d'obtenir l'ordonnance du commissaire en vérification d'écriture pour sommer les experts de prêter serment, et les dépositaires de représenter les pièces de comparaison.

§ 6 (Pr. 221). Au juge-commissaire en inscription de faux incident pour faire ordonner l'apport de la minute de la pièce arguée par le dépositaire.

§ 7 (Pr. 259). Au juge commis pour procéder à une enquête, à l'effet d'obtenir son ordonnance, indiquant le jour et l'heure pour lesquels les témoins seront assignés.

§ 8 (Pr. 297). Au juge commis pour faire une descente sur les lieux, à l'effet d'obtenir son ordonnance, portant l'indication des jour, lieu et heure.

§ 9 (Pr. 307). Au juge-commissaire pour demander son ordonnance, à l'effet de faire prêter serment aux experts convenus ou nommés d'office.

§ 10 (Pr. 403). En cas de désistement de la demande, pour obtenir l'ordonnance du président, afin de rendre la taxe exécutoire.

§ 11 (Pr. 354) (2). Au juge commis pour entendre un compte, à l'effet d'obtenir l'ordonnance fixant le jour et l'heure de la présentation.

§ 12 (Pr. 617). Afin de permission de vendre les meubles saisis-exécutés, dans un lieu plus avantageux que celui indiqué par la loi.

§ 13 (Pr. 780). Pour faire commettre un huissier, à l'effet de signifier le jugement portant contrainte par corps.

---

(1) Voir cependant l'avis contraire de la commission des conseillers taxateurs à la Cour de Bordeaux, p. 72, à la note.
(2) Lisez 334.

§ 14 (Pr. 808). A fin d'assigner extraordinairement en référé, si le cas requiert célérité.

§ 15 (Pr. 819). A fin de saisir-gager, à l'instant, les meubles et effets garnissant les maisons et fermes.

§ 16 (Pr. 822). A fin de permission de saisir les effets de son débiteur forain, trouvés en la commune qu'habite le créancier.

§ 17 (Pr. 832). A fin de faire commettre un huissier pour notifier le titre du nouveau propriétaire aux créanciers inscrits.

§ 18 (*Abrogé par l'art. 20 de l'ordonnance du 10 octobre 1841*) (1).

§ 19 (Pr. 976). Au juge-commissaire en partage et licitation, à l'effet d'obtenir son ordonnance pour citer les autres parties à comparaître devant lui.

§ 20 C. C. 467). Au procureur impérial pour faire désigner trois jurisconsultes, sans l'avis desquels le tuteur du mineur ne pourra transiger.

§ 21. Les requêtes ci-dessus énoncées ne seront point grossoyées et seront taxées :

A Paris, Bordeaux, Lyon, Rouen.. . . . . 2 f. 00 c.
Dans les villes où il y a une Cour d'appel, et dans celles dont
   la population excède 30,000 habitants. 1   80
Dans le ressort et partout ailleurs. 1   50

Et pour ceux de ces actes qui peuvent être faits en appel :

En Appel. { Dans les Cours de Paris, Bordeaux, Lyon, Rouen. 3   00
        { Dans les autres Cours. 2   70

§ 22. La vacation pour demander l'ordonnance du président ou du juge-commissaire, et se la faire délivrer, est comprise.

Art. 77. — § 1er (Pr. 72). Requête contenant demande pour abréger les délais dans les cas qui requièrent célérité.

§ 2 (Pr. 558). Pour obtenir permission de saisir et arrêter, entre les mains d'un tiers, ce qu'il doit au débiteur quand il n'y a pas de titre.

§ 3 (Pr. 582). Pour avoir permission de saisir et arrêter la portion que le juge déterminera, dans les sommes ou pensions données ou léguées, pour aliments, et ce, pour créances postérieures aux dons et legs.

§ 4 (Pr. 783) (2). A l'effet d'obtenir, pour le témoin assigné, un sauf-conduit qui ne pourra être accordé que sur les conclusions du ministère public, et qui réglera sa durée.

§ 5 (Pr. 795). A l'effet de demander la nullité de l'emprisonnement d'un débiteur détenu pour dettes.

§ 6 (Pr. 800). Pour demander la liberté d'un débiteur détenu pour dettes, dans tous les cas prévus par l'art. 800.

§ 7 (Pr. 802). Pour assigner le geôlier qui refuse de recevoir la consignation de la dette.

§ 8 (Pr. 803). Pour demander la liberté faute de consignation d'aliments.

§ 9 (Pr. 826 et 827). Pour demander la permission de saisir-revendiquer, contenant la désignation des effets.

§ 10 (Pr. 928, 931 ; C. C. 113). *Idem* pour faire commettre un notaire à l'effet de représenter les absents présumés dans les inventaires, comptes, partages et liquidations dans lesquels ils sont intéressés.

§ 11 (Pr. 946). Pour faire autoriser la vente du mobilier d'une succession.

---

(1) § 18. Afin de faire commettre un huissier, à l'effet de notifier la réquisition de surenchère.

(2) Lisez 782. C'est une erreur manifeste du bulletin.

§ 12 (Pr. 986). Afin d'être autorisé, sans attribution de qualité, à faire procéder à la vente d'effets mobiliers dépendants d'une succession.

§ 13 (Pr. 996). Pour faire nommer un curateur au bénéfice d'inventaire.

§ 14 (Pr. 998). Pour faire nommer un curateur à une succession vacante.

§ 15 (Pr. 1017). *Idem* à l'effet de faire nommer un tiers arbitre.

§ 16. Elles seront taxées :

A Paris, Bordeaux, Lyon, Rouen.	3 f. 00 c.
Dans les villes où il y a une Cour d'appel, ou dont la population excède 30,000 habitants.	2 70
Dans le ressort et partout ailleurs.	2 75

Et pour ceux de ces actes qui sont susceptibles d'être faits en appel :

EN APPEL.	Dans les Cours de Paris, Bordeaux, Lyon, Rouen.	4 f. 50 c.
	Dans les autres Cours d'appel.	4 05

§ 17. Les requêtes ci-dessus ne seront point grossoyées.

§ 18. Et la vacation pour prendre l'ordonnance est comprise dans la taxe.

Art. 78. — § 1er (Pr. 364). Requête afin d'obtenir permission d'assigner en règlement de juges.

§ 2 (Pr. 483, 492). Requête civile principale.

§ 3 (Pr. 839, 841, 844, 854). A fin de permission de se faire délivrer expédition ou copie d'un acte parfait, non enregistré, ou même resté imparfait, ou pour se faire délivrer une seconde grosse.

§ 4 (Pr. 855). A fin de réformation d'un acte de l'état civil.

§ 5 (Pr. 859). A l'effet de faire pourvoir à l'administration des biens d'une personne présumée absente.

§ 6 (C. C. 113). Pour avoir permission de faire enquête pour constater l'absence.

§ 7 (Pr. 860). A fin d'envoi en possession provisoire des biens d'un absent.

§ 8 (Pr. 861). De la femme, à l'effet de citer son mari à la chambre du conseil, pour déduire les motifs de son refus de l'autoriser.

§ 9 (Pr. 663, 864). De la femme, en cas d'absence présumée ou déclarée du mari, ou en cas d'interdiction pour se faire autoriser.

§ 10 (Pr. 865). De la femme qui se pourvoit en séparation de biens.

§ 11 (Pr. 885, C. C. 467). A fin d'homologation de l'avis d'un conseil de famille.

§ 12 (C. C. 1008). Pour demander l'envoi en possession du legs universel.

§ 13 (Pr. 909). Du créancier pour obtenir la permission de faire apposer un scellé.

§ 14 (Pr. 955 et 964). *A fin d'homologation d'un avis du conseil de famille pour aliéner les immeubles des mineurs, ou pour être autorisé à vendre au-dessous de l'estimation.* (Abrogé par l'art. 20 de l'ordonnance du 10 octobre 1841.)

§ 15 (Pr. 987). *De l'héritier bénéficiaire, à l'effet d'être autorisé à vendre les immeubles dépendants d'une succession bénéficiaire.*

§ 16. *Abrogé.*

§ 17. *Abrogé.*

§ 18. (C. C. 70, 71). *Idem* pour demander l'homologation d'un acte de notoriété, délivré par le juge de paix, sur la déposition de sept témoins, pour suppléer un acte de naissance.

§ 19. Ces requêtes ne peuvent être grossoyées, et l'émolument pour prendre l'ordonnance et communiquer au ministère public est compris dans la taxe, qui sera de :

A Paris, Bordeaux, Lyon, Rouen. . . . . 7 f. 50 c.
Dans les villes où il y a une Cour d'appel, et dans celles dont
   la population excède 30,000 habitants. 6   75
Dans le ressort et partout ailleurs. 5   50

Et pour ceux de ces actes qui seraient faits en appel :

EN APPEL. { Dans les Cours de Paris, Bordeaux, Lyon, Rouen. 11   25
            { Dans les autres Cours. 10   13

Art. 79. — § 1. (Pr. 325). Requête pour avoir permission de faire interroger sur faits et articles, contenant les faits.

§ 2. Cette requête ne sera point signifiée, ni la partie appelée avant le jugement qui admettra ou rejettera la demande à fin de faire interroger ; elle ne sera notifiée qu'avec le jugement et l'ordonnance du juge commis pour faire subir l'interrogatoire.

§ 3. (Pr. 875). De l'époux qui se pourvoit en séparation de corps, contenant sommairement les faits.

§ 4 (C. C. 236). De l'époux qui se pourvoit en divorce pour cause déterminée, contenant le détail des faits.

§ 5 (Pr. 890). Contenant demande à fin d'interdiction, le détail des faits et l'indication des témoins.

§ 6. Les requêtes ne peuvent être grossoyées, et l'émolument pour prendre les ordonnances et communiquer au ministère public est compris dans la taxe.

A Paris, Bordeaux, Lyon, Rouen. . . . . 15 f. 00 c.
Dans les villes où il y a une Cour d'appel, et dans celles dont
   la population excède 30,000 habitants. 13   50
Dans le ressort et partout ailleurs. 12   00

Et pour ceux de ces actes qui seraient faits en appel :

EN APPEL. { Dans les Cours de Paris, Bordeaux, Lyon, Rouen. 22   50
            { Dans les autres Cours d'appel. 20   25

Observations. — 1° Il y a beaucoup de cas où des textes particuliers prescrivent l'usage des requêtes ; les articles du tarif qu'on vient de lire sont loin de les énumérer tous.

Mais tout le monde est aujourd'hui d'accord qu'il faut taxer ces requêtes en leur appliquant, par analogie, les articles du tarif qui régissent les actes ayant le plus de similitude avec ceux dont il s'agit de fixer les droits.

Nous croyons suffisant d'avoir formulé le principe, et nous nous abstenons de citer aucun exemple, quoiqu'ils soient très-nombreux ; ou même parce qu'ils sont trop nombreux. Nous nous éloignerions du but que nous nous sommes proposé dans ces études abrégées.

Nous ne voulons rendre compte que de ce qui nous paraît nécessaire à l'éclaircissement de l'esprit général des textes.

Autrement nous serions obligé d'entreprendre un long traité de la procédure suivie dans chaque genre d'affaire ; cela nous entraînerait beaucoup trop loin, et puis ces travaux ont été faits très-parfaitement par d'autres plus autorisés.

§ 6. — *Plaidoiries et assistance aux jugements.*

Art. 80. — (Pr 76 et suiv.). Pour honoraires de l'avocat qui aura plaidé la cause contradictoirement :

A Paris, Bordeaux, Lyon, Rouen. . . . . 15 f. 00 c.
Dans les villes où il y a une Cour d'appel, ou dans celles
  dont la population excède 30,000 habitants. 13 50
Dans le ressort et partout ailleurs. 10 00
En appel. { Dans les Cours de Paris, Bordeaux, Lyon, Rouen. 22 50
          { Dans les autres Cours d'appel. 20 25

Art. 81. — Pour assistance de l'avoué à l'audience, à l'effet de demander acte de sa constitution, en cas d'abréviation des délais (*Le règlement de la Cour de Paris applique cet article, même en matière sommaire. V. p. 75*) :

A Paris, Bordeaux, Lyon, Rouen. . . . . 1 f. 50 c.
Dans les villes où il y a une Cour d'appel, ou dont la popu-
  lation excède 30,000 habitants. 1 35
Dans le ressort et partout ailleurs. 1 00
En appel. { Dans les Cours de Paris, Bordeaux, Lyon, Rouen. 2 25
          { Dans les autres Cours d'appel. 2 03

Art. 82. — § 1er (Pr. 149). Assistance et plaidoirie aux jugements par défaut :

A Paris, Bordeaux, Lyon, Rouen. . . . . 3 f. 00 c.
Dans les villes où il y a une Cour d'appel, et dans celles dont
  la population excède 30,000 habitants. 2 70
Dans le ressort et partout ailleurs. 2 45
En appel. { Dans les Cours de Paris, Bordeaux, Lyon, Rouen. 4 50
          { Dans les autres Cours d'appel. 4 05

§ 2. Pour l'honoraire de l'avocat qui aura pris le jugement par défaut :

A Paris, Bordeaux, Lyon, Rouen. . . . . 5 f. 00 c.
Dans les villes où il y a une Cour d'appel, et dans celles dont
  la population excède 30,000 habitants. 4 50
Dans le ressort et partout ailleurs. 4 00
En appel. { Dans les Cours de Paris, Bordeaux, Lyon, Rouen. 7 50
          { Dans les autres Cours d'appel. 6 75

§ 3. Quand le jugement par défaut aura été pris par un avocat, le droit d'assistance de l'avoué ne sera :

A Paris, Bordeaux, Lyon, Rouen, que de. . . . . 1 f. 00 c.
Dans les villes où il y a une Cour d'appel, ou dont la popu-
  lation excède 30,000 habitants. 0 90
Dans le ressort et partout ailleurs. 0 75
En appel. { Dans les Cours de Paris, Bordeaux, Lyon, Rouen. 1 50
          { Dans les autres Cours d'appel. 1 35

Art. 83. — (Pr. 87). Pour assistance de chaque avoué à tout jugement portant remise de cause ou indication de jour, sans que les jugements puissent être levés, ni qu'il soit signifié de qualités ou donné d'avenir (1) :

---

(1) On a déjà vu que les greffiers doivent remettre un bulletin, *décret du 14 mai 1854.*

A Paris, Bordeaux, Lyon, Rouen. . . . . 3 f. 00 c.
Dans les villes où il y a une Cour d'appel, ou dont la popu-
    lation est de plus de 30,000 âmes. 2   70
Dans le ressort et partout ailleurs 2   25
En appel. { Dans les Cours de Paris, Bordeaux, Lyon, Rouen. 4   50
         { Dans les autres Cours d'appel. 4   05

Art. 84. — (Pr. 93, 95). Pour assistance et observations des avoués
aux jugements qui ordonneront une instruction par écrit :

A Paris, Bordeaux, Lyon, Rouen.. . . . . 5 f. 00 c.
Dans les villes où il y a une Cour d'appel, et dans celles dont
    la population excède 30,000 âmes. . . . . 4 · 50
Dans le ressort et partout ailleurs.. 4   00
En appel. { Dans les Cours de Paris, Bordeaux, Lyon, Rouen. 7   50
         { Dans les autres Cours.. 6   75

Art. 85. — (Pr. 113). Pour assistance aux jugements sur délibéré ou
instruction par écrit, y compris les notes qu'ils pourront fournir :

A Paris, Bordeaux, Lyon, Rouen. . . . . 5 f. 00 c.
Dans les villes où il y a une Cour d'appel, et dans celles dont
    la population excède 30,000 âmes. 4   50
Dans le ressort et partout ailleurs.. 4   00
En appel. { Dans les Cours de Paris, Bordeaux, Lyon, Rouen. 7   50
         { Dans les autres Cours. 6   75

Art. 86. — § 1er (Pr. 116). Pour assistance des avoués à chaque
journée de plaidoirie qui précède les jugements interlocutoires et définitifs contradictoires, quand les causes sont plaidées par les parties elles-mêmes ou par des avocats :

A Paris, Bordeaux, Lyon, Rouen.. . . . . 3 f. 00 c.
Dans les villes où il y a une Cour d'appel, et dans celles où
    la population excède 30,000 âmes. 2   70
Dans le ressort et partout ailleurs.. 2   25
En appel. { Dans les Cours de Paris, Bordeaux, Lyon, Rouen. 4   50
         { Dans les autres Cours. 4   05

§ 2. Et quand les avoués plaideront eux-mêmes :

A Paris, Bordeaux, Lyon, Rouen. . . . . 10 f. 00 c.
Dans les villes où il y a une Cour d'appel, et dans celles
    où la population excède 30,000 âmes. 9   00
Dans le ressort et partout ailleurs. 6   00
En appel. { Dans les Cours de Paris, Bordeaux, Lyon, Rouen. 15   00
         { Dans les autres Cours. 13   50

Observations.

1° Le droit de plaidoirie doit-il être taxé par audiences ou par
causes ?

Cette question est fort controversée.

Ceux qui veulent qu'on accorde à l'avocat autant de fois le droit
ou l'émolument, qu'il y a eu d'audiences où la cause a été plaidée, reconnaissent bien que le texte de l'art. 80, « pour honoraires de l'avocat *qui aura plaidé la cause* contradictoirement, à
Paris 15 francs, » n'est pas sans obscurité, et ils ne nient pas, qu'à
la rigueur, il ne puisse se prêter au sens que lui donnent les parti-

sans du droit unique : mais ils invoquent la législation antérieure pour y rattacher cet article.

Les lettres-patentes de Marly, du 23 mai 1778, qui étaient le tarif des frais et dépens pour le Parlement de Paris, lequel a été en vigueur jusqu'au décret du 16 fév. 1807, avaient un paragraphe ainsi conçu : « Pour *chaque plaidoirie* d'avocat à tous arrêts, soit « contradictoires, soit par défaut et aux remises, sera taxé de six « livres ». Or, dit-on, *pour chaque plaidoirie*, cela voulait dire *pour chaque journée d'audience ;* les rédacteurs du décret n'avaient aucun motif pour l'entendre autrement, et l'usage dans lequel on était alors a dû leur ôter jusqu'à l'idée qu'on songerait à élever la question qui nous occupe.

Leur pensée à cet égard est écrite de la manière la plus manifeste dans l'art. 86, qui accorde aux avoués un émolument de 3 francs, à Paris, *pour assistance à chaque journée de plaidoirie qui précède les jugements interlocutoires et définitifs contradictoires, quand les causes sont plaidées par les parties elles-mêmes ou par des avocats.* Ils avaient, comme le tarif de 1778, qu'ils suivaient, en quelque sorte, pas à pas (1), en vue d'accorder aux avoués un émolument moins considérable que celui qu'ils donnaient aux avocats, et cependant, si l'on entendait l'art. 80 comme certains le veulent, il arriverait quelquefois et même assez souvent que les droits de l'avoué, pour assistance à la plaidoirie, dépasseraient ceux de l'avocat qui aurait plaidé la cause.

Un arrêt de la Cour d'appel de Bourges, du 24 août 1829 (Dalloz, 30.2.76), admet pleinement cette argumentation ; il y ajoute « que le droit fixé pour la plaidoirie des avocats est le prix de « leur temps et de leur travail ; que, si la plaidoirie se continue « pendant plusieurs jours, il y a nécessairement plus de temps « et d'efforts, et que c'est ainsi que le tarif a été interprété à leur « égard depuis sa publication par les Cours et tribunaux du « royaume. »

Recherches faites cependant des monuments de jurisprudence relatifs à cette question, on ne cite à l'appui de l'interprétation de la Cour de Bourges qu'un arrêt de la Cour d'Orléans, rapporté dans le *Journal des Avoués,* tome 9, p. 309. Mais M. Vermont, p. 134, partage l'opinion de ces deux Cours, et il accorde le droit multiple, si les journées d'audience le sont.

Les partisans du droit unique reprochent à leurs adversaires de vouloir interpréter un texte, qu'ils reconnaissent obscur, par un autre, le règlement de 1778, qui n'est pas beaucoup plus clair : car les mots soulignés *pour chaque plaidoirie d'avocat* ne signifient pas à la rigueur *pour chaque jour d'audience,* mais pour la plaidoirie qui a lieu dans chaque affaire, qu'elle dure ou non plus d'un jour. C'est ainsi qu'on dit au Palais. *La plaidoirie commencée*

---

(1) Le règlement de 1778 porte : « Et pour *chaque plaidoirie* de procureur, comme « ci-dessus, sera taxé 3 livres. » C'est la moitié des émoluments des avocats.

à telle audience a été continuée à telle autre. Il faudrait rapporter des décisions judiciaires ou des opinions de jurisconsultes qui eussent interprété les lettres-patentes de 1778 dans le sens qu'on leur donne, ce qu'on ne fait pas (1). Mais après tout, quand cela serait, quelle conséquence en pourrait-on tirer contre un texte aussi clair que l'art. 80 ?

Pour honoraires de l'avocat qui aura plaidé la cause ? Est-ce que *pour avoir plaidé la cause* ne s'entend pas de toutes les audiences où l'avocat a dû parler pour cela ? Où est donc l'ambiguïté ? Où est donc alors la nécessité d'interpréter et d'interroger la loi antérieure ? Si le règlement de 1778 signifiait, ce qui est à prouver, qu'il serait accordé à l'avocat une taxe de 6 livres par chaque jour d'audience, le décret de 1807 a changé cela, voilà tout.

Quant à ce que dit la Cour de Bourges *que le droit fixé pour la plaidoirie des avocats est le prix de leur temps et de leur travail,* cela n'est pas exact. Tout le monde sait, au contraire, que les honoraires de l'avocat n'ont jamais été taxés ; tout le monde sait que l'émolument tarifé par l'art. 80, qu'on l'accorde simple ou qu'on le multiplie par le nombre de jours d'audience où la cause a été plaidée, est parfaitement insuffisant pour rémunérer les avocats, ainsi qu'ils doivent l'être et qu'ils le sont habituellement, des peines et des soins qu'ils prennent dans les affaires qu'ils plaident. Le droit dont il s'agit est seulement une légère indemnité que le décret accorde à la partie qui obtient ses frais, pour alléger la dépense qu'elle a faite ou qu'elle fera pour payer son avocat, voilà tout encore.

Resterait l'argument tiré de l'art. 86, qui accorde l'émolument à l'assistance des avoués par *chaque jour de plaidoirie.* Mais il est très-facile de voir que cet argument se retourne évidemment contre ceux qui le font : en effet, si le décret avait voulu accorder aux avocats un droit par journée d'audience, il l'aurait dit pour eux, comme il l'a dit pour les avoués quelques lignes plus bas.

M. Dalloz (*Jurisprudence générale,* v° *Frais et Dépens*) se prononce nettement pour cette opinion. « Nous croyons, dit-il, que « c'est à tort *que la Cour de Bourges a jugé ainsi;* les disposi-« tions du tarif, déjà chargées de tant de frais minutieux, ne « peuvent être interprétées dans un sens qui aggrave la position « de la partie succombante....... Notre avis est aussi celui de « M. Sudraud-Desisles » (p. 246).

M. Chauveau (1er vol., p. 138, n° 20) a suivi cette opinion dans

---

(1) Seulement, M. Dupin, dans son Traité de la profession d'avocat, assure qu'au Parlement de Paris, on était dans l'usage d'augmenter la taxe à raison du nombre des audiences.

Cet usage, s'il a existé, n'est guère plus concluant pour le sens à donner au tarif de 1778 que celui invoqué par la Cour de Bourges pour interpréter l'art. 80 du tarif de 1807.

laquelle il n'a été ébranlé ni par les arrêts des Cours d'Orléans et de Bourges, ni par l'opinion contraire de M. Vervoort.

Depuis la question s'est présentée devant quelques Cours : celle de Rouen l'a jugée par arrêt du 11 fév. 1839 (Dalloz, *Périod.* 1839, 2.37) : « Attendu que le tarif n'accorde qu'un droit fixe pour la « plaidoirie de l'avocat, bien qu'elle ait pu se prolonger au delà « d'un jour. » Cet arrêt, il est vrai, semble résoudre la question par la question, mais à l'époque où il est intervenu les raisons de part et d'autre étaient parfaitement connues et avaient été nettement déduites, la Cour ne les ignorait certainement pas, et en adoptant la solution qui précède, elle a donné aux motifs invoqués par les partisans du droit unique l'autorité qui s'attache aux décisions de la jurisprudence.

Un arrêt du 14 juill. 1840 (*Journal des Avoués*, t. 60-61, p. 406), auquel on ne peut adresser le même reproche qu'à celui de la Cour de Rouen, de n'être pas suffisamment motivé, a jugé aussi qu'il n'est dû qu'un seul droit de plaidoirie, quoiqu'elle ait duré plus d'une audience.

« Considérant, dit-il, que le texte de l'article 80 est clair et « précis et ne présente aucune ambiguïté ; qu'il n'alloue évidem- « ment qu'une somme fixe, quel que soit le nombre des audiences « employées à la discussion, puisque l'allocation se rapporte au « fait d'avoir plaidé la cause, fait complexe qui comprend toute « la discussion, quelle que soit son étendue ;

« Qu'en présence d'une disposition aussi claire, il n'est pas né- « cessaire de rechercher l'esprit qui l'a dictée ; qu'on ne saurait « y voir que la fixation, à forfait, de l'indemnité mise à la charge « de celui qui succombe, au sujet des honoraires de l'avocat, in- « demnité fixe et invariable qu'il n'est pas permis au juge de mo- « difier ou d'étendre. »

L'arrêt ajoute ensuite que l'art. 86, loin de contrarier ce sys- tème, n'a fait que le fortifier, puisque le rédacteur de cet article, jugeant à propos d'accorder aux avoués des émoluments pour *assistance à chaque journée de plaidoirie*, a pris grand soin de s'exprimer avec une clarté que rendait nécessaire le système qu'il avait adopté dans l'art. 80.

Cet arrêt a d'autant plus d'autorité dans cette matière, qu'il émane de la Cour de Bourges et qu'il constate un changement de la jurisprudence qu'elle avait consacrée par l'arrêt du 24 août 1829.

Nous ne connaissons pas d'autres arrêts qui aient jugé la ques- tion depuis 1840 ; mais nous savons que dans plusieurs Cours où l'on taxait autant de droits que de journées d'audience, cet usage a cessé.

Nous estimons que le dernier état de la jurisprudence est con- forme au texte formel de l'art. 80.

Ses termes et sa clarté sont la meilleure raison qu'on puisse invoquer pour refuser les droits multiples.

S'il y avait doute dans la signification des paroles, il faudrait encore décider contre la pluralité des émoluments. C'est pour la liberté qu'il faut se prononcer plutôt que pour l'obligation quand celle-ci n'est pas établie d'une manière claire et précise.

Nous avouons qu'en cette matière, comme en beaucoup d'autres, nous répugnons à l'application de cette règle que l'on formule par ces deux vilains mots : *væ victis*. L'indignation n'étouffe point dans notre cœur tout sentiment de pitié à l'aspect d'un plaideur qui a perdu son procès.

Il l'a quelquefois perdu parce que, dans sa perplexité, le juge a prononcé uniquement pour que le procès ne restât pas indécis, parce que son adversaire a eu une voix de plus dans la délibération, parce que, demandeur, il manquait à sa preuve cette goutte d'eau qui fait déborder le vase, parce que son avocat s'est mal expliqué ou qu'il avait la migraine, parce que peut-être le juge s'est trompé, et que celui qui a gagné son procès l'aurait perdu la veille ou le lendemain ou devant d'autres juges.

Qu'on ne dise pas en présence de tout cela que celui qui gagne son procès doit sortir indemne, et que le perdant doit lui rembourser jusqu'aux frais de son avocat. Il y a des cas, sans doute, où cela doit être et pour lesquels il faut demander et accorder des dommages et intérêts ; mais cela n'arrive pas ordinairement, et le gagnant doit quelquefois se trouver heureux de n'en être que pour les honoraires de son avocat. N'est-ce pas le droit commun en matière sommaire, droit contre lequel personne ne réclame ?

A Bordeaux, l'usage est de n'accorder qu'un seul droit par jugement, et encore il n'y a pas longtemps qu'il est de 22 fr. 50 c. Auparavant on ne passait que 15 fr. ; on supposait qu'il n'y avait que les droits accordés aux avoués qui fussent susceptibles de l'augmentation en appel d'une moitié en sus.

2° Les droits fixés par l'art. 80 sont-ils dus aux avocats pour les jugements préparatoires et interlocutoires comme pour les jugements définitifs contradictoires, quand ils ont donné lieu à des plaidoiries ? Oui.

Le tarif de 1778 comprenait les jugements de remises dans ceux qui donnaient lieu à émolument pour l'avocat.

Sous l'empire du tarif de 1807, on ne déciderait pas la question en ce sens d'une manière aussi générale ; on n'emploie point le ministère des avocats pour les simples remises. L'art. 5 de l'ordonnance du 27 fév. 1822, qui a interdit la plaidoirie aux avoués dans les tribunaux où il y a un nombre suffisant d'avocats pour l'expédition des affaires, leur maintient le droit de plaider, dans les causes où ils occupent, *les demandes incidentes, qui sont de nature à être jugées sommairement, et tous les incidents relatifs à la procédure.* — Les demandes en remises de cause sont de ce nombre. Elles ne donnent ordinairement lieu qu'à de courtes observations échangées entre les avoués, et qui n'entraînent aucun émolument pour eux en dehors des droits que leur donne l'art. 83.

Cependant, s'il s'agissait d'un jugement préparatoire ayant quelque importance, rendu après un incident contradictoirement débattu par les avocats, il faudrait accorder le droit de l'art. 80. M. Sudraud-Desisle (page 247) est d'une opinion contraire; mais il n'est point approuvé par M. Chauveau (1er vol., p. 191, n° 24). Nous sommes portés à nous ranger à l'opinion de M. Chauveau.

3° Lorsqu'il intervient un jugement ou un arrêt de partage, est-il dû un second droit pour l'avocat qui a plaidé?

Oui. Le premier droit a été acquis par le jugement de déclaration de partage, quoiqu'il ne soit qu'un jugement préparatoire, et le deuxième est acquis par le jugement définitif pour la plaidoirie après partage. Cela ne paraît souffrir aucune difficulté.

4° Le droit de constitution à l'audience, en cas d'abréviation de délai, est-il dû pour les affaires sommaires?

La solution donnée sous l'art. 67, n° 4, des observations, est pour la négative. Nous persistons dans cette opinion ; mais il y a des cas où l'urgence n'est qu'accidentelle et où elle n'empêche pas l'affaire de conserver sa nature ordinaire. C'est dans ces circonstances seulement que le droit de l'art. 81 peut être exigé (Voir Dalloz, 1826.2.88, et un arrêt de la Cour de Douai du 7 déc. 1825, qui a posé les vrais principes de la matière).

5° Les jugements et arrêts de défaut-joint sont-ils compris dans les jugements par défaut qui donnent lieu aux droits de plaidoirie et d'assistance tarifés par l'art. 82?

Oui. On ne voit véritablement pas pourquoi il en serait autrement, car ces jugements sont rendus par défaut contre la partie dont ils ordonnent la réassignation. C'est à tort, nous croyons, que M. Sudraud-Desisle les assimile aux simples jugements de remise de cause, qui ne peuvent être levés et qui ne contiennent point de qualités.

Les jugements de jonction doivent nécessairement être délivrés et les qualités doivent être dressées, ils doivent être signifiés à la partie défaillante avec réassignation au jour fixé (Code de proc. 153).

Il est vrai que la plupart du temps ils ne peuvent donner lieu, pour les obtenir, à aucune discussion ni plaidoirie, ce qui rend inutile le ministère des avocats, mais on ne doit pas pour cela craindre l'abus ; on peut assez s'en rapporter aux avoués pour être certain qu'ils n'emploieront les avocats pour l'obtention de ces jugements que quand ils leur seront indispensables pour la discussion. Sous ce rapport, la question n'est pas d'un intérêt sérieux.

6° Peut-on accorder aux avoués autant de droits d'assistance en nombre indéterminé qu'il y a de jugements de remises de cause dans chaque affaire?

La question peut, au premier abord, paraître bizarre, en face des termes de l'article 83 : « Pour assistance de chaque avoué à tout « jugement portant remise de cause, ou indication de jour. »

Cependant, le tarif de 1778 portait : « Mais ne sera passé en taxe « que trois remises, et n'en pourra être accordé un plus grand « nombre, s'il n'y a cause suffisante. » Cela était dit à l'occasion des droits de plaidoirie d'avocat que l'on accordait *aux remises*, comme *à tout arrêt*; que cela fût aussi applicable aux droits d'assistance pour les procureurs, c'est ce qui est vraisemblable. C'était la loi ; il fallait l'appliquer commeelle était faite. Mais le législateur de 1807 a-t-il, lui aussi, établi cette limite ? Il est certain que non. Qu'il ait été moins sage, cela peut être; mais c'est ce que nous n'avons pas à examiner : si d'ailleurs il y avait à le justifier, sous ce rapport, on pourrait dire qu'il a eu toute raison de penser que les tribunaux nouvellement réformés n'accorderaient à l'avenir que les remises nécessaires à l'instruction du procès et à la manifestation d'une bonne justice. Toujours est-il que le tarif nouveau ne dit nulle part qu'il ne sera taxé aux avoués, au plus, que *trois remises de cause*. Il faut que la Cour de Paris ait pensé que c'était là une lacune qu'il appartenaitau pouvoir judiciaire de combler, car elle a dit, dans l'art. 13 de son règlement du 25 novembre 1822 : « Il ne sera accordé aux avoués que *trois remises de cause,* « indépendamment des assistances aux audiences où la cause sera « plaidée ou jugée. » Est-ce là une addition naturelle et légitime à faire à l'article 80? — Il est difficile de le croire. En agissant ainsi, la Cour d'appel de Paris nous paraît avoir été entraînée par l'impulsion d'une réminiscence parlementaire.

A la Cour de Poitiers, et dans son ressort, on accorde aussi, à forfait, les trois remises dans toutes les affaires, qu'il y en ait eu un plus petit ou plus grand nombre. Cette pratique, établie dans une bonne intention, a sans doute pour but de prévenir des abus. Mais qu'on admette, si l'on veut, que les trois remises sont exactement le chiffre moyen qui représente, dans chaque affaire, toutes les remises qu'exige leur masse prise dans son ensemble, il est clair, alors, que par cette mesure on n'aura rien fait perdre au corps des avoués, pris aussi collectivement. Mais en établissant cette communauté fictive que la loi ne reconnaît pas, n'arrivera-t-il pas, inévitablement, qu'on favorisera les uns aux dépens des autres ? Mais ce n'est pas tout, si les nécessités des affaires demandent pour quelques-unes plus de trois remises, et pour quelques autres moins de trois remises, pourquoi faire supporter aux uns les exigences des autres ? Est-ce que c'est la même bourse qui paie et compense tout cela? Vous aurez un procès dont l'instruction exigera cinq remises, j'en aurai un dont elle n'exigera que deux remises, un tiers en aura un autre dont elle n'exigera aussi que deux remises, pourquoi paierions-nous également chacun trois remises? Il semble que c'est établir une communauté d'intérêts, là où elle n'existe ni en fait ni en droit.

Mais, dit-on, toutes ces visées sont mal appliquées, car, en réalité, il n'y a pas de cause qui n'exige plus de trois remises.

Nous rentrons alors dans un autre ordre d'idées où l'injustice n'est pas moins évidente. Pourquoi n'accorder aux avoués que trois remises, si l'on reconnaît qu'un plus grand nombre est nécessaire? Est-ce que les émoluments que la loi accorde aux officiers ministériels, en rémunération de leur travail et des soins qu'ils donnent aux affaires, ne sont pas pour eux une propriété tout aussi légitime et aussi inviolable que les autres? Est-ce que ce n'est pas un traitement que la loi accorde à des fonctionnaires publics? Pourquoi le réduire arbitrairement, et dans un intérêt collectif dont la défense n'est confiée qu'au législateur?

Nous croyons donc que le devoir du taxateur est d'allouer autant de remises qu'il y en a de justifiées, et pas davantage. Il doit présumer que tous les magistrats font leur devoir et qu'ils n'accordent de remises que quand la nécessité en est démontrée (1).

7° Est-ce à dire, pourtant, que les tribunaux ne doivent jamais

---

(1) La pratique, *en matière de droits d'assistance*, est assez difficile à réduire en théorie. Elle tient à l'application du règlement du 30 mars 1808; mais, soit que les dispositions n'en soient pas suffisamment claires, soit que des habitudes antérieures aient entraîné, l'uniformité ne s'est point établie entre les tribunaux divers, ni entre les Cours d'appel.

Qu'on nous permette de hasarder quelques réflexions sur ce sujet difficile, non pour blâmer, mais pour signaler des divergences.

D'après ce qu'il nous semble, les droits d'assistance sont de deux sortes : les uns sont fixes et s'accordent dans toutes les affaires, les autres sont variables et dépendent des nécessités de l'instruction et des circonstances particulières qui surgissent à la traverse des procès. Il est facultatif aux tribunaux d'accorder ou de refuser les remises de cause qui naissent de ces nécessités ou circonstances.

Occupons-nous d'abord des droits d'assistance fixes qui s'accordent dans toutes les affaires, et prenons pour exemple ce qui se pratique à Bordeaux. On passe :

1° Un droit d'assistance pour la distribution faite par le premier président sur le rôle général (règlement de 1808, art. 49); cet émolument est plus raisonnable en fait qu'incontestable en droit ;

2° Un autre droit pour l'appel des causes dans l'ordre du placement au rôle (art. 24 et 62) ;

3° Un autre pour l'indication du jour où les conclusions seront prises et les qualités posées ;

4° Un autre pour le posé des qualités (art. 28), le dépôt des conclusions et le renvoi à l'affiche (art. 67) ;

5° Un autre pour retenir la cause, afin d'être plaidée, si elle ne l'est pas le même jour ;

6° Autant de droits ensuite que la plaidoirie dure de jours d'audience ;

7° Un droit pour assistance aux conclusions du ministère public (il est rare qu'il les donne le jour où la cause est plaidée) ;

8° Un autre pour assistance à la reddition de l'arrêt, quand il n'est pas prononcé le jour des plaidoiries ou des conclusions du ministère public (il arrive plus fréquemment qu'il ne l'est pas).

Cela fait 36 francs de droits d'assistance fixes, par chaque avoué, dans chaque affaire ordinaire; c'est beaucoup; mais il faut convenir aussi que la bonne et prompte expédition des affaires est parfaitement assurée par cette marche.

Quant aux remises de cause facultatives, elles sont, à la Cour de Bordeaux, assez difficiles à obtenir, et, terme moyen, elles ne dépassent certainement pas le nombre de trois.

A la Cour de Poitiers, le premier droit, celui de distribution, n'est pas accordé ; le troisième et le cinquième ne le sont pas non plus. Mais on en passe un autre pour l'arrêt qui décide si l'affaire *est sommaire ou ordinaire* (cet usage, à notre connaissance, n'existe pas ailleurs). De plus, on passe aux avoués trois remises accidentelles, qu'il y en ait eu ou non d'accordées. Les conclusions du ministère public sont ordinairement données et l'arrêt prononcé le jour où l'affaire est plaidée. C'est une diminution notable des frais; mais le service des audiences y est peut-être un peu moins bien assuré qu'à Bordeaux.

A la Cour de Caen on ne passait pas non plus, avant 1850 (nous ne savons si cet usage a continué depuis), les droits d'assistance des n°s 1, 3 et 5. ; mais on s'y montrait assez

accorder de remises pour satisfaire à des convenances particulières, soit des avoués, soit des avocats, soit même des parties ?

Non, sans doute : il y a souvent quelque chose de dû, en dehors des rigueurs de la loi, *non omne quod licet honestum est ;* mais alors les tribunaux ont la faculté de déclarer que ces remises , qui sont du moins de la juridiction gracieuse, n'entreront pas en taxe, et n'augmenteront en rien la masse des frais du procès.

8° Les avoués peuvent-ils obtenir des droits pour assistance, soit aux conclusions du ministère public, soit au prononcé du jugement renvoyé à une autre audience ?

La Cour de Caen, par arrêt du 25 août 1828 (Dalloz, 31.2.21), a jugé que l'article 86 du tarif n'accorde aucun droit applicable à ces deux cas ; qu'ainsi, il n'est rien dû aux avoués.

M. Chauveau, premier volume, page 157, blâme cette jurisprudence, et avec raison, je crois. Il fait remarquer que l'arrêt de la Cour de Caen ne conteste point la nécessité de la présence de l'avoué, soit aux conclusions du ministère public, soit à la prononciation de l'arrêt ; il croit, dès lors, qu'il lui est dû un émolument et que, si ce n'est en vertu de l'article 86, c'est au moins en vertu de l'article 83.

Postérieurement, et le 10 avril 1834, affaire *Ponthaux,* la Cour de Caen est revenue sur sa première jurisprudence, en ce qui concerne les conclusions du ministère public. Nous n'avons pas à notre disposition le texte de l'arrêt ; mais la notice en est rapportée

---

facile pour les renvois facultatifs. Assez souvent, cependant, on condamnait aux dépens du jour la partie qui y donnait lieu par sa faute ou par sa négligence.

Le service des audiences, peut-être à cause de cela, n'était pas toujours parfaitement assuré.

Comme on le voit par les exemples que nous citons et qui pourraient être multipliés, il y a une grande divergence sur cette matière dans les Cours d'appel.

Si l'on tenait donc à ce que l'uniformité s'établît dans toutes les juridictions civiles sur ce point important, il faudrait, de toute nécessité, que le règlement du 30 mars 1808 fût soumis à une révision par l'autorité compétente, car, jusque-là, chaque Cour d'appel tiendra à ses usages, les croyant préférables à ceux des autres.

Dans ce conflit, il s'élève des questions qui affectent gravement les avoués dans leurs intérêts, et qui entretiennent dans ce corps une inquiétude fâcheuse et irritante.

Nous avons vu plus haut que dans beaucoup de Cours il s'est élevé des difficultés entre eux et les taxateurs, à l'occasion des émoluments qu'ils portent dans leurs états de frais pour les conclusions motivées, que les art. 33, 70 et 74 du décret du 30 mars 1808 les obligent à rédiger, signifier et déposer entre les mains du greffier (*V.* p.77, n° 8, et 95, n° 9).

Nous avons vu qu'ils soutiennent qu'on ne peut les contraindre à faire cet acte important sans les rétribuer, et qu'on leur répond qu'il ne suffit pas qu'un acte de procédure soit utile, autorisé ou commandé, pour entraîner un émolument, qu'il faut encore qu'il soit tarifé.

La question se pose exactement dans les mêmes termes pour les *droits d'assistance fixes* qu'on vient d'indiquer dans les n°s 1, 2, 3, 4 et 5 de cette note. Les actes pour lesquels on les réclame sont exigés par les art. 19, 22 24 et 67, comme les conclusions le sont par les art. 33, 70 et 74 du même décret, et ils ne sont pas non plus tarifés.

Ce point, cependant, est d'une importance relativement très-grande pour les officiers ministériels que cela concerne, et ce serait une chose excellente, administrativement parlant, que de faire cesser ces divergences. Il ne nous appartient pas d'en dire davantage sur cette matière.

dans le dictionnaire des arrêts de la Cour de Caen, page 477, n° 48, en ces termes : « En thèse ordinaire, il est dû à l'avoué « un droit d'assistance à l'audience où conclut le ministère pu- « blic, mais il n'en est pas dû pour assistance à la prononciation « du jugement. »

Il paraît que la Cour s'est fondée sur le texte même de l'art. 86, qui accorde le droit pour assistance *à chaque journée de plaidoi- rie qui précède les jugements*, et non pour assistance aux juge- ments. Cela nous paraît une application fort rigoureuse de la loi. Nous avons vu qu'à Bordeaux on est dans l'usage de l'entendre autrement.

9° L'avoué qui a plaidé la cause a-t-il droit, comme l'avocat, à des émoluments particuliers à l'encontre de son client?

Cette question nous paraît complétement étrangère à la taxe.

Ces émoluments, s'ils sont dus, ne semblent devoir, à aucun ti- tre, figurer sur les mémoires soumis aux juges taxateurs. En ef- fet, ils ne sont pas plus soumis au contrôle de la taxe que les ho- noraires que les avocats réclament de leurs clients, et si les clients des avoués refusent de payer, c'est à une autre juridiction que ceux-ci devront s'adresser pour les contraindre.

Seulement, il faut faire remarquer que le règlement de 1778 portait : « Ne pourront (les procureurs) employer dans leurs mé- « moires d'autres frais et droits que ceux portés au tarif ci-des- « sus, et par le présent règlement.

« *Et quant aux vacations extraordinaires, il n'en sera taxé au- « cune*, de même que les copies de pièces et écritures qu'ils « auraient pu faire, *si elles ne leur ont été démandées par leurs* « *clients.* »

La même chose doit être décidée sous le tarif de 1807, et la question qui s'élèverait entre l'avoué et son client, relativement aux frais extraordinaires, serait, nous le répétons, du ressort d'une autre juridiction (1).

10° Le jugement qui ordonne un interrogatoire sur faits et ar- ticles donne-t-il lieu au droit d'assistance?

Nous ne le croyons pas, car le § 6 de l'article 79 porte que l'émolu- ment pour prendre les ordonnances et communiquer au ministère public est compris dans la taxe. Or, le jugement qui intervient

---

(1) M. Dalloz (*Répertoire, nouvelle édition*, v° Avoués, n° 13) est d'opinion que la somme de 10 francs fixée à Paris pour la plaidoirie de l'avocat par l'art. 50 du tarif, n'é- tant autre chose que l'indemnité que peut réclamer contre son adversaire la partie qui a gagné, et cette taxe n'empêchant pas l'avocat de réclamer de sa partie la somme d'hono- raires qui lui est raisonnablement due, il est rationnel de décider que la somme de 10 francs accordée à Paris par l'art. 86 à l'avoué, qui a plaidé lui-même la cause, a la même destination, et que cet avoué peut réclamer de sa partie les justes honoraires que comportent la nature de l'affaire et l'importance de son travail. Il rapporte, à l'appui de cette solution, un arrêt de la Cour de Bruxelles, du 2 juillet 1829. Cet arrêt est fort bien motivé; il paraît qu'il fait maintenant jurisprudence, nous ne connaissons, du moins, aucune décision en sens contraire.

S.

n'est autre chose qu'une ordonnance (art. 329 du Code de procédure).

Le tarif du tribunal de la Seine accorde ce droit ; il en est de même de celui du tribunal de Niort (article 33) ; il invoque l'autorité de M. Chauveau (tome 1er, page 317), laquelle est absolument contraire.

Il doit en être de même du jugement d'homologation, d'avis de parents (art. 285 et 836, Cod. proc.).

§ 7. — *Qualités et significations des jugements.*

Art. 87. — § 1er (Pr. 142). Pour l'original des qualités contenant les noms, profession et demeure des parties, leurs conclusions et les points de fait et de droit, sans que les motifs des conclusions puissent y être insérés, ni qu'on puisse rappeler, dans les points de fait et de droit, les moyens des parties ; savoir, pour celles d'un jugement par défaut :

A Paris, Bordeaux, Lyon, Rouen.	3 f.	75 c.
Dans les villes où il y a une Cour d'appel, et dans celles dont la population excède 30,000 habitants.	3	38
Dans le ressort et partout ailleurs.	2	80
EN APPEL { Dans les Cours de Paris, Bordeaux, Lyon, Rouen.	5	63
{ Dans les autres Cours.	5	07

§ 2. Pour celles d'un jugement contradictoire sur plaidoirie ou délibéré :

A Paris, Bordeaux, Lyon, Rouen.	7 f.	50 c.
Dans les villes où il y a une Cour d'appel, et dans celles dont la population excède 30,000 habitants.	6	75
Dans le ressort et partout ailleurs.	5	50
EN APPEL { Dans les Cours de Paris, Bordeaux, Lyon, Rouen.	11	25
{ Dans les autres Cours d'appel.	10	13

§ 3. Et celles d'un jugement en instruction par écrit :

A Paris, Bordeaux, Lyon, Rouen.	10 f.	00 c.
Dans les villes où il y a une Cour d'appel, et dans celles dont la population excède 30,000 habitants.	9	00
Dans le ressort et partout ailleurs.	7	50
EN APPEL { Dans les Cours de Paris, Bordeaux, Lyon, Rouen.	15	00
{ Dans les autres Cours d'appel.	13	50

Art. 88. — (Pr. 142). Pour chaque copie qui ne pourra être signifiée que dans le cas où le jugement serait contradictoire, le quart.

Art. 89. — (Pr. 156 et 157). Pour signification de tout jugement à avoué ou à domicile, par chaque rôle d'expédition (1) :

A Paris, Bordeaux, Lyon, Rouen.	0 f.	30 c.
Dans les villes où il y a une Cour d'appel, et dans celles dont la population excède 30,000 habitants.	0	27

---

(1) Indépendamment du droit fixé par l'art. 89, on accorde dans la pratique à l'avoué, qui signifie un jugement à avoué, un *droit d'acte*, rentrant dans ceux de première classe. Ce droit n'est compris directement dans aucun des paragraphes de l'art. 70 du tarif. Cependant, il est tout à fait similaire à celui compris au § 3 de l'art. 70 ; nous croyons que le même droit est dû.

Dans le ressort et partout ailleurs..   0   25
En appel { Dans les Cours de Paris, Bordeaux, Lyon, Rouen.   0   45
{ Dans les autres Cours d'appel.   0   44

Observations. — 1° Doit-il être dressé des qualités dans le jugement par défaut profit-joint ?

On ne verrait pas bien clairement la raison d'en douter, si M. Sudraud-Desisles, page 119, n° 380, n'avait pas émis l'opinion qu'il n'est rien dû à l'avoué pour le dressé des qualités de ces jugements.

L'article 141 du Code de procédure veut que la rédaction des jugements contienne les noms des juges, du procureur impérial, s'il a été entendu, ainsi que des avoués, les noms, profession et demeure des parties, leurs conclusions, l'exposition sommaire des points de fait et de droit, les motifs et le dispositif des jugements.

Ces conditions sont applicables à tous les jugements *préparatoires, interlocutoires, définitifs, contradictoires ou par défaut.* Elles sont toutes de rigueur. Cependant, il y en a une grande partie qui ne peuvent être accomplies, sans le dressé des qualités exigées par l'art. 142 du même Code. Cela va sans démonstration.

Il y a donc, dans le système du Code de procédure, nécessité de dresser des qualités pour tous les jugements.

Mais l'article 83 du tarif est venu, il faut le reconnaître, apporter une modification à cet état de choses ; il a voulu que les jugements portant *simple remise de cause, et indication de jour, ne pussent être levés, et qu'il ne fût pas signifié de qualités.*

M. Sudraud-Desisles étend cela à tous les jugements préparatoires, dans lesquels il classe les jugements de défaut profit-joint.

On ne conteste pas que ces jugements ne puissent rentrer dans la catégorie des jugements préparatoires ; mais il ne serait pas facile de les ranger au nombre de ceux pour lesquels l'article 83 du tarif défend de dresser des qualités. En effet, ceux-ci ne doivent pas être délivrés, et c'est pour cela qu'il n'y a pas besoin de qualités. Mais à l'inverse, le jugement de défaut profit-joint doit être délivré et signifié : il doit donc aussi, à l'inverse, être accompagné de qualités. Ce qui fait l'erreur de M. Sudraud, à notre avis, c'est qu'il applique l'article 83 à tous les jugements préparatoires, tandis que cet article ne s'applique qu'à ceux de ces jugements qui ne prononcent *qu'une remise de cause, ou une indication de jour.*

Le jugement par défaut profit-joint devant être signifié à la partie défaillante avec réassignation, doit, par la nature des choses, contenir tout ce qui est nécessaire pour faire comprendre à cette partie ce dont il s'agit au procès, afin qu'elle puisse savoir ce qu'on lui demande, et apprécier s'il est de son intérêt de constituer avoué ou de continuer à faire défaut. Or cela serait impossible, si l'on se bornait à lever le simple prononcé de jugement, et à le lui signifier sans explication aucune : elle ne connaîtrait ni les conclusions de sa partie adverse, ni les points de fait et de droit du procès, qui sont justement ce qu'elle a le plus d'intérêt à savoir.

2° Mais ces qualités doivent-elles être signifiées aux avoués qui ont figuré au jugement par défaut profit-joint pour les parties qui les avaient constitués?

Ce sont les dispositions de l'art. 89 du tarif qui font naître la question; il dit que *la copie des qualités ne pourra être signifiée que dans les jugements contradictoires.*

Mais les jugements de défaut profit-joint ne sont point des jugements par défaut à l'égard des parties qui ont constitué avoué et qui y ont figuré, ce sont bien des jugements contradictoires; et, d'un autre côté, il est certain que ces parties sont grandement intéressées à ce qu'il ne soit pas inséré dans ces qualités des faits ou des conclusions qui pourraient nuire à leurs droits et embarrasser leur défense ultérieure.

Il est cependant vrai que dans beaucoup de ressorts les avoués qui rédigent ces qualités ne les signifient pas. Cela ne fait aucune difficulté pour les taxateurs auxquels ils n'ont rien à demander, mais la question est de savoir si les copies et les significations doivent passer en taxe lorsqu'elles ont été faites.

Ce qu'on vient de lire suffit pour nous faire penser que cela doit être.

3° *L'article* 89 *est-il applicable aux copies de jugements signifiées aux avoués des parties avec les défenses ou dans le cours d'une instance et comme pièces de procédure?*

Pour faire comprendre l'intérêt de cette question, il faut faire remarquer que l'art. 72, § 2, taxe les droits de copies signifiées avec les défenses, à raison du rôle de vingt-cinq lignes à la page et de douze syllabes à la ligne (600 *syllabes au rôle*), tandis que l'art. 89 les taxe à raison des rôles *d'expédition;* on sait que les rôles d'expédition des jugements ne doivent contenir, suivant l'art. 6 de la loi du 21 vent. an 7, que vingt lignes à la page et huit à dix syllabes à la ligne (terme moyen, 360 syllabes au rôle).

C'est seulement trois cinquièmes des rôles d'avoués.

Nous croyons que l'art. 89, quelle que soit la généralité de ses termes, ne s'applique qu'aux significations de jugements faites en conformité des principes consacrés par les art. 144 et 166 du Code de procédure civile, et dans les cas analogues.

L'article 72, §§ 2 et 3, régit, lui, la taxe des copies de pièce données avec les défenses; les jugements eux-mêmes sont compris dans le mot générique *pièce,* ainsi que le prouvent les termes mêmes du § 3 de l'art. 72 : *les copies de tous actes* ou JUGEMENTS *qui seront signifiées avec les exploits des huissiers appartiendront à l'avoué, si elles ont été faites par lui.*

Qu'un avoué d'appel, par exemple, ait à signifier dans le cours d'une instance d'appel des copies de jugements de première instance, il ne me semble pas douteux que ces jugements ne sont, dans sa main et dans son dossier, que des pièces ordinaires dont les copies doivent contenir vingt-cinq lignes à la page et douze syllabes à la ligne.

4° Les qualités de jugements et d'arrêts peuvent-elles être réduites par le juge taxateur, s'il les trouve trop étendues, bien qu'elles soient devenues irrévocables entre les parties, quant au point de fait et de droit?

Il faut bien reconnaître qu'autre chose est le droit acquis à cet égard aux parties, autre chose est la taxe des frais de rédaction des qualités de jugement et d'arrêt. Que si le taxateur reconnaît qu'elles ont été allongées, non dans l'intérêt de la partie, mais dans celui de l'avoué, afin de se procurer des émoluments plus considérables, il serait fâcheux, dans l'intérêt public et dans l'intérêt particulier de la partie qui doit payer les frais, qu'il fût constitué dans l'impuissance de les réduire.

La question s'est présentée devant la Cour d'Orléans, le 14 mars 1836, et elle l'a jugée dans le sens des réflexions qui précèdent; il y eut pourvoi en cassation, mais la Cour, par arrêt du 26 décembre 1837 (Sirey, 1838.1.558), a rejeté le pourvoi.

La même Cour d'Orléans a rendu un autre arrêt dans le même sens, le 7 mai 1850 (Dalloz, *périodique*, 50.2.152).

Mais la réduction ne pourrait avoir lieu sur une partie des qualités maintenue par le président sur l'opposition aux qualités, parce qu'il y aurait chose jugée à l'égard de la partie intéressée.

Cependant, la Cour de cassation a jugé, par arrêt du 18 juin 1851, que le règlement des qualités d'un arrêt fait par le juge ne peut tomber sous la censure de la Cour de cassation ; que si l'arrêt dont les qualités font partie contient des énonciations superflues, *c'est par la taxe seulement qu'il peut en être fait justice* (Sirey, 51.1.731).

§ 8. — *Des vacations.*

Art. 90. — § 1er. Vacation pour mettre la cause au rôle.

§ 2 (Pr. 83). Pour communiquer les pièces de la cause au ministère public et les retirer, le tout ensemble.

§ 3 (Pr. 94). Pour produire et retirer les pièces dans les causes où il a été ordonné un délibéré.

§ 4 (Pr. 102). Pour produire au greffe des pièces nouvelles en instruction par écrit.

§ 5 (Pr. 103). Pour prendre en communication les pièces nouvelles produites en instruction par écrit.

§ 6 (Pr. 107). Pour prendre le certificat du greffier, constatant que la partie adverse n'a pas produit en instruction par écrit dans les délais fixés.

§ 7 (Pr. 109). Pour requérir le greffier, après que toutes les parties ont produit en instruction par écrit ou après l'expiration des délais, de remettre les pièces au rapporteur.

§ 8 (Pr. 144). Pour former une opposition à des qualités, *le droit ne sera passé qu'autant que le président aura ordonné une réformation.*

§ 9 (Pr. 145). Pour faire régler les qualités des jugements en cas d'opposition.

§ 10 (Pr. 163, 164, 549). Pour faire la mention, sur le registre tenu au greffe, de l'opposition au jugement par défaut, ou de l'appel de tout jugement, quand il y aura, dans les jugements, des dispositions qui doivent être exécutées par des tiers.

§ 11 (Pr. 471, 494). Pour consigner l'amende en requête civile, ou sur appel, dans toutes les causes, à l'exception des matières sommaires.

§ 12 (Pr. 501). Pour la retirer.

§ 13 (Pr. 548). Pour donner certificat contenant date de la signification, au domicile de la partie condamnée, du jugement qui prononce une mainlevée, la radiation d'inscription hypothécaire, un paiement ou autre chose à faire par un tiers ou contre lui.

§ 14. Pour requérir du greffier le certificat qu'il n'existe, contre le jugement énoncé ci-dessus, ni opposition ni appel portés sur le registre tenu au greffe.

§ 15 (Pr. 967). Pour faire viser par le greffier la demande en partage et licitation :

A Paris, Bordeaux, Lyon, Rouen.	1 f.	50 c.
Dans les villes où il y a une Cour d'appel, et dans celles dont la population excède 30,000 habitants.	1	35
Dans le ressort et partout ailleurs.	1	15
En appel { Dans les Cours de Paris, Bordeaux, Lyon, Rouen.	2	25
{ Dans les autres Cours d'appel.	2	03

Art. 91. — § 1er (Pr. 77, 189). Vacation pour donner et prendre communication des pièces de la cause, à l'amiable sur récépissé, ou par la voie du greffe, et le rétablissement entre les mains de l'avoué, ou le retrait du greffe, le tout ensemble.

§ 2 (Pr. 96). Pour produire au greffe dans les causes où il a été ordonné une instruction par écrit.

§ 3 (Pr. 97). Pour prendre communication au greffe de la production du demandeur en instruction par écrit, et le rétablissement de cette production, le tout ensemble.

§ 4 (Pr. 115). Pour retirer les pièces du greffe dans les instructions par écrit.

§ 5 (Pr. 219, 220). Pour déposer au greffe les pièces arguées de faux.

§ 6 (Pr. 259). Pour requérir l'ordonnance du juge commis à l'effet de procéder à une enquête et signer le procès-verbal d'ouverture.

§ 7 (Pr. 306). Pour faire la déclaration au greffe des experts convenus.

§ 8 (Pr. 307, 315). Pour être présent à la prestation de serment des experts devant le juge-commissaire.

§ 9 (Pr. 361). Pour faire faire la mention, en marge de l'acte de désaveu, du jugement qui l'aura rejeté.

§ 10 (Pr. 518). Pour déposer au greffe les titres de solvabilité de la caution présentée.

§ 11 (Pr. 519). Pour prendre communication, au greffe, des titres de solvabilité de la caution.

§ 12 (Pr. 519, 522). Pour faire faire au greffe la soumission d'une caution.

§ 13 (Pr. 523). Pour déposer au greffe, ou donner en communication, sous récépissé à l'amiable, les pièces justificatives de la déclaration des dommages et intérêts, et les retirer, le tout ensemble.

§ 14. Pour prendre communication à l'amiable sur récépissé, ou au greffe, des pièces justificatives de la déclaration de dommages-intérêts, et les rétablir, le tout ensemble.

§ 15 (Pr. 569). Pour requérir des fonctionnaires publics, tiers saisis, le certificat du montant de ce qu'ils doivent à la partie saisie.

§ 16 (Pr. 874). Pour assister au greffe la femme qui fait sa renonciation à la communauté en cas de séparation de biens.

§ 17 (C. C. 240). Pour prendre l'ordonnance du tribunal qui permet de citer l'époux défendeur en divorce.

§ 18 (Pr. 997, C. C. 793, 794). Pour assister au greffe la femme qui renonce à la communauté après décès, ou l'héritier qui renonce à la succession, ou qui ne l'accepte que sous bénéfice d'inventaire.

§ 19 (Pr. 1020). Pour demander l'ordonnance d'*exequatur* d'une décision arbitrale :

A Paris, Bordeaux, Lyon, Rouen.	3 f.	00 c.
Dans les villes où il y a une Cour d'appel, et dans celles dont la population excède 30,000 habitants.	2	70
Dans le ressort et partout ailleurs.	2	25
En appel { Dans les Cours de Paris, Bordeaux, Lyon, Rouen.	4	50
{ Dans les autres Cours d'appel.	4	05

Art. 92. — § 1er (Pr. 196). Vacation pour déposer au greffe une pièce dont l'écriture est déniée, et assistance au procès-verbal dressé par le greffier de l'état de ladite pièce.

§ 2 (Pr. 198). *Idem* pour prendre communication de ladite pièce, et assistance au procès-verbal dressé par le greffier.

§ 3 (Pr. 199). *Idem* devant le juge-commissaire pour convenir de pièces de comparaison.

§ 4 (Pr. 284, 207). Pour être présent au serment des experts, à la représentation des pièces de comparaison, et faire les réquisitions et observations, par chaque vacation.

§ 5 (Pr. 206). A la confection du corps d'écriture fait par le détenteur, s'il est ainsi ordonné.

§ 6 (Pr. 218). Pour former une inscription de faux incident au greffe.

§ 7 (Pr. 221). Pour requérir du juge-commissaire son ordonnance, à l'effet de faire apporter au greffe la pièce arguée de faux dont il y a minute.

§ 8 (Pr. 226). Au procès-verbal de l'état des pièces arguées de faux.

§ 9 (Pr. 228). Vacation de l'avoué du demandeur pour prendre, en tout état de cause, communication de la copie arguée de faux.

§ 10 (Pr. 270). A l'audition des témoins, par trois heures.

§ 11 (Pr. 297). En cas de descente sur les lieux, par trois heures.

§ 11 (Pr. 317). Vacations des avoués au rapport d'experts, s'ils en sont expressément requis par leurs parties, pour ne les répéter que contre elles, et sans qu'elles puissent entrer en taxe.

§ 13 (Pr. 353). Pour former un désaveu au greffe, contenant les moyens, conclusions et constitution d'avoué.

§ 14. (Pr. 370). Pour former, par acte au greffe, la demande à fin de renvoi d'un tribunal à un autre pour parenté ou alliance.

§ 15 (Pr. 384). Pour faire au greffe l'acte contenant les moyens de récusation contre un juge.

§ 16. Pour interjeter appel au greffe du jugement qui aura rejeté la récusation, avec énonciation des moyens, et dépôt de pièces au soutien.

§ 17 (Pr. 532, 536). Pour mettre en ordre les pièces d'un compte à rendre, les coter et les parafer.

§ 18. Il sera passé une vacation pour cinquante pièces, deux pour cent, et ainsi de suite. .

§ 19 (Pr. 534). A la présentation et affirmation du compte.

§ 20 (Pr. 535). Pour requérir du juge-commissaire exécutoire de l'excédant de la recette sur la dépense dans les comptes présentés.

§ 21 (Pr. 336). Pour prendre en communication les pièces justificatives du compte, et les rétablir, le tout ensemble.

§ 22 (Pr. 338). Pour fournir les débats sur le procès-verbal du juge-commissaire.

§ 23. Par chaque vacation de trois heures, dont le nombre sera fixé et arbitré par le juge-commissaire.

§ 24. (Pr. 538). *Idem* pour fournir soutènements et réponses.

§ 25. Par chaque vacation de trois heures, dont le nombre sera fixé et arbitré par le juge-commissaire.

§ 26 (Pr. 573, 574). Pour faire au greffe une déclaration affirmative sur saisie-arrêt, contenant les causes et le montant de la dette, les paiements à compte, si aucuns ont été faits, l'acte ou les causes de libération, et les saisies-arrêts formées entre les mains du tiers saisi, et le dépôt au greffe des pièces justificatives, le tout ensemble.

§ 27 (Pr. 350). Pour assistance au compulsoire et dires au procès-verbal, par chaque vacation.

§ 28 (Pr. 866, 867, 868). Pour faire et remettre l'extrait de la demande en séparation de biens qui doit être inséré dans les tableaux de l'auditoire du tribunal où se poursuit la séparation, et du tribunal de commerce, des chambres des avoués de première instance et des notaires, et le faire insérer dans un journal, le tout ensemble.

§ 29 (Pr. 872). Pour faire insérer l'extrait du jugement qui aura prononcé la séparation de biens dans les mêmes tableaux et dans un journal, le tout ensemble.

§ 30 (Pr. 880). Pour faire insérer le jugement qui prononcera la séparation de corps dans les mêmes tableaux et dans un journal, le tout ensemble.

§ 31 (C. C. 242, 243). Pour assister, à huis-clos, les époux dans le cas de demande en divorce, représenter les pièces, faire les observations et indiquer les témoins.

§ 32 (Pr. 892). Pour assister au conseil de famille qui suit la demande en interdiction avant l'interrogatoire.

§ 33 (C. C. 501). *Idem* pour faire l'extrait du jugement qui prononce une interdiction ou une nomination de conseil, le faire insérer dans le tableau de l'auditoire et des études des notaires de l'arrondissement, et dans un journal, le tout ensemble.

§ 34. Le jugement d'interdiction ou de nomination du conseil ne sera point signifié aux notaires de l'arrondissement; l'extrait en sera remis au secrétaire de leur chambre, qui en donnera récépissé, et qui le communiquera à ses collègues, qui seront tenus d'en prendre note, et de l'afficher dans leurs études.

§ 35 (Pr. 898). Pour déposer au greffe le bilan, les livres et les titres actifs, s'il y en a, du débiteur qui demande à être admis au bénéfice de cession.

§ 36 (Pr. 903). Pour faire l'extrait du jugement qui admet à la cession de biens, et le faire insérer au tableau du tribunal de commerce, ou du tribunal de première instance qui en fait les fonctions, dans le lieu des séances de la maison commune et dans un journal, le tout ensemble.

§ 37 (Pr. 976, 977, 982). Vacation au partage, soit devant le juge-commissaire, soit devant le notaire commis par lui, par trois heures.

§ 38 (Pr. 977). Les vacations devant notaire n'entreront point en frais de partage ; elles ne pourront être répétées que contre la partie qui aura requis l'assistance de l'avoué :

A Paris, Bordeaux, Lyon, Rouen. . . . . 6 f. 00 c.
Dans les villes où il y a une Cour d'appel, et dans celles dont
  la population excède 30,000 âmes. 5 40
Dans le ressort et partout ailleurs. 4 50

Pour ceux de ces actes qui peuvent être faits :

En appel { Dans les Cours de Paris, Bordeaux, Lyon, Rouen. 9 00
{ Dans les autres Cours d'appel. 8 10

Art. 93. — § 1er (Pr. 806). Vacation en référé contradictoire :

A Paris, Bordeaux, Lyon, Rouen. . . . . 5 f. 00 c.
Dans les villes où il y a une Cour d'appel, et dans celles où
  la population excède 30,000 âmes. 4 50
Dans le ressort et partout ailleurs. 3 75

§ 2. Et pour défaut :

A Paris, Bordeaux, Lyon, Rouen. . . . . 3 f. 00 c.
Dans les villes où il y a une Cour d'appel, et dans celles dont
  la population excède 30,000 habitants. 2 70
Dans le ressort et partout ailleurs. 2 25

Art. 94. — § 1er (Pr. 929). Vacation pour requérir une apposition de scellés.

§ 2. (Pr. 911). *Idem* à l'apposition de scellés, par trois heures.

§ 3 (Pr. 916, 918, 920, 921, 922). En référé lors de l'apposition, ou dans le cours de la levée.

§ 4 (Pr. 931). Pour en requérir la levée.

§ 5 (Pr. 932, 933, etc.). À chaque vacation de trois heures à la reconnaissance et levée.

§ 6 (Pr. 940). Pour requérir la levée des scellés sans description.

§ 7. À la reconnaissance et levée sans description :

A Paris, Bordeaux, Lyon, Rouen. . . . . , . 6 f. 00 c.
Dans les villes où il y a une Cour d'appel, et dans celles dont
  la population excède 30,000 âmes. 5 40
Dans le ressort et partout ailleurs. 4 50

Pour le petit nombre de ces actes qui peuvent être faits :

En appel { Dans les Cours de Paris, Bordeaux, Lyon, Rouen. 9 00
{ Dans les autres Cours d'appel. 8 10

Observations. — 1° Est-il dû une vacation à ceux des avoués qui n'ont pas mis la cause au rôle, pour vérifier si cette mise au rôle a eu lieu par leur confrère ?

Il arrive, dans quelques tribunaux, que les avoués portent ce droit et que les taxateurs le leur passent ; cet usage paraît exister dans le ressort de la Cour de Poitiers ; on dit, pour le justifier, qu'il est convenable que tous les avoués de la cause vérifient la mise au rôle et l'exactitude des énonciations qu'elle contient pour les faire rectifier, s'il y a lieu. — Le règlement de la Cour de Paris (art. 10) alloue quelque chose qui ressemble à ce droit, sous le titre de *vacation à la vérification du rôle.*

Il n'y a que quelques mots à répondre : le tarif ne passe rien. S'il a agi sciemment, il faut respecter sa volonté; si c'est un oubli, il n'y a que le législateur lui-même qui puisse le réparer : en matière de taxe, tout est de rigueur; pour condamner à payer, il faut s'appuyer sur une loi; rien ne peut la suppléer.

2° Lorsqu'une cause, qui était sommaire dans le principe, et qui a été mise au rôle en cette qualité, devient ordinaire par suite d'incidents qui l'ont fait changer de nature, est-il dû une vacation pour la mise au rôle?

On a dit, dans les observations, sous l'art. 67, n° 19, p. 82, qu'il n'est dû à l'avoué aucun droit de vacation pour la mise au rôle, en *matière sommaire*.

On part de là pour soutenir que, l'émolument n'étant pas dû au moment où l'acte a été fait, les incidents qui ont changé la nature de l'affaire n'ont dû rien changer au droit de l'avoué; l'on ajoute que, s'il devait en être autrement, il faudrait admettre l'administration de l'enregistrement à réclamer un supplément de droit pour la mise au rôle.

Il y a une réponse bien simple à ces objections : si l'affaire qui a changé de nature était restée sommaire, l'avoué aurait reçu un *droit d'obtention de jugement* dans lequel aurait été compris, *in globo*, l'émolument de la mise au rôle. Mais comme, en matière ordinaire, on taxe tous les actes de procédure individuellement, il faudrait admettre que l'avoué n'aurait ni le droit de vacation attaché à la mise au rôle, en *matière ordinaire*, ni la compensation de ce droit dans l'obtention de jugement qui l'accorde en *matière sommaire* : il suffit d'avoir amené la question à ce résultat pour qu'elle soit résolue.

Quant à la question de savoir si l'administration de l'enregistrement pourrait réclamer un supplément de droit, elle est étrangère à notre sujet, et elle ne doit avoir aucune influence dans la solution de celle qui précède. Il ne faut pas, d'ailleurs, résoudre une difficulté par une autre.

3° Le tarif du tribunal de la Seine alloue 1 franc 50 centimes pour la mise au rôle des causes portées en référé, et 30 centimes pour l'appel de la cause. Ces droits sont-ils dus?

M. Chauveau, 2° vol., p. 237, établit qu'ils ne le sont pas. Cette opinion nous paraît incontestable : en effet, il n'y a pas de mise au rôle, ni de rôle fiscal pour les référés; la nécessité de les inscrire ne commence que quand la cause a été renvoyée par le président, à l'audience, à l'état de référé; il n'y a pas non plus d'appel de cause.

4° Quand il est fait plusieurs vacations, la dernière doit-elle être réputée complète, quoiqu'elle ait duré moins de trois heures?

Le § 5 de l'art. 151 du tarif porte : « Il ne sera passé aux juges « de paix, aux experts, *aux avoués*, aux notaires, et à tous offi- « ciers ministériels, que trois vacations, par jour, quand ils opére- « ront dans le lieu de leur résidence, deux par matinée et une « seule l'après-dîner. »

Toutes les fois que le tarif accorde des émoluments par vacation aux officiers ministériels, il a soin de dire que chaque vacation sera de *trois heures*, et quelquefois il ajoute : *de trois heures au moins.*

L'art. 1er du tarif dit : « Il sera accordé au juge de paix, pour « chaque vacation.... qui sera de *trois heures au moins.* »

L'art. 31, § 2, dit : « Pour chacune des vacations subséquentes « de *trois heures.* »

L'art. 39, § 3 : « Pour chaque vacation de trois heures à la vente. »

L'art. 43, § 2 : « Pour chacune des autres vacations aussi de trois heures. »

L'art. 92, §§ 23, 25, 37, et l'art. 94, §§ 2 et 5, portent également la durée des vacations à trois heures.

Mais l'art. 1er est moins rigoureux quand il s'agit de la première vacation : « S'il n'y a, dit-il, qu'une seule vacation, elle sera « payée comme complète, encore qu'elle n'ait pas duré trois « heures. »

Il résulte évidemment de la combinaison de ces divers articles que, si la dernière vacation a moins de trois heures, elle ne doit pas être taxée comme complète. Il est dans l'esprit du tarif, et cela résulte aussi de son texte, que ce privilége ne soit accordé qu'à la première vacation.

Tout ce qu'il est possible d'admettre, en y apportant la plus grande bonne volonté, c'est le fractionnement de l'émolument accordé par vacation, à raison du nombre d'heures employées pendant le temps qu'a duré la dernière vacation commencée, ainsi que nous avons eu occasion de le dire sous l'art. 31, observ. n° 2, p. 28, (V. aussi Chauveau, 1 vol., p. 264, n° 59).

Plus loin, nous rapporterons une décision rendue par la Cour de Poitiers contre un notaire qui a tectait de ne faire qu'une heure dans la dernière vacation de chaque journée, et qui, pour le calcul de ses émoluments, employait cette heure comme une vacation complète ; il paraît qu'il avait été amené à cela par un article du tarif du tribunal de Niort, où il est dit : « Art. 204. Quand il « sera fait plusieurs vacations, la dernière sera comptée comme « entière, qu'elle soit complète ou non. »

Je crois que le tribunal d'où émane cette concession est allé déjà beaucoup trop loin, mais le notaire dont il s'agit en poussait les conséquences aux dernières limites de l'incroyable. Il y a malheureusement trop d'officiers publics, à tous les degrés hiérarchiques, dont l'intérêt personnel fausse le jugement au point de les faire agir, de très-bonne foi, non pas comme s'ils étaient institués et créés pour les affaires, mais, au contraire, comme si les affaires étaient créées et instituées à leur singulier profit.

5° Est-il dû à l'avoué une vacation pour prendre communication de l'affiche des causes ?

L'art. 67 du règlement du 30 mars 1808 prescrit qu'il soit fait, dans l'ordre des causes du rôle particulier de la chambre, et par les soins de celui qui la présidera, deux affiches d'un certain nombre de causes.

Chacune de ces affiches doit être exposée dans la salle d'audience, et au greffe, huit jours avant que les causes soient appelées.

—Cet article, par la place qu'il occupe, ne s'appliquerait qu'aux tribunaux de première instance, mais on est dans l'usage de l'appliquer aussi en appel, et cela avec raison.

Chaque avoué est alors intéressé à visiter ces affiches pour s'assurer des causes qu'elles contiennent et se mettre en mesure ; c'est pour cette vérification qu'on demande s'il y a lieu à l'émolument d'une vacation.

Il est certain que le tarif n'accorde rien, puisque cette formalité n'était pas exigée au moment de sa promulgation. Nous croyons qu'il n'est rien dû. Ces sortes de formalités sont remplies dans des conférences tenues par les présidents, et où assistent les avoués. C'est après avoir entendu leurs observations que le président prescrit la mise à l'affiche ; les avoués soigneux des intérêts de leurs clients ne s'abstiennent pas d'aller aux conférences, mais, après tout, ils ne sont pas forcés de s'y trouver ; il leur reste la ressource, en allant à leurs affaires, de consulter la feuille d'affiche, et, pour cela, on le répète, il n'est rien alloué par le tarif, et ce n'est pas le cas d'y suppléer, vu qu'il ne s'agit que d'une de ces petites démarches qui trouvent leur émolument dans l'ensemble des allocations pour les actes rétribués (1).

6° L'avoué peut-il réclamer un droit de vacation pour assistance à la distribution des causes, par les présidents, aux diverses sections des tribunaux, ou aux chambres des Cours?

Evidemment non. Les art. 61 et 23 du décret du 30 mars 1808 portent bien que, chaque jour d'audience, le président, dans les tribunaux, et le premier président, dans les Cours d'appel, feront la distribution, entre les chambres, de toutes les causes ordinaires inscrites au rôle général, mais ils ne disent pas que les avoués assisteront à cette distribution : il ne leur est donc rien dû, ni pour assistance, ni pour vérification (2).

7° Est-il dû une vacation pour assistance à l'affiche?

Non, parce que les avoués n'y assistent pas, au moins officiellement (3).

§ 9. — *Poursuite de contribution* (4).

Art. 95. —§ 1ᵉʳ (Pr. 658). Vacation pour requérir sur le registre

---

(1, 2 et 3) Ces questions ne peuvent pas se présenter à la Cour de Bordeaux, parce que le renvoi à l'affiche a lieu à l'audience, et l'on accorde pour cela aux avoués un droit d'assistance (Voir page 113, à la note). On accorde aussi un droit d'assistance pour la distribution de la cause.

(4) Les actes auxquels donne lieu la poursuite de contribution ne sont pas du ministère des avoués d'appel.

tenu au greffe, la nomination d'un juge-commissaire devant lequel il sera procédé à une contribution :

> A Paris, Bordeaux, Lyon, Rouen. . . . . 5 f. 00 c.
> Dans les villes où siége une Cour d'appel, et dans celles où
>   la population excède 30,000 habitants. 4 50
> Dans le ressort et partout ailleurs 3 75

§ 2. S'il se présente deux ou plusieurs requérants en même temps au greffe, ils se retireront devant le président du tribunal, qui décidera sur-le-champ celui dont la réquisition sera reçue. Il n'y aura ni appel, ni opposition contre la décision ; il n'en sera point dressé procès-verbal, et il ne sera alloué aucune vacation aux avoués pour s'être transportés devant le président.

Art. 96. — (Pr. 659). Pour la requête au juge-commissaire à l'effet d'obtenir son ordonnance pour sommer les opposants de produire, et la partie saisie de prendre communication des pièces, et de contredire, s'il y échet, et la vacation pour obtenir l'ordonnance du juge-commissaire, le tout ensemble :

> A Paris, Bordeaux, Lyon, Rouen. . . . . 3 f. 00 c.
> Dans les villes où siége une Cour d'appel, et dans celles où
>   la population excède 30,000 habitants. 2 70
> Dans le ressort et partout ailleurs. 2 25

Art. 97. — § 1er (Pr. 660, 661). Pour l'acte de production des titres contenant demande en collocation, et même à fin de privilége et constitution d'avoué, y compris la vacation pour produire :

> A Paris, Bordeaux, Lyon, Rouen. . . . . 10 f. 00 c.
> Dans les villes où il y a une Cour d'appel, et dans celles où
>   la population excède 30,000 habitants. 9 00
> Dans le ressort et partout ailleurs. 7 50

§ 2. Il ne sera point signifié.

Art. 98. — § 1er (Pr. 661). Pour sommation à la requête du propriétaire à l'avoué de la partie saisie, si elle en a constitué un, et au plus ancien de ceux des opposants, pour comparaître, en référé, par-devant le juge-commissaire, à l'effet de faire statuer préliminairement sur son privilége pour raison des loyers à lui dus :

> A Paris, Bordeaux, Lyon, Rouen. . . . . 1 f. 00 c.
> Dans les villes où il y a une Cour d'appel, et dans celles où
>   la population excède 30,000 habitants. 0 90
> Dans le ressort et partout ailleurs. 0 75

Et pour chaque copie, le quart.

§ 2. Vacation en référé, devant le juge-commissaire, qui statuera sur le privilége réclamé pour loyers dus, par défaut :

> A Paris, Bordeaux, Lyon, Rouen. . . . . 3 f. 00 c.
> Dans les villes où il y a une Cour d'appel, et dans celles où
>   la population excède 30,000 habitants. 2 70
> Dans le ressort et partout ailleurs. 2 25

§ 3. Et contradictoirement :

> A Paris, Bordeaux, Lyon, Rouen. . . . . 5 f. 00 c.
> Dans les villes où il y a une Cour d'appel, et dans celles où
>   la population excède 30,000 habitants. 4 50
> Dans le ressort et partout ailleurs. 3 75

Art. 99. — § 1ᵉʳ (Pr. 663). Pour l'acte de dénonciation de la clôture du procès-verbal du juge-commissaire aux avoués des créanciers produisants, et de la partie saisie, si elle en a un, avec sommation d'en prendre communication et de contredire sur le procès-verbal dans la quinzaine :

```
Paris, Bordeaux, Lyon, Rouen. . . . . . . . . . . . . . .   1 f. 00 c.
Dans les villes où il y a une Cour d'appel, et dans celles où
   la population excède 30,000 habitants.. . . . . . . . . .   0   90
Dans le ressort et partout ailleurs. . . . . . . . . . . . .   0   75
```

Et pour chaque copie, le quart.

§ 2. Le procès-verbal du juge-commissaire ne sera ni levé, ni signifié, et il ne sera enregistré que lors de la délivrance des mandements aux créanciers.

Art. 100. — § 1ᵉʳ (Pr. 663). Vacation pour prendre communication et contredire sur le procès-verbal du juge-commissaire, sans qu'il puisse en être passé plus d'une, sous quelque prétexte que ce soit :

```
A Paris, Bordeaux, Lyon, Rouen. . . . . . . . . . . . . .   5 f. 00 c.
Dans les villes où il y a une Cour d'appel, et dans celles où la
   population excède 30,000 habitants. . . . . . . . . . . .   4   50
Dans le ressort et partout ailleurs. . . . . . . . . . . . .   3   75
```

§ 2. Il ne sera fait aucun dire, s'il n'y a lieu à contredire.

§ 3. Il sera alloué à l'avoué du poursuivant autant de demi-droits de vacation pour prendre communication de l'état de contribution et contredire qu'il y aura eu de créanciers produisants :

```
A Paris, Bordeaux, Lyon, Rouen. . . . . . . . . . . . . .   2 f. 50 c.
Dans les villes où siége une Cour d'appel, et dans celles où
   la population excède 30,000 habitants.. . . . . . . . . .   2   25
Dans le ressort et partout ailleurs. . . . . . . . . . . . .   1   88
```

Art. 101. — § 1ᵉʳ (Pr. 663, 671). Vacation pour requérir la délivrance du mandement au créancier utilement colloqué, et être présent à l'affirmation de la créance devant le greffier ; l'avoué signera le procès-verbal :

```
A Paris, Bordeaux, Lyon, Rouen. . . . . . . . . . . . . .   2 f. 00 c.
Dans les villes où il y a une Cour d'appel, et dans celles où
   la population excède 30,000 habitants. . . . . . . . . .   1   80
Dans le ressort et partout ailleurs. . . . . . . . . . . . .   1   50
```

§ 2. NOTA. — Les mandements collectivement contiendront la totalité du procès-verbal du juge-commissaire. Si on délivrait, indépendamment des mandements, une expédition entière, ce serait un double emploi.

§ 3. En cas de contestation, les dépens de ces contestations seront taxés comme dans les autres matières, suivant leur nature sommaire ou ordinaire.

Observations. — On accorde au tribunal de la Seine une vacation à l'avoué pour requérir la clôture du procès-verbal de production ; cette vacation est-elle due ?

Nous ne le pensons pas. Cette réquisition est inutile ; les articles 463, 464 et 465 du Code de procédure, établissent des délais de rigueur après l'expiration desquels le juge-commissaire est tenu de dresser l'état de distribution : il n'a pas besoin pour cela d'être mis en demeure. Si l'avoué, dans l'intérêt de son client, croit devoir faire une réquisition qui n'est pas prescrite par la loi, c'est une de ces démarches qui trouvent leur rétribution dans l'ensemble des autres actes de procédure.

M. Chauveau (2ᵉ vol., pag. 154, nº 30) refuse aussi tout émolument à cette réquisition. Il pense, avec raison, que la clôture du procès-verbal ne doit procurer aucun émolument au greffier, *eod. vº*, pag. 156, nº 43. C'est un acte dans lequel il assiste le juge.

2º Est-il dû aux avoués, dans les distributions par contribution, un droit de consultation et un droit de correspondance?

M. Sudraud-Desisles décide que non, parce que c'est une procédure spéciale qui n'entraîne d'autres droits que ceux prévus par le tarif (V. pag. 99, nº 315).

M. Chauveau (2ᵉ vol., pag. 161, nº 74) est d'une opinion contraire.

Quant à nous, nous trouvons que la procédure dans cette matière est déjà convenablement rétribuée, et que si on accorde d'autres droits généraux, c'est plus que doubler les frais ou dépens de débiteurs misérables et de créanciers à peu près toujours malheureux. Ces grands frais nuisent considérablement au crédit des pauvres gens. Je comprends bien que ce ne serait pas une raison de refuser des émoluments que la loi accorderait; mais quand il y a doute, c'est un motif tout-puissant pour les faire rejeter de la taxe. Si cependant il s'élevait, à l'occasion d'une distribution par contribution, des difficultés de nature à être jugées comme matière ordinaire, ces droits seraient dus.

3º L'art. 4 de l'ordonnance du 3 juill. 1816, *sur la Caisse des consignations*, défend d'ouvrir aucune contribution de deniers en justice, sans que l'acte de réquisition ne contienne mention de la date et du numéro de la consignation qui a été faite de la somme à distribuer. Est-il dû une vacation à l'avoué pour les démarches à faire auprès du préposé à la Caisse des consignations à fin de se procurer les renseignements pour faire la mention dont il s'agit?

On ne peut être surpris de ce que le tarif n'accorde rien pour cela; cette formalité n'était pas exigée en 1807. Cette question a beaucoup d'analogie avec celles des conclusions motivées, et des divers actes prescrits par le règlement du 30 mars 1808. En fait, il serait équitable que la démarche imposée à l'avoué, dans cette circonstance, ne fût pas sans rétribution, et qu'il lui fût accordé une vacation; il faudrait alors appliquer par analogie l'art. 107 du tarif, ou bien l'art. 131, § 2, du même tarif, qui accordent:

A Paris, Bordeaux, Lyon, Rouen	6 f. 00 c.
Dans les villes où il y a une Cour d'appel, et dans celles dont la population excède 30,000 habitants.	5 40
Et dans les autres tribunaux.	4 50

4º En matière de distribution par contribution, la subrogation peut être demandée et obtenue, en cas de négligence, comme en matière d'ordre; cela est incontestable.

La raison indique que, dans le silence du tarif, les frais de cette subrogation doivent être alloués aussi comme en matière d'ordre, art. 138 et 139 du tarif.

§ 10. — *Poursuite de saisie immobilière.*

Observations. — Ce qui concerne le tarif des actes de poursuite en saisie immobilière est compris dans les art. 102, jusqu'à l'art. 120 exclusivement, du tarif du 16 fév. 1807.

Ces articles ont été abrogés par l'art. 20 de l'ordonnance du 10 oct. 1841, en tant qu'ils concernent les saisies immobilières, les surenchères sur aliénation volontaire, les ventes d'immeubles de mineurs et de biens dotaux dans le régime dotal, les ventes sur licitation, les ventes d'immeubles dépendant d'une succession bénéficiaire ou vacante, ou provenant d'un débiteur failli ou qui a fait cession.

Cette ordonnance de 1841 les a remplacés par d'autres dispositions établies pour servir de tarif aux actes et aux formalités substitués par la loi du 2 juin 1841 à l'ancien Code de procédure sur les ventes judiciaires d'immeubles.

Il serait inutile de transcrire ici le texte des dix-huit articles abrogés. Ils seront mieux placés, en note, sous les articles de l'ordonnance du 10 oct. 1841.

§ 11. — *Poursuite d'ordre (1).*

Art. 130. § 1er (Pr. 750). Vacation pour requérir, sur le registre tenu au greffe, la nomination, par le président du tribunal, d'un juge-commissaire devant lequel il sera procédé à l'ordre :

A Paris, Bordeaux, Lyon, Rouen. . . . . 6 f. 00 c.
Dans les villes où il y a une Cour d'appel, et dans celles où
la population excède 30,000 âmes. 5   40
Dans le ressort et partout ailleurs. 4   50

§ 2. Si deux ou plusieurs avoués se présentent en même temps au greffe, pour faire la même réquisition, ils se retireront sur-le-champ, sans sommation, devant le président du tribunal, qui décidera quelle est la réquisition qui doit être admise, sans dresser aucun procès-verbal ; il ne sera reçu ni appel ni opposition contre la décision du président, et il ne sera alloué aucune vacation aux avoués.

Art. 131. — § 1er (Pr. 752). Requête au juge-commissaire à l'effet d'obtenir son ordonnance portant que les créanciers inscrits seront tenus de produire, et vacation pour faire délivrer l'ordonnance, le tout ensemble :

A Paris, Bordeaux, Lyon, Rouen. . . . . 3 f. 00 c.
Dans les villes où il y a une Cour d'appel, et dans celles
dont la population excède 30,000 habitants. 2   70
Dans le ressort et partout ailleurs. 2   25

---

§ 2. Vacation pour se faire délivrer, par le conservateur des hypothèques, l'extrait des inscriptions :

A Paris, Bordeaux, Lyon, Rouen. . . . . 6 f. 00 c.
Dans les villes où il y a une Cour d'appel, et dans celles
    où la population excède 30,000 habitants. 5   40
Dans le ressort et partout ailleurs. 4   50

Art. 132. — (Pr. 753). Sommation d'avoué à avoué aux créanciers
inscrits, qui en ont constitué, de produire dans le mois :

Paris, Bordeaux, Lyon, Rouen. . . . . 1 f. 00 c.
Dans les villes où il y a une Cour d'appel, et dans celles où
    la population excède 30,000 habitants.. 0   90
Dans le ressort et partout ailleurs.. 0   75

Et pour chaque copie, le quart.

Art. 133. — (Pr. 754). Acte de production des titres, contenant demande en collocation et constitution d'avoué, y compris la vacation pour
produire :

A Paris, Bordeaux, Lyon, Rouen. . . . . 20 f. 00 c.
Dans les villes où il y a une Cour d'appel, et dans celles
    où la population excède 30,000 habitants. 18   00
Dans le ressort et partout ailleurs.. 15   00

Il ne sera point signifié.

Art. 134. — (Pr. 755). Dénonciation, par acte d'avoué à avoué,
aux créanciers produisants et à la partie saisie, de la confection de
l'état de collocation, avec sommation d'en prendre communication et
de contredire, s'il y échet, sur le procès-verbal du commissaire, dans le
délai d'un mois ; le procès-verbal ne sera ni levé, ni signifié, et il ne sera
enregistré que lors de la délivrance des mandements :

A Paris, Bordeaux, Lyon, Rouen. . . . . 3 f. 00 c.
Dans les villes où il y a une Cour d'appel, et dans celles où
    il y a plus de 30,000 habitants.. 2   70
Dans le ressort et partout ailleurs. 2   25

Et pour chaque copie, le quart.

Art. 135. — § 1er. Vacation pour prendre communication des productions, et contredire sur le procès-verbal du commissaire, sans qu'il
puisse être passé plus d'une vacation dans le même ordre, sous quelque
prétexte que ce soit :

A Paris, Bordeaux, Lyon, Rouen. . . . . 10 f. 00 c.
Dans les villes où il y a une Cour d'appel, et dans celles où
    la population excède 30,000 âmes. 9   00
Dans le rsssort et partout ailleurs. 7   50

§ 2. Il sera passé à l'avoué poursuivant une demi-vacation par chaque
production, pour en prendre communication et contredire, s'il y a lieu :

A Paris, Bordeaux, Lyon, Rouen. . . . . 5 f. 00 c.
Dans les villes où il y a une Cour d'appel, et dans celles
    dont la population excède 30,000 âmes.. 4   50
Dans le ressort et partout ailleurs. 3   75

Art. 136. — (Pr. 757). Pour la dénonciation aux créanciers inscrits
et à la partie saisie, des productions faites après les délais dans les ordres,
et sommation d'en prendre communication et de contredire, s'il y a
lieu :

A Paris, Bordeaux, Lyon, Rouen. . . . .   3 f. 00 c.
Dans les villes où il y a une Cour d'appel, et dans celles dont
    la population excède 30,000 âmes.   2   70
Dans le ressort et partout ailleurs.   2   25

Pour chaque copie, le quart.

Art. 137. — § 1er (Pr. 759). Vacation pour faire rayer une ou plusieurs inscriptions en vertu du même jugement :

A Paris, Bordeaux, Lyon, Rouen. . . . .   6 f. 00 c.
Dans les villes où il y a une Cour d'appel, et dans celles où
    la population excède 30,000 habitants..   5   40
Dans le ressort et partout ailleurs.   4   50

§ 2. Vacation pour requérir et se faire délivrer le mandement ou bordereau de collocation :

A Paris, Bordeaux, Lyon, Rouen. . . . .   5 f. 00 c.
Dans les villes où il y a une Cour d'appel, et dans celles
    dont la population excède 30,000 habitants.   4   50
Dans le ressort et partout ailleurs.   3   75

NOTA. — Les bordereaux de collocation et l'ordonnance de mainlevée des inscriptions non utilement colloquées contenant nécessairement la totalité du procès-verbal du juge-commissaire, l'expédition entière serait un double emploi : elle ne sera ni levée, ni signifiée.

Art. 138. (Pr. 779). Requête pour demander la subrogation à la poursuite d'ordre ; elle ne sera point grossoyée :

A Paris, Bordeaux, Lyon, Rouen. . . . .   3 f. 00 c.
Dans les villes où il y a une Cour d'appel et dans celles
    où la population excède 30,000 âmes.   2   70
Dans le ressort et partout ailleurs.   2   25

Art. 139. — § 1er. Vacation pour la faire insérer au procès-verbal du juge-commissaire :

A Paris, Bordeaux, Lyon, Rouen.. . . . .   1 f. 50 c.
Dans les villes où il y a une Cour d'appel, et dans celles où
    la population excède 30,000 âmes..   1   35
Dans le ressort et partout ailleurs.   1   15

§ 2. Signification de la requête au poursuivant par acte d'avoué à avoué :

A Paris, Bordeaux, Lyon, Rouen. . . . .   1 f. 00 c.
Dans les villes où il y a une Cour d'appel, et dans celles où
    la population excède 30,000 habitants..   0   90
Dans le ressort et partout ailleurs.   0   75

Pour la copie, le quart.

§ 3. Acte servant de réponse :

A Paris, Bordeaux, Lyon, Rouen. . . . .   1 f. 00 c.
Dans les villes où il y a une Cour d'appel, et dans celles
    où la population excède 30,000 habitants.   0   90
Dans le ressort et partout ailleurs.   0   75

Pour la copie, le quart.

Observations. — 1° Sous l'ancien Code de procédure, une grave question avait divisé les auteurs et la jurisprudence ; c'é-tait celle de savoir si, dans les ventes judiciaires d'immeubles, le jugement d'adjudication devait être signifié à tous les créanciers inscrits.

M. Chauveau (2ᵉ vol., p. 229, nº 2), avait examiné cette ques-tion avec étendue et profondeur ; il avait été induit par de graves raisons à conclure que la signification aux créanciers inscrits n'é-tait pas nécessaire, et qu'en conséquence elle ne devait pas être admise à la taxe.

Le législateur de 1841 a été frappé des motifs apportés en fa-veur de cette opinion, et le nouvel art. 716 du Code de procédure dit que le jugement d'adjudication ne sera signifié qu'à la per-sonne ou au domicile de la partie saisie. Ainsi le doute ne sub-siste plus.

2º Est-il dû une vacation à l'avoué poursuivant pour déposer aux mains du commissaire à l'ordre l'extrait des inscrip-tions ?

Le tarif n'alloue rien pour cela. Les droits en matière d'ordre sont en général élevés ; tous les actes de la poursuite d'ordre sont très-bien rétribués. Ces frais retombent toujours à la charge de créanciers et de débiteurs malheureux ; il s'ensuit qu'il faut re-jeter avec une certaine rigueur tout ce qui n'est pas accordé par le tarif d'une manière expresse.

3º Faut-il faire sommation au débiteur sur lequel l'ordre est ouvert ? Non, l'art. 755 du Code de procédure se contente de pre-scrire que la confection de l'état provisoire de collocation lui soit dénoncé pour en prendre communication et contredire, s'il y a lieu. Tout cela à la différence de la distribution par contribution (Voir art. 659, Proc.). S'il n'a pas constitué avoué, cette dénonciation lui est faite à personne ou domicile.

4º Faut-il faire sommation à l'adjudicataire ? Le Code de pro-cédure est muet sur ce point, mais l'adjudicataire étant souvent créancier, sa mise à l'ordre est utile. Dans la pratique, on l'y ap-pelle.

5º Faut-il allouer au créancier poursuivant une vacation pour requérir la clôture de l'ordre ?

Non (V. obs. art. 95 à 101, nº 1, p. 128). Elle n'est pas due da-vantage pour requérir l'ordonnance en vertu de laquelle les in-scriptions non colloquées doivent être radiées (V. Chauveau, 2ᵉ vol., p. 250, nº 62).

6º La vacation de l'art. 135, § 1ᵉʳ, doit être accordée lors même qu'il n'y a pas *contredit*. Il serait immoral qu'il en fût autrement ; ce serait mettre l'avoué entre son devoir et son intérêt. La vaca-tion est le prix de l'examen qu'il fait du travail du juge pour ap-précier si ses clients ont ou non intérêt à le contredire.

7º Mais, aux termes de ce même article, peut-il être passé plu-sieurs vacations à l'avoué quand il occupe pour plusieurs par-ties ayant des titres distincts, et ayant fait aussi des productions distinctes ?

Cela paraît évident. Il en est de même de l'avoué poursuivant qui a produit pour un autre créancier (Sudraud-Desisles, p. 232, n° 747).

8° Rien n'empêche les avoués de faire des dires en *réplique* et en *duplique*. Cela n'augmente pas leurs émoluments; il n'est pas à craindre qu'ils abusent; il n'y a de plus que quelques frais insignifiants de papier timbré.

La Cour de Colmar a cependant décidé le contraire le 16 janv. 1826 (*Journal des Avoués*, t. 30, p. 387, n° 2); mais cette jurisprudence ne saurait être suivie.

9° Les créanciers non colloqués doivent-ils supporter les frais de leur mise à l'ordre?

Dans le cas où ils n'ont pas produit, il est clair que non, et dans le cas contraire, ils ne doivent supporter que les frais occasionnés par leur production inutile. Tel est l'avis de Chauveau (2° vol., p. 250, n° 63).

10° En cas de contestation portée à l'audience, peut-on signifier des requêtes, des mémoires ou des conclusions?

Non. Tous les dires doivent être consignés sur le procès-verbal du juge-commissaire; c'est une sorte d'instruction par écrit dans une forme particulière. On n'admet pas d'autres actes à la taxe.

11° *Quid* des droits de plaidoirie? Il y a lieu d'en accorder quand les avocats des parties sont entendus avant ou après le rapport du juge-commissaire. Les jugements des difficultés, en matière d'ordre, ne sont pas considérés comme rendus en *matière sommaire*. Ici s'applique *à fortiori* l'art. 101 note, § 2, du tarif, au paragraphe de la *Poursuite en contribution*.

« En cas de contestations, les dépens de ces contestations se« ront taxés comme dans les autres matières, suivant leur nature « *sommaire* ou ordinaire. »

Chacun sait, en effet, que c'est souvent à l'occasion des ordres que s'élèvent les difficultés les plus sérieuses et les plus graves, et quoique la solution de ces difficultés soit en général urgente, cela n'empêche pas les procès qu'elles font naître d'appartenir fréquemment et de leur nature aux *matières ordinaires*.

12° Les droits de consultation et de correspondance sont-ils dus?

Nous ne les admettrions pas plus qu'en matière de distribution par contribution, quand il n'y a pas de contestation de nature à être jugée par le tribunal sur le rapport du juge-commissaire.

Mais dans ce dernier cas, ces droits sont dus, si les contestations sont *ordinaires* de leur nature, et ils le sont, si seulement il y a doute.

13° Faut-il que la signification du jugement d'ordre à avoué soit faite en autant de copies que l'avoué représente de parties?

Le Code de procédure est muet à cet égard. La Cour de Poitiers, par arrêt du 11 mai 1826, a décidé que cela n'est pas nécessaire (V. *Journal des Avoués*, t. 30, p. 422, n° 1).

14° Est-il dû des droits pour l'assistance de l'avoué au jugement de subrogation dans la poursuite de l'ordre?

Le tarif n'accorde rien, et il n'est rien dû : l'émolument est dans la requête.

§ 12. — *Actes particuliers.*

Art. 140. — (Pr. 495). Pour la consultation de trois avocats exerçant depuis dix ans, qui doit précéder la requête civile principale ou incidente :

A Paris et ailleurs..	72 f. 00 c.
En appel, à Paris et ailleurs..	108 00

Art. 141. — § 1er (Pr. 523). Pour la déclaration de dommages-intérêts, par article :

A Paris, Bordeaux, Lyon, Rouen.	0 f. 60 c.
Dans les villes où il y a une Cour d'appel, et dans celles où la population excède 30,000 âmes..	0 54
Dans le ressort et ailleurs.	0 45
En appel { Dans les Cours de Paris, Bordeaux, Lyon, Rouen.	0 90
{ Dans les autres Cours d'appel..	0 81

§ 2. Pour la copie signifiée, par chaque article :

A Paris, Bordeaux, Lyon, Rouen.	0 f. 15 c.
Dans les villes où il y a une Cour d'appel, et dans celles où la population excède 30,000 habitants..	0 14
Dans le ressort et ailleurs.	0 12
En appel { Dans les Cours de Paris, Bordeaux, Lyon, Rouen.	0 23
{ Dans les autres Cours d'appel.	0 21

Art. 142. — (Pr. argument de l'art. 524). Pour chaque apostille de l'avoué défendeur sur la déclaration de dommages-intérêts :

A Paris, Bordeaux, Lyon, Rouen.	0 f. 60 c.
Dans les villes où il y a une Cour d'appel, et dans celles où la population excède 30,000 habitants.	0 54
Dans le ressort et partout ailleurs.	0 45
En appel { Dans les Cours de Paris, Bordeaux, Lyon, Rouen.	0 90
{ Dans les autres Cours d'appel.	0 81

Art. 143. — § 1er (C. C. 2183). Composition de l'extrait de l'acte de vente ou donation, qui doit être dénoncé aux créanciers inscrits par l'acquéreur ou donataire :

A Paris, Bordeaux, Lyon, Rouen.	15 f. 00 c.
Dans les villes où il y a une Cour d'appel, et dans celles où la population excède 30,000 habitants.	13 50
Dans le ressort et ailleurs.	11 75

§ 2. Et en outre, par chaque inscription extraite :

A Paris, Bordeaux, Lyon, Rouen.	1 00
Dans les villes où il y a une Cour d'appel, et dans celles où la population excède 30,000 habitants.	0 90
Dans le ressort et partout ailleurs.	0 75

§ 3. Les copies de cet extrait et des inscriptions seront taxées comme les copies de pièces.

Art. 144. — Il sera taxé aux avoués, par chaque journée de campagne, à raison de cinq myriamètres pour un jour, lorsque leur présence sera autorisée par la loi ou requise par leurs parties, y compris leurs frais de transport et de nourriture :

A Paris, Bordeaux, Lyon, Rouen. . . . . 30 f. 00 c.
Dans les villes où il y a une Cour d'appel, et dans celles où
    la population excède 30,000 âmes. 27   00
Dans le ressort et ailleurs. 22   50
EN APPEL { Dans les Cours de Paris, Bordeaux, Lyon, Rouen. 45   00
{ Dans les autres Cours d'appel. . . . . , . . 40   50

Art. 145. — § 1er. Quand les parties seront domiciliées hors de l'arrondissement du tribunal, il sera passé à leurs avoués, pour frais de port de pièces et de correspondances, par chaque jugement définitif :

A Paris, Bordeaux, Lyon, Rouen. . . . . 10 f. 00 c.
Dans les villes où il y a une Cour d'appel, et dans celles où
    la population excède 30,000 habitants. 9   00
Dans le ressort de Paris et partout ailleurs. 7   50
EN APPEL { Dans les Cours de Paris, Bordeaux, Lyon,
{   Rouen. 20   00
{ Dans les autres Cours d'appel. 18   00

§ 2. Et pour chaque interlocutoire :

A Paris, Bordeaux, Lyon, Rouen. . . . . 5 f. 00 c.
Dans les villes où il y a une Cour d'appel, ou une popula-
    tion de plus de 30,000 habitants. 4   50
Dans le ressort et partout ailleurs.. 3   75
EN APPEL { Dans les Cours de Paris, Bordeaux, Lyon, Rouen. 10   00
{ Dans les autres Cours d'appel.. 9   00

Art. 146. § 1er. Lorsque les parties feront un voyage et qu'elles se seront présentées au greffe, assistées de leur avoué, pour y affirmer que le voyage a été fait dans la seule vue du procès, il leur sera alloué, quels que soient leur état et leur profession, pour frais de voyage, séjour et retour, 3 francs par chaque myriamètre de distance entre leur domicile et le tribunal où le procès sera pendant, et à l'avoué, pour vacation au greffe :

A Paris, Bordeaux, Lyon, Rouen. . . . . 1 f. 50 c.
Dans les villes où il y a une Cour d'appel, et dans celles dont
    la population excède 30,000 âmes. 1   35
Dans le ressort et partout ailleurs. 1   15
EN APPEL { Dans les Cours de Paris, Bordeaux, Lyon, Rouen. 2   25
{ Dans les autres Cours d'appel.. 2   03

§ 2. Il ne sera passé en taxe qu'un seul voyage en première instance, et un seul en cause d'appel ; la taxe pour la partie sera la même en l'un et l'autre cas.

§ 3. Cependant, si la comparution d'une partie avait été ordonnée par jugement, et qu'en *définitive* les dépens lui fussent adjugés, il lui sera alloué pour cet objet une taxe égale à celle d'un témoin.

Observations.

1° Est-il dû à l'avoué, pour la déclaration des articles de dommages et intérêts, d'autres droits que ceux spécifiés par l'art. 141 ?

On en est à se demander s'il est possible que cela fasse question ; cependant le tarif du tribunal de la Seine accorde en plus un franc, pour la signification en original, et le quart pour la copie, le tout par application de l'art. 70 du tarif.

Il faut répondre qu'il s'agit dans l'art. 141 d'un acte spécial dont tous les droits sont compris dans la rédaction de ce même article, et qu'il n'en est pas dû d'autres. M. Chauveau est formellement de cette opinion (2ᵉ vol., p. 36, nº 6).

2º Aux termes de l'art. 142, les articles de dommages et intérêts, qui ne sont pas contestés, comptent-ils dans les articles apostillés ?

Nous pensons qu'ils doivent y compter, car ils sont susceptibles d'être examinés comme les autres, et c'est après examen que l'avoué les apostille ainsi : *admis*, ou de toute autre manière.

3º Lorsque l'avoué a parcouru moins de 5 myriamètres, a-t-il droit à quelque chose ?

Nous croyons que l'indemnité doit être calculée proportionnellement à la distance ; telle est aussi l'opinion de MM. Sudraud-Desisles (pag. 127, nᵒˢ 406 et 407), et Chauveau (1ᵉʳ vol., pag. 299, nº 21) ; mais M. Achille Morin a publié, dans le *Journal des Avoués*, année 1845, vol. 69, p. 513, une dissertation sur le sens à donner à l'art. 144.

Que faut-il décider, se demande-t-il, si l'avoué ne s'est transporté qu'à une distance moindre de 5 myriamètres ?

Aura-t-il droit à l'indemnité entière ? N'aura-t-il qu'une indemnité proportionnelle aux myriamètres parcourus ? Où n'aura-t-il droit à rien du tout ?

Et si la distance est de plus de 5 myriamètres ?

Les 5 myriamètres doivent-ils être calculés sur l'aller et le retour ?

Si l'avoué parcourt en un jour deux fois la distance de 5 myriamètres, n'aurait-il néanmoins qu'une journée de campagne ? Peut-on cumuler des vacations avec la journée de campagne ?

M. Achille Morin pense : 1º Que le législateur a voulu fixer un *maximum* de la distance à parcourir pour avoir le droit d'indemnité d'une seule journée de campagne, mais que cette indemnité est acquise dès le premier myriamètre, même le premier kilomètre parcouru, de même que l'indemnité de la 2ᵉ journée est également acquise dès qu'il a été parcouru plus de 5 myriamètres ;

2º Que les 5 myriamètres se calculent aller et retour.

3º Que les vacations doivent être comptées en sus, et qu'elles peuvent être au nombre de plus de trois par jour ; que même la dernière commencée sera réputée accomplie.

S'il faut donner cette intelligence à l'art. 144, il en résultera qu'un avoué de la Cour de Poitiers, par exemple, qui sera appelé à Châtellerault, pour une expertise ou toute autre opération judiciaire ordonnée par la Cour, pourra obtenir une indemnité de plus de 113 francs, pour l'absence de son étude pendant moins d'un jour entier. On suppose qu'il partira de Poitiers à 6 heures du matin, qu'il arrivera à Châtellerault à 7 heures, qu'il commencera à faire des vacations à 8 heures du matin jusqu'à 6 heures du

soir, et qu'il rentrera le soir à Poitiers. Comme il y a de Poitiers à Châtellerault 3 myriamètres, il en aura parcouru 6, aller et retour ; ce qui lui donnera droit à l'indemnité de 2 journées à 40 fr. 50 c. l'une. . . . . 81 fr.
Plus à l'émolument de 4 vacations à 8 fr. 10 c. l'une.   32 fr. 40 c.

Total. . . . . 113 fr. 40 c.

Nous ne saurions approuver un système qui conduit là. Mais nous ne répugnerions point à admettre que les myriamètres parcourus doivent se compter aller et retour. Nous irons, si l'on veut, jusqu'à convenir que, s'il y a plus de 5 myriamètres, une nouvelle journée de campagne sera commencée, et que de plus on aura pu faire des vacations en nombre illimité, puisque l'art. 151 ne s'applique qu'aux vacations faites dans le lieu du domicile ; mais nous repoussons de toute l'énergie de notre conviction cette interprétation, de laquelle il résulterait qu'un kilomètre parcouru donnerait droit à l'indemnité entière d'une journée de campagne, ou mieux de deux journées, s'il excédait les premiers 5 myriamètres. Nous ne pouvons admettre que l'intention du législateur ait été de compter chaque myriamètre comme l'équivalent d'une vacation. Nous ne contestons pas que le nombre, par jour, peut en être illimité, mais nous ne pouvons aller plus loin ; nous doutons même que, si le tarif était à faire, avec la facilité actuelle des moyens de transport, on concédât aux officiers ministériels d'aussi grands avantages.

Nous pensons donc qu'on ne doit accorder l'indemnité de la *journée de campagne* que proportionnellement aux myriamètres parcourus, aller et retour compris. Le tarif est loin de répugner à cette interprétation. Dans le doute, c'est elle qu'il faut admettre, car en matière de taxe, d'impôt, de prestation, etc., quand il y a doute, il n'est rien dû.

5° La poursuite en expropriation donne-t-elle à l'avoué le droit de réclamer les droits de port de pièces et de correspondances et celui de consultation ?

Nous ne le pensons pas ; il en est de cette procédure comme de celles en poursuite de contribution et d'ordre ; toutes sont des procédures spéciales, dont le décret et l'ordonnance de 1841 tarifent tous les droits. Sous l'ancien Code de procédure, la Cour de Caen avait formellement refusé dans cette matière les droits de correspondance et de consultation par un arrêt du 4 mai 1820. M. Chauveau le critique, vol. 2, p. 163, n° 7, et il blâme l'opinion de M. Sudraud-Desisles qui est conforme à cette jurisprudence.

Nous pensons qu'en présence de l'art. 17 de l'ordonnance du 10 octobre 1841, l'opinion de M. Chauveau n'est plus soutenable ; voici les termes de cet art. 17 :

« Tous actes et procédures relatifs aux incidents des ventes im-
« mobilières et qui ne sont pas l'objet de dispositions spéciales,
« dans la présente ordonnance, seront taxés comme actes et pro-
« cédures en *matière sommaire*, conformément à l'art. 718. »

Et qui ne sont pas l'objet de dispositions spéciales dans la présente ordonnance: ou cela ne veut rien dire, ou cela signifie qu'en dehors des dispositions spéciales de l'ordonnance, les avoués ne peuvent rien réclamer.

Par elle-mêmes, les procédures en expropriation sont ruineuses pour les débiteurs et leurs créanciers ; il faut se garder d'ajouter à des émoluments qui sont déjà exagérés, et sur lesquels les pouvoirs publics compétents n'ont peut-être pas apporté assez d'attention et d'examen, quand ils ont converti en loi les projets de tarif qui leur étaient présentés (1).

La difficulté des expropriations, les longs délais qu'elles entraînent, et surtout l'énormité des frais qu'elles occasionnent, seront certainement un obstacle insurmontable à l'établissement du crédit territorial. C'est un motif pour n'accorder d'autres émoluments que ceux clairement tarifés par l'ordonnance.

Cependant il peut s'élever à l'occasion des procédures en expropriation des contestations d'une nature ordinaire ; le 2e § de l'art. 17 de l'ordonnance le suppose du moins ; alors dans ce cas les droits de correspondance et de consultation devront être alloués.

6° L'avoué chargé d'opérer la purge des hypothèques et priviléges portant sur des immeubles aliénés peut-il réclamer les droits de consultation et de correspondance?

Nous ne le croyons pas davantage. Il n'y a même pas de prétexte à cela. En effet, les art. 68 et 145 du tarif supposent qu'il doit y avoir une instance suivie de jugement : il n'y a rien de pareil en matière de purge d'hypothèques. Ici les auteurs sont d'accord pour refuser à l'avoué les droits de correspondance et de consultation.

7° Les frais de voyage alloués au plaideur domicilié à l'étranger doivent-ils être comptés à partir de son domicile, ou seulement à partir de la frontière où il a mis le pied sur le sol français ?

M. Dalloz (*Nouveau Répertoire,* v° *Frais et dépens,* n° 246) examine la question, et contrairement à l'opinion de M. Rivoire (p. 564, n° 7), à un arrêt de la Cour de Lyon du 12 août 1824, il pense

----

(1) Ces projets de tarif ont été rédigés par des hommes très-honorables et certainement très-capables, mais trop préoccupés des intérêts des officiers ministériels, et pas assez peut-être des intérêts particuliers des justiciables. La petite propriété a été sacrifiée d'une manière incroyable, et en quelque sorte confisquée au profit de ceux qui concourent aux expropriations forcées. Les frais pour les immeubles d'une valeur de 500 fr. et au-dessous s'en sont élevés, d'après les statistiques judiciaires, à plus de 120 p. 100 de la valeur. Pour les propriétés de 500 à 4,000 fr., les frais d'expropriation sont de 45 p. 100 ; de 25 p. 100 pour celles de 1,000 à 2,000 fr., et de 16 p. 100 quand la valeur s'élève de 2,000 à 5,000 fr. La moitié et plus de ces expropriations forcées porte sur ces petites valeurs. Quand les statistiques judiciaires, contre lesquelles on s'accorde à tant récriminer, n'auraient produit que ce résultat, il suffirait à les justifier. Des voix plus puissantes que la nôtre se sont élevées contre cet état de choses ; à l'heure qu'il est, M. le garde des sceaux veut y apporter un remède efficace ; il a consulté les chefs de la magistrature, et, selon toutes les vraisemblances, le projet qu'il a proposé sera bientôt converti en loi, et un tarif nouveau viendra en aide aux souffrances intolérables de la petite propriété, si maltraitée et si oubliée jusqu'à présent. Espérons qu'il triomphera de tous les obstacles que ne manqueront pas de lui susciter des intérêts, peut-être plus puissants et plus en crédit que légitimes.

que les frais de voyage ne sont dus qu'à partir de la frontière, où la partie qui les réclame a mis le pied sur le sol français. Un arrêt de la Cour d'Orléans du 22 janvier 1850 a adopté la même solution.

La Cour de Bordeaux a aussi jugé de la même manière; comme l'arrêt contient tout ce qu'on peut dire sur cette question, nous le donnons en entier :

« Attendu que sous l'ancienne législation, qui contenait, au
« sujet des frais de voyage, des dispositions analogues à celles
« de l'art. 146 du tarif, la distance n'était calculée, à l'égard du
« plaideur domicilié à l'étranger, qu'à partir de la frontière ou
« même de l'extrémité de la première ; que le législateur moderne
« n'a nullement entendu déroger à cette jurisprudence, dont la
« sagesse est évidente ; qu'on en trouve la preuve dans les termes
« mêmes de l'art. 146, d'après lequel les frais de voyage sont
« calculés sur le nombre des myriamètres parcourus ; que cette
« mesure ne peut s'appliquer qu'au territoire continental de la
« France ; que si le législateur eût voulu tenir compte des dis-
« tances parcourues en dehors du territoire, il eût adopté à cet
« égard des mesures spéciales, ainsi qu'il l'a fait, en ce qui con-
« cerne le délai des distances, par l'art., 173 Cod. proc. civ.;

« Qu'il y aurait d'ailleurs les plus graves abus à accorder aux
« plaideurs domiciliés hors de France leurs frais de voyage, sur-
« tout en les calculant sur la base posée dans l'art. 146 du tarif;
« que ce serait leur procurer souvent un énorme bénéfice et ren-
« dre la lutte beaucoup trop dangereuse pour le plaideur domi-
« cilié en France, qui se verrait exposé à des frais accessoires hors
« de proportion avec le principal ; que la distance doit être cal-
« culée aujourd'hui comme elle l'était autrefois seulement depuis
« la frontière ;

« La Cour rejette l'opposition. »

8° L'affirmation exigée par l'art. 146 et le voyage peuvent-ils être faits par un fondé de pouvoir ?

On décide d'une manière absolue que cela est impossible, l'acte de voyage ne peut être accordé qu'à la partie elle-même, on n'admet ni le mari pour la femme, ni la femme pour le mari, ni le fils pour le père, ni le père pour le fils, le cas de minorité excepté. L'indemnité n'est due que pour le déplacement de la partie. Il y a dans ce sens deux arrêts de la Cour de Bordeaux, l'un du 18 mai 1844 (Dalloz, 45, p. 295), et l'autre du 30 juillet 1856, rendu par la 1re chambre.

9° Lorsqu'il y a plusieurs parties en communauté d'intérêt, chacune d'elles peut-elle avoir droit à une indemnité de voyage ?

On voudrait instinctivement trouver une raison pour ne pas multiplier un droit dont il est fait si souvent abus; cependant on la cherche en vain, car chacun des intéresssés ne peut être privé du droit d'exercer une défense individuelle, ainsi que l'exprime fort bien M. Dalloz (*Nouveau Répertoire*, v° *Frais et dépens*, n° 244).

10° Si la partie avait une résidence plus éloignée que son domicile du lieu où siége le tribunal, faudrait-il néanmoins compter les distances à partir de son domicile, quoiqu'elle eût affirmé qu'elle est venue de sa résidence dans la seule vue du procès ?

L'art. 146 fait partir la distance du *domicile* de la partie, il n'est pas possible de substituer un autre terme à celui-là.

11° La Cour de Bordeaux a décidé, par arrêt du mois d'août 1856, 1re chambre, que les distances devaient s'évaluer en myriamètres, en prenant le trajet le plus court indiqué par le *livre de poste*, et non pas à l'aide du compas sur une carte routière.

12° Est-il dû à l'avoué autant de droits de correspondance qu'il y a de parties ayant des intérêts distincts ?

On ne voit pas qu'il en puisse être autrement ; chacune de ces parties pouvait avoir un avoué séparé, et dans ce cas le sort de la partie condamnée eût été le même : elle n'a donc aucun motif de plainte, et puis l'avoué n'a-t-il pas été obligé de faire les mêmes frais de port de pièces et de correspondance avec chacun de ses clients puisqu'on suppose qu'ils ont des intérêts distincts ? Il est donc juste qu'il ait autant de droits de correspondance qu'il a de clients ayant des intérêts distincts.

CHAPITRE III.

AVOUÉS DE LA COUR D'APPEL DE PARIS.

Art. 147. — § 1er. Les émoluments des avoués de la Cour d'appel seront taxés au même prix et dans la même forme que ceux des avoués du tribunal de première instance de Paris, avec une augmentation sur chaque espèce de droits, savoir, dans les matières sommaires, *du double*, et dans les matières ordinaires, *du double* pour le droit de consultation, ainsi que pour le port de pièces, lorsque les parties seront domiciliées, hors de l'arrondissement du tribunal de première instance de Paris, et, pour les autres droits, d'une moitié seulement de ceux attribués aux avoués de première instance.

§ 2. Néanmoins, dans les demandes de condamnation de frais d'un avoué contre sa partie, il ne sera alloué que moitié du droit ci-dessus fixé pour les matières sommaires.

Art. 148. — (Pr. 457, 458, 459). Les frais des demandes à fin de défenses contre les jugements, mal à propos qualifiés en dernier ressort, ou dont l'exécution provisoire a été mal à propos ordonnée, hors les cas prévus par la loi, ainsi que ceux des demandes à fin d'exécution provisoire des jugements non qualifiés, ou mal à propos qualifiés en premier ressort, et de ceux qui n'auraient pas prononcé l'exécution provisoire dans les cas où elle devait l'être, seront liquidés comme en matière sommaire.

Art. 149. — (Pr. 809). Il en sera de même des frais faits sur les appels d'ordonnance de référé.

Art. 150. — (Pr. 858). Les requêtes en prise à partie, et celles de pourvoi contre un jugement qui a statué sur une demande en rectification d'un acte de l'état civil, quand il n'y a d'autres parties que le demandeur en rectification, seront taxées :

A Paris, Lyon, Bordeaux, Rouen . . . . 15 f. 00 c.
Dans les autres Cours 13   60

Observations. — 1° Dans tout le cours du travail que nous avons entrepris, nous avons fait l'application de l'art. 147. Nous n'avons rien à en dire de plus ; ses dispositions sont claires d'ailleurs, et elles ne donnent lieu à aucune difficulté d'intreprétation.

2° Quant aux art. 148 et 149, ils ajoutent de nouvelles matières sommaires à l'art. 404 du Code de procédure civile.

Seulement il résulte de l'art. 149 que c'est la Cour, et non pas son premier président, qui a compétence pour juger les appels d'ordonnance de référé, l'art. 809 du Code de procédure le disait déjà suffisamment.

3° Est-il dû un droit d'assistance à l'arrêt pour l'avoué qui a présenté la requête ?

Non, car la requête une fois rédigée, communiquée au ministère public et soumise à la Cour, le rôle de l'avoué est terminé ; il n'a plus rien à faire ou à dire à l'audience, ces requêtes rentrent dans la catégorie de celles tarifées par l'art. 78, dont le § 19 porte : *Ces requêtes ne peuvent être grossoyées ; et l'émolument pour prendre les ordonnances et communiquer au ministère public est compris dans la taxe.* Les jugements rendus ainsi sur requête ne sont à proprement parler que des ordonnances.

CHAPITRE IV.

DISPOSITIONS COMMUNES AUX AVOUÉS DES COURS ET DES TRIBUNAUX.

Art. 151. — § 1ᵉʳ. Tous les avoués seront tenus d'avoir un registre, qui sera coté et parafé par le président du tribunal auquel ils seront attachés, ou par un des juges du siége qui sera par lui commis, sur lequel registre ils inscriront eux-mêmes, par ordre de date et sans aucun blanc, toutes les sommes qu'ils recevront de leurs parties.

§ 2. Il réprésenteront ce registre toutes les fois qu'ils en seront requis, et qu'ils formeront des demandes en condamnation de frais, et faute de représentation ou de tenue irrégulière, ils seront déclarés non recevable dans leur demande.

§ 3. Le tarif ne comprend que l'émolument net des avoués et autres officiers ; les déboursés seront payés en outre.

§ 4. Les officiers ne pourront exiger de plus forts droits que ceux énoncés au présent tarif, à peine de restitution, dommages et intérêts, et d'interdiction, s'il y a lieu.

§ 5. Il ne sera passé aux juges de paix, aux experts, aux avoués, aux notaires, et à tous officiers ministériels, que trois vacations par jour quand ils opéreront dans le lieu de la résidence ; deux par matinée, et une seule l'après-dîner.

Observations.

1° L'avoué, qui a obtenu une distraction de dépens, est-il obligé d'inscrire sur son registre les sommes qu'il a reçues de la partie adverse ?

M. Vervoort pense que non ; il se fonde sur les termes de l'art. 151, *toutes les sommes qu'ils recevront de* LEURS PARTIES.

Mais cette interprétation blesse l'esprit de l'art. 151 qui veut que le registre de l'avoué présente sa situation vis-à-vis de sa partie. Si, en effet, dans le cas de distraction, la partie adverse a payé quelque chose, celle de l'avoué a intérêt à ce que cela soit constaté, parce qu'il est toujours à temps de réclamer, vis-à-vis d'elle tant qu'il n'a pas été entièrement payé.

2° Lorsque l'avoué a obtenu distraction des dépens, la partie contre laquelle cette distraction a été prononcée a-t-elle le droit d'exiger la représentation de son registre, pour constater ce qu'il a reçu de sa partie ?

Sans aucun doute, ce droit existe ; mais il faut que la partie qui veut l'exercer ait un intérêt, comme, par exemple, de compenser les frais, auxquels elle a été condamnée, contre d'autres sommes dont elle serait créancière sur sa partie adverse. Autrement elle ne serait pas admise à demander l'exhibition du registre : car la distraction fait qu'elle peut payer à l'avoué qui l'a obtenue, et peu lui importe à qui elle paiera ce qu'elle doit, pourvu qu'elle soit valablement libérée (arrêt de cassation dans ce sens, 8 juin 1842, J. du Palais, 1842, t. 2, pag. 348. Voy., en sens contraire une dissertation au *Journal des Avoués*, vol. 62-63, p. 337) ?

3° Est-il dû un émolument à l'avoué pour l'inscription sur son registre des sommes qu'il reçoit ?

Non. M. Chauveau (Introd., 1er vol., pag. 78, n. 251) parle du ressort d'une Cour où il en est accordé, mais il fait remarquer avec raison que c'est un abus.

Cependant ce registre doit être timbré (décision ministérielle, 9 nov. 1821) ; on pourrait peut-être accorder à l'avoué le déboursé justifié, c'est-à-dire la portion de papier timbré employée pour la mention.

4° L'avoué est-il tenu d'inscrire sur son registre ce qu'il reçoit de ses mandants, par exemple, en matière d'affaires de commerce ?

Nous ne le croyons pas, parce qu'il n'agit plus là comme avoué. (Voyez *un arrêt de rejet, du* 13 *janvier* 1819, Dalloz, P., 1819. 1. 238). M. Chauveau qui rapporte cet arrêt (1er vol., p. 500, n° 32) lui donne, par erreur, la date du 18 janvier ; c'est une faute d'impression.

5° Pour que l'avoué ait droit à se faire allouer ses déboursés, suffit-il qu'il justifie les avoir faits ?

Non, il faut qu'il soit de plus établi que ce qu'il a payé était légalement dû ; cependant la présomption est que ce qu'il a déboursé à l'enregistrement était dû, sauf à la partie à se pourvoir en restitution ; il en est de même de la somme payée à l'avocat ; mais il n'en serait pas ainsi des sommes payées aux greffiers pour des expéditions, dans le cas où le taxateur les réduirait, comme ne contenant pas le nombre de lignes et de syllabes exigées par la loi ; ce serait à l'avoué à se faire rembourser par le greffier, parce qu'il a pu juger par lui-même de l'exagération des rôles, sur le vu des expéditions qu'on lui remettait.

6° En est-il de même aussi pour les sommes payées au greffier ? Je ne le pense pas. C'est à l'avoué à veiller dans l'intérêt de ses parties à ce que les greffiers ne perçoivent que ce qui leur est dû. Je ne saurais admettre que les avoués puissent comprendre au nombre de leurs déboursés des promptes expéditions, ou d'autres perceptions d'une illégalité aussi flagrante ; le juge taxateur devrait retrancher cela des mémoires, afin d'intéressser les avoués à mieux défendre leurs clients dans l'avenir.

7° L'avoué, qui a payé les honoraires de l'avocat, a-t-il une action contre son client pour en obtenir la répétition ?

Oui ; s'il n'était suffisamment autorisé, par la généralité de son mandat légal *ad lites*, à faire tout ce qui est nécessaire pour assurer le succès du procès dont il est chargé, il trouverait le principe de l'action en répétition des avances qu'il a pu faire, pour payer les honoraires de l'avocat, dans l'art. 1375 du Code civil, au titre des engagements qui se forment sans convention. Cet article oblige le maître, dont l'affaire a été bien administrée, à remplir les engagements que le gérant a contractés en son nom, à l'indemniser de tous les engagements personnels qu'il a pris, et *à lui rembourser toutes les dépenses utiles ou nécessaires qu'il a faites.*

Du reste, cette question a été tellement rebattue depuis 30 ans, qu'il suffit d'ouvrir, à la table, au mot *avoué* ou au mot *avocat*, le premier recueil de jurisprudence qui tombe sous la main, pour y trouver une série non interrompue d'arrêts de Cours d'appel, qui ont accordé le droit de répétition aux avoués ; il serait superflu d'en reproduire ici la nomenclature ; les deux ou trois arrêts contraires ne font plus aucune impression sur les jurisconsultes.

Il est bien entendu que la partie, pour laquelle les honoraires de l'avocat ont été ainsi payés, a le droit incontestable de les faire réduire par le conseil de discipline de l'ordre des avocats, s'ils sont exagérés.

8° L'avoué a-t-il, comme tout mandataire, droit à l'intérêt des sommes par lui avancées pour ses clients, du jour où il les a déboursées ?

Il faut faire observer, d'abord, qu'il n'est guère aisé de comprendre qu'il fût possible de faire admettre à la taxe les intérêts des avances pour les recouvrer contre la partie adverse condamnée aux dépens. Car vis-à-vis d'elle tous les dépens sont de même nature, qu'ils proviennent d'avances et de déboursés, ou simplement d'honoraires. Ce n'est donc que du jour de la demande, ou peut-être de la condamnation, que l'intérêt doit courir contre elle pour la masse des dépens auxquels elle est condamnée, sans distinction des déboursés et des honoraires de l'avoué.

D'ailleurs, il ne serait pas juste que la partie condamnée aux dépens fût de pire condition, par cela seul que les avances auraient été faites par l'avoué de sa partie adverse plutôt que par cette partie elle-même. Cela frappe d'évidence.

Ce ne serait donc que contre sa partie que l'avoué pourrait réclamer l'intérêt de ses avances.

La question, réduite à ces termes, ne regarde plus guère la taxe, car c'est plutôt par voie d'action, devant le tribunal où les frais ont eu lieu, que l'avoué peut agir, dans ce cas, contre sa partie, que par celle de la taxe.

Cependant, pour ne pas éluder la question, nous pensons qu'il y a une distinction à faire entre les avances que l'avoué à faites comme mandataire *ad lites,* et celles qu'il a faites comme mandataire ordinaire, en dehors de ses fonctions d'avoué, ou comme *negotiorum gestor.*

Quant aux premières, d'après l'art. 1153 du Code civil, l'intérêt n'en est dû que du jour de la demande, sans distinction des avances et des émoluments.

Quant aux avances faites par l'avoué comme mandataire ordinaire, ou comme *negotiorum gestor* de son client, les intérêts en sont dus, conformément à l'art. 2001 du Code civil, du jour où elles ont été faites.

Il y a un arrêt de la Cour de cassation, du 23 mars 1819, qui consacre formellement cette distinction (V. *Dalloz, Répertoire, nouvelle édition,* vᵒ AVOUÉ, nᵒ 125, note 4).

On devrait considérer comme avance extraordinaire les sommes déboursées pour l'enregistrement des actes autres que les actes de procédure (*Cour de cass. de Belgique, arrêt du 25 août 1845, Dalloz,* P. 46, 2, 206).

9ᵒ L'avoué qui a occupé pour plusieurs parties, ayant un intérêt commun dans le procès, a-t-il une action solidaire contre chacune d'elles pour le paiement de ses frais?

On décide généralement qu'il a cette action; mais cette question n'a qu'un rapport éloigné à l'objet de ces études, c'est-à-dire, à la taxe des frais, car les taxateurs n'ont aucune compétence pour la décider (Voyez *pour les détails et les raisons de décider, Dalloz, Répertoire, nouv. édition,* vᵒ *Avoué,* nᵒ 116).

10ᵒ L'avoué a-t-il une action personnelle pour le paiement de ses frais contre les personnes pour lesquelles il a occupé, quand elles n'agissaient qu'en nom qualifié, tels, par exemple, que les tuteurs, les syndics aux faillites, les liquidateurs, les maires des communes?

Cette question est encore aujourd'hui controversée; mais elle n'est pas de notre sujet plus que la précédente.

(Voir au *surplus Dalloz, Rép., nouv. édit.,* vᵒ AVOUÉ, nᵒˢ 114 et 115).

11ᵒ DE LA TAXE DES AVOUÉS DANS LES MATIÈRES CRIMINELLES.

Les avoués ont-ils droit à des émoluments pour l'assistance qu'ils donnent aux parties en matière criminelle? Comment ces émoluments doivent-ils être taxés? Par qui doivent-ils être payés? Peuvent-ils entrer dans les frais contre la partie condamnée aux dépens?

10

§ 1ᵉʳ. — Les avoués ont ils droit à des émoluments pour l'assistance qu'ils prêtent aux parties dans les affaires criminelles?

Il ne faut pas perdre son temps à discuter cette question; l'affirmative est incontestable; les avoués ne sont obligés par aucune loi à donner leur temps et leurs soins sans rétribution. Il n'y a, à cet égard, aucune objection possible.

§ 2. — Comment ces émoluments doivent-ils être taxés?

L'art. 3, § 1ᵉʳ, du décret du 18 juin 1811 (*tarif crim.*), est ainsi conçu : « Ne sont pas compris dans la dénomination de frais de jus-
« tice criminelle : 1° les honoraires des conseils ou défenseurs des
« accusés, même de ceux qui sont nommés d'office, non plus que
« *les droits et honoraires des avoués*, dans les cas où leur minis-
« tère serait employé. »

Ainsi, pas de difficulté, ce tarif ne s'applique point à la taxe des frais d'avoués en matière criminelle. Favard de Langlade, dans son Rép. de la nouv. législ., publié en 1823, vᵒ *Dépens et frais*, nᵒ 10, dit :

« Lorsque les avoués prennent des conclusions dans les affaires criminelles ou correctionnelles, d'après quel tarif doivent-ils être taxés?

« Celui du 18 juin 1811 est muet à cet égard, parce qu'il ne s'oc-
« cupe que des matières criminelles. *Mais, comme l'avoué exerce*
« *un ministère forcé*, et qu'il ne peut conclure qu'à fins civiles,
« c'est en réalité un jugement civil qu'il sollicite dans l'intérêt
« de son client, car c'est au ministère public seul qu'il appartient
« de conclure pour la vindicte publique. C'est donc d'après le ta-
« rif de 1807 que l'avoué doit être taxé, suivant que l'affaire, d'a-
« près la nature de la demande, quant aux intérêts civils, appar-
« tiendra *aux matières sommaires* ou aux matières ordinaires. »

Voilà un point bien reconnu : c'est le tarif de 1807 qu'il faut appliquer dans cette matière. Mais comment reconnaîtra-t-on si les affaires sont sommaires ou ordinaires, puisqu'en matière criminelle elles se jugent toutes de la même manière?

Sur quelles bases fondera-t-on cette distinction? Est-ce que, de leur nature, elles ne sont pas toutes sommaires ou toutes ordinaires? Il ne faut pas dire qu'il y a à distinguer, mais il faut opter pour un système ou pour l'autre.

J'ai parlé ailleurs d'un règlement que la Cour d'appel de Paris a fait le 25 novembre 1822, chambres assemblées, pour régler la taxe de certains frais faits devant elle : ce règlement renferme un arti-cle sur la matière qui nous occupe. C'est l'art. 14 et dernier. Il est ainsi conçu :

« Les avoués d'appel ne pourront réclamer pour frais faits, soit
« au nom de la partie civile ou contre elle, soit devant la Cour d'as-
« sises, soit devant la chambre des appels de police correction-
« nelle, qu'un droit de 4 fr. 50 c. pour assistance à chaque jour

« d'audience (1), et un acte de conclusions qui sera taxé à raison
« de 7 fr. 50 c. pour l'original, et du quart en sus pour chaque co-
» pie signifiée » (2).

Ainsi, d'après cet article, les avoués auraient pour tout émolument, dans chaque affaire d'appel de police correctionnelle ou de
Cour d'assises :

> A Paris, Bordeaux, Lyon, Rouen. . . . . 12 f. 00 c.
> Dans les autres Cours, un 10ᵉ en moins. 10   80
> Dans les tribunaux de police correctionnelle de Paris, Bor-
>   deaux, Lyon, Rouen. 9   00
> Dans ceux des villes où il y a une Cour d'appel, et des
>   villes où la population excède 30,000 âmes. 8   10
> Et dans les autres tribunaux, seulement 6   00

On ne peut pas trouver cela exagéré, bien au contraire.

Comme on le voit cependant, tous ces droits sont empruntés à
la taxe civile des matières ordinaires. Mais, alors, pourquoi ne pas
accorder de même les droits de constitution, de consultation, de
correspondance, de plaidoirie, de vacations aux enquêtes, à prendre et donner communication ; les droits pour les qualités, les vacations, pour les actes de voyage, etc.? Pourquoi retrancher tout
cela arbitrairement? Ne semble-t-il pas d'évidence que le législateur seul eût pu faire ce qu'a fait la Cour de Paris? Mais peut-être y
aurait-il réfléchi avant de réduire ainsi les émoluments des avoués,
car, d'après les calculs qui précèdent, et ils sont d'une exactitude
incontestable, ces émoluments ne sont pas en rapport avec les
soins, le temps et les démarches que les affaires dont il s'agit exigent de la part des avoués qui en sont chargés.

Le ministre de la justice a fait adresser, le 10 avril 1813, aux
procureurs généraux une circulaire dont le n° 3 est relatif à la
taxe des honoraires des avoués en matière criminelle; elle décide
qu'on doit y appliquer le tarif du 16 février 1807, et *suivant les
règles et les distinctions établies par le Code de proc. civ. pour les
matières sommaires* (Voyez cette lettre plus loin pour les autres
dispositions).

Puisqu'il était admis par tout le monde : 1° que les avoués ont
droit à des émoluments en matière criminelle; 2° que ces émoluments ne sont pas réglés par le tarif criminel; 3° qu'il y a lieu de
recourir au tarif des matières civiles, il fallait naturellement rechercher si la manière de juger les affaires, au criminel, a plus de
similitude avec celle de les juger, au civil, en matière sommaire

---

(1) Ce droit de 4 fr. 50 c. est celui accordé par l'art. 86 du tarif, en matière ordinaire, pour les Cours de Paris, Bordeaux, Lyon, Rouen. Il serait de 4 fr. 05 c. dans
les autres Cours, de 3 fr. dans les tribunaux de Paris, Bordeaux, Lyon et Rouen; de
2 fr. 70 c. dans les tribunaux des villes où siége une Cour d'appel, et dans ceux des
villes où la population excède 30,000 habitants, et enfin, de 2 fr. 25 c. dans les autres
tribunaux.

(2) Ce droit est aussi accordé, en *matière ordinaire*, par l'art. 74, § 12, du tarif,
pour les conclusions sur les demandes incidentes.

qu'en matière ordinaire, et suivre les inductions que fournirait cet examen.

En police correctionnelle, les affaires viennent à l'audience sur une simple citation, comme les affaires sommaires y viennent sur une simple assignation ; dans les unes comme dans les autres, on ne signifie point d'écriture ; toute l'instruction se fait oralement à l'audience, les témoins y sont entendus ou récusés. Dans les affaires criminelles, les avoués et leurs parties ne sont pas même tenus, comme dans les affaires civiles, en matière sommaire, de déposer des conclusions écrites ; des conclusions verbales suffisent. Il n'est point rédigé ni signifié de qualités : tout est donc en quelque sorte plus sommaire qu'au civil.

D'une autre part, l'art. 404 du Cod. de proc. civ., § 5, dispose, d'une manière générale, *que les demandes provisoires ou qui requièrent célérité* sont réputées *matières sommaires* et introduites comme telles. Et maintenant, quelles sont les affaires qui requièrent plus de célérité dans le jugement que les affaires criminelles? Il n'y en a certainement aucune.

L'art. 405 du même Code ajoute : « Les matières sommaires se-« ront jugées à l'audience, après les délais de la citation échus « sur un simple acte, sans autres procédures ni formalités. »

Est-ce que ce n'est pas ainsi que se jugent toutes les affaires criminelles ? J'en conclus qu'elles sont sommaires de leur nature, et que les frais civils en doivent être taxés de même.

Je crois donc qu'il faut adopter la décision ministérielle de préférence au règlement de la Cour de Paris. Je crois aussi que l'opinion de la plupart des Cours s'est prononcée en ce sens, et que l'usage le plus généralement adopté est de taxer ces frais comme en matière sommaire (1).

§ 3. — *Par qui les frais faits par les avoués, en matière criminelle, doivent-ils être payés ? Peuvent-ils entrer, de plein droit, dans les frais auxquels la partie qui a succombé a été condamnée?*

Quelques considérations générales, d'abord, sur la législation en cette matière :

L'art. 182 du Cod. d'instr. crim. dispose — que le tribunal sera saisi, en matière de police correctionnelle, soit par le renvoi qui lui est fait par l'ordonnance de la chambre du conseil du tribunal (2), soit par la citation directe donnée au prévenu et aux personnes civilement responsables du délit par la partie civile..., et, dans tous les cas, par le ministère public.

L'art. 183 du même Code n'oblige point, dans ce cas, la partie civile à constituer un avoué, mais à faire par l'acte de citation une

---

(1) V. un arrêt de la Cour d'Orléans, du 5 mai 1829 (*Dalloz*, 1829, 2, 262), et un autre de la Cour d'Angers, du 10 avril 1843 (*Journ. du Pal.*, t. 2 de 1843, p. 733; *Dalloz*, 1843, 2, 455).

(2) Aujourdhui par l'ordonnance du juge d'instruction.

élection de domicile dans la ville où siége le tribunal ; mais il ne
paraît pas non plus que la constitution d'un avoué y soit défendue,
et, dans ce cas, l'élection de domicile serait naturellement et de
droit chez l'avoué constitué.

.L'art. 185 donne au prévenu la faculté de se faire représenter
par *un avoué* dans les affaires relatives à des délits qui n'entraînent point la peine de l'emprisonnement ; mais, dans les autres
cas, il est obligé de se présenter en personne, excepté toutefois en
matière de presse ; cependant encore la loi ne lui défend pas de
se faire assister d'un avoué et d'un avocat : c'est même ce qui arrive assez ordinairement.

L'art. 204 autorise aussi la partie, qui veut appeler d'un jugement de police correctionnelle, à faire déclarer cet appel par *un
avoué*, mais il donne aussi la faculté de se servir de tout autre
fondé de pouvoir.

Les articles 295, 417 et 468 du même Code sont rédigés dans le
même sens et conçus dans le même esprit ; ils sont les uns et les
autres des corollaires de la législation antérieure sur l'institution
et l'organisation des avoués.

Dans l'art. 93 de la loi du 27 ventôse *an* VIII, on lit, en effet :

« Il sera établi près de chaque tribunal d'appel, près de chaque
« *tribunal criminel*, près de chacun des tribunaux de première
« instance, un nombre fixe d'avoués... »

L'article suivant ajoute : «Les avoués auront exclusivement le
« droit de postuler et de prendre des conclusions dans le tribunal
« pour lequel ils seront établis ; *néanmoins les parties pourront
« toujours se défendre elles-mêmes.* »

La jurisprudence paraît avoir entendu ces deux articles en ce
sens, qu'ils ont plutôt pour objet de fixer la résidence des avoués
que de déterminer leurs attributions.

Enfin, l'art. 113 du décret du 6 juillet 1810 porte — que, dans
les lieux où il n'y a point de Cour d'appel, les avoués immatricu-
lés au tribunal de première instance *pourront exercer leur ministère près la Cour d'assises,* qui tiendra ses séances au chef-lieu de
ce tribunal, et que les avoués qui n'ont été reçus que dans une
Cour criminelle pourront exercer leur ministère *près la Cour d'assises,* mais qu'ils seront tenus de se faire immatriculer au tribunal de première instance, où ils pourront postuler et faire tous les
actes de leur ministère, concurremment avec les autres avoués.

Peut-on induire de ces textes qu'en matière criminelle, comme
en matière civile, le ministère des avoués est forcé, chaque fois
qu'il s'agit de prendre des conclusions, soit de la part des parties
civiles, soit contre elles, dans un intérêt civil ?

C'est là une question qui divise encore les auteurs et la jurisprudence.

Pour la résoudre plus sûrement, et pour comprendre mieux les
objections qui sont faites, il faut l'examiner en admettant une
division. En effet, il y a deux hypothèses à faire : car, ou la question s'agite entre des particuliers contre l'Etat, représenté par des

administrations publiques, ou elle s'agite entre des particuliers
contre d'autres particuliers : dans l'un ou l'autre cas, la solution
peut ne pas être la même. C'est là du moins ce qui est soutenu
par des juristes d'une valeur incontestable.

1re DIVISION. — *Lorsque des particuliers concluent, en matière
criminelle, contre des administrations publiques représentant
l'Etat, doivent-ils employer nécessairement le ministère d'avoués ?
et, par suite, les frais qu'ils font peuvent-ils entrer en taxe, quand
ils obtiennent leurs dépens contre ces administrations, ou quoi
que soit, contre le trésor public ?*

Il faut se rappeler les dispositions déjà citées de l'art. 3, § 1, du
décret du 18 juin 1811. Il consacre, en principe, que les *honoraires des avoués et défenseurs ne sont pas compris dans les frais
de justice.* On en tire la conséquence que le trésor ni les administrations publiques ne peuvent jamais en être tenus vis-à-vis du
prévenu acquitté ; ces honoraires ne peuvent jamais entrer dans
la taxe des dépens prononcés contre l'Etat.

La raison qu'on en donne est simple et facile à déduire : c'est que,
dans cette matière, l'emploi du ministère des avoués est facultatif
pour la partie, et la position de l'Etat ne peut pas être aggravée
de ce qu'il aura plu à ses adversaires de se défendre de cette manière contre lui. Il y a là-dessus une circulaire du ministre de la
justice du 26 nov. 1808, et une autre plus explicite encore du 10
avril 1813, dont j'ai déjà parlé et dont voici les termes sur le point
qui nous occupe :

« L'art. 84 du Cod. d'instr. crim. autorise, dans certains cas,
« le prévenu » se faire représenter par un avoué devant le tribu-
« nal de police correctionnelle ; et en général, lorsqu'il y a une
« partie civile en cause, *celle-ci et le prévenu ne peuvent prendre
« de conclusions à fin civile* que par le ministère d'avoués.

« On a élevé la question de savoir si les honoraires des avoués
« peuvent être compris dans l'adjudication des dépens contre la
« partie qui succombe, et si ces dépens doivent être taxés confor-
« mément au tarif du 16 fév. 1807, soit pour les matières civiles
« et ordinaires, soit pour les matières sommaires.

« Pour faire cesser toute incertitude à cet égard, je crois devoir
« vous adresser les observations suivantes :

« 1° Les honoraires des défenseurs, avoués, ne sont pas considé-
« rés comme frais de justice criminelle, ainsi que cela résulte
« de l'art. 3, n° 1er, du règlement du 18 juin 1811, et, par consé-
« quent, ils ne doivent jamais être mis à la charge du trésor ni
« des administrations publiques qui poursuivent, dans l'intérêt de
« l'Etat, des contraventions ou délits, quoiqu'elles soient, sous
« d'autres rapports, assimilées aux parties civiles, *à moins que
« ces administrations n'emploient elles-mêmes* le ministère des
« avoués ; le motif de cette exception est que ces administrations
« ne sont pas obligées de se servir de ces officiers ministériels, et
« que le ministère public est chargé, concurremment avec leurs
« agents, de diriger les poursuites. »

M. Legraverend, qui donne une copie de cette circulaire, consacre mot pour mot la même opinion dans son *Traité de la lég. crim. en France.*

Un jugement du tribunal de Rouen, du 2 juin 1825, avait condamné la régie des contributions indirectes aux dépens envers *Carpentier*, et il avait ordonné que les émoluments de son avoué entreraient dans les mêmes dépens. Cette administration s'est pourvue en cassation, et la Cour, *après partage et délibéré en chambre du conseil*, a cassé le jugement du tribunal de Rouen, et a consacré le principe que l'emploi du ministère des avoués par les parties est facultatif, *mais que les frais extraordinaires qui peuvent en résulter, n'étant pas nécessaires et forcés, demeurent à la charge de ceux qui les ont faits* (Arrêt du 26 mars 1827, Dalloz, 1827, 1, 183).

Dans l'espèce, le tribunal avait constaté que la régie des contributions indirectes s'était fait défendre elle-même par un avoué; mais cette circonstance, que la circulaire de 1813 prend en considération, n'a point arrêté la Cour de cassation.

Ainsi, la décision de la première partie de la circulaire a été suivie, mais non celle qui déclare que le ministère des avoués est obligé, quand l'administration publique les emploie elle-même.

Cependant, la difficulté avait tellement embarrassé la Cour de cassation, qui s'était partagée, qu'après cet arrêt on pouvait encore considérer la jurisprudence comme n'étant pas définitivement fixée.

Mais, le 8 juin suivant, la Cour suprême a rendu un nouvel arrêt qui ne laisse plus de place à la discussion. Il porte :

« Vu l'art. 3, n° 1er, du règlement du 8 juin 1811; attendu qu'il
« résulte de cet article que les droits et honoraires des avoués,
« dans le cas où leur ministère serait employé, ne doivent point
« être compris dans les frais de justice criminelle à la charge de
« l'Etat » (V. Dalloz, 27, 1, 266).

Un dernier arrêt de la même Cour, du 31 janv. 1833 (Dalloz, 33, 1, 255), a consacré les mêmes principes, et depuis personne ne songe plus à faire d'objections.

2e DIVISION. — *Mais, quand il s'agit de demandes entre particuliers, ne doit-il pas y avoir une différence?*

C'est ici que tous les efforts se concentrent pour faire entrer les émoluments de l'avoué dans la liquidation des frais obtenus contre la partie qui succombe. Les auteurs du *Journ. du Droit crim.*, MM. Faustin Hélie et Chauveau, ont inséré une note à la suite de l'arrêt du 31 janv. 1833 (V. *Journ. du Droit crim.*, art. 1142), dans laquelle ils font remarquer que l'arrêt dont il s'agit est rendu dans une matière spéciale, où la question ne pouvait souffrir aucune difficulté.

« Mais, ajoutent-ils, en thèse générale, les prévenus et les par-
« ties civiles peuvent se faire représenter devant les tribunaux
« correctionnels par un avoué; *à la vérité, son ministère est fa-*
« *cultatif; et devant les Cours d'assises, la partie peut former une*

« *demande en dommages-intérêts sans recourir à ce ministère ;*
« mais, lorsque, pour former des demandes de cette nature, ces
« officiers ministériels ont été employés, il ne nous paraît pas
« douteux que leurs honoraires doivent être compris dans la taxe
« des dépens. Telle est la solution donnée par le ministre de la
« justice, dans sa circulaire du 10 avril 1813, citée par M. Legra-
« verend. »

Je ne sais si je ne me trompe pas, mais je trouve dans le court
passage qui précède des concessions qui me semblent ruiner complétement la solution à laquelle ces savants jurisconsultes ont
voulu arriver ; concessions qui réduisent à néant l'autorité de la
circulaire qu'ils invoquent, et celle de l'opinion de M. Legraverend.

Ils reconnaissent, en effet : 1° *que l'emploi du ministère des
avoués, devant les trib. de pol. corr., est facultatif pour toutes les
parties* (prévenus et parties civiles). Ils citent les arrêts de cassation qui ont jugé cela d'une manière invariable (Arrêts du 29 oct.
1824, Dall., 1825, 1, 480) (1), et du 17 fév. 1826, Dall., 26, 1, 174) (2) ;

2° *Que, devant les Cours d'assises, la partie peut former une
demande en dommages et intérêts sans recourir à ce ministère,* et ils
citent encore un arrêt de cass. du 25 nov. 1831 (Dalloz, 31, 1, 57.)

Mais l'opinion de M. Legraverend, et la décision de la lettre
ministérielle du 10 avril 1813, sont basées sur des principes absolument opposés à ceux-là, à savoir qu'en matière criminelle *les
parties ne peuvent pas se présenter pour conclure à des réparations
civiles sans se servir du ministère des avoués.*

Reprenons d'abord, pour le prouver, la circulaire où nous l'a-
vons laissée dans la question qui précède ; remontons même quelques lignes plus haut :

---

(1) Cet arrêt n'a jugé que le principe, car il est rendu dans une espèce où l'administration forestière était intéressée, et, par conséquent, il s'applique plus spécialement
à la solution de la question qui précède.

(2) Rien n'est plus formel, en effet, que cet arrêt : il porte : « La Cour..., considé-
« rant, sur le deuxième moyen de cassation, — que les fonctions des avoués doivent
« être déterminées d'après les règles de procédure qui sont propres aux tribunaux au-
« près desquels ils ont été placés ; — que ce principe, d'ailleurs, conforme au but de
« l'institution de ces officiers ministériels, a été reconnu par l'arrêté du Gouvernement
« du 18 fructidor an 8, rendu sur une délibération du conseil d'Etat relative aux lois
« qui jusqu'alors avaient été rendues sur le même objet ; considérant que les règles
« de procédure, pour les tribunaux criminels et correctionnels, ont été tracées dans le
« Code d'instruction criminelle ; que c'est donc d'après les dispositions de ce Code que
« doivent être déterminées les fonctions que les avoués ont à y exercer ; que les art. 185,
« 204, 295, 417 et 468 dudit Code, les seuls où il soit fait mention d'avoués, *ne con-
« tiennent aucune disposition qui prescrive aux parties la nécessité d'employer leur
« ministère ;* — que les art. 185 et 468 l'excluent même formellement dans les cas
« prévus : qu'il s'ensuit donc que, hors ces cas, *leur ministère est purement facultatif.
« et qu'ainsi les parties ont toute faculté de s'en servir ou de ne pas s'en servir....;*
« qu'on ne peut tirer aucune induction contraire de l'art. 13 du décret du 6 juillet
« 1810 ; que cet article ne prescrit aucune forme de procédure, qu'il s'occupe seule-
» ment du placement des avoués. »
Comme cet arrêt a été rendu entre des particuliers, les principes qu'il pose ne peuvent plus être affaiblis par aucune subtilité ni distinction.

« 1° Le motif de cette exception, dit-elle, est que ces adminis-
« trations (*publiques*) ne sont pas obligées de se servir des officiers
« ministériels...

« 2° Relativement aux demandes à fin de réparations civiles,
« qui sont formées réciproquement par les parties plaignantes ou
« intervenantes, et par le prévenu, les tribunaux correctionnels
« peuvent, comme en matière civile, compenser les dépens ou les
« adjuger en tout ou en partie, et y comprendre les honoraires
« des avoués, sauf à en faire distraction dans les frais de justice
« proprements dits. »

Pourquoi cela ? Mais c'est parce que, dans la pensée du ministre,
ces parties ne pouvaient se présenter que par le ministère d'avoués.
Il le dit bien formellement dès les premiers mots de sa lettre, laquelle porte :

« Et, en général, lorsqu'il y a une partie civile en cause, *celle-*
« *ci et le prévenu ne peuvent prendre de conclusions à fins civiles*
« *que par le ministère d'avoué.* »

Quant à M. Legraverend, dont l'autorité est aussi invoquée par
M. Chauveau dans *le Journ. des Avoués*, vol. 64-65, p. 415, c'est
encore la même chose ; on lit, en effet, dans son *Traité de la lég.
crim. en France*, 3ᵉ édit., 2ᵉ vol., p. 86, note 3 :

« Il est utile de faire remarquer que, dans l'usage l'emploi du
« ministère d'un avoué n'est pas et ne peut pas être exigé, même
« devant le tribunal de police correctionnelle, de la part d'un
« prévenu qui comparaît en personne, tant qu'il se renferme dans
« sa défense, qui est de droit naturel, et qu'il se borne à repousser
« l'attaque dirigée contre lui ; *mais si, par suite et indépendam-*
« *ment de sa défense, le prévenu croit devoir réclamer des indem-*
« *nités, des dommages et intérêts, contre la partie civile, dans les*
« *affaires où il y en a une, il est alors obligé d'employer un avoué*
« *pour prendre des conclusions contre elle.* »

Voilà quelle était la doctrine généralement admise, non pas par
tous les tribunaux, mais par presque tous les auteurs, au moment
où M. Legraverend écrivait. La Cour d'Orléans jugeait même, en
1827, que l'emploi des avoués, en cette matière, n'est nullement
facultatif, mais obligé, et qu'en conséquence leurs frais doivent
être compris dans la taxe des dépens (Arrêt du 5 mai 1829, Dalloz, 29, 2, 262).

Mais M. Duvergier, qui est l'auteur de la 3ᵉ édition de M. Legraverend, et qui y a inséré beaucoup de notes et d'observations critiques, fait remarquer, à la suite du passage qu'on vient de lire, et
de la lettre du 10 avril 1813, qui y est rapportée tout au long,
que cette opinion n'a point été adoptée par la jurisprudence ; que
c'est, au contraire l'opinion opposée qui a prévalu, de sorte qu'on
tient généralement aujourd'hui comme constant que, dans toutes
les affaires criminelles, l'emploi du ministère des avoués est facultatif. Il cite en preuve les mêmes arrêts de cassation des 14 août
1823 et 17 fév. 1826.

Comment donc concilier avec la logique l'opinion de ceux qui veulent, en partant de principes opposés, arriver à la conséquence où les principes contraires ont conduit M. Legraverend et le ministre de la justice de 1813 ?

S'il est vrai, et cela est démontré, qu'en toute matière criminelle et entre toutes parties, le ministère des avoués *soit simplement facultatif*, il faut en conclure plus naturellement que les frais qui en résultent ne peuvent être admis en taxe contre la partie qui succombe. Aussi la Cour d'appel d'Angers a-t-elle résolu de cette manière la question placée sur ce terrain, par son arrêt du 10 avril 1843 (*Journ. du Pal.*, t. 2 de 1843, p.733; Dalloz, 43, 2, 163) :

« Attendu, porte cet arrêt, — que l'action de Loir-Montgazon, « soumise à la juridiction correctionnelle, avait pour objet la ré- « paration d'un délit de sa compétence entraînant les peines d'em- « prisonnement et d'amende ; — qu'en cette matière et en cette « juridiction, le ministère des avoués n'est obligatoire ni pour la « partie civile, ni pour le prévenu ; qu'il est seulement facultatif; « — que le point de droit ci-dessus énoncé résulte encore des dis- « positions du décret du 18 juin 1811, contenant règlement des « frais en matière criminelle, de police correctionnelle et en sim- « ple police...;

« Attendu qu'en matière correctionnelle le ministère des avoués « n'étant que facultatif, leurs droits doivent rester au compte des « parties qui les ont chargés de défendre leurs intérêts, et qu'il « est juste que ces honoraires soient alloués, comme au civil en « matière sommaire ;

« Attendu, enfin, que l'application de ces principes, admis par « la jurisprudence des arrêts, est d'autant plus fondée dans la « cause, que Letondal n'avait point d'avoué, tandis que chacun « de ses adversaires était assisté d'un avoué et d'un avocat. »

La doctrine de cet arrêt, et l'application qu'il en a faite, me paraissent à l'abri de toute critique fondée.

Cependant la question en elle-même n'a peut-être pas, dans la pratique, une importance proportionnée à la difficulté qu'elle a présentée dans la théorie; car il est incontestable que les tribunaux ont toujours, en jugeant, la faculté de décider que les frais et honoraires des avoués entreront en taxe contre la partie qui succombe, à titre de dommages et intérêts, en faveur de celle qui triomphe. Ils ne manqueront jamais de prononcer ainsi, chaque fois que la justice leur en sera démontrée, excepté pourtant dans le cas où il s'agirait de faire supporter ces frais par le trésor public. Mais, quand ils ne croiront pas devoir le faire, je pense que la force des principes exige qu'on adopte la jurisprudence de la Cour d'Angers.

Résumons ce long article, et disons : 1° qu'il est dû des émoluments aux avoués dont le ministère est employé par les parties en matière criminelle;

2° Que ces émoluments doivent être taxés suivant le tarif du 16 février 1807, comme en matière sommaire ;

3° Mais qu'ils doivent rester à la charge des parties qui ont fait défendre leurs intérêts par avoué ;

4° Que, cependant, les tribunaux ont, en jugeant, la faculté d'accorder ces frais à titre de dommages et intérêts contre la partie condamnée aux dépens, et qu'ils devront user de cette faculté toutes les fois que l'équité l'exigera (1).

12° Ce qu'on a dit dans le numéro précédent s'applique aux matières de simple police et aux appels des jugements de cette nature, qui sont portés devant la section correctionnelle des tribunaux d'arrondissement.

13° Quant aux appels des jugements de police correctionnelle portés devant les Cours d'appel (ils y sont tous portés aujourd'hui), il n'y a nulle difficulté pour la taxe ; les émoluments des avoués se doublent comme le prescrit l'art. 147 pour les *matières sommaires*.

CHAPITRE V.

DES HUISSIERS AUDIENCIERS.

§ 1ᵉʳ. — *Des tribunaux de première instance.*

Art. 152. — Pour chaque appel de cause sur le rôle et lors des jugements par défaut, interlocutoires et définitifs, sans qu'il soit alloué aucun droit pour les jugements préparatoires et de simples remises :

A Paris, Bordeaux, Lyon, Rouen. . . . . 0 f. 30 c.
Dans les villes où il y a une Cour d'appel, et dans celles dont
    la population excède 30,000 habitants.. . . . . 0 27
Dans les tribunaux du ressort et partout ailleurs. 0 25

Art. 153, 154 et 155. — *Ces articles ont été abrogés par l'art. 20 de l'ordonnance du 10 octobre 1841, et remplacés par les dispositions de cette ordonnance* (Voyez plus loin).

Art. 156. — § 1ᵉʳ. Pour significations de toutes espèces, d'avoué à avoué, sans aucune distinction, *à l'ordinaire* :

A Paris, Bordeaux, Lyon, Rouen. . . . . 0 f. 30 c.
Dans les villes où il y a une Cour d'appel, et dans celles dont
    la population excède 50,000 habitants. 0 27
Dans les tribunaux du ressort et partout ailleurs. 0 25

§ 2. Pour significations *extraordinaires*, c'est-à-dire à une autre heure que celles où se font les significations ordinaires, suivant l'usage du tribunal :

---

(1) Il va sans dire que le tarif civil de 1807 ne s'applique qu'aux frais des avoués, en matière criminelle, car, quant à ceux des témoins, du prévenu, des experts et autres, ils sont réglés et taxés par le décret du 18 juin 1811, qui contient le tarif des frais, en matière criminelle.

A Paris, Bordeaux, Lyon, Rouen. . . . . 1 f. 00 c.

§ 3. Nota. — Ces significations doivent être faites à heure datée, et, à défaut de date, elles ne seront taxées que comme significations ordinaires. Elles ne sont passées en taxe, comme extraordinaires, qu'à Paris seulement.

§ 4. Les huissiers audienciers, quoiqu'ils soient commis pour faire des significations ou autres opérations, ne pourront exiger autres ni plus forts droits que les huissiers ordinaires, et ils seront obligés de se conformer à toutes les dispositions du Code comme tous les autres huissiers, mais les frais de transport des huissiers de la Cour d'appel, commis par elle, seront, dans ce cas, alloués suivant la taxe, quelle que soit la distance.

§ 2. — *Des huissiers audienciers de la Cour d'appel de Paris et des autres Cours.*

Art. 157.—§ 1er. Pour l'appel des causes sur le rôle, ou lors des arrêts par défaut, interlocutoires et définitifs, à la charge d'envoyer des bulletins aux avoués pour toutes les remises de cause qui seront ordonnées (1) :

A Paris, Bordeaux, Lyon, Rouen. . . . . 1 f. 25 c.
Dans les autres Cours. 1   13

§ 2. Il ne sera passé aucun droit d'appel pour les simples remises de causes et les jugements préparatoires.

Art. 158.—§ 1er. Pour signification de toute espèce, d'avoué à avoué, sans aucune distinction, *à l'ordinaire* :

A Paris, Bordeaux, Lyon, Rouen. . . . . 0 f. 75 c.
Dans les autres Cours. 0   68

§ 2. A l'extraordinaire ou à heure datée :

Dans les Cours de Paris, Bordeaux, Lyon, Rouen, seulement. 1 f. 50 c.

Observations. — 1° Le droit d'appel de cause est-il dû aux huissiers audienciers dans les jugements sur requêtes ?

Nous ne croyons pas que cela puisse faire difficulté ; ces causes s'inscrivent au rôle comme les autres, et nul autre que les huissiers audienciers n'a droit d'en faire l'appel sur le rôle. Le texte est formel *pour chaque appel de cause sur le rôle.*

2° Est-il dû à l'huissier audiencier un supplément d'honoraires pour l'original et les copies ?

L'art. 156 n'accorde aucun droit semblable, et nous ne croyons pas qu'on puisse y ajouter. En disant pour *signification de toute espèce,* il a voulu comprendre dans la même taxe l'original et la copie.

Mais, s'il y a plusieurs copies, il y a plusieurs significations, et le droit est dû par signification ; c'est du moins ainsi que l'entend l'administration de l'enregistrement en percevant autant de droits d'enregistrement qu'il y a de copies, et ce par application de l'art. 41 de la loi du 28 avril 1816.

____

(1) Ces bulletins sont fournis par les greffiers, depuis le 1er juin 1854. (*Décret du 24 mai 1854.*)

3° Les art. 67 du Code de procédure civile, 66, § 7, du tarif de 1807, et 48 du décret du 14 juin 1813, qui obligent les huissiers à mettre, à la fin de l'original et de la copie de l'exploit, le coût d'icelui, et, en outre, d'indiquer en marge de l'original le nombre de rôles des copies de pièces et d'y marquer de même le détail de tous les articles de frais formant le coût de l'acte, sous les peines qu'ils prononcent, sont-ils applicables aux huissiers audienciers, pour les significations d'avoué à avoué?

Nous avons déjà examiné cette question sous l'art. 66, § 7, *Observations n.* 2, où nous avons exprimé et motivé l'opinion que ces articles sont applicables aux significations d'avoués comme à tous les autres actes des huissiers.

Malgré le grand nombre d'objections qu'on s'est plu à entasser pour défendre l'opinion contraire, objections tirées de la place qu'occupent les textes dans les titres où ils sont placés, l'administration de l'enregistrement a été d'avis que les huissiers audienciers sont, comme les autres, tenus de mettre au bas des significations d'avoué à avoué le coût d'icelles.

Le ministre des finances a approuvé cet avis le 21 fév. 1824. (*Journal de l'Enregistrement,* art. 7674, *Dictionnaire de l'enregistrement,* v° *Coût*).

Nous avons fréquemment entendu des taxateurs se plaindre de ce qu'ils n'avaient aucun moyen de vérification pour la quantité de papier timbré, portée, dans les états soumis à leur taxe, comme ayant été employée pour les copies des écrits qui ont été signifiés (1), parce que l'original de la signification ne leur donnait aucun renseignement à cet égard. Nous pensons que, quand ils voudront exiger que les huissiers se conforment à la loi, ce moyen de contrôle ne leur fera pas défaut.

Du reste, dans la pratique, on alloue pour chaque copie le quart du timbre employé, pour la grosse contenant 25 lignes à la page et 12 syllabes à la ligne; mais ce n'est qu'une approximation qui n'a rien de certain, juridiquement parlant.

____

(1) On sait que les copies des requêtes faites par les avoués ne sont point assujetties à n'avoir par page qu'un nombre déterminé de lignes, non plus qu'un nombre fixe de syllabes par ligne.

Il n'y a pour les avoués d'autres conditions que celles de les faire correctes et lisibles; partant, il est impossible de savoir, en voyant la grosse d'un écrit, combien il a été employé de papier timbré pour en faire la copie; l'avoué lui-même doit avoir oublié cette quantité, s'il a négligé d'en tenir note au moment où les copies sont sorties de ses mains. Il est donc fort souvent obligé de faire son état de frais à peu près. Il serait plus convenable pour le taxateur et pour lui que l'original contînt tous les renseignements, ainsi que déjà nous avons eu occasion de le dire ailleurs. (*Voyez cependant ce que nous avons dit page* 47).

CHAPITRE VI.

DES EXPERTS, DES DÉPOSITAIRES DE PIÈCES, ET DES TÉMOINS.

Art. 159. — (Pr. 320). Il sera taxé aux experts, par chaque vacation de trois heures, quand ils opéreront dans les lieux où ils sont domiciliés, ou dans la distance de deux myriamètres, savoir : Dans le département de la Seine :

Pour les artisans ou laboureurs. . . . . , ... 4 fr. 00 c.
Pour les architectes et autres artistes. 8   00

Dans les autres départements :

Aux artisans et laboureurs. . . . . 3 fr. 00 c.
Aux architectes et autres artistes.. 6   00

Art. 160. — Au delà de deux myriamètres. il sera alloué par chaque myriamètre, pour frais de voyage et de nourriture, aux architectes et autres artistes, soit pour aller, soit pour revenir :

A ceux de Paris.. . . . . 6 fr. 00 c.
A ceux des départements. 4   50

Art. 161. — § 1er. Il leur sera alloué pendant leur séjour, à la charge de faire quatre vacations par jour, savoir :

A ceux de Paris.. . . . . 32 fr. 00 c.
A ceux des départements. 24   00

§ 2. NOTA.—La taxe sera réduite, dans le cas où le nombre de quatre vacations n'aurait pas été employé.

§ 3. S'il y a lieu à transport d'un laboureur au delà de deux myriamètres, il sera alloué 3 fr. par myriamètre pour aller, et autant pour le retour, sans néanmoins qu'il puisse rien être alloué au delà de cinq myriamètres.

Art. 162. — § 1er. Il sera encore alloué aux experts deux vacations, l'une pour leur prestation de serment, l'autre pour le dépôt de leur rapport, indépendamment de leurs frais de transport, s'ils sont domiciliés à plus de deux myriamètres de distance du lieu où siége le tribunal, il leur sera accordé par myriamètre, en ce cas, le cinquième de leur journée de campagne.

§ 2. Au moyen de cette taxe, les experts ne pourront rien réclamer ni pour frais de voyage et de nourriture, ni pour s'être fait aider par des écrivains, ou par des toiseurs et porte-chaînes, ni sous quelque autre prétexte que ce soit ; ces frais, s'ils ont eu lieu, resteront à leur charge.

§ 3. Le président, en procédant à la taxe de leurs vacations, en réduira le nombre, s'il lui paraît excessif.

Art. 163.—Il sera taxé aux experts en vérification d'écriture, et en cas d'inscription de faux incident, par chaque vacation de trois heures, indépendamment de leurs frais de voyage, s'il y a lieu :

A Paris, Bordeaux, Lyon, Rouen. . . . . 8 f. 00 c.
Dans les villes où il y a une Cour d'appel, et dans celles
    dont la population excède 30,000 habitants. 7   20
Dans les tribunaux du ressort. 6   00

Art. 164.—(Pr. 208, 232). Il ne leur sera rien alloué pour prestation de serment, ni pour dépôt de leur procès-verbal, attendu qu'ils doivent opérer en présence du juge ou du greffier, et que le tout est compris dans leurs vacations.

Art. 165. — § 1er. Il leur sera alloué pour frais de voyage, s'ils sont domiciliés à plus de deux myriamètres du lieu où se fait la vérification :

A Paris, Bordeaux, Lyon, Rouen. . . . . 32 f. 00 c.
Dans les villes où il y a une Cour d'appel, et dans celles dont
   la population excède 30,000 habitants.. . , ... 28 80
Dans les tribunaux du ressort. 24 00

§ 2. A raison de cinq myriamètres par journée et au moyen de cette taxe, ils ne pourront rien réclamer pour frais de transport et de nourriture.

Art. 166. — (Pr. 201, 204, 205, 221, 225). Il sera taxé, aux dépositaires qui devront représenter les pièces de comparaison en vérification d'écriture, ou arguées de faux, en inscription de faux incident, indépendamment de leurs frais de voyage, par chaque vacation de trois heures devant le juge-commissaire ou le greffier, savoir :

1° Aux greffiers. .	1° des Cours d'appel.	12 f. 00 c.
	2° des Cours d'assises.	12 00
	3° des tribunaux de première instance. . . .	10 00
2° Aux notaires. .	1° de Paris.	9 00
	2° des départements	6 75
3° Aux avoués. . .	1° des Cours d'appel.	8 00
	2° des tribunaux de première instance. . .	6 00
4° Aux huissiers. .	1° de Paris.	5 00
	2° des départements.	4 00

5° Aux autres fonctionnaires publics ou autres particuliers, s'ils
   le requièrent. 6 00 (1)

Art. 167. — Il sera taxé au témoin, à raison de son état et de sa

---

(1) L'art. 166 ne distingue que deux classes de notaires : ceux de Paris et ceux des départements. Il ne distingue non plus que deux classes d'avoués : ceux d'appel et ceux de première instance. Il n'y a donc pas lieu de faire à cet article l'application du troisième décret du 16 février 1807. (V. Dalloz, *Nouveau Répertoire*, v° NOTAIRE, n° 453.)

Mais en réservant les frais de voyage aux greffiers, notaires, avoués, etc., cet article a-t-il entendu que ces frais fussent payés en raison de la qualité des fonctionnaires ? M. Dalloz pense qu'il serait convenable de le suppléer par l'art. 15 du décret de 1811 sur les frais de justice criminelle. (*Nouveau Répertoire*, v° NOTAIRE, n°s 465 et 466.)

Mais il ajoute que, dans tous les cas, pour les notaires, il semble que l'art. 170 du décret de 1807 doit recevoir son application. (*Eod.*, n° 465.)

Or, voici ce que porte l'art. 170 : « Quand les notaires seront obligés de se transporter à plus d'un myriamètre de leur résidence, *indépendamment de leur journée, il leur sera alloué pour tous frais de voyage et nourriture, par chaque myriamètre, 1/5e de leurs vacations et autant pour le retour.*

« *Et par journée*, qui sera comptée à raison de 5 myriamètres, *aussi pour l'aller et retour*, quatre vacations. »

C'est clair, mais cela ne saisit pas au premier aperçu : traduisons en chiffres, et, pour cela, supposons qu'un notaire de Paris est appelé à Bordeaux pour y présenter une de ses minutes, qui servira de pièce de comparaison dans une vérification d'écritures, que cette vérification se prolongera pendant une journée de quatre vacations ; d'après l'art.

profession, une journée pour sa déposition, et, s'il n'a pas été entendu le premier jour pour lequel il aura été cité, dans les cas prévus par l'article 267, il lui sera passé deux journées, indépendamment des frais de voyage, si le témoin est domicilié à plus de deux myriamètres du lieu où se fait l'enquête.

Le *maximum* de la taxe du témoin sera de 10 fr., et le *minimum* de 2 fr. — Les frais de voyage sont fixés à 3 fr. par myriamètres pour l'aller et le retour.

Observations.

1° Lorsque, dans le jugement qui ordonne une expertise, on a omis de désigner un juge-commissaire pour recevoir le serment des experts, et qu'il y a lieu par suite de recourir au tribunal pour réparer cette omission, les frais de ce dernier jugement doivent-ils entrer en taxe?

On pourrait s'étonner de la question. Mais M. Sudraud-Desisles, p. 148, n° 486, décide que ces frais doivent être rejetés de la taxe comme frustratoires. Nous croyons que c'est une erreur, parce que, la faute du juge qui a entraîné ces frais ne pouvant pas être supportée par lui, il faut bien que quelqu'un les paie, et ce ne doit être que la partie qui succombe.

170, il lui serait dû : 1° pour 57 myriamètres, distance légale de Paris à Bordeaux, à raison de 1/5ᵉ de ses vacations, pour l'un, 7 fr. 20 c., qui, multipliés par 57, donnent. . . . .   440 fr. 40 c.

2° Autant pour le retour.   440   40 c.

3° Et pour journées, à raison de 5 myriamètres et de 4 vacations par journée aller et retour, ou 115 myriamètres divisés par 5 multipliés par 36 fr.   828   »

4° Pour la journée ou 4 vacations employées devant le juge-commisaire ou le greffier.   36   »

Total. . . . . 1,684 fr. 80 c.

Ce chiffre, dont il n'y a pas un centime à réduire, nous paraît une énormité que le législateur n'aurait jamais voulue, s'il l'avait comprise.

On accorderait, dans les mêmes circonstances, au témoin le plus élevé en dignité et en intelligence présumée, la somme de 181 francs.

On allouerait à l'expert le plus élevé en intelligence présumée, qui serait venu de Paris à Bordeaux avec le notaire, pour faire une expertise dans la même affaire, 716 francs.

Si ce même notaire était venu de Paris à Bordeaux pour la même cause, mais poursuivie à la requête du ministère public, il aurait obtenu : 1° pour frais de voyage, art. 45 et 91 combinés, du décret du 18 juin 1811. . . . .   285 fr.

2° Pour quatre vacations, art. 166 du décret de 1807 et 13 de celui de 1811 combinés.   36

Total . . . . 321 fr.

Que faire ? Accorder ces 321 francs seulement ; mais alors on traitera plus mal le notaire qu'on n'aurait fait l'expert : car nous avons vu qu'il obtiendrait 716 francs. Cependant le législateur a entendu que le notaire fût mieux payé que lui, puisqu'il a fixé les vacations de l'un à 9 francs et celles de l'autre à 8 seulement. Il est difficile de sortir de cette question d'une manière raisonnable et tout à la fois juridique; nous avons presque honte de l'avouer, mais nous ne voyons de bien légal que la solution la plus rigoureuse, car, après tout, c'est au législateur à savoir ce qu'il veut et à l'énoncer d'une manière claire.

2° Le jugement de récusation d'un expert, nommé par le tribunal, est rendu en matière sommaire et doit être taxé comme en cette matière (*M. Chauveau*, p. 305).

3° Il n'y a pas lieu de signifier aux experts le jugement qui les nomme, les frais de cette signification devraient rester à la charge de l'avoué comme frustratoires (*Cour de Douai, arrêt du 8 mars 1844, Dalloz, 45, 4, 288*). Les experts n'ont pas besoin de cette copie pour opérer, puisque la grosse doit leur être remise.

4° Le juge taxateur peut-il réduire le rapport des experts, s'il trouve des longueurs et des détails inutiles, et laisser à leur charge les frais d'expédition que sa trop grande longueur a occasionnés aux parties?

M. Boucher-d'Argis le pense, page 159, et il est approuvé par M. Dalloz (*Nouveau Répertoire, v° Frais et dépens, n° 447*). Nous sommes aussi de cet avis.

5° L'opposition à la taxe du président est recevable, et doit être jugée en chambre du conseil comme toutes les oppositions à taxe.

Le délai de trois jours ne doit courir que du jour où elle a été notifiée aux experts, c'est la nature des choses qui le veut ainsi.

6° Est-il dû aux témoins trois francs par myriamètre pour aller, puis trois autres francs pour s'en retourner?

Le dernier § de l'article 67 dit : « Les frais de voyage sont fixés « à trois francs par myriamètre pour *l'aller et le retour.* »

M. Chauveau (*Commentaire du Tarif*, t. 1er, p. 287, n° 39) et M. Carré (*De la taxe en matière civile*, p. 110, n° 198) sont d'avis qu'il leur est dû trois francs pour *l'aller* et autant pour *le retour*. Ils invoquent le § 3 de l'article 161 et un arrêt de la Cour de Montpellier du 13 avril 1825. M. Rivoire (p. 192, n° 23) combat cette opinion, et M. Boucher-d'Argis (p. 365) approuve M. Rivoire : nous n'avons rien à ajouter aux raisons de M. Boucher-d'Argis, qui nous paraissent parfaitement décisives, et nous croyons, comme lui, qu'il n'est dû aux témoins qu'un seul droit de 3 fr. par myriamètre, y compris l'aller et le retour : nous pensons que c'est ainsi qu'on l'entend généralement dans la pratique.

TARIFS DES NOTAIRES.

Observations préliminaires.

Les notaires sont, en quelque sorte, la cheville ouvrière de notre société civile. Ils sont mêlés à tout, aux joies comme aux douleurs des familles. Vous les trouvez aux fiançailles des époux, pour régler les conditions de l'association conjugale, principe de la famille ; vous les retrouvez encore au lit des mourants, pour assurer l'exécution de leurs dernières volontés. Dans les moindres comme dans les plus grandes affaires, ils vous précèdent, vous accompagnent ou vous suivent ; ils cherchent et trouvent pour vous des ressources dans vos embarras, ils vérifient et redressent les calculs de vos spéculations. Ils aident et conseillent, quand ils ne font pas. Ils sont, en un mot, comme une providence, dans les affaires de ce monde ; on les trouve partout et toujours. Leur mission est immense, et ils ont besoin de beaucoup de vertu et de dévouement pour être toujours à sa hauteur ; pour quiconque sent en lui-même les aptitudes nécessaires, cette position est une des plus enviables de notre société moderne.

Mais il faut que chacun de ces officiers publics, dans la sphère où il est appelé à fonctionner, trouve dans une certaine mesure l'éclat et la distinction d'une existence aisée. Il n'y a que les honoraires de la profession qui puissent y pourvoir.

Trop restreints, ils exposeraient les notaires, qui sont en général gens instruits, experts et très-versés dans les affaires, à la tentation d'utiliser ces précieux avantages dans des spéculations personnelles, toujours contraires à leurs devoirs, spéculations qui entraînent souvent des catastrophes, qui ne se produisent jamais sans prendre les proportions de malheurs publics.

Trop élevés, ils blesseraient la justice, et ne seraient plus en rapport avec les services rendus à ceux qui les paient.

Depuis déjà longtemps l'autorité publique se préoccupe d'études sérieuses, afin d'arriver à l'établissement d'un tarif pour concilier des intérêts d'une telle importance. Mais la matière est délicate ; il n'est pas permis d'y agir à la légère ; les chefs des Cours impériales ont été appelés par le Gouvernement à lui donner des renseignements et à lui faire des rapports ; ces travaux préparatoires seraient déjà depuis longtemps terminés.

Nous avions l'espérance qu'un règlement d'administration publique serait intervenu avant la fin de nos études sur les tarifs : mais nous ne sommes nullement étonné que les difficultés de l'entreprise en aient retardé la rédaction et la promulgation, il faut réellement toucher à trop de choses : ce n'est pas une petite besogne, en effet, que de faire la nomenclature de tous les contrats de la vie civile, que les notaires sont appelés à recevoir, et d'en fixer la rétribution en raison de leur importance et des peines et soins qu'exige leur rédaction, et cela pour toutes les localités, depuis les cités les plus populeuses jusqu'aux cantons les moins étendus (1).

---

(1) Dans la séance du 28 juillet 1851, l'honorable M. Rouher développa devant l'Assemblée législative une proposition tendant à réglementer et à tarifer les droits et honoraires des notaires pour les actes qu'ils reçoivent.

L'assemblée la renvoya à l'examen du conseil d'Etat.

M. le ministre de la justice autorisa les notaires à nommer des délégués pour s'entendre avec la commission, prise parmi les membres du conseil d'Etat, sur ce qu'il convenait de résoudre.

Ces délégués se réunirent à Paris, tinrent plusieurs séances et rédigèrent un mémoire intitulé : *Note sur la création d'un tarif légal pour les actes des notaires.* C'est un travail remarquable, dans lequel ils énumèrent les difficultés, de toute nature, qui s'opposent à la confection d'un tarif général ; ils concluent, d'une manière assez apparente, au maintien de ce qui existe. Cependant, et en quelque sorte subsidiairement, ils présentèrent un contre-projet composé de onze articles. L'idée-mère de ce projet est le rétablissement du principe consacré par l'article 51 de la loi du 25 ventôse an 11 : *Le règlement amiable des honoraires entre le notaire et les clients*, et à défaut le recours à la taxe du président du tribunal civil, puis suivent quelques bonnes dispositions de détail.

Sur le vu de tout cela, le conseil d'Etat a été d'avis qu'il fallait consulter la Cour de cassation et les Cours d'appel. La Cour de cassation a, par suite, été saisie de l'examen des projets de loi ; elle a nommé une commission, et après l'avoir entendue dans son rapport, elle a donné son approbation à un projet dans lequel elle a refondu celui que les délégués du notariat avaient proposé, en le modifiant, toutefois, de manière à donner aux intérêts des clients une protection plus réelle et plus efficace que ceux-ci ne l'avaient fait.

Nous croyons que les Cours impériales n'ont point été consultées, du moins jusqu'à présent, mais que leurs chefs ont été invités par le Gouvernement à lui faire des rapports sur cet objet.

Du reste, voici le projet tel qu'il est sorti des mains de la Cour de cassation, après des débats prolongés et un examen approfondi :

« Article 1er. Des règlements d'administration publique détermineront par ressort de Cours impériales, ou par circonscriptions plus limitées, les honoraires dus aux notaires pour les actes de leurs fonctions. — A l'égard des actes qui auraient formellement été exceptés par ces tarifs, ou qui n'y auraient pas été compris, les honoraires des notaires seront, à défaut de règlement amiable entre eux et les parties, taxés par le président du tribunal civil de la résidence du notaire, comme il sera dit en l'art. 4.

« Art. 2. Les notaires ne pourront exiger de plus forts droits que ceux énoncés aux tarifs, ou admis en taxe dans le cas prévu par le 2e § de l'article précédent, à peine de restitution, de dommages et intérêts et d'interdiction, suivant la gravité des faits. — Les actes indûment multipliés et tous autres frais frustratoires seront rejetés de la taxe, sans préjudice de l'action disciplinaire, s'il y a lieu.

« Art. 3. Les règlements amiables ne pourront, même après avoir été volontairement exécutés, mettre obstacle au recours en taxe de la part des parties, et à la demande en restitution de ce qui aurait été perçu au delà de la taxe.

« Art. 4. Le recours en taxe sera porté devant le président du tribunal civil de la résidence du notaire, qui, après vérification sur simples notes, et sans frais, arrêtera la taxe, conformément au tarif, s'il s'agit d'actes qui y sont compris, et selon son appréciation, mais après communication au ministère public, s'il s'agit d'actes non tarifés. — Le président en délivrera exécutoire. Il sera procédé de la même manière, et suivant les mêmes distinctions, pour les réclamations en restitution de déboursés et honoraires ; s'il y a lieu à restitution, l'exécutoire du président énoncera la somme à restituer.

« Art. 5. L'exécutoire ou l'ordonnance du président sera susceptible d'opposition. — L'opposition sera portée dans le délai de quinzaine, outre le délai des distances, à partir du jour de la signification de l'exécutoire, et s'il s'agit de l'ordonnance, dans le délai d'un mois à partir de sa remise au greffe. — Elle sera portée devant le tribunal civil, qui y statuera en chambre du conseil, sur simples notes, et sans frais, après avoir entendu le ministère public, et s'il s'agit d'honoraires non réglés par le tarif, sur l'avis de la chambre de discipline.

11.

Nous ne croyons pas cependant que la tâche soit impossible ; quand un homme d'une science aussi éminente, d'une pratique des

---

« Art. 6. L'action des notaires en paiement de leurs déboursés et honoraires se prescrit par 5 ans, à partir du jour de l'existence de la créance.

« La prescription a lieu, quoiqu'il y ait eu continuation de services et de travaux. — Elle ne cesse de courir que lorsqu'il y a eu compte arrêté, reconnaissance ou obligation, notification d'un exécutoire, ou citation en justice non périmée sur opposition à l'exécutoire. — Les articles 2275 et 2278 sont applicables à cette prescription.

« Art. 7. Les actions en restitution, formées contre le notaire pour déboursés et honoraires indûment perçus, seront prescrites si elles ne sont pas formées dans les deux années qui suivront le paiement.

« Art. 8. Les prescriptions commencées à l'époque où la présente loi sera devenue exécutoire, et pour lesquelles il faudrait, d'après les lois existantes, plus de 2 ou 5 ans, seront accomplies dans les délais, et suivant les distinctions déterminées par les deux articles précédents, à compter seulement de cette époque.

« Art. 9. Les notaires sont tenus d'avoir un registre, coté et parafé par le président du tribunal civil de leur résidence, sur lequel ils inscriront, par ordre de date, et sans aucun blanc ni interligne, toutes les sommes qu'ils recevront pour frais d'actes, déboursés ou honoraires, sans préjudice pour les parties du droit d'exiger récépissé des sommes par elles versées. — Ils représenteront ce registre au président ou au tribunal, toutes les fois qu'ils en seront requis, à l'occasion d'un recours en taxe, ou d'une opposition à l'exécutoire ou à l'ordonnance du président. — À défaut de présentation ou de tenue régulière de ce registre, ils pourront être déclarés non recevables dans leur demande.

« Art. 10. La présente loi ne sera exécutoire qu'à dater de la promulgation des règlements d'administration publique prescrits par l'art. 1er. »

Évidemment ce projet de loi, s'il est admis dans les termes où il est conçu, sauvegardera en principe la dignité du notariat, et suffira à la défense des intérêts de leurs clients. Mais tout le monde comprend que la difficulté ne réside pas dans les principes généraux qu'il consacre, et sur lesquels il n'existe que de légères divergences, c'est dans l'exécution de l'art. 1er. qui prescrit des règlements d'administration publique, par ressorts de Cours impériales, ou par circonscriptions plus limitées, pour régler les honoraires dus aux notaires. *Hic onus.*

Du reste, pour mettre tous les intéressés à même de juger, nous croyons devoir placer en regard du projet de la Cour de cassation celui des délégués. En voici les termes :

« Article 1er. Quand les honoraires et vacations des notaires n'auront pas été réglés à l'amiable, conformément à l'article 51 de la loi du 25 ventôse an XI, ils seront taxés, après l'avis de la Chambre de discipline, sur simple note et sans frais, par le président du tribunal civil de la résidence du notaire.

« Art. 2 Cette taxe aura pour base des règlements d'administration publique qui seront faits par le conseil d'État, et qui détermineront, par ressorts de Cours d'appel ou par arrondissement, les honoraires dus aux notaires pour tous ceux des actes de leur ministère qui sont susceptibles d'être tarifés, frais de voyage, droits d'expédition, communication d'actes et droits divers.

« Art. 3. S'il s'agissait d'actes non classés dans les catégories du tarif, ou d'émoluments exceptionnels motivés par les circonstances d'un acte classé dans le tarif, ils seront taxés de la manière prescrite en l'art. 4er, suivant la nature des actes, leur importance et les difficultés que les opérations auront présentées, sur les renseignements qui seront fournis par les notaires et les parties.

« Art. 4. Lorsqu'un notaire aura été commis par le tribunal d'un autre ressort, la taxe, si elle est requise, sera faite par le président de ce tribunal, conformément aux dispositions qui précèdent.

« Art. 5. La taxe du président sera exécutoire, sauf opposition, sur laquelle il sera statué sommairement par le tribunal civil du même arrondissement en la chambre du conseil.

« Art. 6. L'action des notaires en paiement de leurs déboursés et honoraires se prescrit par 5 ans, à partir du jour de l'existence de la créance.

Les art. 2274, 2275 et 2278 du Code civil, sont applicables à cette prescription particulière.

affaires aussi consommée que M. Rouher, l'a entreprise, c'est qu'elle n'est pas impossible ; les notaires eux-mêmes, malgré les protestations du mémoire de leurs délégués, ne l'ont pas jugée telle. Ils se sont, en effet, depuis bien longtemps, donné des tarifs très complets. Chaque chambre de discipline a le sien qui oblige moralement tous les notaires de son ressort à ne recevoir aucun acte au-dessous du prix qui y est fixé (1).

Cependant il est possible que le règlement général se fasse encore longtemps attendre, car l'opinion publique, qui le demandait naguère à grands cris, s'est singulièrement refroidie à l'égard de cette réforme comme à l'égard de beaucoup d'autres.

Mais nous n'avons pas à disserter plus longuement sur ce qui pourrait ou devrait être, notre tâche est de rechercher ce qui est, et d'en faciliter l'application à la pratique des affaires.

Question préliminaire.

Un mot d'abord sur la législation qui a précédé le décret du 16 février 1807. C'est la loi du 25 ventôse an xi, constitutive du notariat, qui nous a donné l'institution telle qu'elle existe aujourd'hui. Nous n'avons à la consulter que sous le rapport des honoraires. L'article 51 est ainsi conçu :

« Les honoraires et vacations des notaires seront réglés, à l'a-
« miable, entre eux et les parties ; sinon *par le tribunal civil* de
« la résidence du notaire, sur l'avis de la chambre et sur simple
« mémoire, sans frais. »

Cet article a-t-il été abrogé par le décret du 16 février 1807, qui crée le tarif des notaires ?

« Art. 7. Les actions en restitution de frais, formées contre les notaires, à défaut de taxe ou de règlement amiable librement convenu, seront portées devant le président du tribunal civil de l'arrondissement du notaire, lequel statuera de la manière fixée en l'art. 1er, sauf le droit d'opposition prévu par l'art. 5.

Ces actions seront déclarées non recevables, si elles ne sont pas formées dans l'année qui suivra le paiement.

« Art. 8. Les notaires seront tenus d'avoir un registre qui sera coté et parafé par le juge de paix de leur résidence, et sur lequel seront inscrites, par ordre de date et sans blanc ni interligne, toutes les sommes qu'ils recevront de leurs clients pour frais d'actes.

En cas de contestation sur les sommes payées, les notaires, s'ils en sont requis, représenteront ce registre aux magistrats saisis de la demande ; à défaut de représentation, ou de tenue régulière de leur registre, ils pourront être déclarés non recevables dans leurs demandes.

« Art. 9. Les déboursés de timbre, d'enregistrement et autres, avancés par les notaires, produiront des intérêts de plein droit à partir du jour où l'avance en aura été faite.

« Art. 10. Les délais fixés par les art. 6 et 7, ci-dessus, seront applicables aux faits antérieurs à la présente loi et courront du jour de sa promulgation.

« Art. 11. Jusqu'à la promulgation des règlements d'administration publique prescrits par l'art. 2, la taxe sera faite de la manière prescrite en l'art. 3.

(1) En 1852, sur 364 chambres des notaires, 293 avaient un tarif. Le nombre de celles qui n'en ont pas a beaucoup diminué depuis.

C'est une question préliminaire sur laquelle il faut s'entendre ; car, résolue dans un sens ou dans un autre, elle change complétement le caractère des tarifs.

Il y a peu de difficulté pour la dernière partie de l'article 51 ; tout le monde convient que la compétence qu'elle attribue *au tribunal civil de la résidence du notaire* est transportée par l'article 173 au président du tribunal.

« Tous les autres actes du ministère des notaires, notamment, « etc., seront taxés par le président du tribunal de 1re instance de « leur arrondissement, suivant leur nature et les difficultés que « leur rédaction aura présentées, et sur les renseignements qui lui « seront fournis par le notaire et les parties. »

Nous croyons bien certain aujourd'hui que, s'il s'agissait des honoraires que le décret a spécialement tarifés, la convention, dans laquelle le notaire aurait stipulé qu'il les percevra à un taux plus élevé, ne devrait produire aucun effet. Il ne pourrait pas utilement faire prendre à ses clients l'obligation de lui payer, par exemple, les vacations à raison de 10 francs l'une, quand le décret les fixe, selon les lieux, à 4, 6, 8 ou 9 francs. La jurisprudence des Cours impériales et celles de la Cour de cassation condamnent de semblables stipulations, parce que ces Cours considèrent le tarif comme tenant à l'ordre public.

Mais, s'il s'agit d'actes pour la taxe de l'honoraire desquels l'art. 173 du décret donne au président du tribunal un pouvoir discrétionnaire, que faut-il décider ?

Il y a là, selon nous, une question de droit absolu et une question de fait. Quant à la question de droit absolu, la jurisprudence a été longtemps incertaine ; mais un arrêt de la Cour de cassation du 1er décembre 1841, rapporté dans tous les recueils, l'a tranchée de manière à ce qu'il ne soit plus possible de la discuter, tant que les choses resteront ce qu'elles sont. Ainsi, pour la pratique des affaires, on doit considérer comme définitivement jugé que le décret de 1807 a abrogé l'art. 51 de la loi du 25 ventôse an 11, et qu'en droit absolu le règlement amiable des honoraires entre le notaire et le client n'est plus autorisé.

Mais, en fait, nous croyons que ce règlement amiable est toujours permis, et qu'il est désirable qu'il intervienne le plus souvent possible, non pas avant que l'affaire se fasse, il est suspect à ce moment, mais après qu'elle est terminée.

Nous n'allons pas jusqu'à dire cependant que la convention qui intervient, dans cette hypothèse même, entre le notaire et ses clients, opère contre eux un lien aussi étroit, une loi des parties aussi indissoluble que les contrats ordinaires entre les parties contractantes ; nous ne prétendons pas que, si les parties allèguent contre leur notaire qu'il les a trompées et que les émoluments ont été portés à un taux exagéré, elles soient obligées de recourir aux tribunaux ordinaires pour faire annuler ou rescinder le règlement amiable ; c'est la question de droit absolu que la Cour de cassation a tranchée ; nous pensons qu'il serait suffisant pour elles d'appeler le notaire devant le président du tribunal pour faire taxer ses honoraires ; mais celui-ci devrait prendre en considération le règlement amiable et le maintenir dans sa taxe, à moins qu'il n'apparût qu'il y a trop d'exagération dans la fixation des honoraires, et que les parties ont été entraînées par ignorance, ou subjuguées par l'ascendant que le notaire a exercé sur elles.

Certainement, si la question s'était présentée avant l'avénement du tarif de 1807, elle aurait comporté une solution différente ; mais, nous le répétons, il faut prendre les choses pour ce qu'elles sont devenues par suite de l'arrêt du 1er décembre 1841. Les regrets ou les longues dissertations seraient ici déplacés (1).

Nous renvoyons ceux qui voudraient faire une étude plus complète de ces difficultés au *Nouveau Répertoire* de Dalloz, v° *Notaires et Notariat,* n°ˢ 508 et suiv., et aux ouvrages spéciaux sur le notariat, Raviat sur Périer, v° *Honoraires*, Remy, pag. 48, Gagneraux, tom. 2, n° 73, etc.

DES TARIFS EXISTANTS POUR LA FIXATION DES HONORAIRES DES NOTAIRES.

Les tarifs qui fixent, d'une manière légale, les droits et honoraires des notaires pour les actes qui y sont désignés, sont :

1° Le 1er décret du 16 février 1807, dont nous nous sommes principalement occupé jusqu'à présent, et qui fait la base de notre travail ;

2° Le tarif criminel du 18 juin 1811, art. 13, 14, 90 et suivants ; quoique nous n'ayons entendu entreprendre que la taxe des frais en matière civile, nous ferons exceptionnellement une excursion sur les matières criminelles, en ce qui concerne les notaires ;

3° L'ordonnance des 10-25 octobre 1841, qui a fait un nouveau tarif pour l'exécution de la loi au 2 juin 1841, sur les *ventes judiciaires d'immeubles* ;

4° La loi du 22 février-4 mars 1851, sur les *baux d'apprentissage* ;

5° Le décret des 5-8 novembre 1851, sur les *ventes publiques de fruits et récoltes pendants par racine, et de coupes de bois taillis* ;

6° Le décret du 21 mars 1806, relatif *aux certificats de vie* ;

Celui du 23 septembre de la même année, l'ordonnance du 13 juillet 1814 et celle du 20 juin 1817 sur le même sujet ;

7° Le décret du gouvernement provisoire du 23 mars 1848 *concernant les protêts*.

---

(1) Il est hors de doute que le notaire aussi bien que les parties pourraient attaquer la décision du président taxateur par la voie de l'opposition, et saisir le tribunal, qui devrait peut-être prononcer en chambre du conseil ; mais ce n'est pas encore le moment de nous expliquer sur la procédure à suivre en matière de taxe et de liquidation de dépens.

CHAPITRE VII.

DES NOTAIRES.

Ire DIVISION.

Décret du 16 février 1807.

Ire SECTION. — DU TARIF DES DROITS ET HONORAIRES DES ACTES NOTARIÉS.

I.

Art. 168. — Il sera taxé aux notaires, pour tous les actes indiqués par le Code civil et par le Code judiciaire,

Pour chaque vacation de trois heures :

1° (Pr. 849). Aux compulsoires faits en leur étude ;

2° (Pr. 852). Devant le juge, en cas que leur transport devant lui ait été requis;

3° (C. C. 151, 152, 153, 154). A tout acte respectueux et formel pour demander le conseil du père et de la mère, ou celui des aïeuls ou aïeules, à l'effet de contracter mariage ;

4° (Pr. 279). Aux inventaires contenant estimation des biens meubles et immeubles des époux qui veulent demander le divorce par consentement mutuel ;

5° (C. C. 281, 284, 285). Aux procès-verbaux qu'ils doivent dresser de tout ce qui aura été dit et fait devant le juge, en cas de demande en divorce par consentement mutuel ;

6° (Pr. 941 et suiv.). Aux inventaires après décès ;

7° (Pr. 944). En référé devant le président du tribunal, s'il s'élève des difficultés ou s'il est formé des réquisitions pour l'administration de la communauté ou de la succession, ou pour tous autres objets ;

8° (Pr. 977, 978, etc.). A tous les procès-verbaux qu'ils dresseront en tous autres cas, et dans lesquels ils seront tenus de constater le temps qu'ils y auront employé;

9° (Pr. 977). Au greffe, pour y déposer la minute du procès-verbal des difficultés élevées dans les partages, contenant les dires des parties :

A Paris, Bordeaux, Lyon, Rouen.	9 f. 00 c.
Dans les villes où il y a une Cour d'appel, et dans celles dont la population excède 30,000 habitants.	8 10
Dans les villes où il y a un tribunal de 1re instance.	6 00
Partout ailleurs.	4 00

Art. 169. — Dans tous les cas où il est alloué des vacations aux notaires, il ne leur sera rien passé pour les minutes de leurs procès-verbaux.

II.

Art. 170. — § 1er. Quand les notaires seront obligés de se transporter à plus d'un myriamètre de leur résidence, indépendamment de leur journée, il leur sera alloué pour tous frais de voyage et nourriture, par chaque myriamètre, un cinquième de leurs vacations, et autant pour le retour.

§ 2. Et par journée, qui sera comptée à raison de cinq myriamètres, aussi pour l'aller et le retour, quatre vacations.

III.

Art. 171. — Il sera passé au notaire pour la formation des comptes que les copartageants peuvent se devoir de la masse générale de la succession, des lots et des fournissements à faire à chacun des copartageants, une somme correspondante au nombre des vacations que le juge arbitrera avoir été employées à la confection de l'opération.

IV.

Art. 172. — *(Abrogé par l'art. 20 de l'ordonnance du 10 oct. 1841, et remplacé par l'art. 14 de cette ordonnance.)*

Art. 14 (de l'ordonnance du 10 oct. 1841). — *§ 1er. Dans le cas où les tribunaux renverront les ventes d'immeubles par-devant les notaires, ceux-ci auront droit, pour la grosse du cahier des charges, par rôles contenant vingt-cinq lignes à la page et 12 syllabes à la ligne :*

A Paris, Bordeaux, Lyon, Marseille, Rouen	2 f. 00 c.
Dans les villes où il y a une Cour d'appel, et dans celles dont la population excède 30,000 habitants..	1 80
Dans le ressort de la Cour de Paris et partout ailleurs. . . .	1 50

§ 2. *Ils auront droit en outre :*

Sur le prix des biens vendus jusqu'à 10,000 fr. à.	1 f. 00 c. p. %
Sur la somme excédant 10,000 fr. jusqu'à 50,000 fr., à. .	0 50 —
Sur la somme excédant 50,000 fr. jusqu'à 100,000 fr., à.	0 25 —
Et sur l'excédant de 100,000 fr. indéfiniment.	0 125 —

§ 3. *Moyennant les allocations ci-dessus, les notaires sont chargés de la rédaction du cahier des charges, de la réception des enchères et de l'adjudication ; ils ne pourront rien exiger pour les minutes de leurs procès-verbaux d'adjudication.*

§ 4. *Les avoués restent chargés de l'accomplissement des autres actes de la procédure ; ils auront droit aux émoluments fixés pour ces actes, et lorsque l'expertise est facultative et n'aura pas été ordonnée, les avoués auront droit, en outre, à la différence entre la remise allouée pour ce cas par l'art. 11 de la présente ordonnance et la remise fixée par le § 2 du présent article (1).*

V.

Art. 173. — Tous les autres actes du ministère des notaires, notamment les partages et ventes volontaires qui auront lieu devant eux, seront taxés par le président du tribunal de première instance de leur

---

(1) Voici le texte de l'art. 172 abrogé par l'art. 14 de l'ordonnance du 10 oct. 1841 :
« ART. 172. Les remises accordées aux avoués sur les prix des ventes d'immeubles
« seront allouées aux notaires, dans les cas où les tribunaux renverront des ventes d'im-
« meubles par-devant eux, mais sans distinction de celles dont le prix n'excédera pas
« 2,000 fr., et au moyen de cette remise, ils ne pourront rien exiger pour les minutes
« de leurs procès-verbaux de publication et d'adjudication. »

arrondissement, suivant leur nature et les difficultés que leur rédaction aura présentées, et sur les renseignements qui lui seront fournis par le notaire et les parties.

VI.

Art. 174. — Les expéditions de tous les actes reçus par les notaires, y compris celle des inventaires et de tous procès-verbaux, contiendront vingt-cinq lignes à la page et quinze syllabes à la ligne (750 *syllabes au rôle*), et leur seront payées, par chaque rôle :

A Paris, Bordeaux, Lyon, Rouen. . . . . 3 f. 00 c.
Dans les villes où il y a une Cour d'appel, ou dont la population excède 30,000 âmes.. 2   70
Dans les villes où il y à un tribunal de 1re instance. 2   00
Partout ailleurs. 1   50

VII.

Art. 175. — (C. C. 501). Les notaires seront tenus de prendre à leur chambre de discipline, et de faire afficher dans leurs études, l'extrait des jugements qui auront prononcé des interdictions contre des particuliers, ou qui leur auront nommé des conseils, sans qu'il soit besoin de leur signifier les jugements.

Observations.

1° Comme on vient de le voir, les articles du tarif de 1807 ne sont pas multipliés, en ce qui concerne la taxe des actes des notaires ; en tout huit articles comprenant environ 20 paragraphes : aussi n'embrassent-ils qu'une minime partie de ces actes. Celui qui en comprend le plus grand nombre, et qui dans sa généralité les embrasse tous, c'est l'article 173. Dans l'impuissance où s'est cru le législateur de 1807 d'énumérer et de tarifer la majeure partie des actes notariés, il en a chargé le pouvoir discrétionnaire du président de chaque tribunal.

Il paraît cependant que le notariat n'a pas eu jusqu'à présent trop à se plaindre de l'arbitraire de ces magistrats, car ses délégués, dans leur mémoire des 27 et 28 janvier 1852, dont nous avons parlé en tête de cette section, demandent le maintien de ce qui existe, et ce n'est que subsidiairement qu'ils proposent un contre-projet à celui de M. Rouher ; ils ont peut-être raison, car dans ce projet ils veulent faire revivre l'art. 51 de la loi du 25 ventôse an xi : or le droit que leur conférait cet article, et dont ils ont demandé avec instance le rétablissement, est peut-être celui qui leur a occasionné le plus d'embarras, à cause de l'usage abusif qu'en ont fait le petit nombre de ceux d'entre eux qui sont moins honorables que les autres.

Mais passons là-dessus, et abordons quelques-unes des difficultés qui se produisent dans l'application des huit articles qu'on vient de lire.

2° La Cour d'Amiens a jugé, le 21 novembre 1823, qu'un notaire ne peut exiger, pour un acte portant quittance et mainlevée d'hypothèque, un droit de quittance et un droit de mainlevée, c'est-à-dire, deux droits ou honoraires pour le même acte (1).

3° La Cour d'Aix a jugé, le 7 avril 1832, qu'un notaire, qui a fait projeter et conclure une vente, ne peut rien demander pour droit de courtage ou de commission, si plus tard les parties sont convenues de ne pas réaliser cette vente.

4° La chambre des notaires de Paris à pris, le 1er avril 1819, une délibération dont voici les termes : « L'indemnité allouée aux no-« taires, pour tous frais de voyage et de nourriture, se compose du « cinquième, par chaque myriamètre, des vacations qui leur sont « allouées pour une journée de route ; le calcul se fait de la même « manière pour le retour. Mais les vacations de séjour se comptent « comme celles employées au lieu de la résidence, sans autre in-« demnité. Ainsi, pour aller à 20 myriamètres, il est alloué :

« 1° Quatre journées de quatre vacations, chacune, donnant, à « 9 fr. par vacation pour chaque journée, 36 fr., et pour quatre « journées. . . . . 144 fr. 00 c.

« 2° A titre d'indemnité des frais de voyage et « de nourriture pour chaque myriamètre, 7 fr. « 20 c. feront un cinquième de 36 fr. et pour 20 « myriamètres. 144 00

« En tout. 288 00
« Autant pour le retour. 288 00

« Total. . . . . 576 fr. 00 c.

« Indépendamment des vacations de séjour, qui se calculent « comme celles employées au lieu de la résidence, sans aucune in-« demnité. »

Il n'y a aucun doute que ces calculs sont exacts, et qu'ils doivent être suivis proportionnellement pour les notaires des autres résidences.

Il est probable que si le tarif était à refaire, il subirait bien, sous ce rapport, quelques modifications ; mais tant qu'il existe, il faut l'exécuter de cette manière (2). (V. au surplus ce que nous avons

(1) Le tarif de la chambre des notaires de Bordeaux fait une distinction pour le cas où les dispositions de l'acte ne dérivent pas essentiellement les unes des autres. INTRODUCTION, ART. 3. « Lorsque dans un seul acte donnant lieu à honoraire proportionnel, « il se rencontrera des dispositions ne dérivant *pas essentiellement les unes des autres,* « ou qui auraient pu faire l'objet d'actes séparés, des honoraires distincts pourront être « perçus sur chaque disposition. »

Il faut alors supposer que chaque disposition, donnant lieu au droit séparé, aura aussi donné lieu à des études et des soins distincts; nous pensons qu'il vaut mieux admettre cela à la rigueur que de courir le risque de favoriser la multiplication abusive des actes.

(2) Le règlement sur le tarif, arrêté par la chambre des notaires de Bordeaux, le 26 avril 1849, et que son honorable président a bien voulu mettre à notre disposition, contient la même interprétation de l'art. 470 que celui de la chambre des notaires de Paris, mais il ajoute au n° 406 et dernier :

« Toutefois, le décret précité, ayant été rendu à une époque où les communications « étaient difficiles, il serait équitable, aujourd'hui que les moyens de locomotion sont

dit sur une question collatérale à celle-ci, sous l'art. 166, en note, page 159, question qui est de savoir comment doivent se régler les frais de voyage accordés aux notaires par l'art. 166.)

5° Il n'est pas dû de frais de voyage aux notaires ni de vacations pour faire enregistrer leurs actes, et ils ne sont pas dans l'usage de les réclamer ; ils font, en général, remettre et reprendre ces actes à l'enregistrement par les employés de leur étude ; c'est une dépense d'ordre qui tombe à la charge de leurs frais généraux.

6° Les droits de rôles d'expédition s'accordent pour un rôle entier pour le premier, quoiqu'il ne soit pas complet, mais il n'en est pas ainsi du dernier, il faut le compter proportionnellement ; l'usage contraire est abusif (*Lettre du min. de la justice du* 10 oct. 1835. Dalloz, *Nouveau répertoire*, v° *Notaire*, n. 477, à la note 2). Le tarif de la chambre de Bordeaux porte, à l'introduction, art. 2 : « Ils (les rôles) ne seront dus que pour la portion écrite, mais le « premier sera acquis en entier, quoique non complet. »

7° Lorsque les expéditions sont requises dans l'intérêt public, les droits en ont été réduits et fixés à 75 centimes par rôle pour les notaires de Paris, et à 50 centimes pour tous les autres (*Décision ministérielle du 9 janvier* 1808).

Les notaires ont réclamé contre cette décision, mais inutilement jusqu'à présent. M. Boucher-d'Argis, v° *Notaire*, p. 234, est d'opinion que leur réclamation est bien fondée. Cette question est à peu près étrangère à la taxe, nous ne faisons donc que l'indiquer.

8° Le corps des notaires tolère que ses membres perçoivent des émoluments pour des causes autres que les actes de leur ministère, pourvu que les affaires qui y donnent lieu n'aient rien d'incompatible avec la nature et la dignité de leurs fonctions.

Nous n'avons pas à exprimer d'opinion sur ce point, car il est visible que ces rétributions ne peuvent jamais donner lieu à taxe.

9° Beaucoup de notaires sont aussi dans l'usage de recevoir de leurs clients des gratifications particulières, en sus des honoraires taxables.

Les taxateurs n'ont rien à voir à cela, à moins que les clients ne réclament avant d'avoir payé ou même après avoir payé. Dans ce dernier cas, on présumerait facilement qu'ils avaient cru payer ce

---

« beaucoup plus prompts, de ne prendre pour indemnité de déplacement que le prix du
« temps réellement employé.

 « Il paraît également juste et conforme à l'esprit de ce décret que l'indemnité de
« déplacement ne soit perçue que pour les actes qui se font par vacations, à moins
« cependant que les honoraires de ces actes, donnant lieu à un droit fixe proportionnel,
« ne soient évidemment insuffisants pour rétribuer le notaire, auquel cas il pourra
« ajouter cette indemnité, en totalité ou en partie, à l'honoraire de l'acte.—Mais les frais
« de voyage et de nourriture seront toujours dus en entier. »

qu'ils devaient, et non pas faire une gratification spontanée, et la restitution devrait être ordonnée. Tout cela est élémentaire.

10° Il n'est dû aucun honoraire pour le sceau que les notaires impriment ordinairement sur les expéditions et les grosses qu'ils délivrent. Le sceau est une sorte de signe héraldique de leurs fonctions; ils se font honneur en l'apposant sur leurs actes, c'est tout le bénéfice auquel ils ont droit (Dalloz, *Nouveau Répertoire*, v° *Notaire*, n° 320).

11° Il y a des localités, à Paris, par exemple, où les notaires ont l'habitude de réclamer des clients une gratification pour le clerc qui a donné ses soins à un acte. Rien de semblable ne peut être exigé par la voie judiciaire (Dalloz, *eod.*, n° 443).

12° La question de savoir si les notaires ont une action solidaire contre toutes les parties à l'acte qu'ils ont reçu, pour se faire payer de leurs déboursés et honoraires, quelles que soient les stipulations de l'acte entre les parties, n'est plus débattue par personne.

Les notaires sont évidemment les mandataires des parties contractantes pour la rédaction de leurs conventions, et l'article 2002 du Code Napoléon donne à tout mandataire l'action solidaire contre ses mandants pour se faire payer, aux termes de l'art. 1999 du même Code, de ses avances et de ses honoraires (Arrêts : *cassation*, 27 *juillet* 1812 ; 26 *juin* 1820 ; 19 *avril* 1826 ; 10 *novembre* 1828 et 9 *avril* 1850 ; *Dalloz, Répertoire*, v° *Notaire*, n° 527 et suivants).

13. Enfin, quand deux notaires concourent à la rédaction d'un acte, ils ont droit au partage égal des honoraires de la minute. Mais les honoraires de l'expédition appartiennent au notaire qui garde la minute (Dalloz, *eod.*, v° *Notaire*, n° 447).

II° SECTION. — DE LA TAXE DES DROITS ET HONORAIRES DUS AUX NOTAIRES.

La taxe est l'application des tarifs aux actes rétribués, et pour certains, c'est *la fixation discrétionnaire* des honoraires auxquels a droit le notaire qui les a reçus.

Les principes varient selon qu'il s'agit des premiers actes ou des seconds. Nous avons à rechercher dans cette section :

1° A quelle autorité appartient la taxe des actes des notaires ?

2° Comment cette autorité doit appliquer les tarifs et taxer les actes dont il s'agit ?

ART. 1er. *A quelle autorité appartient-il de taxer les actes des notaires ?*

Disons d'abord que les actes des notaires donnent lieu à leur profit à des recouvrements de deux natures : recouvrement des déboursés ; recouvrement des honoraires. Le mode de recours peut n'être pas le même dans les deux cas.

1° Du recours au juge de paix pour le recouvrement des déboursés de timbre et d'enregistrement.

Tout le monde sait que les notaires avancent ordinairement le timbre et l'enregistrement de leurs actes. Ils sont personnellement responsables vis-à-vis de l'enregistrement du paiement de ces droits.

. S'ils ne veulent pas confondre le recouvrement de ces avances avec le recouvrement des honoraires, ils ont la faculté de s'adresser au juge de paix de leur canton et d'en obtenir un exécutoire contre leurs clients. Cette faculté leur est accordée par l'art. 30 de la loi du 22 frimaire an VII, dont voici les termes : « Les officiers « publics, qui, aux termes des dispositions précédentes, auraient « fait pour les parties l'avance des droits d'enregistrement, « pourront prendre exécutoire du juge de paix de leur canton « pour leur remboursement. L'opposition qui serait formée contre « cet exécutoire, ainsi que toutes les contestations qui s'élève- « raient à cet égard, seront jugées conformément aux dispositions « portées par l'art. 65 de la présente, relative aux instances pour- « suivies au nom de la nation. »

Or, l'article 65 porte : Que l'introduction et l'instruction des instances auront lieu devant les tribunaux civils de département (*aujourd'hui d'arrondissement*), que l'instruction se fera par simples mémoires.

Il règle ensuite le surplus de la procédure devant le tribunal et celle du recours en cassation. Tout cela est sans difficulté. Seulement l'art. 30 ne parle pas des déboursés du papier timbré ; mais la jurisprudence autorise à les comprendre dans l'exécutoire (Dalloz, *Nouveau Répertoire*, v° *Notaire*, n° 536).

2° Du recours au tribunal de 1ʳᵉ instance pour le recouvrement des frais dus aux notaires.

L'art. 60 du Code de procédure civile dit que les demandes formées, *pour frais*, par les officiers ministériels, seront portées au tribunal où les frais ont été faits. Il n'est pas douteux que les notaires sont compris dans ces expressions, *les officiers ministériels*. Mais cela ne règle encore que la compétence générale.

Est venu ensuite l'art. 9 du 2ᵉ décret du 16 février 1807, qui porte: « Les demandes des avoués et *autres officiers ministériels*, en paie- « ment *de frais* contre les parties pour lesquelles ils auront oc- « cupé ou *instrumenté*, seront portées à l'audience, sans qu'il soit « besoin de citer en conciliation ; il sera donné, en tête des assigna- « tions, *copie du mémoire* des frais réclamés. »

Les notaires peuvent donc porter directement devant les tribunaux de 1ʳᵉ instance leurs actions en paiement de leurs déboursés et honoraires, ou de leurs honoraires seulement, s'ils ont déjà obtenu par le juge de paix un exécutoire pour les déboursés et frais d'enregistrement, à la charge de signifier leurs mémoires en tête de l'assignation; mais on demande si le mémoire doit être préalablement taxé? Il est certain que l'usage des avoués est de soumettre leurs états de frais à la taxe, avant d'engager contre leurs clients leur demande en condamnation devant les tribunaux. Mais il est certain aussi que le décret ne les oblige pas à ce préalable. Chaque fois que cette exception a été soulevée, elle a été repoussée par les juges; on ne la présente plus aujourd'hui. Il y a mieux, c'est que, dans cette circonstance, la taxe ne lierait nullement le tribunal saisi de la demande en condamnation (1).

Les notaires sont tout à fait sur la même ligne que les avoués sous ce rapport. Ils ne sont pas plus obligés qu'eux de recourir à la taxe de leurs mémoires avant de former leur demande en justice; seulement ils sont tenus d'en donner copie, en tête de l'assignation, et encore, s'ils ne l'avaient pas fait, cette omission pourrait être réparée dans le cours de la procédure (2).

Le tribunal avant de prononcer est-il obligé de prendre l'avis de la chambre des notaires ?

L'art. 51 de la loi du 25 ventôse, qui organisait au profit des notaires un mode de réclamation un peu différent de celui qui nous occupe, disait que *les honoraires et vacations des notaires seraient réglés... par le tribunal... sur l'avis de la chambre.*

Il s'agit bien aussi, dans l'action autorisée par l'art. 9 du décret du 16 février 1807, du règlement des honoraires et vacations, mais ce n'est qu'accessoirement; la demande en condamnation est principale et domine toute la procédure. Elle se suit et se juge comme en matière sommaire. On décide aujourd'hui que les tribunaux ont la faculté de demander l'avis de la Chambre, mais qu'ils n'y sont pas astreints.

Nous avons déjà vu que la Cour de cassation, dans ses arrêts du 1er décembre 1841, décide spécialement que l'art. 51 de la loi de ventôse a été abrogé par le décret de 1807; c'est un point sur lequel il n'y a plus à revenir. (V. arrêt de Cassation du 22 août 1854, Sirey, 54.1.646.)

Mais comment la demande doit-elle être appréciée et jugée par le tribunal, sous le rapport du règlement des *honoraires et vacations?*

Les vacations et honoraires doivent évidemment être fixés par le tribunal, comme ils doivent l'être par le président, quand il s'agit de les taxer. C'est l'objet de notre art. 2, le plus important de cette partie.

3° *Du recours au président du tribunal, soit par les parties, soit par les notaires, pour la taxe des frais et honoraires qui leur sont dus.*

La compétence du président du tribunal de première instance,

---

(1) Arrêt de Bordeaux du 11 août 1849 (*Journal des arrêts de cette Cour*, 1849, p. 437).
(2) Arrêt de la Cour de Bordeaux, du 28 nov. 1840 (*Journal des arrêts*, 1840, p. 571).

pour opérer la taxe à laquelle peuvent donner lieu les actes des notaires de son ressort, est certaine.

Elle est formellement établie par l'art. 173 du décret du 16 février 1807. « Tous les actes du ministère des notaires, notamment « les partages et ventes volontaires, qui auront lieu par-devant eux, « seront taxés par le président du tribunal de première instance « de leur arrondissement »

Le mode prescrit par l'art. 51 de la loi de ventôse est, nous l'avons déjà dit, évidemment abrogé par cette disposition.

Le président n'est point astreint à prendre l'avis de la Chambre des notaires, seulement il peut y recourir pour éclairer sa religion, s'il le juge convenable (1). Mais il ne doit le faire que dans les cas exceptionnels, 1° parce qu'il a cet avis déjà tout formulé, d'une manière générale, et en quelque sorte réglementaire, dans les tarifs arrêtés par la chambre, lorsqu'il en existe (et il y en a dans le plus grand nombre des arrondissements); 2° parce que cela entraîne des retards toujours préjudiciables à quelqu'un.

Le président fixe la taxe, mais l'opinion commune, sanctionnée par la jurisprudence, est qu'il ne la rend point exécutoire (2). C'est une lacune dans le décret de 1807; les délégués des notaires ont voulu la combler dans le projet qu'ils ont proposé; la Cour de cassation a adopté cette disposition et l'a placée dans le dernier alinéa de l'art. 4 du projet. (*Voir ce projet pag.* 163, *à la note.*)

C'est une excellente mesure, mais elle ne peut être pratiquée tant qu'elle ne sera pas législativement établie.

Après avoir fait opérer la taxe par le président, si les parties ne veulent ou ne peuvent en payer le montant, le notaire est donc obligé, s'il veut les contraindre, d'intenter devant le tribunal une demande en condamnation; cette dernière autorité peut seule ordonner l'exécution par la voie parée.

Mais ici s'élève la question de savoir si le tribunal est obligé d'accepter la taxe telle que le président l'a faite, ou s'il peut encore la réduire?

Cette question est délicate, mais elle semble pouvoir être résolue par une distinction.

Ou le président a réglé la taxe, au bas du mémoire du notaire, sur la réquisition de celui-ci, et sans que les parties aient été appelées, ni qu'elles aient comparu; ou bien il l'a réglée sur la provocation de ces parties elles-mêmes, ou en leur présence, ou après les avoir appelées.

Nous avons déjà dit, plus haut, que le tribunal n'était pas lié

---

(1) Arrêt d'Orléans, du 7 janv. 1852. Dalloz, P. 52.2.198.

(2) Sans cette unanimité nous aurions été entraînés vers l'opinion contraire que nous aurions justifiée, par les dispositions générales de l'art. 5 du décret du 16 fév. 1807, sur la liquidation des dépens. Mais on nous répondrait que l'exécution dont il s'agit dans cet article, se rapporte déjà à un jugement qui prononce condamnation des dépens : cela peut être.

par la taxe opérée par un taxateur quelconque sur la provocation de l'officier ministériel, et en l'absence des parties intéressées, nous maintenons cette opinion.

Mais quand le président a opéré dans la plénitude du droit et de la compétence que lui confère l'article 173, *sur les renseignements qui lui ont été fournis par le notaire et les parties*, et que sa décision, notifiée, n'a pas été frappée d'opposition dans les délais, il semblerait qu'il ne devrait plus rester au tribunal qu'à rendre sa taxe exécutoire, sans pouvoir ni l'augmenter ni la réduire, et qu'il devrait la prendre pour base de la condamnation demandée ; qu'il n'aurait plus, en un mot, qu'à juger les paiements ou les à-compte qui seraient allégués avoir été faits, ou les autres exceptions opposées à la demande. Mais, nous le répétons, la question est délicate et peut être controversée (Voyez au surplus ce que nous disons sur une question de la même espèce, dans le dernier paragraphe de la 6e partie).

Ce ne serait pas à dire pour cela que la taxe, opérée de cette dernière façon, fût en dernier ressort et à l'abri de tout recours. Le 2e décret du 16 février 1807, que nous avons déjà cité, a autorisé l'opposition contre elle. L'article 6 porte en effet : « L'exécu- « toire ou le jugement, au chef de la liquidation, seront suscep- « tibles d'opposition.

« L'opposition sera formée dans les trois jours de la significa- « tion à avoué avec citation ; il y sera statué sommairement... »

Le tarif des frais de taxe, qui est la suite, accorde un droit *pour assistance et plaidoirie à la chambre du conseil*, d'où l'on a tiré la conséquence que c'est à la chambre du conseil et non à l'audience publique que le tribunal doit siéger pour juger l'opposition, et c'est ainsi que la chose se pratique partout, du moins pour l'opposition des avoués à la taxe.

Comme il n'y a pas d'avoué en cause, la signification pour faire courir le délai doit être donnée à personne ou domicile, et il doit être accordé un délai supplémentaire quand il y a des distances qui le requièrent, conformément à l'art. 1033 du Code de proc. civ. C'est le bon sens qui suggère cette marche.

La Cour de cassation a pensé que ce délai de huit jours est trop court, et elle a proposé d'accorder quinzaine ; mais jusqu'à ce que la proposition qu'elle a approuvée soit convertie en loi, il faut exécuter le décret à la rigueur (1).

---

(1) La Cour d'Orléans, dans l'arrêt qu'elle a rendu, le 7 janv. 1852 (*Dalloz*, 52.2.198), a repoussé cette théorie ; elle a jugé :

1° Que l'opposition à la taxe, opérée par le président, est recevable jusqu'à exécution, que la taxe ait été signifiée ou non à la partie opposante.

2° Que c'est devant le tribunal, en audience publique, que doit être portée l'opposition ; que le deuxième décret du 16 fév. 1807 n'est point, en cette partie, applicable aux notaires, mais seulement aux avoués.

Il ne nous paraît pas convenable, dans notre situation particulière, de prendre à partie cet arrêt, et d'en réfuter rigoureusement les motifs ; qu'il nous soit seulement permis

Il n'y a nul doute que le jugement, que le tribunal prononce à la chambre du conseil, rend la taxe définitive et exécutoire contre la partie condamnée.

Le jugement que le tribunal rend ainsi est-il susceptible d'appel de la part du notaire ou des parties, s'il a prononcé sur un litige excédant le dernier ressort ?

Le projet de la Cour de cassation ne se prononce pas sur cette question. La lettre de l'art. 6 du décret, *sur la liquidation des dépens,* conduirait à décider que la voie d'appel est fermée ; c'est là une question sur laquelle il ne faudrait peut-être pas garder le silence dans la nouvelle loi. Nous ne voulons pas nous laisser entraîner à une dissertation qui tiendrait un espace que nous ne pouvons lui consacrer ici, mais nous admettrions difficilement qu'on pût repousser l'appel par une fin de non-recevoir. Nous nous bornons à faire remarquer que le texte de l'art. 6 n'est relatif qu'aux dépens, accessoires à des jugements de condamnation, et qu'il n'est applicable aux taxes des actes notariés que par analogie. Or, l'exception du dernier ressort est de droit étroit et celui d'appeler est la règle générale. Il y a beaucoup de considérations qui devraient porter à admettre l'appel dans le cas dont il s'agit : car, dans cette matière, il y a bien des influences qui s'agitent, dans un sens ou dans un autre, dans les petites localités, et qu'il serait important d'annuler dans l'intérêt d'une bonne justice, et puis un intérêt excédant les limites du dernier ressort est-il moins digne d'être soumis aux juges d'appel parce qu'il se produit pour ou contre un notaire ? Nous ne saurions le croire. Du reste la Cour d'Orléans, dans l'arrêt du 7 janvier 1852, a décidé que l'appel est recevable, en cette matière ; mais elle est partie du principe que le décret de 1807, sur la liquidation des dépens, ne s'applique pas à la taxe des frais des notaires, en ce qui concerne le recours à exercer contre cette taxe.

---

de faire une réflexion générale : le but du législateur de 1807, en prescrivant pour les avoués le jugement à la chambre du conseil des oppositions à taxe, a été d'éviter le scandale qui peut se produire dans une discussion publique, où il arrive souvent que les parties, irritées contre les officiers ministériels qui les poursuivent en paiement de leurs frais, lancent contre eux des accusations presque toujours injustes et mal fondées, mais qui, produites devant un public incapable de les réduire à leur juste valeur, portent une atteinte considérable à l'honneur et à la réputation de l'homme public qui en est l'objet, et par suite à la considération du corps auquel il appartient. C'est une atteinte à l'ordre public, un dommage pour la société. Dans cet ordre d'idées, la société n'est pas moins intéressée au maintien de la considération du corps des notaires, qu'à celui du corps des huissiers et des avoués.

Ces réflexions, nous le reconnaissons, diminueraient d'importance, s'il était clair que le deuxième décret du 16 fév. 1807 ne s'applique, dans sa lettre et dans son esprit, qu'aux huissiers et aux avoués. Mais telle n'est pas, selon nous, la réalité ; du moins sa lecture nous impressionne différemment. Nous croyons que l'opinion contraire à celle de l'arrêt d'Orléans pourrait bien être admise par la Cour de cassation, s'il faut en juger par les idées qu'elle a déposées dans le projet de loi que nous avons transcrit plus haut. En attendant, la question est délicate.

Art. 2. — *Comment doit-on appliquer les tarifs et taxer les actes des notaires.*

Nous savons déjà que la liquidation des frais dus aux notaires se composent de deux éléments, les déboursés et les honoraires. Les honoraires eux-mêmes se classent en deux catégories : les honoraires résultant d'actes légalement et spécialement tarifés, et les honoraires résultant d'actes non tarifés.

1° De la taxe et liquidation des avances.

Il n'y a aucune difficulté pour la taxe des déboursés ; le taxateur n'a qu'à vérifier si les avances ont été réellement faites, et, si elles sont justifiées, il les admet à la liquidation.

A moins pourtant qu'il ne fût établi que ces avances n'ont pas profité à la partie par la faute, la négligence ou l'impéritie du notaire, comme s'il avait, par exemple, négligé d'acquitter les droits d'enregistrement dans les délais fixés par la loi, et qu'un double droit ou des amendes eussent été encourus, ou qu'il eût fait des actes frustres et inutiles ; encore, dans ce cas d'amendes et de doubles droits encourus, a-t-il été jugé qu'ils ne doivent pas rester à la charge du notaire, si la partie ne l'avait pas mis à même de faire les déclarations ou d'acquitter les droits simples en temps utile. (V. Dalloz, *Nouveau Répertoire,* v° *Notaire,* n° 520).

Les notaires ont-ils droit aux intérêts des sommes qu'ils ont avancées pour acquitter les frais d'enregistrement, à partir du jour où elles ont été déboursées ?

La jurisprudence est restée assez longtemps incertaine sur ce point ; on a quelquefois jugé que les notaires ne sont que les mandataires des parties dont ils reçoivent les actes; qu'à ce titre, les intérêts des avances qu'ils font pour elles courent de plein droit du jour où ces avances ont été faites, ainsi que le veut l'art. 2001 du C. Nap

Dans le contre-projet de loi, que les délégués des notaires ont présenté, il y a un article qui prévoit ce cas ; c'est l'art. 9 ; il fait courir de plein droit les intérêts dont il s'agit. Mais la Cour de cassation n'a pas reproduit cette disposition dans le projet qu'elle a adopté, quoiqu'elle y ait admis à peu près toutes les autres. Cette prétérition est intentionnelle, car l'opinion de la Cour est contraire à la prétention des notaires; elle l'a manifestée dans son arrêt du 24 juin 1840, rendu sur le rapport de M. Troplong (Dalloz, *Répert.,* v° *Enregistrement,* n° 5112).

« Considérant, dit la Cour de cassation, que si le notaire est le
« mandataire des parties pour recevoir leurs dispositions, il cesse
« d'agir comme tel, lorsqu'il fait l'avance au trésor des droits que
« le fisc prélève sur l'acte passé par lui; qu'il ne fait que remplir
« une obligation personnelle, que la loi lui impose d'une manière
« expresse et spéciale, obligation qui dépasse les limites du man-
« dat; qui ne se rattache pas à son exécution finale, et que le no-
« taire ne trouve pas dans la qualité de mandataire, mais bien

« dans la combinaison de la loi, qui a voulu se donner plusieurs
« débiteurs directs pour mieux assurer le recouvrement de ce qui
« lui est du; que, dans ces circonstances, le tribunal, loin d'a-
« voir violé les dispositions de l'art. 2001 du Code civil, en a au
« contraire fait une saine interprétation. »

Il n'échappe à personne que cette argumentation est fort rigoureuse et qu'elle blesse à un certain degré l'équité naturelle. A
cette époque, des circonstances particulières jetaient de la défa-
veur sur tout le corps des notaires, mais plus tard, la Cour de cassation est revenue, par une voie indirecte, à un résultat opposé à
celui qu'elle avait atteint.

Nous voulons parler d'un arrêt qu'elle a rendu, le 24 janvier
1853 (Dalloz, p. 53, n°1, 29), dans une cause où le notaire avait inséré dans l'acte que les avances qu'il ferait des frais d'enregistrement produiraient des intérêts de plein droit, s'il n'en était pas
remboursé à une époque déterminée.

Le tribunal de 1re instance repoussa la prétention du notaire, en
se fondant sur l'art. 8 de la loi du 25 ventôse an xi, qui défend aux
notaires de recevoir les actes où ils ont un intérêt personnel.

Le notaire se pourvut en cassation, et voici quelques-uns des
motifs de l'arrêt que la Cour a rendu :

« Attendu que l'art. 29 de la loi, du 22 frimaire an 7, oblige les
« notaires au paiement des droits d'enregistrement des actes pas-
« sés devant eux ; — que, si les intérêts moratoires des sommes
« ainsi payées par les notaires ne courent pas de plein droit au
« profit de ceux-ci contre les parties auxquelles ils peuvent en
« demander le remboursement, rien ne s'oppose à ce que ces in-
« térêts soient stipulés par convention expresse à défaut de paie-
« ment dans un délai déterminé.

« Attendu que le jugement attaqué,.... en appliquant, dans ces
« circonstances, l'art. 8 de la loi du 25 ventôse an 11, qui défend
« aux notaires de recevoir des actes qui contiendraient quelques
« dispositions en leur faveur, et l'art. 68 de la même loi, qui dé-
« clare que ces actes, lorsqu'ils seront revêtus de la signature de
« toutes les parties contractantes, ne vaudront que comme écrits
« sous signatures privées, a faussement interprété et par suite
« violé lesdits articles..... Casse ».

Ainsi la Cour de cassation décide, en principe, que les intérêts
des avances ne courent pas de plein droit au profit des notaires.
Mais elle admet qu'ils peuvent insérer dans leurs actes une clause
qui les fera courir. Comme cette clause deviendra de style, nous
aurions autant aimé, pour notre part, qu'on eût passé sur la rigueur d'un principe stérile en ses conséquences, et qu'on eût admis
que les intérêts des avances courront de plein droit.

2° De la taxe des honoraires pour les actes spécialement tarifés.

L'embarras n'est pas très-grand quand il s'agit de la taxe d'honoraires légalement et spécialement tarifés. Il suffit de voir l'acte

et de lui appliquer les honoraires que le tarif indique. Cela n'est susceptible ni de plus ni de moins.

Si cependant le notaire avait fait fraude à la loi, s'il avait compté plus de vacations qu'il n'y en a eu d'employées, s'il les avait multipliées inutilement et seulement pour émolumenter, s'il avait fait des actes frustres ou nuls par impéritie, imprudence ou mauvaise foi, les honoraires devraient être réduits ou retranchés.

Il n'y a aucune règle à donner pour guider dans ces cas. Tout est dans les impressions et les appréciations personnelles du taxateur. Il ne relève que de sa conviction et des impulsions de sa conscience, sauf le contrôle et la vérification du tribunal, si les parties ou le notaire veulent y recourir.

3° De la taxe des honoraires pour les actes non tarifés.

Les actes notariés non tarifés sont beaucoup plus nombreux que ceux qui le sont ; c'est à eux que s'applique plus spécialement l'art. 173 du décret de 1807.

Tous les autres actes du ministère des notaires, notamment les partages et ventes volontaires qui auront lieu devant eux, seront taxés par le président du tribunal de première instance de leur arrondissement, suivant leur nature et les difficultés que leur rédaction aura présentées, et sur les renseignements qui lui seront fournis par les notaires et les parties.

Les présidents des tribunaux de première instance sont donc investis de pouvoirs discrétionnaires pour apprécier et fixer les honoraires des actes non tarifés, *suivant leur nature et les difficultés que leur rédaction aura présentées.*

Mais le pouvoir discrétionnaire n'est pas la même chose que le pouvoir arbitraire : l'un dépend de l'appréciation des circonstances extérieures, l'autre ne relève que de la volonté de celui qui l'exerce.

Il est donc permis de poser quelques règles générales indiquées par la raison et par le bon sens, au défaut de la loi, pour l'exercice du droit que l'art. 73 confie à la discrétion des présidents des tribunaux civils de première instance.

En première ligne, nous plaçons *le règlement amiable* des honoraires entre le notaire et ses clients.

Ce règlement peut intervenir à trois époques : avant l'acte, dans l'acte même, ou après l'acte qu'il s'agit de rémunérer.

Le règlement des honoraires, intervenu avant l'acte, est très-suspect, car il n'est guère présumable qu'à ce moment le notaire et les parties aient pu apprécier exactement les difficultés qui peuvent faire varier la rétribution. Les notaires qui respectent parfaitement leur honorabilité ne le font jamais ; il cache presque toujours quelques fraudes, ou trahit la cupidité de l'officier public qui se l'est fait consentir. Le juge doit s'en défier.

Le règlement intervenu dans l'acte ne vaut guère mieux ; il n'a d'abord aucune force obligatoire contre les parties, constaté qu'il est par un notaire intéressé, qui ne peut recevoir d'obligations pour lui-même (*art. 8 de la loi du 25 ventôse an* 11); mais eût-il la force d'obligation sous signature privée, aux termes de l'art. 68 de la même loi, il n'obligerait pas davantage les parties.

Reste le règlement, arrêté de bonne foi, quand les actes sont consommés; celui-là doit ordinairement être pris en grande considération par le juge.

Mais il n'est pas tenu cependant d'y avoir égard, s'il lui paraît exagéré, avoir été arraché à l'ignorance des parties, à leurs besoins, ou par l'abus d'une influence cupide. (*Voir un arrêt de la Cour de Paris, du* 10 *juillet* 1852, Dalloz, p. 52.2.287, *et un autre, de la Cour de cassation du* 22 *août* 1854, *déjà cité.*)

En seconde ligne, viennent se placer les tarifs dressés par les chambres des notaires dans chaque arrondissement.

Il y en a un grand nombre qui ne sont que la consécration d'usages reçus depuis longtemps, et adoptés par les parties; parmi eux, nous pourrions citer celui de la chambre des notaires de Bordeaux, qui nous a paru conçu dans un certain esprit de modération, eu égard à la grande importance des affaires qui se traitent dans ce pays.

Dans ces tarifs on a, en général, divisé les actes en deux catégories : dans la première on a placé les actes qui donnent droit à un honoraire fixe, pour lequel on a établi un *minimum* et un *maximum*, qui varient du simple au double.

En dépassant le maximum, le taxateur s'exposerait à commettre une exagération; il doit quelquefois faire descendre le droit au dessous du *minimum*, quand l'acte ne lui paraît pas d'une importance ordinaire. En un mot, il n'est pas lié, mais renseigné par ces tarifs.

Dans la seconde catégorie on a placé les actes susceptibles de donner un honoraire proportionnel aux valeurs qui font l'objet de l'acte.

Cette proportion varie d'un quart à un pour cent, dans l'arrondissement de Bordeaux, selon la nature des actes qui sont rangés dans le tarif par l'ordre alphabétique de leur dénomination générale.

Dans d'autres arrondissements la proportion est plus forte, quoique les notaires y soient d'une classe moins élevée qu'à Bordeaux, où ils sont sur le pied de ceux de Paris.

La base proportionnelle de l'honoraire à la valeur qui fait l'objet de l'acte a été admise dans les tarifs légaux les plus récents, et la Cour de Paris a jugé que, dans les ventes volontaires d'immeubles, il y a lieu d'accorder aux notaires, par analogie, les remises allouées en cas de ventes judiciaires (*Arrêt déjà cité du* 10 *juillet* 1852).

Presque tous les tarifs des notaires établissent un double honoraire pour les testaments; il consiste :

1° Dans un droit de rédaction à percevoir du testateur ; il est de 6 à 50 francs selon les localités ;

2° Dans un droit qui s'exige de l'institué sur la délivrance de l'expédition ; il varie de un demi à un pour cent sur la totalité des valeurs transmises.

Le tribunal d'Auxerre avait confirmé la taxe de son président, qui avait retranché ce dernier droit de la liquidation des honoraires payés au notaire N..., et il avait condamné ce notaire à le restituer.

Celui-ci s'est pourvu en cassation contre le jugement ; mais la Cour, par l'arrêt du 22 août 1354, déjà cité, a rejeté le pourvoi, aucune loi n'autorisant les notaires à percevoir un droit sur l'exécution des testaments qu'ils reçoivent ; du reste, la Cour de cassation reconnaît, en fait, que le testament dont il s'agit tombait, pour la taxe des honoraires qu'il pouvait entraîner, dans le pouvoir discrétionnaire confié par l'art 173 du décret de 1807 au président du tribunal.

Que la prétention du notariat d'obtenir un pour cent dans toutes les successions transmises par testament, puisse être regardée comme très-exagérée, nous en tombons d'accord. Mais il n'en est pas moins vrai que l'art. 173 du décret dit que les actes devront être taxés suivant leur *nature ;* cela doit s'entendre suivant *leur importance et la responsabilité qu'ils imposent aux notaires.*

Or un testament est un acte toujours révocable pendant la vie du testateur, dont la *volonté,* comme le disait le droit romain, *est ambulatoire.* Tant que vit le testateur, cet acte n'est qu'un projet qui peut toujours être changé ou révoqué ; il n'acquiert son complément et toute son importance que par la mort du testateur, et par l'acceptation de l'héritier institué. Jusque-là la responsabilité du notaire n'a pas été sérieusement engagée.

Puisque cet acte a changé la *nature* d'acte révocable qu'il avait, au moment de sa confection, pour se revêtir de la *nature* d'acte irrévocable, par le décès du testateur et par l'acceptation de son héritier institué, pourquoi cette circonstance ne viendrait-elle pas augmenter l'honoraire du notaire au moment où sa position à lui-même change, et où sa responsabilité devient sérieuse et effective ? L'équité naturelle et le bon sens pratique nous révèlent qu'il est dû pour cela un honoraire ; que cet honoraire doit être plus important que celui exigé du testateur lui-même, car il faut toujours lui faciliter les moyens d'assurer ses dernières volontés, et ne pas l'empêcher par des dépenses trop considérables d'user de la faveur de la loi.

Mais tout cela, ne nous lassons pas de le redire, est à la discrétion des taxateurs. Il n'y a pas là de points de droit, mais des faits qu'il s'agit d'apprécier.

Nous bornons là nos observations sur cette matière ; nous ne croyons pas qu'il soit convenable de les pousser plus loin dans un livre élémentaire, et surtout quand la législation actuelle peut être remplacée d'un instant à l'autre par une nouvelle, dans laquelle toutes ces questions et beaucoup d'autres seront probablement tranchées.

IIᵉ DIVISION.

Frais de voyage des notaires en matière criminelle. — Décret du 18 juin 1811.

Les art. 13, 14, 15, 90 et 91 du décret du 18 juin 1811 (*tarif criminel*) accordent des droits aux notaires qui se transportent au greffe, ou devant un juge d'instruction pour remettre des pièces arguées de faux ou des pièces de comparaison.

Encore bien que nous n'ayons à traiter que des tarifs, en matière civile, nous dérogeons à notre plan pour ce qui concerne les notaires, voici donc le texte des articles que nous avons cités :

Art. 13. — Lorsqu'en conformité du Code d'instruction criminelle sur le faux, et dans les cas prévus, notamment par les art. 452 et 454, des dépositaires publics, tels que les greffiers, notaires, avoués et huissiers, seront tenus de se transporter au greffe ou devant un juge d'instruction pour remettre des pièces arguées de faux, ou des pièces de comparaison, il leur sera alloué, par chaque vacation de trois heures, la même indemnité qui leur est accordée par l'art. 166 de notre décret du 16 février 1807, relativement à l'inscription de faux incident.

Aux notaires { de Paris. . . . . 9 f. 00 c.
{ des départements. 6   75

Les dépositaires publics auront toujours le droit de faire, en personne, le transport et la remise des pièces, sans qu'on puisse les obliger à les confier à des tiers.

Art. 14. — Les autres dépositaires particuliers recevront, pour le même objet, l'indemnité réglée par ledit art. 166.

Art. 15. — Dans les cas prévus par les deux articles précédents, les frais de voyage et de séjour des greffiers, notaires, avoués et dépositaires particuliers, seront réglés ainsi qu'il sera dit dans le chapitre 8 ci-après (art. 90 et 91), pour les médecins, chirurgiens, etc.

Art. 90. — Il est accordé des indemnités aux médecins, chirurgiens, sages-femmes, experts, interprètes, témoins, jurés, huissiers et gardes champêtres et forestiers, lorsqu'à raison des fonctions qu'ils doivent remplir, et notamment dans les cas prévus par les art. 20, 43 et 44 du Code d'instruction criminelle, ils sont obligés de se transporter à plus de deux kilomètres de leur résidence, soit dans le canton, soit au delà.

Art. 91. — Cette indemnité est fixée pour chaque myriamètre, en allant et en revenant, savoir :

Pour les médecins, chirurgiens, experts, etc., à. . . . . . . 2 f. 50 c.

Il y a, comme on le voit, une différence bien grande entre la manière dont l'indemnité de voyage est calculée d'après les art. 90 et 91 qui précèdent, et le système établi par l'art. 170 du décret du 16 février 1807. En appliquant ce système à l'art. 166 du même décret, nous avons vu, pages 159 et 160, que le notaire de Paris qui viendrait à Bordeaux, afin de déposer un acte pour servir de pièces de comparaison dans une instance en vérification d'écriture, ou en faux incident, obtiendrait pour son voyage la somme considérable de. . . . .   1,600 fr. 00 c.

Tandis que s'il était venu pour un cas tout à fait semblable, mais régi par les art. 90 et 91 du décret du 18 juin, il n'aurait à toucher que. . . . .   322 fr. 50 c.

Il est vrai, qu'en général, les frais, en matière criminelle, sont moins élevés, pour les mêmes actes, qu'en matière civile ; mais il ne devrait pas y avoir une différence si grande pour des indemnités qui ne sont censées être que la représentation des déboursés.

IIIᵉ DIVISION.

Ventes judiciaires d'immeubles. — Ordonnance du 10-25 octobre 1841, contenant le tarif des ventes judiciaires d'immeubles.

Ce serait peut-être ici qu'il faudrait placer l'article 14 de l'ordonnance de 1841, qui a remplacé l'art. 172 du décret du 16 févr. 1807, pour le règlement de la taxe des droits des notaires dans les ventes judiciaires d'immeubles. Mais pour ne pas déranger l'ordre établi dans l'ordonnance, dont il s'agit, nous l'avons laissé à la place qu'il y occupe (Voyez ci-après à la 2ᵉ partie).

IVᵉ DIVISION.

Des contrats d'apprentissage. — Loi 22 février-4 mars 1851, sur les baux d'apprentissage.

Les art. 1, 2 et 3 de la loi du 4 mars 1851 sont relatifs au contrat passé entre le maître et l'apprenti pour régler les conditions de l'apprentissage ; ils fixent les droits des notaires et autres officiers publics qui ont caractère légal pour recevoir ce contrat, voici ces articles :

Art. 1ᵉʳ. — Le contrat d'apprentissage est celui par lequel un fabricant, un chef d'atelier ou un ouvrier, s'oblige à enseigner la pratique de sa profession à une personne, qui s'oblige, en retour, à travailler avec lui, le tout à des conditions et pendant un temps convenus.

Art. 2. — Le contrat d'apprentissage est fait par acte public ou par acte sous seing privé ; il peut aussi être fait verbalement ; mais la preuve testimoniale n'en est reçue que conformément au titre du Code civil, *des contrats ou des obligations conventionnelles en général* : les notaires, les secrétaires des conseils de prudhommes et les greffiers de justice de paix peuvent recevoir l'acte d'apprentissage.

Cet acte est soumis, pour l'enregistrement, au droit fixe de 1 fr., lors même qu'il contiendrait des obligations de sommes ou valeurs mobilières, ou des quittances.

Les honoraires dus aux officiers publics sont fixés à. . . . 2 f. 00 c.

Art. 3. — L'acte d'apprentissage contiendra : 1° les nom, prénoms, âge, profession et domicile du maître ; 2° les nom, prénoms, âge et domicile de l'apprenti ; 3° les noms, prénoms, profession et domicile de ses père et mère, de son tuteur ou de la personne autorisée par les parents, et, à leur défaut, par le juge de paix ; 4° la date et la durée du contrat ; 5° les conditions de logement, de nourriture, de prix, et toutes autres arrêtées entre les parties.

Il devra être signé par le maître et le représentant de l'apprenti.

L'économie de cette loi est fort simple, en ce qui concerne la matière qui nous occupe ; elle ne peut donner lieu à aucune observation.

Ve DIVISION.

Ventes publiques de meubles et effets mobiliers.

Ces ventes sont classées en plusieurs catégories, ventes forcées sur saisie-exécution, ou après décès, ventes volontaires lorsque les parties sont toutes maîtresses de leurs droits, ventes après faillite, ventes publiques de fruits et récoltes pendants par racines, et de coupes de bois taillis.

Nous avons parlé de toutes ces ventes dans la partie qui concerne les émoluments des greffiers de justice de paix, quand ils y procèdent, pages 8, 9, 10 et 11.

Nous y renvoyons ; on y trouvera tout ce qui est relatif à la fixation des honoraires attribués aux notaires pour les ventes dont il s'agit. Ils sont placés complétement sur la même ligne que les commissaires-priseurs, pour les ventes publiques de fruits et récoltes pendants par racine ; ils ont les mêmes droits qu'eux et ils sont astreints aux mêmes obligations. Quant aux autres ventes, ils sont sur la même ligne que les huissiers et les greffiers, et même que les commissaires-priseurs ; c'est du moins notre manière de voir.

VIe DIVISION.

Certificats de vie.

Le décret du 21 août 1806 a prescrit le mode de délivrance des certificats de vie, nécessaires pour le paiement des rentes viagères et pensions sur l'Etat. Il a ordonné que ces certificats seraient délivrés par 40 des notaires de Paris désignés, à cet effet, et que les rentiers seraient distribués entre ces notaires par séries de numéros ; que cependant ces rentiers pourraient s'adresser indistinctement à ceux de ces notaires qu'ils voudraient choisir.

Il a également prescrit, quant aux autres départements, la désignation de un ou plusieurs notaires *certificateurs* dans chaque chef-lieu d'arrondissement, auxquels les rentiers et pensionnaires de l'Etat, domiciliés dans l'arrondissement, devraient s'adresser pour la rédaction de leurs certificats de vie.

Ces notaires ont été constitués garants et responsables envers le Trésor public des certificats de vie par eux délivrés.

Ces certificats de vie ne sont point sujets à l'enregistrement ; ils doivent être expédiés sur du papier au timbre de 35 centimes.

L'art. 10 du décret fixe ainsi les droits à percevoir par ces notaires :

Lorsque la pension est de 100 francs et au-dessous.	0 f. 50 c.
Lorsqu'elle est de 100 francs à 300 francs.	0 75
Lorsquelle est de 300 francs à 600 francs.	1 00
Et au-dessus de 600 francs..	2 00

Un autre décret, du 23 septembre 1806, a autorisé les notaires certificateurs à délivrer les certificats de vie aux rentiers viagers et pensionnaires de l'Etat, sur une attestation du maire de leur commune, visée du sous-préfet ou du juge de paix, constatant leur existence, et que pour cause de maladie ou d'infirmités, ils ne peuvent se transporter au domicile du notaire certificateur de leur arrondissement.

Une ordonnance, du 13 juillet 1814, a conféré à tous les notaires de Paris le droit de délivrer les certificats dont il s'agit.

Une autre ordonnance, du 20 juin 1817, concernant les pensions, fixe pour les pensions des militaires, art. 12, les droits des notaires pour la délivrance des certificats de vie et les exempte du timbre.

Cet article porte :

« La rétribution des notaires certificateurs est réglée comme il suit :
« 1 franc pour les sommes à recevoir de 601 francs et au-dessus,
« 50 centimes pour celles de 301 à 600 francs,
« 25 centimes pour celles de 100 francs (*à 300 francs*) et à 50 francs.
« *Rien* pour celles au-dessous de 50 francs.

Nous croyons qu'en général tous les notaires traitent bien leurs cliens de cette nature ; on nous a assuré que dans beaucoup de localités ils ne prennent pas d'honoraires pour les certificats de vie quand les sommes à toucher sont au-dessous de 300 fr.

VIIe DIVISION.

Protêts de lettres de change, billets et effets de commerce.

L'article 173 du Code de commerce dit que les protêts seront faits *par deux notaires, ou par un notaire et deux témoins, ou par un huissier et deux témoins.*

Quand le protêt a lieu par le ministère des notaires, quelle est la taxe de l'honoraire ?

Nous pensons qu'il doit être fixé par les §§ 3 et 4 de l'art. 65 du décret du 16 février 1806, modifié par le décret du Gouvernement provisoire, du 23 mars 1848.

Il n'est pas probable, en effet que le législateur, en accordant aux notaires la concurrence avec les huissiers pour la rédaction et notification des protêts, ait voulu tarifer différemment le même acte, selon qu'il sera fait par les uns ou par les autres.

Nous n'avons donc rien à ajouter à ce que nous avons dit plus haut sous l'art. 65 du décret du 16 février 1807 ; nous y renvoyons pages 42 à 45, à la note.

Mais il s'élève une autre question qui trouve sa place ici :

L'art. 2 du décret du 23 mars 1848, qui porte que les actes de protêt seront désormais dressés sans asssistance de témoins, est-il applicable aux notaires?

Nous le croyons, car les termes de cet article sont généraux, et si l'on peut s'en rapporter à la seule attestation des huissiers pour constater l'existence des actes de protêt, il y a au moins autant de raison pour accorder la même confiance aux notaires, qui sont des officiers publics d'un ordre hiérarchiquement plus élevé.

Il va de soi que si l'on n'exige pas de témoins, la présence du notaire en second est inutile.

IIe PARTIE.

ORDONNANCE DU 10 OCTOBRE 1841.

LIVRE UNIQUE.

Tarif des ventes judiciaires des biens immeubles.

Depuis longtemps on reconnaissait la nécessité de modifier le Code de proc. civ. en ce qui concernait les expropriations forcées et les autres ventes judiciaires de biens immeubles.

On se plaignait de l'immensité des frais qu'occasionnaient les procédures nombreuses et compliquées auxquelles il fallait avoir recours, et surtout des longueurs qu'elles entraînaient.

Quoique depuis la réforme de nos lois civiles, cette partie de la procédure eût été simplifiée, et qu'elle fût un peu moins qu'autrefois la ruine des débiteurs expropriés et celle des créanciers expropriants, cependant les vieilles idées, *qu'il faut pour la stabilité de l'ordre politique maintenir, autant que possible, les biens immeubles dans les mêmes mains,* avaient fait retour et réaction en 1806, époque de la confection du Code de proc. civ., et elles avaient fait admettre des délais d'une longueur excessive, des procédures hérissées de nullités et d'une complication inextricable et ruineuse.

Le but instinctif avait été de rendre les expropriations non pas impossibles, mais d'une difficulté extrême.

L'idée nouvelle qui mine et ronge les vieilles institutions pour rester debout sur leur ruine, cette idée qui tend à débarrasser l'intelligence et l'industrie humaine de toutes les entraves accumulées dans le passé pour la contenir sous la tutelle de prétendues nécessités politiques, qui aspire à rendre disponibles dans les mains de chacun toutes les ressources qui lui appartiennent, à fonder le crédit sans lequel toute amélioration dans la condition des masses est désespérée, cette idée, disons-nous, avait refait un pas vers sa réalisation par la loi du 2 juin 1841, *sur les ventes judiciaires de biens immeubles.*

C'est une réforme bien timide encore ; mais on ne peut pas, tout d'un coup, rompre avec le passé. Les vieilles habitudes, lors même qu'elles sont déjà condamnées par la raison, ne se transforment que bien lentement et par des efforts continus et prolongés. Il y avait d'ailleurs plusieurs intérêts à concilier. Il faut rendre justice à l'intention qui a présidé à la confection de la loi.

Elle nous est révélée par l'ensemble de ses dispositions, et dans ce court passage d'une circulaire du ministre de la justice, à la date du 4 juillet 1841.

« La pensée du Gouvernement et des chambres, en rendant
« moins compliquées et moins longues les formalités de la saisie im-
« mobilière, n'a pas été seulement de procurer une économie sur
« les frais et d'ôter à l'esprit de chicane quelques ressources : leur
« dessein principal *a été de donner au crédit foncier toute l'éten-*
« *due et toute la puissance que la nature des gages qu'il offre aux*
« *capitalistes doit lui procurer.*

« Pour y parvenir, il fallait que les prêteurs eussent la certi-
« tude d'obtenir le remboursement de leurs fonds, sans lenteurs
« excessives, *sans procédures coûteuses.* On ne devait point, d'un
« autre côté, perdre de vue qu'une efficace protection est due aux
« emprunteurs et au droit de propriété ».

Tout cela est incontestable, mais, ce qui l'est moins, c'est l'efficacité des moyens qu'on a employés pour protéger l'emprunteur et la propriété, en les rendant d'une exécution difficile et ruineuse. Il est certain, pour nous, que le crédit leur fait payer fort cher de pareilles conditions.

La réforme dans la législation devait naturellement amener une modification et un changement dans les tarifs de frais.

Aussi l'art. 10 n° 1 de cette loi, du 2 juin 1841, porte-t-il, *que, dans les six mois de sa promulgation, il sera pourvu par une or-donnance royale, rendue suivant la forme des règlements d'admi-nistration publique, au tarif des frais et dépens relatifs aux ventes judiciaires des biens immeubles.*

De graves difficultés attendaient l'administration pour cette partie qui n'était certes pas la moins importante des réformes à faire.

La raison économique indiquait qu'il fallait considérablement diminuer les frais. Mais il se présentait et se dressait en face un autre intérêt puissant, influent dans la balance politique celui des corporations d'officiers ministériels, qui abritent aussi leurs prétentions sous l'égide des droits acquis et des priviléges concédés par les lois et les mœurs à la propriété. Diminuer les frais d'une façon notable, c'était porter atteinte à la valeur de charges transmises et acquises sous la garantie d'une autre législation.

Ce n'eût été rien moins que la violation d'un droit de propriété. Trop de hardiesse dans la réforme aurait amené une levée de boucliers politiques, que le Gouvernement d'alors était bien aise de ne pas affronter (1). Il consulta les intéressés. Le ministre dit

---

(1) La chambre des avoués du tribunal de la Seine formula, à plusieurs reprises, les réclamations les plus énergiques contre les projets de réduction des frais qu'elle supposait au Gouvernement ; non-seulement elle protestait contre tout abaissement du tarif, mais elle voulait une augmentation.

« Il est impossible, disait-elle, dans un de ses mémoires, de méconnaître que les trente-
« cinq années qui se sont écoulées, *depuis l'avénement du tarif de 1807,* ont amené une

dans son rapport qu'il ne fallait pas trop se préoccuper des conséquences de la réforme, relativement aux charges des d'officiers ministériels, et cependant il arriva, on ne sait comment, que les frais des ventes judiciaires d'immeubles sont, en somme, un peu plus élevés qu'auparavant.

Tous ceux qui ne se laissent pas tout à fait prendre aux apparences, et qui n'ont dans les paroles officielles qu'une confiance mesurée sur les nécessités où se trouvent placés ceux qui les disent, ne sont pas trop surpris de ce résultat. Ils savent que trop souvent on subit le joug de sa position, d'autant plus durement, qu'on cherche à se donner les airs de l'indépendance (1).

« révolution dans toutes les existences, que toutes les positions ont changé, que tous les
« besoins sont devenus plus grands, que des innovations sont devenues nécessaires dans
« toutes les positions ; et cependant, le tarif de 1807, ce tarif évidemment suranné, est
« resté le même ; il y a plus, on veut aujourd'hui non pas entrer dans un système pro-
« gressif, mais arriver à des réductions dont la différence du temps suffit pour démontrer
« l'injustice et l'impossibilité.

« L'usage, qui vient souvent prendre la place et la force de la loi, a fait dès longtemps
« justice d'un tarif trop rigoureux, est venu tracer à l'autorité la voie dans laquelle elle
« doit nécessairement entrer. L'insuffisance des rétributions légales a frappé les justiciables
« de toutes les classes : des allocations volontaires sont venues de leur part récompenser
« des travaux et des soins que la loi avait évalués à trop bas prix.....

« L'autorité résistera-t-elle à ces enseignements les moins suspects de tous ? conti-
« nuera-t-elle à refuser à des officiers ministériels des rétributions proportionnées à leurs
« services ? se montrera-t-elle persévérante dans des rigueurs dont ils ne peuvent deviner
« les causes ?....

« Veut-on considérer les corporations d'officiers ministériels au point de vue politique ;
« on trouve des hommes dont la profession ne peut s'exercer qu'à la faveur de l'ordre,
« et qui sont tout naturellement disposés à maintenir leur réunion avec des règlements,
« et une discipline, et qui permet au Gouvernement de s'appuyer sur des masses, ce qui est
« plus facile et plus utile que de compter sur des individualités. *La confiance des justi-*
« *ciables leur permet d'exercer une utile influence ; ils n'en usent jamais que pour le*
« *maintien des idées conservatrices et de la tranquillité publique»* (*Journal des avoués*,
vol. 60-61, p. 400 et 401).

Il n'est vraiment pas possible d'employer la prière avec une ferveur plus éloquente, et
la menace avec un déguisement plus habile, de montrer enfin avec une plus caressante
chatterie des griffes prêtes à vous déchirer douloureusement la peau.

Ces moyens réussissent toujours ; cependant ce tarif, contre lequel on élève des plaintes
si amères, n'est pourtant pas une loi toute draconnienne à l'endroit des officiers ministériels, puisque c'est sous sa protection et par son application que se sont accumulées
pour eux des économies assez honnêtes, qui ont fait de leurs charges une propriété d'une
valeur vénale importante et pas trop mal productive.

Il est tout naturel qu'ils la défendent et qu'ils cherchent à l'améliorer encore ; mais
il est aussi du devoir de l'État de faire qu'elle ne devienne pas un obstacle aux réformes
les plus urgentes et les plus hautement réclamées par l'intérêt général.

(1) Notre travail sur cette matière était déjà terminé depuis longtemps, lorsque nous
avons eu connaissance d'un projet de loi que M. le garde des sceaux a soumis, tout ré-
cemment, aux chefs des Cours impériales pour avoir leurs observations.

L'exposé des motifs de ce projet révèle des faits extrêmement curieux, et d'un haut
intérêt politique et administratif. Nous avons dit que les statistiques judiciaires avaient
mis à nu toutes les souffrances que la petite propriété endure de l'application qu'on lui
fait de la loi du 2 juillet 1841 et de l'ordonnance du 10 octobre suivant.

L'immeuble d'une valeur de 500 francs, et au-dessous, est absorbé par les frais
d'expropriation, de licitation ou de partage, et plus d'un quart de sa valeur en sus. Ces
frais atteignent la moitié de sa valeur, quand il est de 500 francs à 1,000 francs ; le
quart, quand il est de 1,000 à 2,000 francs ; et 16 pour 100, quand il est de 2,000 à
6,000 francs.

Quoi qu'il en soit, l'ordonnance du 10-25 octobre 1841 contient le tarif et le règlement de ces frais, et il faut, après tout, reconnaître que le Gouvernement d'alors a fait toute la résistance possible aux exigences mal fondées, et l'en remercier.

Avant d'entrer dans le détail, nous devons dire qu'elle n'a été faite, quant à ses principaux titres, que pour régler le tarif des frais du ressort de la Cour d'appel de Paris. Si on nous demande pourquoi? nous ne trouvons d'autre réponse que celle-ci : parce que le décret du 16 février 1807 ne concernait, lui aussi, que le ressort de la Cour d'appel de Paris. Mais pourquoi le décret de 1807 n'était-il relatif qu'aux frais faits dans le ressort de la Cour d'appel de Paris? parce que le règlement du 23 mai 1778, que ce décret a remplacé, ne réglait que les frais faits au parlement de Paris et dans son ressort. Quant à lui, tout le monde sait pourquoi.

Est-ce que pour les rédacteurs des derniers tarifs il ne s'est rien passé, depuis 1778, de nature à modifier ce système? Assurément, on ne peut pas supposer qu'ils aient pensé cela; mais la

---

On ne comprend pas dans ces frais les remises proportionnelles accordées aux officiers qui concourent à la vente, ceux de mutation, d'expédition, de purge des hypothèques inscrites et légales, d'ordres ou de distributions judiciaires. Cependant ces derniers portent sur plus de la moitié des ventes judiciaires qui ont eu lieu depuis 1844 ; les propriétés immobilières d'une valeur au-dessous de 10,000 francs constituent la portion la plus notable de la richesse de cette nature en France ; elles comprennent, à elles seules beaucoup plus de la moitié du territoire ; elles sont la ressource de l'immense majorité des propriétaires.

Cette situation bien connue, a dû éveiller toute la sollicitude du Gouvernement, et lui inspirer la résolution inébranlable d'apporter un remède prompt et souverain au soulagement d'un mal aussi profond.

Il a reconnu que la loi actuelle est très-bonne, en principe, mais à la condition de n'être appliquée qu'aux immeubles d'une valeur importante ; qu'il est d'une indispensable nécessité de soustraire à son régime tous ceux dont la contribution foncière, en principal, n'excède pas 20 francs (peut-être serait-il convenable d'élever encore ce chiffre et de le porter jusqu'à 25 ou 30 francs).

La procédure préparatoire à toutes les ventes judiciaires de ces immeubles serait transportée des tribunaux d'arrondissements dans les justices de paix du canton de leur situation. Les formalités seraient simplifiées, et les frais en seraient réduits, de telle sorte :

1° Que la poursuite de saisie immobilière terminée par adjudication devant notaire, par suite de conversion, d'après la loi du 2 juin 1841, qui coûte au moins 367 fr. 88 c., serait réduite à 144 fr. 48 c.;

2° Que celle des ventes de biens immeubles appartenant à des mineurs, qui est, en suivant la procédure de cette loi, de 251 fr. 55 c., serait réduite à 87 fr. 65 c.;

3° Que celle en licitation, qui est de 664 fr. 20 c., ne serait plus que de 142 fr. 25 c.;

4° Que celle en partage, qui est de 255 fr. 25 c., ne serait plus que de 33 fr. 95 c.;

5° Que les frais de publicité, relativement à la surenchère et à la folle enchère, seraient réduits de 70 francs à 23 francs.

Il ne nous appartient pas d'émettre une opinion sur le point de savoir si les moyens proposés dans le projet du Gouvernement, pour opérer une réforme devenue nécessaire, sont les meilleurs et les mieux combinés ; nos éloges et notre approbation n'ajouteraient rien à la valeur de ce projet, et notre critique serait au moins déplacée. On ne nous demande pas notre avis, et nous ne sommes pas en position de le donner utilement et avec convenance. Les conseils d'hommes plus compétents et plus autorisés n'ont pas manqué, et ne manqueront certes pas au bon vouloir du Gouvernement ; mais il est certain que si on ne fait pas ce qui est proposé, il faut incontinent trouver autre chose, car la législation actuelle ne peut pas être maintenue plus longtemps sans une flagrante injustice.

force de l'habitude est si grande, et puis ce qui existe en dehors de Paris est si peu de chose!

Cependant, pour ne pas être trop injuste, il faut dire tout de suite qu'on a un peu songé aux officiers ministériels des autres tribunaux de la France; l'art. 16 de l'ordonnance est ainsi conçu :

« Le tarif réglé par le titre précédent pour le tribunal de pre-
« mière instance, établi à Paris, sera commun aux tribunaux de
« première instance établis à Marseille, Lyon, Bordeaux et
« Rouen.

« § 2. Toutes les sommes portées en ce tarif seront réduites
« d'un dixième dans la taxe des frais et dépens pour les tribu-
« naux de première instance établis dans les villes où siége une
« Cour royale, ou dans celles où la population excède 30,000
« âmes.

« § 3. Dans tous les autres tribunaux de première instance, le
« tarif sera le même que celui qui est fixé pour les tribunaux du
« ressort de la Cour royale de Paris, autre que celui qui est établi
« dans cette capitale.

« § 4. Néanmoins, le droit fixe de 25 francs établi par les
« art. 9 et 10 de la présente ordonnance, et les remises propor-
« tionnelles fixées par les art. 11 et 14, seront perçus dans tout
« le royaume, sans distinction de résidence.

« § 5. Les dispositions du chapitre 4 du titre précédent sont
« appliquées sans autre distinction, à raison de la résidence, que
« celle qui se trouve indiquée dans ce chapitre ».

Cette disposition nous oblige donc à continuer le travail que nous avons fait pour chaque article du tarif de 1807.

C'est un peu long et ennuyeux, mais cela n'est pas difficile.

Comme les articles abrogés de ce dernier tarif pourraient, dans certaines circonstances, servir à interpréter celui dont il s'agit ici, nous avons cru qu'il convenait de les transcrire en note afin d'é-viter les recherches.

L'ordonnance du 10 octobre 1841 contient quatre titres et vingt et un articles; elle est conçue dans le même système que le décret de 1807, et elle a adopté à peu près le même ordre dans la classi-fication des matières. Elle a aussi tarifé les actes au même taux.

Elle a été précédée d'un rapport détaillé fait au roi par le mi-nistre de la justice, M. Martin du Nord.

Ce document est assez long; on peut le consulter au *Recueil général des lois et ordonnances publiés par les rédacteurs du Journal des Notaires*, ANNÉE 1841, vol. 11, p. 237.

Il ne nous paraît pas nécessaire de le transcrire ici pour aider à l'intelligence du texte, qui par lui-même comporte toute la clarté désirable.

Tarif des frais et dépens relatif aux ventes judiciaires de biens immeubles (1).

ORDONNANCE DU 10 OCTOBRE 1841.

TITRE Ier.

DISPOSITIONS COMMUNES A TOUT LE ROYAUME.

CHAPITRE Ier.

GREFFIERS DES TRIBUNAUX DE PREMIÈRE INSTANCE.

Art. 1er. — § 1er. Il est alloué aux greffiers des tribunaux de première instance pour la communication, sans déplacement, tant du cahier des charges que du procès-verbal d'expertise. . . . . 15 fr. 00 c.

§ 2. Ce droit sera dû, soit qu'il y ait, soit qu'il n'y ait pas d'expertise ; toutefois, si l'expertise a été ordonnée en matière de licitation, le droit sera réduit à. . . . . 12 fr. 00 c.

§ 3. Il sera perçu, lors du premier dépôt au greffe soit du procès-verbal d'expertise, soit du cahier des charges (2).

---

(1) DÉCRET DU 16 FÉV. 1807 (*les articles qui suivent sont abrogés par l'art.* 20 de *l'ordonnance du 10 oct. 1841*).

TITRE 1er.—DE LA TAXE DES ACTES DES HUISSIERS ORDINAIRES.

§ 1er. *Actes de première classe.*

ART. 29.—….. § 48 (Proc. 673). Pour l'original d'un commandement tendant à saisie immobilière :

§ 49 (Proc. 687.) De la notification à la partie saisie de l'acte d'apposition de placards en saisie immobilière.

§ 50 (Proc. 693.) De la signification aux créanciers inscrits de l'acte de consignation faite par l'acquéreur, en cas d'aliénation, qui peut avoir lieu après la saisie immobilière, sous la condition de consigner.

§ 51 (Proc. 695.) De la notification d'un exemplaire du placard aux créanciers inscrits.

§ 52 (Proc. 727.) De la demande en distraction d'objets saisis immobilièrement contre la partie qui n'a pas avoué en cause.

§ 53 (Proc. 734 et 736.) De la notification au greffier de l'appel du jugement qui aura statué sur les nullités proposées en saisie immobilière.

A Paris. . . . . 2 fr. 00 c…….. Partout ailleurs. . . . . 1 fr. 50 c.

Pour chaque copie, le quart de l'original.

Indépendamment des copies de pièces qui n'auront pas été faites par les avoués, et qui seront taxées comme il a été dit ci-dessus : A Paris. . . 0 fr. 25 c… Ailleurs. . 0 fr. 20 c.

(2) Il doit être dressé au greffe actes de dépôt du cahier des charges et du procès-verbal d'expertise. Ces actes sont assujettis aux droits de greffe (V. ci-après au tarif des greffiers).

CHAPITRE II.

CONSERVATEURS DES HYPOTHÈQUES.

Art. 2. — § 1er. Il est alloué aux conservateurs des hypothèques, pour la transcription de chaque procès-verbal de saisie immobilière et de chaque exploit de dénonciation de ce procès-verbal au saisi (*art. 677 et 678, Cod. proc. civ.*), par rôle d'écriture du conservateur, contenant vingt-cinq lignes à la page et dix-huit syllabes à la ligne. . .   1 fr. 00 c.

§ 2. L'acte du conservateur contenant son refus de transcription, en cas de précédente saisie (*art. 680, Cod. proc. civ.*). . . . . .   1 fr. 00 c.

§ 3. Chaque extrait d'inscription ou certificat qu'il n'en existe aucune (argument de l'art. 692 du Cod. proc. civ.). . . . .   1 fr. 00 c.

§ 4. La mention des deux notifications prescrites par les art. 691 et 692 du Cod. proc. civ. (art. 693, Cod. proc. civ.). . . . . . .   1 fr. 00 c.

§ 5. La radiatiation de la saisie immobilière (art. 693 du Code proc. civ.). . . . .   1 fr. 00 c.

§ 6. La mention du jugement d'adjudication (Pr. 716). . .   1 fr. 00 c.

§ 7. La mention du jugement de conversion (Pr. 748). . .   1   00

TITRE II.

DISPOSITIONS POUR LE RESSORT DE LA COUR ROYALE DE PARIS.

CHAPITRE Ier.

HUISSIERS.

§ 1er. — *Huissiers ordinaires.*

ACTES DE PREMIÈRE CLASSE.

Art. 3. — § 1er. Il est alloué aux huissiers ordinaires (Pr. 673), pour l'original du commandement tendant à saisie immobilière :

A Paris, Bordeaux, Lyon, Marseille, Rouen. . . . . 2 f. 00 c.
Dans les villes où il y a une Cour d'appel, et dans celles où
la population excède 30,000 âmes. 1 80
Dans le ressort et partout ailleurs 1 50

§ 2. Pour chaque copie, le quart de l'original.

§ 3. Pour droit de copie du titre, par rôle contenant vingt lignes à la page et dix syllabes à la ligne, ou évalué sur ce pied :

A Paris, Bordeaux, Lyon, Marseille, Rouen. . . . . 0 f. 25 c.
Dans les villes où il y a une Cour d'appel, et dans celles
où la population excède 30,000 âmes. 0 23
Dans le ressort et partout ailleurs. 0 20

§ 4 (Pr. 681). Pour l'original de l'assignation en référé.

§ 5 (Pr. 684). De la demande en nullité de bail.

§ 6 (Pr. 685). De l'acte d'opposition entre les mains des fermiers ou locataires, ou de la simple sommation aux mêmes.

§ 7 (Pr. 687). De la signification aux créanciers inscrits de l'acte de la consignation faite par l'acquéreur en cas d'aliénation, qui peut avoir lieu après saisie immobilière sous la condition de consigner.

§ 8 (Pr. 691, 692). De la sommation, à la partie saisie et aux créanciers inscrits, de prendre communication du cahier des charges.

§ 9 (Pr. 716). De la signification du jugement d'adjudication.

§ 10 (Pr. 717). De la demande en résolution qui doit être formée avant l'adjudication et notifiée au greffe.

§ 11 (Pr. 718). De l'exploit d'ajournement.

§ 12 (Pr. 725). De la demande en distraction de tout ou partie des objets saisis immobilièrement contre la partie qui n'a pas avoué en cause.

§ 13 (Pr. 732). De l'acte d'appel qui doit être en même temps notifié au greffier du tribunal, et visé par lui.

§ 14 (Pr. 735). De la signification du bordereau de collocation avec commandement.

§ 15 (Pr. 736). De la signification des jour et heure de l'adjudication sur folle enchère.

§ 16 (Pr. 837). De la sommation à faire à l'ancien et au nouveau propriétaire, et, s'il y a lieu, au créancier surenchérisseur.

§ 17 (Pr. 962). De l'avertissement qui doit être donné au subrogé tuteur.

§ 18 (Pr. 969). De la demande en partage.

§ 19. Et généralement de tous actes simples non compris dans l'article suivant :

A Paris, Bordeaux, Lyon, Marseille, Rouen. . . . . 2 f. 00 c.
Dans les villes où il y a une Cour d'appel, et dans celles où
    la population excède 30,000 âmes. 1 80
Dans le ressort et partout ailleurs. 1 50

Pour chaque copie, le quart de l'original.

PROCÈS-VERBAUX ET ACTES DE SECONDE CLASSE.

Art. 4. — § 1er (Pr. 675). Pour un procès-verbal de saisie immobilière auquel il n'aura été employé que trois heures (1) :

A Paris, Bordeaux, Lyon, Marseille, Rouen. . . . . 6 f. 00 c.
Dans les villes où il y a une Cour d'appel, et dans celles où
    la population excède 30,000 âmes. 5 40
Dans le ressort et partout ailleurs. 5 00

---

(1) DÉCRET DU 16 FÉV. 1807, livre 2, tit. 2, § 2 (*articles abrogés*).

ART. 47. — § 1er (Proc. 675.) Pour un procès-verbal de saisie immobilière auquel il n'aura été employé que trois heures :
A Paris. . . . . 6 f. 00 c.
Dans les villes où il y a tribunal de première instance. 5 00
Dans les autres villes et cantons ruraux. 5 00

§ 2. Et cette somme sera augmentée, par chacune des vacations subséquentes qui auront pu être employées, de :
A Paris. . . . . 5 f. 00 c.
Dans les villes où il y a un tribunal de première instance. . . . 4 00
Dans les autres villes et cantons ruraux. 4 00

§ 3. L'huissier ne se fera point assister de témoins.

ART. 48. (Proc. 676). Pour chaque copie de ladite saisie qui sera laissée aux greffiers des juges de paix et aux maires ou adjoints des communes de la situation, le quart de l'original.

ART. 49. — (Proc. 681.) Pour la dénonciation de la saisie immobilière et des enregistrements à la partie saisie :
A Paris. . . . . 2 f. 50 c.
Dans les villes où il y a tribunal de première instance. 2 00
Dans les autres villes et cantons ruraux. 2 00

Pour la copie de ladite dénonciation, le quart.

ART. 50. — (Pr. 685 et 686). Pour l'original de l'acte d'apposition de placards en saisie immobilière, lequel ne contiendra pas la désignation des lieux où ils ont été apposés :
A Paris. . . . . 4 f. 00 c.
Dans les villes où il y a tribunal de première instance. 3 00
Dans les autres villes et cantons ruraux. 3 00

ART. 63. — § 1er (Pr. 822, C. C. 2185.) Pour l'original de l'acte contenant réquisition d'un créancier inscrit, à fin de mise aux enchères et adjudication publique de l'immeuble aliéné par son débiteur :
A Paris, 5 fr. 00 c., et partout ailleurs, 4 fr. 00 c.
Et pour la copie, le quart.

§ 2. L'original et la copie de cette réquisition seront signés par le requérant, ou par son fondé de procuration spéciale.

§ 3. Il contiendra la soumission de porter ou faire porter le prix à un dixième en

§ 2. Et cette somme sera augmentée, par chacune des vacations subséquentes qui auront pu être employées, de :

A Paris, Bordeaux, Lyon, Marseille, Rouen. . . . . 5 f. 00 c.
Dans les villes où il y a une Cour d'appel, et dans celles où
    la population excède 30,000 âmes. 4   50
Dans le ressort et partout ailleurs. 4   00

§ 3. L'huissier ne se fera pas assister de témoins.
§ 4 (Pr. 677). Pour la dénonciation de la saisie immobilière à la partie saisie :

A Paris, Bordeaux, Lyon, Marseille, Rouen. . . . . 2 f. 50 c.
Dans les villes où il y a une Cour d'appel, ou dans celles où
    la population excède 30,000 âmes. 2   25
Dans le ressort et partout ailleurs. 2   00

Pour la copie de ladite dénonciation, le quart.
§ 5 (Pr. 832, C. C. 2185). Pour l'original de l'acte contenant réquisition d'un créancier inscrit, à fin de mise aux enchères et adjudication publique de l'immeuble aliéné par son débiteur :

A Paris, Bordeaux, Lyon, Marseille, Rouen. . . . . 5 f. 00 c.
Dans les villes où il y a une Cour d'appel, et dans celles où
    la population excède 30,000 âmes. 4   50
Dans le ressort et partout ailleurs. 4   00

Et pour la copie, le quart.
§ 6. L'original et la copie de cette réquisition seront signés par le requérant ou par son fondé de procuration spéciale.
§ 7 (Pr. 699, 704, 709, 735, 741, 743, 836, 959, 972, 988, 997). Pour le procès-verbal d'apposition de placards dans toutes les ventes judiciaires, y compris le salaire de l'afficheur :

A Paris, Bordeaux, Lyon, Marseille, Rouen.. . . . . 8 f. 00 c.
Dans les villes où il y a une Cour d'appel, et dans celles où
    la population excède 30,000 âmes.. 7   20
Dans le ressort et partout ailleurs. 6   00

Art. 5. — § 1er. Il ne sera rien alloué aux huissiers pour transport jusqu'à un demi-myriamètre.

---

sus de celui qui aura été stipulé dans le contrat, et l'offre d'une caution avec assignation devant le tribunal pour la réception de la caution.
Art. 65.... — § 2. Le procès-verbal d'apposition de placards, en vente de biens immeubles de mineurs, ou dépendant d'une succession bénéficiaire ou vacante, ou abandonnée par un débiteur failli, sera taxé comme en saisie immobilière.
Art. 153. — Pour chaque publication du cahier des charges dans toutes espèces de vente :

A Paris . . . . 1 f. 00 c.
Dans les tribunaux du ressort. 0   75

Art. 154. — Pour la même publication lors de l'adjudication préparatoire :

A Paris. . . . . 3 f. 00 c.
Dans les tribunaux du ressort. 2   25

Art. 155. — Pour la publication, lors de l'adjudication définitive, y compris les frais de bougie, que les huissiers disposeront et allumeront eux-mêmes :

A Paris . . . . 5 f. 00 c.
Dans les tribunaux du ressort. 3   75

§ 2. Il leur sera alloué, au delà d'un demi-myriamètre, pour frais de voyage qui ne pourra excéder une journée de cinq myriamètres (dix lieues anciennes), savoir : au delà d'un demi-myriamètre et jusqu'à un myriamètre, pour aller et retour :

A Paris et partout ailleurs. . . . . 4 f. 00 c.

§ 3. Au delà d'un myriamètre, il sera alloué :

Par chaque demi-myriamètre, sans distinction. . . . . . . 2 f. 00 c.

§ 4. Il sera taxé, pour *visa* de chacun des actes qui y sont assujettis :

A Paris, Bordeaux, Lyon, Marseille, Rouen. . . . . 1 f. 00 c.
Dans les villes où il y a une Cour d'appel, et dans celles où
   la population excède 30,000 âmes. 0 90
Dans le ressort et partout ailleurs. 0 75

§ 2. — *Huissiers audienciers des tribunaux de première instance.*

Art. 6. — Il est alloué aux huissiers audienciers des tribunaux de première instance :

§ 1er (Pr. 659). Pour la publication du cahier des charges :

A Paris, Bordeaux, Lyon, Marseille, Rouen. . . . . 1 f. 00 c.
Dans les villes où il y a une Cour d'appel, et dans celles où
   la population excède 30,000 âmes. 0 90
Dans le ressort et partout ailleurs. 0 75

§ 2 (Pr. 705, 706). Lors de l'adjudication , y compris les frais de bougie, que les huissiers disposeront et allumeront eux-mêmes :

A Paris, Bordeaux, Lyon, Marseille, Rouen. . . . . 5 f. 00 c.
Dans les villes où il y a une Cour d'appel, et dans celles où
   la population excède 30,000 âmes. 4 50
Dans le ressort et partout ailleurs. 3 75

§ 3. Ce droit sera alloué à raison de chaque lot adjugé, quelle qu'en soit la composition, sans qu'il puisse être exigé sur un nombre de lots supérieur à six.

§ 4. Lorsqu'après l'ouverture des enchères, l'adjudication n'aura pas lieu, il sera alloué aux huissiers, y compris les frais de bougie, et quel que soit le nombre de lots :

A Paris, Bordeaux, Lyon, Marseille, Rouen. . . . . 5 f. 00 c.
Dans les villes où il y a une Cour d'appel, ou dans celles
   où la population excède 30,000 âmes. 4 50
Dans le ressort et partout ailleurs. 3 75

Observations. — 1° L'huissier peut-il comprendre dans ses frais ceux du pouvoir spécial qu'il doit avoir pour faire la saisie immobilière ?

L'affirmative ne paraît pas douteuse; le pouvoir est un déboursé nécessaire : or, l'article 19 de l'ordonnance du 10 octobre 1841 veut que les déboursés justifiés soient alloués en sus des droits qu'il fixe.

CHAPITRE II.

AVOUÉS DE PREMIÈRE INSTANCE.

---

§ 1ᵉʳ. — *Émoluments spéciaux à chaque nature de vente.*

SAISIE IMMOBILIÈRE (1).

Art. 7. — Il est alloué aux avoués de première instance, pour chacune des vacations suivantes :

§ 1ᵉʳ (Pr. 678). Vacation à faire transcrire la saisie immobilière et l'exploit de dénonciation.

---

(1) DÉCRET DU 46 FÉVRIER 1807 (*abrogé*).

§ 40. — *Poursuite de saisie immobilière.*

ART. 102. — (Pr. 677, 680.) Vacation pour faire transcrire le procès-verbal de saisie immobilière au bureau de la conservation des hypothèques et au greffe du tribunal où doit se faire la vente, par chacune :

A Paris. . . . . . . 6 fr. 00 c. — Dans le ressort. . . 4 fr. 50 c.

ART. 103. — (Pr. 681.) Pour faire enregistrer, au bureau de la conservation des hypothèques, la dénonciation faite, à la partie saisie, de la saisie immobilière :

A Paris. . . . . . . 6 fr. 00 c. — Dans le ressort. . . 4 fr. 50 c.

ART. 104. — (Pr. 682.) Pour l'extrait de la saisie immobilière qui doit être inséré dans un tableau placé à cet effet dans l'auditoire :

A Paris. . . . . . . 6 fr. 00 c. — Dans le ressort. . . 4 fr. 50 c.

ART. 105. — § 1ᵉʳ (Pr. 683.) Pour l'extrait pareil à celui prescrit par l'art. 682, qui doit être inséré dans un journal, il sera passé autant de droits à l'avoué qu'il y aura eu d'insertions prescrites par le Code :

A Paris.. . . . . . 2 fr. 00 c. — Dans le ressort. . . 1 fr. 50 c.

§ 2. Pour faire légaliser la signature de l'imprimeur par le maire, s'il y a lieu :

A Paris.. . . . . . 2 fr. 00 c. — Dans le ressort. . . 1 fr. 50 c.

ART. 106. — § 1ᵉʳ (Pr. 684, 686.) Pour l'extrait de la saisie immobilière qui doit être imprimé et placardé, et qui servira d'original et ne pourra être grossoyé :

A Paris.. . . . . . 6 fr. 00 c. — Dans le ressort. . . 4 fr. 50 c.

§ 2. Il ne sera passé qu'un droit à l'avoué, attendu qu'aux termes de l'art. 703 il ne doit entrer en taxe qu'une seule impression de placards, et que les additions, lors des appositions subséquentes, doivent être manuscrites.

ART. 107. — (Pr. 695.) Vacation pour se faire délivrer l'extrait des inscriptions :

A Paris.. . . . . . 6 fr. 00 c. — Dans le ressort. . . 4 fr. 50 c.

ART. 108. — (Pr. 696.) Vacation pour faire enregistrer à la conservation des hypothèques la notification du placard faite aux créanciers inscrits :

A Paris.. . . . . . 6 fr. 00 c. — Dans le ressort. . . 4 fr. 50 c.

ART. 109. — § 1ᵉʳ (Pr. 697). Pour la grosse du cahier des charges, contenant vingt-cinq lignes à la page et douze syllabes à la ligne :

A Paris.. . . . . . 2 fr. 00 c. — Dans le ressort. . . 1 fr. 50 c.

§ 2. Il ne sera signifié de copie, ni à la partie saisie, ni aux créanciers inscrits, attendu

§ 2. (Pr. 692). **Vacation pour se faire délivrer l'extrait des inscriptions.**

---

que cette grosse doit être déposée au greffe, quinzaine avant la première publication, et que toute partie intéressée a la faculté d'en prendre communication.

ART. 110.—Il ne sera fait qu'une seule grosse, et il n'en sera point remis à l'huissier audiencier pour les publications ; l'huissier publiera sur la note qui lui sera remise par le greffier, et le greffier constatera les publications, qui seront d'ailleurs signées par le juge.

Vacation pour déposer au greffe le cahier des charges :

> A Paris.. . . . . . 3 fr. 00 c. — Dans le ressort. . . 2 fr. 45 c.

ART. 111. — § 1er (Pr. 699, 700). A chaque publication des charges, avec les dires qui pourront avoir lieu :

> A Paris.. . . . . . 3 fr. 00 c. — Dans le ressort. . . 2 fr. 45 c.

§ 2. Il ne sera point signifié d'acte de remise de la publication du cahier des charges, attendu que les parties intéressées peuvent se présenter à la première publication, et connaître les jours auxquels les publications subséquentes auront lieu ; que, d'ailleurs, l'apposition des placards et l'insertion dans un journal annonçant les adjudications préparatoires et définitive, les instruiront suffisamment.

ART. 112. — (Pr. 702.) Vacation à l'adjudication préparatoire :

> A Paris.. . . . . . 6 fr. 00 c. — Dans le ressort. . . 4 fr. 50 c.

ART. 113. — § 1er. Vacation à l'adjudication définitive :

> A Paris. . . . . . 15 fr. 00 c. — Dans le ressort. . . 12 fr. 00 c.

§ 2. Indépendamment des émoluments ci-dessus fixés, il sera alloué à l'avoué poursuivant, sur le prix des biens dont l'adjudication sera faite au-dessus de 2,000 fr., savoir :

> Depuis 2,000 fr. jusqu'à 10,000 fr. 1   0/0
> Sur la somme excédant 10,000 fr. jusqu'à 50,000 fr. 1/2   0/0
> Sur la somme excédant 50,000 fr. jusqu'à 100,000 fr. 1/4   0/0
> Et sur l'excédant de 100,000 fr., indéfiniment. 1/8   0/0

§ 3. En cas d'adjudication par lots de biens compris dans la même poursuite, en l'état où elle se trouvera lors des adjudications, la totalité des prix des lots sera réunie pour fixer le montant de la remise.

§ 4. Il ne sera passé que trois quarts de la remise aux avoués des tribunaux de départements.

ART. 114. — § 1er (Pr. 707.) Vacation pour enchérir :

> A Paris.. . . . . . 7 fr. 50 c. — Dans le ressort. . . 5 fr. 63 c.

§ 2. Pour enchérir et se rendre adjudicataire :

> A Paris.. . . . . . 15 fr. 00 c. — Dans le ressort. . . 11 fr. 25 c.

§ 3. Pour faire la déclaration de command :

> A Paris.. . . . . . 6 fr. 00 c. — Dans le ressort. . . 4 fr. 50 c.

Nota. — Les vacations pour enchérir ou pour la déclaration du command sont à la charge de l'enchérisseur ou de l'adjudicataire.

ART. 115. — (Pr. 710.) Vacation pour faire au greffe la surenchère du quart au moins du prix principal de l'adjudication en saisie immobilière :

> A Paris.. . . . . . 15 fr. 00 c. — Dans le ressort. . . 11 fr. 25 c.

ART. 116. —(Pr. 711.) Pour l'acte de dénonciation de la surenchère aux avoués de l'adjudicataire, du poursuivant et de la partie saisie, si elle en a constitué, contenant à venir à la prochaine audience :

> A Paris.. . . . . . 1 fr. 00 c. — Dans le ressort. . . 0 fr. 75 c.

Pour chaque copie, le quart.

ART. 117. — § 1er (Pr. 719.) Pour la requête d'avoué à avoué, contenant demande

§ 3 (Pr. 692). Vacation à l'examen de l'état d'inscriptions, et pour préparer la sommation au vendeur de l'immeuble saisi.

à fin de réunion de poursuites de saisies immobilières de biens différents portées devant le même tribunal, par chaque rôle :

A Paris.. . . . . . 2 fr. 00 c. — Dans le ressort. . . 1 fr. 50 c.
Pour la copie, le quart.

§ 2. Pour la requête en défense à cette même demande :

A Paris. . . . . . 2 fr. 00 c. — Dans le ressort. . . 1 fr. 50 c.
Pour la copie, le quart.

ART. 118.—(Pr. 720.) Pour l'acte de dénonciation de la plus ample saisie au premier saisissant, à la requête du plus ample saisissant, avec sommation de se mettre en état :

A Paris.. . . . . . 3 fr. 00 c. — Dans le ressort. . . 2 fr. 25 c.
Pour la copie, le quart.

ART. 119. — § 1er (Pr. 721, 722.) Pour l'acte contenant demande en subrogation à la poursuite, soit faute, par le premier saisissant, de s'être mis en état sur la plus ample saisie, soit en cas de collusion, faute ou négligence de la part du poursuivant :

A Paris.. . . . . . 5 fr. 00 c. — Dans le ressort. . . 3 fr. 75 c.
Pour la copie, le quart.

§ 2. Pour l'acte en réponse :

A Paris.. . . . . . 5 fr. 00 c. — Dans le ressort. . . 3 fr. 75 c.
Pour la copie, le quart.

ART. 120.—(Pr. 726.) Vacation pour faire viser par le greffier l'exploit d'intimation sur l'appel du jugement, en vertu duquel il a été procédé à la saisie immobilière :

A Paris.. . . . . . 2 fr. 00 c. — Dans le ressort. . . 1 fr. 50 c.

ART. 121. — (Pr. 728.) *Idem*, pour déposer au greffe les titres justificatifs d'une demande en distraction d'objets immobiliers saisis :

A Paris.. . . . . . 3 fr. 00 c. — Dans le ressort. . . 2 fr. 45 c.

ART. 122. — (Pr. 727.) Pour la requête d'avoué à avoué, contenant demande en distraction, par chaque rôle :

A Paris.. . . . . . 2 fr. 00 c. — Dans le ressort. . . . 1 fr. 50 c.
Pour la copie, le quart.

Requête en réponse, par chaque rôle :

A Paris.. . . . . . 2 fr. 00 c. — Dans le ressort. . . . 1 fr. 50 c.
Pour la copie, le quart.

ART. 123. — (Pr. 729.) Pour la requête d'avoué à avoué, contenant demande en décharge de l'adjudication préparatoire de la part de l'adjudicataire, en cas de demande en distraction de tout ou partie de l'objet saisi immobilièrement, par chaque rôle, sans cependant qu'elle puisse excéder le nombre de trois rôles :

A Paris.. . . . . . 2 fr. 00 c. — Dans le ressort. . . . 1 fr. 50 c.
Pour la copie, le quart.
Pour la réponse :

A Paris.. . . . . . 2 fr. 00 c. — Dans le ressort. . . . 1 fr. 50 c.
Pour la copie, le quart.

ART. 124. — (Pr. 733.) Requête d'avoué à avoué de la part de la partie saisie, contenant moyens de nullité contre la procédure antérieure à l'adjudication préparatoire, par chaque rôle :

A Paris. . . . . . 2 fr. 00 c. — Dans le ressort. . . 1 fr. 50 c.
Pour la réponse :

A Paris.. . . . . . 2 fr. 00 c. — Dans le ressort. . . 1 fr. 50 c.
Pour la copie, le quart.

ART. 125. — (Pr. 735.) Requête d'avoué à avoué de la part de la partie saisie, con-

§ 4 (Pr. 693). Vacation à la mention aux hypothèques de la notification prescrite par les art. 691 et 692 du Code proc. civ.

§ 5 (Pr. 716). Vacation à la mention sommaire du jugement d'adjudication en marge de la transcription de la saisie.

§ 6 (Pr. 748). Vacation à la mention sommaire du jugement de conversion en marge de la transcription de la saisie :

A Paris, Bordeaux, Lyon, Marseille, Rouen. . . . . 6 f. 00 c.
Dans les villes où il y a une Cour d'appel, et dans celles où
   la population excède 30,000 âmes. 5   40
Dans le ressort et partout ailleurs. 4   50

§ 7 (Pr. 695). Pour la vacation à la publication, compris les dires qui pourront avoir lieu :

A Paris, Bordeaux, Lyon, Marseille, Rouen. . . . . 3 f. 00 c.
Dans les villes où il y a une Cour d'appel, et dans celles où
   la population excède 30,000 âmes. 2   70
Dans le ressort et partout ailleurs. 2   45

§ 8 (Pr. 720). Pour l'acte de la dénonciation de la plus ample saisie

---

tenant ses moyens de nullité contre la procédure postérieure à l'adjudication préparatoire :

A Paris. . . . . . . 2 fr. 00 c. — Dans le ressort. . . 1 fr. 50 c,

Pour la requête en réponse :

A Paris. . . . . . . 2 fr. 00 c. — Dans le ressort. . . 1 fr. 50 c.

Pour la copie, le quart.

Art. 126. — (Pr. 738.) Vacation pour requérir le certificat du greffier, constatant que l'adjudicataire n'a point justifié de l'acquit des conditions exigibles de l'adjudication :

A Paris. . . . . . . 3 fr. 00 c. — Dans le ressort. . . 2 fr. 25 c.

Art. 127. — (Pr. 747.) Requête non grossoyée et non signifiée, sur le consentement de toutes les parties intéressées, pour demander, après saisie immobilière, que l'immeuble saisi soit vendu aux enchères par devant notaire ou en justice :

A Paris. . . . . . . 6 fr. 00 c. — Dans le ressort. . . 4 fr. 50 c.

Art. 128. — § 1er. Les émoluments des avoués pour dresser le cahier des charges, en faire le dépôt au greffe, et pour les publications, les extraits à placarder et à insérer dans les journaux, les adjudications préparatoires et définitives, seront réglés et taxés comme en saisie immobilière, lorsqu'il s'agira :

1° (Pr. 636). De saisies de rentes constituées sur particuliers ;

2° (Pr. 832). De surenchère sur aliénation volontaire ;

3° (Pr. 954). De ventes d'immeubles de mineurs, et des biens dotaux sous le régime dotal ;

4° (Pr. 972). De ventes sur licitation ;

5° (Pr. 988, 1004). Et de ventes d'immeubles dépendant d'une succession bénéficiaire ou vacante, ou provenant d'un débiteur failli ou qui a fait cession.

Art. 129. — La remise proportionnelle sur le prix de l'adjudication sera divisée en licitation, ainsi qu'il suit : moitié appartiendra à l'avoué poursuivant ; la seconde moitié sera partagée par égales portions entre tous les avoués qui ont occupé dans la licitation, y compris l'avoué poursuivant, qui aura sa part comme les autres dans cette seconde moitié.

L'art. 972 prescrivant, en licitation, la signification du cahier des charges par un simple acte aux avoués des colicitants, cet acte sera taxé comme un acte simple, et la copie du cahier des charges comme celle de requête d'avoué à avoué.

Dans tous les cahiers des charges, il est expressément défendu d'y stipuler d'autres et plus grands droits au profit des avoués que ceux énoncés au présent tarif, et s'il y est inséré quelques clauses pour les exhausser, elle sera réputée non écrite.

au premier saisissant, à la requête du plus ample saisissant, avec sommation de se mettre en état :

A Paris, Bordeaux, Lyon, Marseille, Rouen. . . . . 3 f. 00 c.
Dans les villes où il y a une Cour d'appel, et dans celles où
    la population excède 30,000 âmes.. . . . . 2 70
Dans le ressort et partout ailleurs.. . . . . 2 25

Pour la copie, le quart.

§ 9 (Pr. 726). Vacations pour déposer au greffe les titres justificatifs d'une demande en distraction d'objets immobiliers saisis :

A Paris, Bordeaux, Lyon, Marseille, Rouen.. . . . . 3 f. 00 c.
Dans les villes où il y a une Cour d'appel, et dans celles où
    la population excède 30,000 âmes. 2 70
Dans le ressort et partout ailleurs. 2 45

§ 10 (Pr. 745). Requête non grossoyée et non signifiée, sur le consentement de toutes les parties intéressées, pour demander, après saisie immobilière, que l'immeuble saisi soit vendu aux enchères par-devant notaire ou en justice.

A chaque avoué signataire de la requête :

A Paris, Bordeaux, Lyon, Marseille, Rouen.. . . . . 6 f. 00 c.
Dans les villes où il y a une Cour d'appel, et dans celles où
    la population excède 30,000 âmes.. . . . . 5 40
Dans le ressort et partout ailleurs.. . . . . 4 50

SURENCHÈRE SUR ALIÉNATION VOLONTAIRE.

Art. 8. — § 1er (Pr. 832). Requête pour faire commettre un huissier :

A Paris, Bordeaux, Lyon, Marseille, Rouen. . . . . 2 f. 00 c.
Dans les villes où il y a une Cour d'appel, et dans celles où
    la population excède 30,000 âmes.. . . . . 1 80
Dans le ressort et partout ailleurs. 1 50

§ 2. Vacation pour faire faire au greffe la soumission de la caution, et déposer les titres justificatifs de sa solvabilité :

A Paris, Bordeaux, Lyon, Marseille, Rouen. . . . . 3 f. 00 c.
Dans les villes où il y a une Cour d'appel, et dans celles où
    la population excède 30,000 âmes. 2 70
Dans le ressort et partout ailleurs. 2 25

§ 3. Vacation pour prendre communication des pièces justificatives de la solvabilité de la caution :

A Paris, Bordeaux, Lyon, Marseille, Rouen. . . . . 3 f. 00 c.
Dans les villes où il y a une Cour d'appel, et dans celles où
    la population excède 30,000 âmes. 2 70
Dans le ressort et partout ailleurs. 2 25

VENTE DE BIENS DE MINEURS.

Art. 9. — § 1er (Pr. 954). Requête à fin d'homologation de l'avis du conseil de famille pour aliéner les immeubles des mineurs :

A Paris, Bordeaux, Lyon, Marseille, Rouen.. . . . .   7 f. 50 c.
Dans les villes où siége une Cour d'appel, et dans celles où
   la population excède 30,000 âmes.   6   75
Dans le ressort et partout ailleurs.   5   50

§ 2 (Pr. 956). Vacation à prendre communication de la minute du rapport des experts :

A Paris, Bordeaux, Lyon, Marseille, Rouen. . . . .   6 f. 00 c.
Dans les villes où siége une Cour d'appel, et dans celles où
   la population excède 30,000 âmes.   5   40
Dans le ressort et partout ailleurs   4   50

§ 3. Requête pour demander l'entérinement du rapport :

Paris, Bordeaux, Lyon, Marseille, Rouen. . . . .   7 f. 50 c.
Dans les villes où il y a une Cour d'appel, et dans celles où
   la population excède 30,000 âmes..   6   75
Dans le ressort et partout ailleurs.   5   50

§ 4. Il sera alloué aux avoués, sans distinction de résidence, dans le cas où l'expertise n'aura pas lieu, à raison des soins et démarches nécessaires pour la fixation de la mise à prix. . . . .   25 fr. 00 c.
Sans préjudice du supplément de remise proportionnelle accordé par l'art. 11 de la présente ordonnance.

§ 5 (Pr. 954). Vacation à prendre communication du cahier des charges, au cas de renvoi devant notaire :

A Paris, Bordeaux, Lyon, Marseille, Rouen. . . . .   6 f. 00 c.
Dans les villes où siége une Cour d'appel, et dans celles où
   la population excède 30,000 âmes..   5   40
Dans le ressort et partout ailleurs.   4   50

§ 6 (Pr. 963). Requête pour obtenir l'autorisation de vendre au-dessous de la mise à prix :

A Paris, Bordeaux, Lyon, Marseille, Rouen.. . . . .   7 f. 50 c.
Dans les villes où il y a une Cour d'appel, et dans celles où
   la population excède 30,000 âmes.   6   75
Dans le ressort et partout ailleurs.   5   50

§ 7. Ces émoluments seront les mêmes lorsqu'il s'agira de ventes d'immeubles dépendant d'une succession bénéficiaire, d'immeubles dotaux, ou provenant, soit d'une succession vacante, soit d'un débiteur failli ou qui a fait cession :

PARTAGES ET LICITATIONS.

Art. 10. — § 1er (Pr. 969). Requête à fin de remplacement du juge ou du notaire commis :

A Paris, Bordeaux, Lyon, Marseille, Rouen. . . . .   3 f. 00 c.
Dans les villes où il y a une Cour d'appel, et dans celles où la
   population excède 30,000 âmes.   2   70
Dans le ressort et partout ailleurs.   2   25

§ 2 (Pr. 971). Vacation à prendre communication du procès-verbal d'expertise :

A Paris, Bordeaux, Lyon, Marseille, Rouen.. . . . .   6 f. 00 c.
Dans les villes où il y a une Cour d'appel, et dans celles où
   la population excède 30,000 âmes.   5   40
Dans le ressort et partout ailleurs.   4   50

§ 3. Acte de conclusions d'avoué à avoué pour demander l'entérinement du rapport :

    A Paris, Bordeaux, Lyon, Marseille, Rouen.. . . . . 7 f. 50 c.
    Dans les villes où il y a une Cour d'appel, et dans celles où
       la population excède 30,000 âmes. 6 75
    Dans le ressort et partout ailleurs.. . . . . 5 50

Pour chaque copie, le quart.

§ 4. — Il sera alloué aux avoués, sans distinction de résidence, dans
le cas où l'expertise n'aura pas lieu, à raison des soins et démarches nécessaires pour la fixation de la mise à prix, en cas de vente, ou pour l'estimation et la composition des lots, en cas de partage en nature. 25 f. 00 c.

Sans préjudice du supplément de remise proportionnelle accordé par
l'art. 11 de la présente ordonnance. Aucune remise proportionnelle ne
sera due toutefois dans les cas de partage en nature.

§ 5. (Proc. 973). Sommation de prendre communication du cahier des
charges :

    A Paris, Bordeaux, Lyon, Marseille, Rouen. . . . . 1 f. 00 c.
    Dans les villes où il y a une Cour d'appel, et dans celles où
       la population excède 30,000 âmes. 0 90
    Dans le ressort et partout ailleurs. 0 75

Pour chaque copie, le quart.

§ 6. Vacation à prendre communication du cahier des charges au
greffe pour chaque avoué colicitant.

En l'étude du notaire pour l'avoué poursuivant et pour chaque avoué
colicitant :

    A Paris, Bordeaux, Lyon, Marseille, Rouen. . . . . 6 f. 00 c.
    Dans les villes où il y a une Cour d'appel, et dans celles où
       la population excède 30,000 âmes. 5 40
    Dans le ressort et ailleurs 4 50

§ 7. Acte de conclusions d'avoué à avoué pour obtenir l'autorisation
de vendre au-dessous de la mise à prix :

    A Paris, Bordeaux, Lyon, Marseille, Rouen.. . . . . 7 f. 50 c.
    Dans les villes où il y a une Cour d'appel, et dans celles où
       la population excède 30,000 habitants. 6 75
    Dans le ressort et partout ailleurs. 5 50

§ 2. — *Émoluments communs aux différentes ventes.*

Art. 11. — § 1er (Pr. 690). Pour la grosse du cahier des charges, qui
ne sera signifiée dans aucun cas, par rôle contenant vingt-cinq lignes à
la page et douze syllabes à la ligne (*six cents syllabes au rôle*) :

    A Paris, Bordeaux, Lyon, Marseille, Rouen. . . . . 2 f. 00 c.
    Dans les villes où il y a une Cour d'appel, et dans celles où
       la population excède 30,000 âmes. 1 80
    Dans le ressort et ailleurs. 1 50

§ 2. Vacation pour déposer au greffe le cahier des charges :

    A Paris, Bordeaux, Lyon, Marseille, Rouen. . . . . 3 f. 00 c.
    Dans les villes où il y a une Cour d'appel, et dans celles où
       la population excède 30,000 âmes. 2 70
    Dans le ressort et ailleurs. 2 45

§ 3 (Pr. 696). Pour l'extrait qui doit être inséré dans le journal désigné par les Cours royales (1) :

A Paris, Bordeaux, Lyon, Marseille, Rouen. . . . . 2 f. 00 c.
Dans les villes où il y a une Cour d'appel, et dans celles où
   la population excède 30,000 âmes. 1 80
Dans le ressort et ailleurs. 1 50

§ 4. Il sera passé autant de droits à l'avoué qu'il y aura eu d'insertions prescrites par le Code.

§ 5 (Pr. 697). Pour obtenir l'ordonnance tendant à faire l'insertion extraordinaire :

A Paris, Bordeaux, Lyon, Marseille, Rouen. . . . . 2 f. 00 c.
Dans les villes où il y a une Cour d'appel, et dans celles où
   la population excède 30,000 âmes. 1 80
Dans le ressort et ailleurs. 1 50

§ 6. Cette vacation ne sera allouée qu'autant que l'autorisation aura été obtenue. Pour faire faire l'insertion extraordinaire :

A Paris, Bordeaux, Lyon, Marseille, Rouen.. . . . . 2 f. 00 c.
Dans les villes où il y a une Cour d'appel, et dans celles où
   la population excède 30,000 âmes.. . . . . 1 80
Dans le ressort et ailleurs. 1 50

§ 7 (Pr. 698). Pour faire légaliser la signature de l'imprimeur par le maire :

A Paris, Bordeaux, Lyon, Marseille, Rouen. . . . . 2 f. 00 c.
Dans les villes où il y a une Cour d'appel, et dans celles où
   la population excède 30,000 âmes.. . . . . 1 80
Dans le ressort et ailleurs. 1 50

§ 8 (P. 699). Pour l'extrait qui doit être imprimé et placardé, et qui servira d'original et ne pourra être grossoyé :

---

(1) La manière dont l'art. 696 du nouveau Code de procédure avait été appliqué par les Cours royales n'a pas été une des causes les moins actives de la révolution de 1848. Elle a failli entraîner dans la ruine de la royauté l'institution judiciaire elle-même. La presse, toute-puissante alors, avait cédé au ressentiment trop vif d'un intérêt personnel, peut-être injustement froissé. Le succès d'une vengeance, en apparence légitime, eût été nuisible à l'ordre social, car, quels que soient les torts qu'on ait alors reprochés à la magistrature, il était impossible de la remplacer par aucune autre institution, et même d'y substituer un autre personnel ; politiquement parlant, les remplaçants n'auraient offert à la République guère plus de garantie que les remplacés, et ils auraient moins valu sous les rapports judiciaires.

Les chefs de la République devaient donc se résigner à attendre tout du temps, de leur bon droit et de la générosité de leur conduite. Aussi le Gouvernement provisoire, auquel l'avenir rendra plus de justice que le présent, se borna au décret du 8 mars 1848, qui porte :

« Art. 1er. — Le dernier paragraphe de l'art. 696, Cod. proc. civ., rectifié par la
« loi du 2 juin 1841, est abrogé.

« Art. 2. Dans le cas prévu par l'art. 696, Code proc. civ., les annonces pourront
« être insérées, au choix des parties, dans l'un des journaux publiés dans le départe-
« ment où sont situés les biens ; néanmoins, toutes les annonces judiciaires relatives à
« la même saisie seront insérées dans le même journal. »

Par suite de ce décret, le § 3 de l'art. 11 de l'ordonnance de 1841 se trouve modifié lui-même.

A Paris, Bordeaux, Lyon, Marseille, Rouen.. . . . . 6 f. 00 c.
Dans les villes où il y a une Cour d'appel, et dans celles où
   la population excède 30,000 âmes.. 5   40
Dans le ressort et partout ailleurs.. 4   50

§ 9. L'avoué poursuivant aura droit à cette allocation toutes les fois que de nouvelles appositions de placards auront été nécessaires.

§ 10. Vacation à l'adjudication :

A Paris, Bordeaux, Lyon, Marseille, Rouen. . . . . 15 f. 00 c.
Dans les villes où il y a une Cour d'appel, et dans celles où
   la population excède 30,000 âmes.. 13   50
Dans le ressort et ailleurs.. 12   00

§ 11. Ce droit sera alloué à raison de chaque lot adjugé, quelle qu'en soit la composition, sans que ce droit puisse être exigé sur un nombre de lots supérieur à six.

§ 12. Néanmoins la somme provenant de la réunion de tous les droits alloués sera répartie également entre tous les adjudicataires, quel qu'en soit le nombre.

§ 13. Indépendamment des émoluments ci-dessus fixés, il sera alloué à l'avoué poursuivant, sur le prix des biens dont l'adjudication sera faite au-dessus de 2,000 fr., savoir :

Depuis 2,000 francs jusqu'à 10,000 francs.. 1   »   p. °/₀
Sur la somme excédant 10,000 fr. jusqu'à 50,000. .. . . . » 1/2 —
Sur la somme excédant 50,000 fr. jusqu'à 100,000 fr. . . » 1/4 —
Et sur l'excédant de 100,000 fr. indéfiniment.. . . . . » 1/8 —

§ 14. En cas d'adjudication par lots de biens compris dans la même poursuite, en l'état où elle se trouvera lors de l'adjudication, la totalité du prix des lots sera réunie pour fixer le montant de la remise.

§ 15. Le montant de la remise sera calculé sur le prix de chaque lot séparément, lorsque les lots seront composés d'immeubles distincts.

§ 16. Cette remise, lorsque le tribunal n'aura pas ordonné l'expertise dans les cas où elle est facultative, sera :

Depuis 2,000 fr. jusqu'à 10,000 fr., de. . . . . 1 1/2 p. °/₀
Sur la somme excédant 10,000 fr. jusqu'à 100,000 fr. . 1   »   —
Sur l'excédant de 100,000 fr. jusqu'à 300,000 fr. . . . » 1/2 —
Et sur l'excédant de 300,000 fr. indéfiniment. . . . . » 1/4 —

§ 17. La remise proportionnelle sur le prix de l'adjudication sera divisée, en licitation, ainsi qu'il suit :

Moitié appartiendra à l'avoué poursuivant ;

La deuxième moitié sera partagée, par égales portions, entre tous les avoués qui ont occupé dans la licitation, y compris l'avoué poursuivant, qui aura sa part comme les autres dans cette seconde moitié.

§ 18 (Pr. 703). Vacation au jugement de remise :

A Paris, Bordeaux, Lyon, Marseille, Rouen.. . . . . . . 6 f. 00 c.
Dans les villes où il y a une Cour d'appel, et dans celles où
   la population excède 30,000 âmes.. 5   40
Dans le ressort et ailleurs. 4   90

§ 19 (Pr. 706). Vacation pour enchérir.

A Paris, Bordeaux, Lyon, Marseille, Rouen. . . . . 7 f. 50 c.
Dans les villes où il y a une Cour d'appel, et dans celles où
   la population excède 30,000 âmes. 6   75
Dans le ressort et ailleurs.. 5   63

§ 20 (Pr. 707). Vacation pour enchérir et se rendre adjudicataire :

A Paris, Bordeaux, Lyon, Marseille, Rouen. . . . . 15 f. 00 c.
Dans les villes où il y a une Cour d'appel, et dans celles où
   la population excède 30,000 âmes 13 50
Dans le ressort et ailleurs. 11 25

§ 21 (Pr. 707). Vacation pour faire la déclaration de command :

A Paris, Bordeaux, Lyon, Marseille, Rouen. . . . . 6 f. 00 c.
Dans les villes où il y a une Cour d'appel, et dans celles où
   la population excède 30,000 âmes 5 40
Dans le ressort et ailleurs. 4 50

§ 22. Les vacations pour enchérir, ou pour les déclarations de command, sont à la charge de l'enchérisseur ou de l'adjudicataire.

Art. 12. — § 1er (Pr. 708). Vacation pour faire au greffe la surenchère du sixième au moins du prix principal de l'adjudication :

A Paris, Bordeaux, Lyon, Marseille, Rouen. . . . . 15 f. 00 c.
Dans les villes où il y a une Cour d'appel, et dans celles où
   la population excède 30,000 âmes.. . . . . 13 50
Dans le ressort et ailleurs. 11 25

§ 2. Pour acte de la dénonciation de la surenchère contenant avenir :

A Paris, Bordeaux, Lyon, Marseille, Rouen. . . . . 1 f. 00 c.
Dans les villes où il y a une Cour d'appel, et dans celles où
   la population excède 30,000 âmes.. . . . . 0 90
Dans le ressort et ailleurs. 0 75

Pour chaque copie, le quart.

§ 3 (Pr. 734, 964). Vacation pour requérir le certificat du greffier ou du notaire constatant que l'adjudicataire n'a pas justifié de l'acquit des conditions exigibles de l'adjudication :

A Paris, Bordeaux, Lyon, Marseille, Rouen. . . . . 3 f. 00 c.
Dans les villes où il y a une Cour d'appel et dans celles
   où la population excède 30,000 âmes. 2 70
Dans le ressort et ailleurs. 2 25

§ 4. Les émoluments des avoués pour le dépôt de l'acte tenant lieu de cahier des charges, pour les extraits à placarder, ou à insérer dans les journaux, pour enchérir, se rendre adjudicataire et faire la déclaration de command, par suite de la surenchère autorisée par l'art. 708, ou de la folle enchère, seront taxés comme il est dit dans l'art. 11. Le droit de remise proportionnelle sur l'excédant produit par la surenchère ou la folle enchère, sera alloué à l'avoué qui les aura poursuivies.

§ 5. Les autres incidents des ventes judiciaires ne pourront donner lieu à d'autres et plus forts droits que ceux établis pour les matières sommaires.

Art. 13. — Les copies de pièces qui appartiendront à l'avoué seront taxées, à raison du rôle de vingt-cinq lignes à la page et de douze syllabes à la ligne :

A Paris, Bordeaux, Lyon, Marseille, Rouen. . . . . 0 f. 30 c.
Dans les villes où il y a une Cour d'appel, et dans celles
   où la population excède 30,000 âmes. 0 27
Dans le ressort et ailleurs. 0 25

Observations.

1° Sous l'empire du tarif du 16 février 1807, on avait élevé la question de savoir si les droits de consultation et de correspondance étaient dus aux avoués dans les instances en saisie immobilière.

Cette question ne laissait pas que d'avoir sa difficulté, à cause de la place, dans les matières ordinaires, qu'occupe le tarif des actes en saisie immobilière, et de la ressemblance de cette poursuite avec les autres instances pour lesquelles ces droits sont accordés ; la jurisprudence et les auteurs étaient divisés à cet égard.

Aujourd'hui il ne peut plus s'élever aucun doute que ces droits ne doivent point être alloués. L'art. 17 de l'ordonnance de 1841 n'accorde, pour les actes et procédures relatifs aux incidents des ventes immobilières, qui ne sont pas l'objet de ses dispositions spéciales, que les droits des matières sommaires et conformément à l'art. 718 du Code de procédure.

C'est donc maintenant une question législativement tranchée, au moins pour le droit de consultation ; quant au droit de port de pièces et de correspondance, il faut recourir aux observations que nous avons placées sous l'art. 67, n. 2, du tarif de 1807, page 63.

2° Le § 4 de l'art. 12, qui, au cas de la *surenchère* autorisée par l'art. 788 du Code de procédure (*surenchère du sixième*), et au cas *de la folle enchère*, dit *que les émoluments des avoués, pour le dépôt de l'acte tenant lieu de cahier des charges, pour les extraits à placarder ou à insérer dans les journaux, pour enchérir, se rendre adjudicataire et faire la déclaration de command,* seront taxés comme il est dit en l'art. 11, est-il démonstratif ou limitatif ?

C'est-à-dire, le § 4 de l'art. 12 s'applique-t-il à tous les actes taxés par l'art. 11, ou seulement à ceux de ces actes que ce paragraphe énumère.

Plus spécialement le droit de vacation à l'adjudication (*art. 11, §§ 10, 11 et suivants*), répété autant de fois qu'il y a de lots jusqu'au nombre de six, est-il dû au cas de surenchère du sixième ou de revente sur folle enchère ?

Nous ne le pensons pas ; cependant M. Chauveau, sur Carré, *Lois de la procédure civile, 3° édition, tom. 5, pag. 1012, quest 2537 bis,* est d'une opinion contraire.

Mais il nous semble que le § 4 de l'art. 12, en énumérant avec soin les actes pour lesquels il veut qu'on applique le tarif de l'art. 11, a eu pour but d'exclure ceux qui n'y sont pas rappelés.

Dans les deux cas qui précèdent, l'avoué ne s'est donné aucune peine pour préparer et composer les lots ; tout cela a déjà été fait par d'autres, qui en ont obtenu la rémunération lors de la première adjudication ; ou si c'est le même avoué, il a déjà obtenu ces droits une première fois ; il ne serait pas convenable de les lui attribuer encore une seconde.

Cela est d'autant plus dans l'intention de la loi que le § 5, dont il s'agit se termine pas ces mots : « le droit de remise proportion-« nelle sur l'excédant produit par la surenchère ou la folle en-« chère sera alloué à l'avoué qui les aura poursuivies. »

Il est donc bien clair que le paragraphe dont il s'agit n'a pas voulu accorder, au cas de surenchère du sixième et de folle en-chère, toute la série des droits tarifés par l'art. 11.

Le tribunal de Figeac a rendu en ce sens, le 30 janvier 1849, un jugement parfaitement motivé qui devra être admis dans la prati-que comme ayant sainement interprété les art. 11 et 12 (*Journal des Avoués, vol. 74, pag. 290 et suiv.*).

3° Dans le cas où le journal dans lequel doit être faite l'insertion exigée par l'art. 696 du Code de procéd. ne s'imprimerait pas dans la ville du domicile de l'avoué, celui-ci peut-il obtenir des frais de voyage pour la faire faire ?

Il est évident que non. Il doit se servir de la poste ou de tout au-tre moyen de communication ; mais il ne doit pas se transporter de sa personne du lieu de son domicile dans la ville où s'imprime le journal qui doit contenir l'insertion de l'extrait de la saisie immo-bilière. Il a droit à tous les déboursés qu'exige la correspondance (Voy. M. Chauveau, *Comment. du Tarif*, 2ᵉ *vol., page* 176, *n.* 43).

4° Les officiers ministériels peuvent-ils bénéficier des remises qui leur sont accordées par les journaux pour l'insertion de leurs annonces judiciaires ?

La délicatesse la plus vulgaire ne permet pas un instant d'hési-tation. Les officiers ministériels n'ont aucun titre pour profiter d'une pareille remise ; s'il en était autrement, ils exigeraient de leurs clients le remboursement d'avances qu'ils n'auraient point faites ; ce serait un acte contraire à la probité, qui les exposerait au moins à une punition disciplinaire.

M. Chauveau, 2ᵉ vol., page 189, n. 54, soutient une thèse con-traire et suppose des hypothèses où un pareil lucre devrait être toléré.

Nous ne saurions admettre son opinion ; de pareils trafics nous paraissent toujours illicites, et les officiers ministériels honorables et délicats ne se les permettent point.

Pour un seul cas où ces spéculations peuvent paraître honnêtes, il y en a mille où elles seront des abus ; elles sont toujours incom-patibles avec les fonctions d'avoué et d'huissier.

14.

CHAPITRE III.

DES NOTAIRES (1).

Art. 14. — § 1er. Dans les cas où les tribunaux renverront des ventes d'immeubles par-devant les notaires, ceux-ci auront droit, pour la grosse du cahier des charges, par rôles contenant vingt-cinq lignes à la page et douze syllabes à la ligne :

A Paris, Bordeaux, Lyon, Marseille, Rouen. . . . . 2 f. 00 c.
Dans les villes où il y a une Cour d'appel, et dans celles où
    la population excède 30,000 âmes.. . . . . 1 80
Dans le ressort et ailleurs. 1 50

§ 2. Ils auront droit, en outre :

Sur le prix des biens vendus, jusqu'à 10,000 fr., à.. . . . 1 » p. %
Sur la somme excédant 10,000 fr. jusqu'à 50,000 fr., à. » 1/2 —
Sur la somme excédant 50,000 fr. jusqu'à 100,000 fr., à.. » 1/4 —
Et sur l'excédant de 100,000 fr. indéfiniment, à. . . . . » 1/8 —

§ 3. Moyennant les allocations ci-dessus, les notaires sont chargés de la rédaction du cahier des charges, de la réception des enchères et de l'adjudication. Ils ne pourront rien exiger pour les minutes de leurs procès-verbaux d'adjudication.

§ 4. Les avoués restent chargés de l'accomplissement des autres actes de la procédure ; ils auront droit aux émoluments fixés pour ces actes, et, lorsque l'expertise est facultative et n'aura pas été ordonnée, les avoués auront droit, en outre, à la différence entre la remise allouée pour ce cas par l'art. 11 de la présente ordonnance, et la remise fixée par le § 2 du présent article.

Observations. — *1° Les notaires peuvent-ils exiger des honoraires pour les expéditions et extraits de l'adjudication délivrés aux vendeurs et aux adjudicataires ?*

Oui, sans aucun doute, car le tarif ne fixe d'autres émoluments que ceux de la rédaction du cahier des charges, de la reception des enchères, de l'adjudication, et des minutes des procès-verbaux d'adjudication. (Voir au surplus *Dictionnaire du notariat, v° Honoraires, n. 28.*)

---

(1) DÉCRET DU 16 FÉVRIER 1807.

ART. 172 (*abrogé*). Les remises accordées aux avoués sur les prix des ventes d'immeubles seront allouées aux notaires dans les cas où les tribunaux renverront des ventes d'immeubles par devant eux, mais sans distinction de celles dont le prix n'excédera pas 2,000 fr., et, au moyen de cette remise, ils ne pourront rien exiger pour les minutes de leurs procès-verbaux de publication et d'adjudication.

(*Voyez, pour la taxe des honoraires des notaires en général, les art. 168 à 175 du décret du 16 février 1807, 1re part., p. 163 à 188, et les observations qui sont à la suite de ces articles.*)

CHAPITRE IV.

DES EXPERTS.

Art. 15. — § 1er (Pr. 955, 956). Il sera taxé aux experts, par chaque vacation de trois heures, quand ils opéreront dans les lieux où ils sont domiciliés ou dans la distance de deux myriamètres, savoir :

Dans le département de la Seine seulement, *et non dans ceux dont Bordeaux, Lyon, Marseille et Rouen sont les chefs-lieux, art.* 16, § 5 :

Pour les artisans ou laboureurs. . . . . 4 f. 00 c.
Pour les architectes et autres artistes. 8 00

Dans les autres départements :

Aux artisans et laboureurs. . . . . 3 f. 00 c.
Aux architectes et autres artistes. 6 00

§ 2. Au delà de deux myriamètres, il sera alloué par chaque myriamètre, pour frais de voyage et nourriture, aux architectes et autres artistes, soit pour aller, soit pour revenir :

A ceux de Paris (*seulement, et non pas aussi à ceux de Bordeaux, Lyon, Marseille, Rouen, art.* 16, § 5). . . . . 6 f. 00 c.
A ceux des départements. 4 50

§ 3. Il leur sera alloué pendant leur séjour, à la charge de faire quatre vacations par jour, savoir :

A ceux de Paris. . . . . 32 f. 00 c.
A ceux des départements. 24 00

§ 4. La taxe sera réduite dans le cas où le nombre des quatre vacations n'aurait pas été employé.

§ 5. S'il y a lieu à transport d'un laboureur au delà de deux myriamètres, il sera alloué 3 fr. par myriamètre pour aller et autant pour le retour, sans néanmoins qu'il puisse être rien alloué au delà de cinq myriamètres.

§ 6. Il sera encore alloué aux experts deux vacations, l'une pour leur prestation de serment, l'autre pour le dépôt de leur rapport, indépendamment de leurs frais de transport, s'ils sont domiciliés à plus de deux myriamètres de distance du lieu où siége le tribunal ; il leur sera accordé par myriamètre, en ce cas, le cinquième de leur journée de campagne.

§ 7. Au moyen de cette taxe, les experts ne pourront rien réclamer, ni pour les frais de voyage et de nourriture, ni pour s'être fait aider par des écrivains ou par des toiseurs et porte-chaînes, ni sous quelque autre prétexte que ce soit, ces frais, s'ils ont eu lieu, restant à leur c arge.

§ 8. Le président, en procédant à la taxe de leurs vacations, en réduira le nombre, s'il lui paraît excessif.

(*V. p.* 158, *les art.* 159 *et suiv. du décret du* 16 *fév.* 1807, *dont l'art.* 15 *ci-dessus est la répétition à peu près textuelle.*)

TITRE III.

DISPOSITIONS POUR LES RESSORTS DES AUTRES COURS ROYALES.

Art. 16. — § 1er. Le tarif réglé par le titre précédent pour le tribunal de première instance établi à Paris sera commun aux tribunaux de première instance établis à MARSEILLE, LYON, BORDEAUX et ROUEN.

§ 2. Toutes les sommes portées en ce tarif seront réduites d'un dixième dans la taxe des frais et dépens pour les tribunaux de première instance établis dans les villes où siége une Cour royale, ou dans les villes dont la population excède 30,000 âmes.

§ 3. Dans tous les autres tribunaux de première instance, le tarif sera le même que celui qui est fixé pour les tribunaux du ressort de la Cour royale de Paris autres que celui qui est établi dans cette capitale.

§ 4. Néanmoins le droit fixe de 25 fr. établi par les art. 9 et 10 de la présente ordonnance, et les remises proportionnelles fixées par les articles 11 et 14, seront perçus dans tout le royaume, sans distinction de résidence.

§ 5. Les dispositions du chap. 4 du titre précédent seront appliquées sans autre distinction, à raison de la résidence, que celle qui se trouve indiquée dans ce chapitre.

TITRE IV.

DISPOSITIONS GÉNÉRALES.

Art. 17. — § 1er. Tous actes et procédures relatifs aux incidents des ventes immobilières, et qui ne sont pas l'objet de dispositions spéciales dans la présente ordonnance, seront taxés comme actes et procédures en *matière sommaire*, conformément à l'art. 718, Code proc. civ., et suivant les règles établies par le dernier paragraphe de l'art. 12, § 5, qui précède.

§ 2. Si, à l'occasion d'une procédure de vente judiciaire d'immeubles, il s'élève une contestation qui n'ait pas le caractère d'incident, et qui doive être considérée comme matière ordinaire, les actes relatifs à cette contestation seront taxés suivant les règles établies pour les procédures en matière ordinaire.

Art. 18. — Dans tous les cahiers des charges, il est expressément défendu de stipuler au profit des officiers ministériels d'autres et plus grands droits que ceux énoncés au présent tarif. Toute stipulation, quelle qu'en soit la forme, sera nulle de droit (1).

Art. 19. — § 1er. Outre les fixations ci-dessus, seront alloués les simples déboursés justifiés par pièces régulières.

§ 2 (*abrogé*) (2). Le timbre des placards autorisés par les art. 699 et 700, Code proc., ne passera en taxe que sur un certificat délivré par le président de la chambre des avoués, constatant que le nombre des exemplaires a été vérifié par lui.

Art. 20. — § 1er. Sont et demeurent abrogés, les nos 11, 12, 13, 14 et 15 du tableau annexé au décret du 21 sept. 1810 ; les §§ 44, 45, 46, 47, 48 et 49 de l'art. 29 ; les art. 47, 48, 49, 50 et 63 ; les §§ 14, 15, 16 et 17 de l'art. 78 ; les art. 153, 154, 155 et 172 du premier décret du 16 février 1807 ; la disposition de l'art. 65 du même décret relative à l'apposition des placards ; le paragraphe de l'art. 70, applicable à l'acte de signification du cahier des charges ; le paragraphe de l'art. 75, applicable aux requêtes contenant demande ou réponse en entérinement du rapport des experts; le paragraphe de l'art. 76, applicable à la commission d'un huissier, à l'effet de notifier la réquisition de mise aux enchères.

---

(1) L'art. 704 du Code de procédure civile exige que la liquidation des frais de poursuite ait lieu avant l'adjudication. « Les frais de poursuite seront taxés par le juge, et il ne « pourra être rien exigé au delà du montant de la taxe ; toute stipulation contraire, quelle « qu'en soit la forme, sera nulle de droit.

« Le montant de la taxe sera publiquement annoncé avant l'ouverture des enchères, « et il en sera fait mention dans le jugement d'adjudication. »

(2) L'art. 19 a été abrogé par le décret du 15 janvier 1853, qui porte :

« ART. 1er.—Le timbre des placards autorisés par les art. 699 et 700 du Code de « procédure ne passera en taxe que sur un certificat délivré, sans frais, par le receveur « du timbre ou de l'enregistrement du bureau dans l'arrondissement duquel la vente a « eu lieu, constatant que le nombre des exemplaires a été vérifié par lui, et indiquant le « montant total des droits de timbre.

« 2° La seconde disposition de l'art. 19 de l'ordonnance du 10 oct. 1841 est abrogée. »

§ 2. Sont également abrogées, les dispositions des art. 102, 103, 104, 105, 106, 107, 108, 109, 110, 111, 112, 113, 114, 115, 116, 117, 118, 119, 120, 121, 122, 123, 124, 125, 126, 127, 128, 129, en tant qu'elles concernent les saisies immobilières, les surenchères sur aliénation volontaire, les ventes d'immeubles de mineurs et de biens dotaux dans le régime dotal ; les ventes sur licitations, les ventes d'immeubles dépendant d'une succession bénéficiaire ou vacante, ou provenant d'un débiteur failli ou qui a fait cession.

Observations. 1° Aux termes de l'article 681 du Code de procédure, les créanciers ont la faculté de demander que l'immeuble saisi soit remis aux mains d'un séquestre judiciaire.

Personne ne met en doute que ce séquestre ne doivent être payé de ses soins et remboursé de ses avances.

Mais il n'existe aucune disposition pour fixer les bases de la rétribution à laquelle il a droit.

Ce n'est point au juge taxateur à la fixer. Le séquestre doit remettre l'objet séquestré aux mains de l'adjudicataire ; il doit rendre compte aux créanciers de tous les fruits et revenus qu'il en a recueillis, et porter dans un chapitre les dépenses et les salaires qu'il réclame ; s'il s'élève des difficultés à cet égard, il doit être statué comme en matière de comptes ordinaires.

C'est donc devant les tribunaux ordinaires que la question doit être portée. Le paiement doit se faire par l'adjudicataire, en déduction de son prix, s'il y a lieu.

A Paris le salaire des séquestres judiciaires pour la perception des loyers des maisons est ordinairement de 5 pour 100 du montant des loyers.

Du reste, les questions de cette nature sont étrangères à l'objet de notre travail.

IIIe PARTIE.

LIVRE Ier.

De la taxe des droits de greffe en matière civile.

Nous n'avons parlé jusqu'à présent que des greffiers de justice de paix, et des greffiers des tribunaux de première instance, en ce qui est relatif à la taxe des frais en matière de ventes judiciaires d'immeubles ; les droits de greffe sont une partie importante des frais, en matière civile. Il n'est pas possible de les omettre dans l'étude des tarifs.

Les droits de greffe ont été très anciennement perçus sur les actes judiciaires, partie au profit du fisc, et partie au profit des greffiers en rémunération des soins qu'ils donnaient aux actes sujets à ces droits.

Les droits de greffe, de scel, d'insinuation, les épèces, les droits réservés, furent tous supprimés par la première assemblée constituante, dans le but que la justice fût rendue gratuitement ; ils furent remplacés par un seul droit d'enregistrement.

Mais le besoin d'impôts a fait rétablir ces droits.

Ils l'ont été par la loi du 21 ventôse an vii *dans tous les tribunaux civils et de commerce.* Ils se perçoivent pour le compte du trésor public par les receveurs de l'enregistrement ; mais une partie en est distraite pour rémunérer les greffiers des soins qu'ils donnent aux actes sujets à ces droits ; au moyen de cette remise et du traitement fixe qui leur est accordé, ils demeuraient chargés du traitement des commis assermentés (1), des commis expéditionnaires, et de tous les employés du greffe, quelles que soient leurs fonctions, ainsi que des frais de bureau, papier libre, rôle, registres, encre, plumes, lumière, chauffage des commis, et généralement de toutes les dépenses du greffe.

Une loi, du 22 prairial an vii, a réglé les droits de greffe à percevoir en matière de vente volontaire et d'expropriation forcée, dont la loi du 21 ventôse an vii ne s'était point occupée.

Un décret, du 12 juillet 1808, a fait une nouvelle indication de droits de greffe, *à cause des changements introduits par les Codes*

---

(1) Des lois postérieures ont assuré un traitement aux commis greffiers ; cette matière est en dehors de notre sujet.

de procédure civile et de commerce dans plusieurs actes désignés aux lois des 21 ventôse et 22 prairial an VII.

L'article 2 de la loi du 25 juillet 1820 a modifié la disposition de l'article 21 de celle du 21 ventôse an VII, en autorisant les greffiers à retenir en leurs mains la portion des droits de greffe qui leur est attribuée.

Un décret du 6 janvier 1814 a augmenté le tarif des droits de greffe du tribunal de commerce de Paris. Ce décret a été renouvelé par une ordonnance du 9 octobre 1825, qui a été appliquée à tous les tribunaux de commerce.

Un avis du conseil d'État, transmis par la circulaire du ministre de la justice du 9 octobre 1826, a fixé le sens de plusieurs dispositions obscures de cette ordonnance.

L'ordonnance du 10 octobre 1841 (le tarif des frais de ventes judiciaires) a aussi apporté sa modification à la perception des droits de greffe, en matière de ventes judiciaires d'immeubles, ainsi qu'on l'a vu, 2e partie, page 194.

Un arrêté du gouvernement provisoire de la République, du 8-13 avril 1848, modifie le tarif relatif aux émoluments des greffiers et des huissiers audienciers des tribunaux de commerce.

Enfin est survenu le décret du 24 mars 1854, promulgué le 1er juin, portant fixation des émoluments attribués, en matière civile et commerciale, aux greffiers des tribunaux de 1re instance et aux greffiers des Cours impériales.

Nous allons rapporter chacune de ces lois et règlements, en les reprenant dans l'ordre de leurs rapports les uns avec les autres.

CHAPITRE Ier.

DES GREFFIERS DES TRIBUNAUX CIVILS ET DE COMMERCE.

§ 1er.—*Loi du 21 ventôse an VII (11 mars 1799), portant établissement de droits de greffe, au profit de la République, dans les tribunaux civils et de commerce.*

Art. 1er. — § 1er. Il est établi des droits de greffe au profit de la République dans tous les tribunaux civils et de commerce.

§ 2. Ils seront perçus à compter du jour de la publication de la présente, pour le compte du Trésor public, par les receveurs de la régie de l'enregistrement, de la manière ci-après déterminée.

Art. 2. — Ces droits consistent :

1° Dans celui qui sera perçu lors de la mise au rôle de chaque cause, ainsi qu'il est établi par l'art. 3 ci-après ;

2° Dans celui établi pour la rédaction et transcription des actes énoncés en l'art. 5 ;

3° Dans le droit d'expédition des jugements et actes énoncés dans les art. 7, 8 et 9.

SECTION Ire. — DU DROIT DE MISE AU ROLE.

Art. 3. — § 1er. Le droit perçu lors de la mise au rôle est la rétri-

bution due pour la formation et tenue des rôles, et l'inscription de chaque cause sur le rôle auquel elle appartient.

§ 2. Ce droit sera, dans les tribunaux civils (*aujourd'hui Cours d'appel*), de 5 fr. (*plus 50 cent. pour le décime de subvention*) (1) sur appel
des tribunaux civils et de commerce.. . . . . 5 f. 50 c.⎫
Plus, encore, le nouveau décime jusqu'au 1er jan-   ⎬ 6 f. 00 c.
vier 1858 . . . . 0 50 ⎭

§ 3. De 3 fr. (*plus 30 cent.*) pour les causes de première instance, ou
sur appel des juges de paix., ... 3 f. 30 c.⎫
Plus le nouveau décime jusqu'en 1858. . . . . . . 0 30 ⎬ 3 f. 60 c.

§ 4. Et de 1 fr. 50 cent. (*plus 15 cent.*) pour les causes sommaires et
provisoires (2-3). . . . . 1 f. 65 c.⎫
Plus, le nouveau décime jusqu'au 1er janvier   ⎬ 1 f. 70 c.
1858. . . . . 0 15 ⎭

§ 5. Dans les tribunaux de commerce, il sera pareillement de 1 fr.
50 cent. (*plus 15 cent.*) (4). . . . . 1 f. 65 c.⎫
Plus, le nouveau décime jusqu'au 1er janvier   ⎬ 3 f. 70 c.
1858.. . . . . 0 15 ⎭

§ 6. Le tout sans préjudice du droit de 25 cent. qui est accordé aux
huissiers pour chaque placement de causes (5).

---

(1) La loi du 6 prairial an VII porte.: « Art. 1er.—A compter du jour de la publica-
« tion de la présente loi, il sera perçu au profit de la République, à titre de subvention
« extraordinaire de guerre, pour l'an VII, un décime par franc en sus des droits d'enre-
« gistrement, de timbre, hypothèque, *droits de greffe*, etc.....

« Art. 2.—La subvention établie par la présente loi sera perçue en même temps que
« le principal, et par les mêmes préposés, *sans donner lieu à aucune retenue pour*
« *ceux-ci*..... »

Tout le monde sait que cette subvention a continué d'être perçue jusqu'à présent, par
suite de dispositions spéciales insérées et renouvelées dans les lois de finances. La loi du
14 juillet 1855 a établi un double décime de droit de guerre, elle est ainsi conçue:
« Art. 5.— Le principal des impôts et produits de toute nature, soumis au décime par
« les lois en vigueur, sera augmenté d'un nouveau décime, à dater de la promulgation de
« la présente loi jusqu'au 1er janv. 1858. »

Cette loi a été promulguée le même jour, 14 juillet 1855, et est devenue exécutoire à
partir de cette époque.

(2) Voir pour la qualification des causes sommaires les art. 404 et suiv. du Code de
procédure et les observations préliminaires sur l'art. 67 du tarif du 16 fév. 1807.

Si une cause inscrite d'abord comme sommaire devient ensuite ordinaire, soit parce
que le titre est contesté. soit par toute autre cause, y a-t-il lieu à la perception d'un
supplément de droit pour la mise au rôle?

Une décision des ministres des finances et de la justice des 6 et 16 fév. 1813 se prononce pour l'affirmative (V. *Instr. générale de l'enreg.*, n° 626, et *Journ. de l'enreg.*,
n° 4376); au moyen des conclusions que les avoués lui remettent au moment de la plaidoirie, le greffier est mis à même de reconnaître l'exigibilité de ce supplément et de le
faire payer.

(3) Devant la Cour d'appel il n'y a pas de différence pour le droit de mise au rôle entre
les affaires sommaires et celles ordinaires (V. *le § 2 de l'art. 3 de la loi du 21 vent.*
an VII).

(4) Les affaires en matière de commerce, qui, dans les lieux où il n'y a pas de tribunal
de commerce, sont portées devant le tribunal civil, ne sont, comme affaires sommaires,
assujetties pour leur mise au rôle qu'au droit de 1 fr. 65 (*Dictionn. de l'Enreg.*,
v° GREFFE (*droit de*), n° 46).

(5) Le droit de vingt-cinq centimes est bien faible et tout à fait hors de proportion avec
le service rigoureux qu'on impose à ces huissiers, qui sont ordinairement choisis parmi
les membres les plus honorables de leur corps.

C'est là ce qui a fait établir à la Cour de Poitiers un usage dont nous ne pouvions d'abord

§ 7. Le droit de mise au rôle ne pourra être exigé qu'une seule fois ; en cas de radiation, elle sera replacée gratuitement à la fin du rôle, et il y sera fait mention du premier placement.

§ 8. L'usage des placets pour appeler les causes est interdit ; elles ne pourront l'être que sur les rôles, et dans l'ordre de leur placement (1).

---

deviner la cause ; dans tous les états de frais à taxer, nous remarquions que les avoués qui avaient mis la cause au rôle portaient un déboursé de 11 fr. 50 au lieu de 5 fr. 50 pour les frais de cette mise au rôle. Aux renseignements que nous prîmes, on répondit : que l'usage, dans cette Cour, était de payer aux huissiers audienciers 6 fr. par cause, par abonnement, pour leur tenir lieu des droits d'appel de cause. C'est bien un peu cher, mais enfin tous les taxateurs ne font aucune difficulté de l'admettre.

Il y a sur les registres de la Cour, à la date du 6 mars 1819, un règlement général, arrêté en exécution de l'art. 9 du décret du 30 mars 1808, dont l'art. 26 est ainsi conçu : « Chaque année, dans la semaine de la rentrée, la Cour nommera un de ses huissiers « audienciers premier huissier. Il sera spécialement chargé d'assurer le service aux au- « diences et aux cérémonies publiques, sans se dispenser d'y concourir, et de transmettre « aux huissiers les ordres qu'il recevra à cet effet de M. le premier président de la Cour.»

Et l'art. 27 ajoute : « Il sera alloué aux huissiers audienciers par chaque cause civile, « chaque cause criminelle ou correctionnelle où il y aura partie civile, *en remplacement* « *des droits d'appel de cause* qui sont accordés par les règlements, un droit fixe et « unique de *six francs*, qui sera payé, savoir :

« Pour les causes civiles lors de leur enregistrement sur le rôle général.

« Et pour les causes criminelles ou correctionnelles lors de leur appel à l'audience.

« Pour chaque signification d'avoué à avoué 1 fr.

« Pour chaque prestation de serment des membres de la Cour ou de son parquet, 18 fr.

« Des juges, procureurs du Roi, substituts et greffiers des tribunaux de première « instance, 12 fr.

« Des avocats et des avoués, 6 fr.

« Pour chaque enregistrement de toutes lettres royaux portant anoblissement, colla- « tion de titres, création de majorats, autorisation de se faire naturaliser en pays étran- « ger, et toutes autres accordant des droits ou des titres, sauf celles portant remise ou « commutation de peines, dont la publication devant la Cour ou l'enregistrement sur ses « registres sera ordonnée, ou en vertu desquels les titulaires ou impétrants seront « astreints à une prestation de serment, 18 fr. »

Ce règlement devait être et a été soumis à l'approbation du ministre: mais cette approbation a été refusée, uniquement, à ce qu'il paraît, à cause de cet art. 27 ; cependant il a été mis immédiatement à exécution, en ce qui concerne le placement au rôle des causes civiles, et il a été pratiqué jusqu'à présent.

Nous ne savons trop comment se fait la distribution de ce droit entre les huissiers audienciers, car il paraît que ce n'est pas le greffier qui perçoit les 6 fr. dont il s'agit, nous ne doutons pas cependant qu'ils sont exactement payés par les avoués.

Il n'y a pas d'effort de logique à faire pour démontrer que ce droit n'est pas dû, et que les parties peuvent se refuser à le payer ; cela est plus clair que le jour.

Il est vrai aussi que, sans ce droit, le service des huissiers audienciers de cette Cour serait bien peu rétribué, mais ce n'est pas un motif pour charger les justiciables du ressort de frais et de contributions qui ne sont exigés nulle part ailleurs ; il vaudrait peut-être mieux solliciter pour eux auprès du Gouvernement quelque allocation analogue à celle que reçoivent les huissiers audienciers à la Cour de cassation.

(1) La tenue des registres a été réglementée dans le décret, du 30 mars 1808, sur la police des Cours et tribunaux, par les articles suivants.

TITRE Ier. — DES COURS D'APPEL.

SECTION III. — *De la distribution des causes.*

ART. 19.—Il sera tenu au greffe un registre ou rôle général, coté et parafé par le premier président, et sur lequel seront inscrites toutes les causes dans l'ordre de leur présentation ; les avoués seront tenus de faire cette inscription la veille, au plus tard, du jour où l'on se présentera à l'audience.—Chaque inscription contiendra les noms des parties, ceux de l'avoué, et en marge sera la distribution faite par le premier président.

Art. 4. — Le droit de mise au rôle sera perçu par le greffier, en y inscrivant la cause, et, le 1er de chaque mois, il versera le montant à la caisse du receveur de l'enregistrement, sur la représentation des rôles, cotés et parafés par le président, sur lesquels les causes seront appelées à compter du jour de la publication de la présente (1).

Art. 24. — ..... Il sera extrait, pour chaque chambre, sur le rôle général un rôle particulier des affaires qui lui seront distribuées ou renvoyées; ce rôle particulier sera remis au greffier de la chambre qu'il concerne.

L'art. 55 de ce même décret répète, pour les greffiers de première instance, la disposition de l'art. 49; l'art. 62 répète aussi l'art. 24.

Le greffier doit faire d'office l'inscription au rôle particulier de chaque chambre, soit en première instance, soit en appel; nous examinerons plus loin s'il ne lui est rien dû pour ce travail.

L'art. 56 du même décret prescrit la tenue, dans les tribunaux de première instance composés de plusieurs chambres, de deux autres rôles, dont l'un pour les citations libellées en forme de plainte et pour les contraventions aux lois et règlements de police; et l'autre pour les affaires relatives aux lois forestières, aux droits d'enregistrement, aux droits d'hypothèques, de greffe et, en général, aux contributions.

La tenue de ces registres ne donne ouverture à aucun droit au profit du greffier.

Les ministres des finances et de la justice ont décidé, le 10 juin 1844, que c'est sur le rôle général que la perception doit être faite, et que ce rôle, dans les tribunaux de première instance, doit contenir deux colonnes, l'une pour les mises au rôle de 3 fr., et l'autre pour celles de 1 fr. 50 (*Journ. de l'Enreg.*, n° 4434).

(1) 1° Le greffier chargé de recevoir le droit de mise au rôle doit veiller à ce que les causes ne soient appelées ni jugées avant que ce droit n'ait été payé; il en est responsable et encourt une amende (*Solution du 7 fruct. an XIII, Journ. de l'Enreg.*, n° 2459). S'il délivre expédition de jugements rendus sur des causes non inscrites au rôle, il encourt l'amende de 100 fr., outre le paiement des droits de mise au rôle (*Journ. de l'Enreg.*, n° 3173).

2° Le droit de mise au rôle n'est pas dû pour les jugements ou ordonnances sur requêtes, sans qu'il ait été formé de demande par exploit, soit pour faire autoriser une femme en puissance de mari à la poursuite de ses droits et actions, soit à fin de vente de meubles et effets saisis, soit pour accepter une succession sous bénéfice d'inventaire, pour faire nommer un curateur à une succession vacante ou pour toute autre cause non susceptible d'être mise au rôle, et sur laquelle la justice statue de suite (*Diction. de l'Enreg.*, v° GREFFE (*droit de*), n° 54); en effet, ces jugements et ordonnances ne sont pas assimilés à une instance, aucune cause n'a été portée au rôle, et par conséquent le droit ne peut être perçu; mais s'il y a opposition à la vente des meubles saisis, à l'autorisation demandée par la femme, et s'il s'engage une instance sur l'obtention ou l'exécution de ces jugements, alors la cause devra être inscrite au rôle avant d'être appelée (*Circ. admin.*, 14 prair. an VII, *Journ. de l'Enreg.*, n° 4577).

3° *Référés.* — Le § 2 de l'art. 5 du décret du 12 juillet 1808 est ainsi conçu : « Les « référés qui sont l'objet du titre 26, liv. 5 du Code de procédure civile, ne sont pas assu-« jettis au droit de mise au rôle. »

4° *En est-il de même lorsque le président les a renvoyés à l'audience en état de référé?*

Cela paraîtrait certain, du moins d'après Dalloz jeune (v° *Greffe*, n° 54), qui tire cette solution de l'art. 66 du décret du 30 mars 1808 : « Les causes introduites par assignation « à bref délai, celles pour déclinatoire, exceptions et règlements de procédure qui ne « tiennent point au fond, *celles renvoyées à l'audience* en état de référé, celles à fin de « mise en liberté, de provision alimentaire ou toutes autres de pareille urgence, seront « appelées sur simple mémoire, pour être plaidées et jugées sans remise et sans tour « de rôle. »

Nous croyons l'usage contraire, car, dans tous les tribunaux que nous connaissons, ces causes sont assujetties à la mise au rôle comme les autres, et le Code de procédure, au titre des référés, ne parle point des référés renvoyés au tribunal par le président.

5° *Les appels des ordonnances sur référés sont-ils dispensés du paiement du droit de mise au rôle?*

Oui, sans aucun doute, la généralité des termes de l'art. 5, § 2, du décret du 12 juillet 1808, n'admet aucune exception : « *Les référés qui sont l'objet du titre 26, liv. 5 du*

DROITS DE RÉDACTION ET DE TRANSCRIPTION (1).

Art. 5. — § 1er. Les actes assujettis, sur la minute, au droit de rédaction et de transcription, sont : les actes de voyage, d'exclusion ou option de tribunaux d'appel, de renonciation à une communauté de biens ou à une succession, d'acceptation de succession sous bénéfice d'inventaire, de réception et de soumission de caution, de reprise d'instance,

---

« *Code de procédure civile, ne sont pas assujettis au droit de mise au rôle.* » Or, les appels des jugements sur référé sont nominativement compris dans ce titre.

6° En général, toutes les fois qu'une instance se rattache à une autre instance déjà pendante et inscrite au rôle, elle n'est pas sujette au droit de mise au rôle. Ainsi, les demandes incidentes, les oppositions à des jugements par défaut, les requêtes civiles et tierces oppositions incidentes, les demandes d'intervention et de mise en cause pour garantie, ne doivent pas acquitter ce droit (*argument de l'art. 3 de la loi du 21 vent an VII*).

(1) 1° La loi complémentaire du 22 prair. an VII a donné de nouveaux développements à l'art. 5 de celle du 21 vent. ; elle a ajouté de nouveaux actes à ceux énumérés dans ce dernier article. Tous ceux compris dans l'art. 1er sont à peu près aujourd'hui sans objet, ils sont, les uns relatifs à l'accomplissement de formalités que prescrivait la loi du 11 brum., concernant les expropriations et les ordres ; le Code Napoléon et le Code de procédure ont abrogé cette loi ; les autres ne sont que la répétition des mêmes actes déjà énumérés et tarifés dans la loi de ventôse.

Une seule disposition de cette loi pouvait avoir quelque utilité, c'est l'art. 4 qui attribue aux greffiers pour la communication a chaque créancier du procès-verbal d'ouverture d'ordre, de l'extrait des inscriptions et des titres et pièces qui auront été produits, un droit fixe de 75 centimes. Mais cet article vient d'être remplacé et abrogé par le § 6 de l'art. 1er du décret du 24 mai 1854.

Les lois postérieures qui ont abrogé les procédures anciennes exigeaient une nouvelle énumération et une nouvelle classification des actes soumis aux droits de rédaction et de greffe.

2° Le décret du 12 juillet 1808 est venu satisfaire à cette nécessité ; nous devons en reproduire les dispositions qui font aujourd'hui la loi de la matière :

ART. 1er.—Les actes qui sont assujettis, sur la minute, aux droits de greffe, de rédaction et de transcription, sont ceux ci-après désignés :

1° Acceptation de succession sous bénéfice d'inventaire, acte de voyage ;

Consignation de sommes au greffe, dans les cas prévus par l'art. 301 du Code de procédure civile et autres, déterminés par les lois ;

Déclaration affirmative et autres faites au greffe, à l'exception de celles à la requête du ministère public ;

Dépôt de registres, répertoires et autres titres ou pièces faites au greffe, de quelque nature et pour quelque cause que ce soit ; dépôt de signature et parafe des notaires, conformément à l'art. 49 de la loi du 25 vent. an XI ;

Enquêtes :

Interrogatoires sur faits et articles ;

Procès-verbaux, actes et rapports, faits ou rédigés par le greffier ;

Publication de contrats de mariage, divorces, jugements de séparation, actes de dissolution de société, et de tous autres actes prescrits par les Codes ; il ne sera perçu aucun droit de dépôt pour la remise au greffe desdits actes ;

Récusation de juges ;

Renonciation à une communauté de biens ou à une succession ;

Soumission de caution ;

Transcriptions et enregistrement sur les registres du greffe, d'oppositions et autres actes désignés par les Codes (à l'exception de la transcription de la saisie immobilière dont il sera parlé ci-après) ; *le droit ne sera dû qu'autant qu'il sera délivré expedition de la transcription.*

Il sera payé pour chacun des actes ci-dessus 1 fr. 25 c. (plus 13 c.). 1 f. 38 c. } 1 f. 51 c.
Plus pour le nouveau décime. . . . . 0 13 }

Les enquêtes seront, en outre, assujetties à un droit de 50 cent. pour chaque déposi-

de déclaration affirmative, de dépôt de bilan et pièces, d'enregistrement de société, les interrogatoires sur faits et articles, et les enquêtes.

tion de témoins, ainsi qu'il est réglé par l'art. 5 de la loi du 24 vent. an vii (plus 5 cent. pour subvention)... . . . . 0 f. 55 c. } 0 f. 60 c.
Plus pour le nouveau décime. . . . . 0 05 }

2° Adjudications faites en justice :

Dépôt de l'état certifié par le conservateur des hypothèques de toutes les inscriptions existantes, et qui, aux termes de l'art. 752 du Code de procédure civile, doit être annexé au procès-verbal (*d'ouverture d'ordre*);

Dépôt de titres de créances pour la distribution de deniers par contribution ou par ordre;

Mandement sur contribution ou bordereaux de collocation;

Radiation de saisie immobilière;

Surenchère faite au greffe;

Transcription au greffe de la saisie immobilière;

Il sera payé pour chacun de ces actes, savoir :

Trois francs pour la transcription de la saisie; même droit pour le dépôt de l'état des inscriptions existantes. 3 f. 00 c.)
Plus pour subvention de guerre. . . . . 0 30 } 3 f. 60 c.
Et pour le nouveau décime, aussi. 0 30)

Un franc cinquante centimes pour dépôt de titres de créance, et ce pour chaque production, même droit pour chaque acte de surenchère et de radiation de saisie. 1 f. 50 c.
Plus 15 centimes pour dixième.. . . . . 0 15 } 1 f. 80 c.
Plus pour le nouveau décime. 0 15)

Pour la rédaction des adjudications, un demi pour cent sur les cinq premiers mille francs, vingt-cinq centimes pour cent sur ce qui excédera cinq mille francs (*plus le dixième de subvention*).

Sur chaque mandement ou bordereau de collocation délivré, vingt-cinq centimes par cent francs du montant de la créance colloquée (*plus les deux décimes*).

ART. 2.—Les actes de dépôt seront transcrits à la suite les uns des autres sur un registre en papier timbré, coté et parafé par le président du tribunal.

Les actes de décharge de ces mêmes dépôts seront portés sur le registre, en marge de l'acte de dépôt, et soumis aux mêmes droits de rédaction et de transcription.

ART. 3.—Le droit de rédaction en cas de revente à la folle enchère n'est dû que sur ce qui excède la première adjudication.

Il n'est exigible, pour les licitations, que sur la valeur de la part acquise par le colicitant, s'il reste adjudicataire.

Dans aucun cas la perception ne pourra être au-dessous du droit fixe de 1 fr. 25 cent., déterminée pour les moindres actes par l'art. 5 de la loi du 24 vent. an vii.

ART. 4.—Lorsque, par suite d'appel, une adjudication sera annulée, il y aura lieu à restituer le droit proportionnel de rédaction.

Le droit fixe de rédaction et de transcription, et celui d'expédition, étant le salaire de la formalité, ne seront dans aucun cas restituables.

ART. 5.—Le droit de mise au rôle et celui d'expédition continueront d'être perçus comme le prescrit la loi du 24 vent. an vii.

Les référés qui sont l'objet du titre 26, liv. 5 du Code de procédure civile, ne sont pas assujettis au droit de mise au rôle.

ART. 6.—Les prescriptions établies par l'art. 64 de la loi du 22 frim. an vii sont applicables aux droits de greffe comme à ceux d'enregistrement.

3° Les nomenclatures d'actes contenues dans les lois du 24 vent. et 27 prair. an vii, et dans le décret du 12 juillet 1808, ne sont point limitatives ni restrictives; elles sont seulement démonstratives; tous les actes faits ou passés au greffe sont soumis au droit de rédaction et de transcription (*Instr. générale*, 3 sept. 1808, n° 398).

4° Quel que soit le nombre des dispositions que contiennent les actes passés au greffe, il n'est dû qu'un seul droit de rédaction, parce que c'est la nature de l'acte et non la pluralité des dispositions qu'il peut contenir qui règle la perception, et qu'il n'y a qu'un seul acte de rédigé (*Journ. de l'Enreg.*, n° 4103).

5° *La publication du cahier des charges* à l'audience du tribunal, en exécution de l'art. 694 du Code de procédure civile sur les ventes judiciaires, n'est point un acte du

§ 2. Il sera payé, pour chacun de ces actes.. . . 1f. 25 c. | 1 f. 51 c.
Plus, pour les deux décimes. . . . . -0   26 |

§ 3. Les enquêtes seront, en outre, assujetties à un droit de 50 cent.
par chaque déposition de témoins. . . . . 0f. 50 c. | 0f. 60 c.
Plus les deux décimes. 0   10 |

DES DROITS D'EXPÉDITION DES JUGEMENTS ET ACTES.

Art. 6. — Les expéditions contiendront vingt lignes à la page et

---

greffe ; elle est indépendante du dépôt du cahier des charges dont il a dû être rédigé acte (*Journ. de l'Enreg.*, n° 4730).

6° *Les certificats* qui sont délivrés en brevets par les greffiers avaient d'abord été considérés comme n'étant pas assujettis au droit de rédaction, mais la question ayant été examinée de nouveau, il est intervenu, à la date du 8 oct. 1832, une délibération du conseil d'administration de l'enregistrement qui a rapporté les instructions antérieures, et décidé que ces actes étaient soumis au droit de 1 fr. 25 (Dalloz, *Nouveau Répertoire*, v° ENREGISTREMENT, p. 701, n° 5890).

7° Sauf ce qui est prescrit pour les *enquêtes et les interrogatoires sur faits et articles*, les droits de greffe ne sont pas dus sur les actes que le greffier écrit sous la dictée du juge, et dans lesquels le greffier n'est que l'auxiliaire soit du tribunal, soit du juge-commissaire délégué (*Décision des ministres des finances et de la justice*,des 10 et 17 nov. 1824, *Instr. générale de l'enreg.*, n° 1156, § 13) (V. *Journ. de l'Enreg.*, n° 8387).

8° *La transcription des commissions* délivrées aux fonctionnaires et officiers publics, faites au greffe lors de la prestation de leur serment, ne donne ouverture à aucun droit de greffe ni salaire pour le greffier, n'étant faite que pour ordre, et les droits devront être acquittés sur le jugement qui donne acte de la prestation de serment (*Solution* du 4 juin 1825, *Journ. de l'Enreg.*, n° 8105).

9° *Le depôt de plusieurs actes* pour la publication donne lieu à autant de droits qu'il y en a, spécialement le dépôt de plusieurs extraits de contrats de mariage donne ouverture à autant de droits de greffe qu'il y a de contrats (*Journ. de l'Enreg.*, n° 5003).

10° *Si l'avoué qui fait une declaration de command* nomme un command par lot, il est dû autant de droits de greffe qu'il y a de lots, mais s'il désigne plusieurs commands pour un seul lot, il n'est dû qu'un droit (*Dictionn. de l'Enreg.*, Code, n° 147).

11° *Les depôts de dessins* de fabrique sont exempts de droits (*Solution* du 8 juillet 1828). Il en est de même des *empreintes des timbres* des régies ou administrations (*Journ.*, 2386).

12. Le droit pour les *enquêtes* n'est pas dû par vacation, mais sur l'ensemble du procès-verbal (*Inst. gén.* du 30 décembre 1825, n° 1180, § 7).

13. Dans les enquêtes *sommaires*, lorsque l'affaire n'est pas susceptible d'appel, il n'est dû pour rédaction que 50 centimes par témoin (*Dictionnaire de l'Enregistrement*, cod., n° 150).

14. *Le dépôt au greffe* des registres de l'état civil de l'arrondissement ne donne ouverture à aucun droit.

15. Les ordonnances de taxe, quoique signées du taxateur et du greffier, ne donnent lieu à aucun droit de greffe (*Délibération* du 17 janvier 1824, *Journ. de l'Enregistrement*, n° 4846).

16. Les dépôts de la *signature* et parafe des notaires sont sujets au droit de greffe.

17. Il n'est dû qu'un droit pour les *renonciations, acceptations* de communautés ou de successions, lorsqu'une même personne renonce à plusieurs par le même acte, ou lorsque plusieurs personnes acceptent ou renoncent en même temps (*Journ. de l'Enregistrement*, n° 4103).

18. Les dépôts de répertoire au greffe, dans les cas où ils sont exigés par la loi, donnent ouverture aux droits de greffe (*Journ. de l'Enregistrement*, n° 2943 et 3547).

20. Les solutions qui précèdent ne seront pas les seuls points à signaler ici; mais, comme il est facile de le remarquer, la matière étant plus du ressort de l'enregistrement que de la taxe, il suffit de renvoyer pour les autres détails et solutions aux ouvrages spéciaux et notamment au *Dictionnaire de l'Enregistrement*, v° GREFFE (*droits de*).

huit à dix syllabes à la ligne, compensation faite des unes avec les autres.

Art. 7. — Les expéditions des jugements définitifs sur appels des tribunaux civils et de commerce, soit contradictoires, soit par défaut, seront payées 2 fr. le rôle (1).. . . . .   2 f. 20 c. }

Plus, le nouveau décime jusqu'au 1er janvier   } 2 f. 40 c.
1858. . . . .   0 20 }

Art. 8. — Les expéditions des jugements définitifs rendus par les tribunaux civils, soit par défaut, soit contradictoires, en dernier ressort ou sujets à l'appel, celles des décisions arbitrales, celles des jugements rendus sur appel des juges de paix, celles des ventes et baux judiciaires, seront payées 1 fr. 25 cent. le rôle (*plus, 13 cent. pour subvention*).

1 f. 38 c. }
Plus, encore, 13 cent. pour le nouveau décime. . .   0 13 } 1 f. 51 c.

Art. 9. — Les expéditions des jugements interlocutoires, préparatoires et d'instruction, des enquêtes, interrogatoires, rapports d'experts, délibérations, avis de parents, dépôt de bilan, pièces et registres, des actes d'exclusion ou d'option des tribunaux d'appel, déclaration affirmative, renonciation à communauté ou à succession, et généralement de tous actes faits ou déposés au greffe non spécifiés aux art. 7 et 8, ensemble de tous les jugements des tribunaux de commerce, seront payées 1 fr. le rôle (2). . . . .   1 f. 10 c. } 1 f. 20 c.
Plus, pour le nouveau décime. . . . .   0 10 }

---

(1) 1° La Cour de cassation a jugé, le 20 juin 1810, que tout arrêt qui est définitif sur un point, encore qu'il soit interlocutoire ou d'instruction sur d'autres points, est soumis aux droits de 2 francs par chaque rôle d'expédition (*Sirey*, 10, 1.347).

2° Lorsqu'un rôle est commencé, il est considéré comme parachevé, quant au paiement du droit (*Circulaire* du 10 germinal an VII, n° 1,537, *Dalloz jeune*, v° GREFFE, n° 122).

3° Le greffier qui délivre des expéditions de jugements, qui ne contiennent pas le nombre déterminé par la loi de lignes à la page et de syllabes à la ligne, encourt la peine de cent francs d'amende et de la destitution (*Arrêt de cassation* du 16 mai 1806, Dalloz, périod., 6, 1, 143).

Cet abus existe dans beaucoup de tribunaux, et les receveurs de l'enregistrement paraissent le tolérer, cependant il est préjudiciable aux parties; les taxateurs peuvent et doivent réduire.

4° Dans les expéditions des actes renfermant des tableaux de chiffres, qui ne peuvent être syncopés sans en détruire l'intelligence, on peut reproduire ces tableaux, sauf aux greffiers à établir à la fin, par une récapitulation certifiée, le nombre de lignes y contenues, pour qu'après vérification les droits de timbre et de greffe soient perçus a raison du nombre de ligne fixé par la loi (*Inst. de l'Enregistrement*, 20 juillet 1820, n° 942).

5° Les expéditions des jugements et actes des anciens tribunaux supprimés sont encore passibles du droit, suivant leur espèce (*Dictionnaire de l'Enregistrement*, v° GREFFE (droit de), n° 221).

6° Les expéditions que délivreraient les greffiers des juges de paix, d'actes par eux reçus en vertu de commissions rogatoires des cours ou tribunaux, ne sont point assujettis aux droits d'expédition; mais si elles sont délivrées par le greffier du tribunal, qui a délégué les pouvoirs, les droits deviennent exigibles selon la nature de l'acte (*Décision du ministre des finances* du 21 mars 1809, Dalloz Alph., ancienne édition, tome 7, p. 481, n° 10).

7° Les extraits délivrés par les greffiers des tribunaux des actes de l'état civil ne sont pas sujets aux droits d'expédition (*Journ. de l'Enregistrement*, art. 1974).

8° En aucun cas, le droit d'expédition n'est restituable (*Décision*, 21 octobre 1806).

(2) Le droit est le même, lorsque c'est le tribunal civil qui fait les fonctions du tribunal de commerce (*Journ. de l'Enregistrement*, art. 2920).

DU MODE DE PERCEPTION DES DROITS DE GREFFE.

Art. 10. — La perception de ce droit sera faite par le receveur de l'enregistrement, sur les minutes des actes assujettis au droit de rédaction et transcription, sur les expéditions et sur les rôles de placement de causes qui lui sont présentées par le greffier ; il y mettra son reçu, et il tiendra, de cette recette, un registre particulier.

Art. 11. — Le greffier ne pourra délivrer aucune expédition que les droits n'aient été acquittés, sous peine de restitution du droit et de 100 fr. d'amende, sauf, en cas de fraude et de malversation évidente, à être poursuivi devant les tribunaux, conformément aux lois.

Art. 12. — Ne sont pas compris dans les droits ci-dessus fixés, le papier timbré et l'enregistrement, qui continueront d'être perçus conformément aux lois existantes.

Art. 13. — Les greffiers des tribunaux civils et de commerce tiendront un registre, coté et parafé par le président, sur lequel ils inscriront, jour par jour, les actes sujets aux droits de greffe, les expéditions qu'ils délivreront, la nature de chaque expédition, le nombre des rôles, le nom des parties, avec mention de celle à laquelle l'expédition sera délivrée.

Ils seront tenus de communiquer ces registres aux préposés de l'enregistrement, toutes les fois qu'ils en seront requis.

Art. 14. — Les greffiers ne pourront exiger aucun droit de recherche des actes et jugements faits ou rendus dans l'année, ni de ceux dont ils feront les expéditions ; mais lorsqu'il n'y aura pas d'expédition, il leur est attribué un droit de recherche, qui demeure fixé à 50 cent. pour l'année qui leur sera indiquée, et, dans le cas où il leur serait indiqué plusieurs années, et qu'ils seraient obligés d'en faire les recherches, ils ne percevront que 50 cent. pour la première et 25 cent. pour chacune des autres (*Voir ci-après le décret du 24 mai 1854*).

Il leur sera, en outre, attribué 25 cent. pour chaque légalisation d'acte des officiers publics.

OBLIGATIONS GÉNÉRALES DES GREFFIERS, LEUR TRAITEMENT ET LEURS REMISES.

Art. 15. — Les greffiers présenteront et feront recevoir, conformément aux lois existantes, un commis greffier assermenté par chaque section.

Art. 16. — Au moyen du traitement et de la remise ci-après accordés aux greffiers, ils demeureront chargés du traitement des commis assermentés, commis expéditionnaires, et de tous les employés du greffe, quelles que soient leurs fonctions, ainsi que des frais de bureau, papier libre, rôles, registres, encre, plumes, lumière, chauffage des commis, et généralement de toutes les dépenses du greffe.

Art. 17. — Le traitement des greffiers des tribunaux civils est égal à celui des juges auprès desquels ils sont établis (1).

Art. 18. — Celui des greffiers des tribunaux de commerce sera de la moitié de celui du greffier du tribunal civil, s'il a été établi dans la commune où siége le tribunal de commerce.

Et néanmoins le traitement de ceux des tribunaux de commerce établis dans des communes de plus de 6,000 habitants, et au-dessus, demeure fixé à 800 fr. (2).

---

(1) Cette égalité n'existe plus depuis l'augmentation de traitement accordée à la magistrature.

(2) 1° Les traitements des greffiers des tribunaux criminels et correctionnels sont fixés par la loi du 23 prairial an VII (10 juin 1799).

Art. 19. — Il est accordé aux greffiers une remise de 30 cent. par chaque rôle d'expédition (1).

Et de 1 décime par franc sur le produit du droit de mise au rôle, et celui établi pour la rédaction et transcription des actes énoncés en l'art. 5.

Art. 20. — La remise de 30 cent., accordée par l'article précédent, ne sera que de deux décimes sur toutes les expéditions que les agents de la République demanderaient en son nom et pour soutenir ses droits; ils ne seront tenus, à cet égard, à aucune avance ; en conséquence, ces expéditions seront portées, pour mémoire, sur le registre du receveur de l'enregistrement, et il en sera fait un compte particulier.

Art. 21. — Le premier de chaque mois, le receveur de l'enregistrement comptera avec le greffier du produit des remises à lui accordées par l'art. 19, et il lui en paiera le montant sur le mandat, qui sera délivré au bas du compte par le président du tribunal.

Art. 22. — Le traitement fixe du greffier sera également payé, mois par mois, par le receveur de l'enregistrement, sur le produit du droit de greffe, d'après le mandat, aussi délivré mois par mois, par le président du tribunal.

Art. 23. — Il est défendu aux greffiers et à leurs commis d'exiger ni recevoir d'autres droits de greffe, ni aucun droit de prompte expédition, à peine de 100 fr. d'amendes et de destitution.

Art. 24. — Les droits établis par la présente seront alloués aux parties dans la taxe des dépens, sur les quittances des receveurs de l'enregistrement mises au bas de l'expédition, et sur celles données par les greffiers de l'acquit du droit de mise au rôle et de rédaction, lesquelles ne seront assujetties à d'autres droits qu'à ceux du timbre.

Art. 25. — Le Directoire exécutif fera connaître au Corps législatif, dans le courant de thermidor prochain, par des états distincts et séparés, le produit de la perception des droits de greffe dans chaque tribunal.

Art. 26. — La présente résolution sera affichée dans tous les greffes des tribunaux civils et de commerce.

Art. 27. — Il sera statué, par une résolution particulière, sur les greffes des tribunaux criminels et correctionnels.

Art. 28. — Toutes dispositions de lois contraires à la présente sont abrogées.

Observations. Il est presque inutile de répéter que les remises du greffier ne se calculent pas plus sur le décime établi

---

Pour l'organisation et le traitement des greffiers et commis greffiers, il faut remonter à la loi du 30 janvier 1811, articles 6, 7, 8, 11, 16 et 17; plusieurs autres lois et règlements sont venus compléter ces lois.

Il n'entre pas dans notre sujet d'en parler.

(1) Voyez pour les remises accordées aux greffiers des Cours d'appel le décret du 24 mai 1854 ci-après; l'article 7 leur accorde 40 centimes par chaque rôle d'expédition sans diminution des droits de l'Etat.

Nous avons vu que l'article 7 de la loi du 11 mars 1799, combiné avec l'article 5 de la loi du 14 juillet 1805, porte le prix de chaque rôle à 2 francs 40 centimes, sur lesquels, suivant l'article 19, le greffier a une remise de 30 centimes; cette remise se trouve aujourd'hui portée à 40 centimes, mais sans diminution des droits de l'Etat. Cela porte le rôle d'expédition délivré par les greffiers des Cours d'appel à 2 fr. 50 c.

15.

par la loi du 14 juillet 1855, que sur celui établi par celle du 6 prairial an VII.

§ 2. — *Décret impérial du 24 mai 1854, portant fixation des émoluments attribués, en matière civile et commerciale, aux greffiers des tribunaux civils de première instance et aux greffiers des Cours d'appel.*

La loi du 11 mars 1799, qui fait l'objet du § précédent, et les décisions et règlements qui s'y rattachent, étaient depuis longtemps reconnues insuffisantes pour la réglementation des nombreux actes attribués aux greffiers de première instance, en matière civile et en matière commerciale, dans les lieux où le tribunal civil connaît des affaires de commerce,

Ainsi qu'aux greffiers des Cours d'appel.

Dans quelques greffes, il s'était introduit des abus; certains actes s'y faisaient payer trop cher. Dans d'autres, au contraire, les émoluments étaient insuffisants pour la rémunération des peines et soins des greffiers; ils n'avaient réellement pas de tarifs, car les lois que nous venons de rappeler ne font que réglementer les droits du fisc; ce sont des lois qui ne concernent que les perceptions de l'enregistrement, et qui ne s'occupent que très-accessoirement des émoluments des greffiers.

Le décret du 24 mars 1854 est donc venu régulariser les perceptions légitimes, et mettre un terme aux perceptions abusives, qui ne peuvent plus s'autoriser de l'absence des tarifs.

Ce décret laisse subsister les lois et les règlements antérieurs; il les vise en partie dans son préambule; il a eu plutôt pour but de les compléter que de les modifier.

Comme on peut en juger par son titre, il s'applique aux greffiers des tribunaux civils de première instance et aux greffiers des Cours impériales. Il ne s'occupe pas des greffiers des tribunaux de commerce; il s'applique néanmoins aux matières commerciales dans les arrondissements où c'est le tribunal civil de première instance qui juge les affaires de commerce.

Il a été promulgué le 1er juin 1854, et il est devenu exécutoire à partir de cette époque. En voici le texte :

DÉCRET IMPÉRIAL *portant fixation des émoluments attribués, en matière civile et commerciale, aux greffiers des tribunaux civils de 1re instance et aux greffiers des Cours impériales.*

§ 1er. — *Des émoluments des greffiers des tribunaux civils de première instance.*

Art. 1er. — Les greffiers des tribunaux civils de première instance ont droit aux émoluments suivants :

1° Pour dépôt de copies collationnées de contrats translatifs de propriété. . . . . 3 f. 00 c.

2° Pour extrait à afficher. 1 00

Plus, par chaque acquéreur, en sus, lorsqu'il y aura des lots distincts. 0 50

3° Pour soumission de caution avec dépôt de pièces, déclaration affirmative, déclaration de surenchère ou de commaud, certificat relatif aux saisies-arrêts sur cautionnement et aux condamnations pour fait de charge, acceptation bénéficiaire, renonciation à communauté ou succession.. . . . . . . 2 00

4° Pour bordereau ou mandement de collocation, certificat de propriété.. . . . . 2 00

Si le montant du bordereau ou du mandement s'élève à 3,000 fr., ou si le certificat de propriété s'applique à un capital de pareille somme, l'émolument est de. 3 00

5° Pour opérer le dépôt d'un testament olographe ou mystique, non compris le transport, s'il y a lieu. . . . , ... 6 00

6° Pour communication de pièces et de procès-verbaux ou états de collocation dans les procédures d'ordre et de distribution par contribution, quel que soit le nombre des parties, si la somme principale à distribuer n'excède pas 10,000 fr... 5 00
Si elle dépasse ce chiffre. 10 00
L'allocation accordée par l'art. 4 de la loi du 22 prair. an 7 est supprimée.

7° Pour tout acte, déclaration ou certificat fait ou transcrit au greffe, et qui ne donne pas lieu à un émolument particulier, quel que soit le nombre des parties.. 1 f. 50 c.

8° Pour communication, sans déplacement, de pièces dont le dépôt est constaté par un acte de greffe.. . . . . 1 00

Dans les affaires où il y a constitution d'avoué, ce droit ne peut être perçu qu'une fois par chaque avoué à qui la communication est faite, quel que soit le nombre des parties, et à la charge de justifier d'une réquisition écrite en marge de l'acte de dépôt.

9° Pour recherche des actes, jugements et ordonnances faits ou rendus depuis plus d'une année, et dont il n'est pas demandé expédition.
Pour la première année indiquée. . . . . 0 f. 50 c.
Pour chacune des années suivantes (L. du 21 vent., art. 4). 0 25
10° Pour légalisation (même loi et même article). 0 25
11° Pour l'insertion au tableau placé dans l'auditoire de chaque extrait d'acte ou de jugement soumis à cette formalité. . . 0 50
12° Pour visa d'exploits.. 0 25
13° Pour chaque bulletin de distribution et de remise de cause. 0 10
14° Pour la mention de chaque acte sur le répertoire prescrit par l'article 49 de la loi du 22 frim. an 7.. . . . . 0 10

Art. 2. — Lorsque, dans l'exercice de leurs fonctions, les greffiers des tribunaux civils de première instance se transportent à plus de 5 kilomètres de leur résidence, ils reçoivent, pour frais de voyage, nourriture et séjour, une indemnité, par jour, de.. . . . . 8 f. 00 c.

S'ils se transportent à plus de 2 myriamètres, l'indemnité, par jour, est de. 10 00

Art. 3. — Il est alloué aux greffiers des tribunaux civils de première instance, comme remboursement du papier timbré :

1° Pour chaque jugement rendu à la requête des parties, ceux de simple remise exceptés. . . . . 0 f. 80 c.

2° Pour chaque acte porté sur un registre timbré. . . . , . . 0 40

Et 3° pour chaque mention également portée sur un registre timbré. 0 15

§ 2. — *Des greffiers des tribunaux civils qui exercent la juridiction commerciale.*

Art. 4. — Les allocations établies par l'ordonnance des 9-12 octobre 1825, et l'arrêté modificatif du 8 avril 1848, au profit des greffiers des tribunaux de commerce, sont accordées aux greffiers des tribunaux civils de première instance qui exercent la juridiction commerciale , néanmoins, ils n'ont droit à aucun émolument dans les cas prévus par l'art. 8 du présent tarif.

Art. 5. — Les dispositions des art. 2, 3 et 4 du présent décret, sont applicables aux greffiers des tribunaux civils qui exercent la juridiction commerciale ; mais l'allocation à titre de remboursement du timbre employé aux feuilles d'audience est fixée, pour chaque jugement, à 0 f. 50 c.

§ 3. — *Des greffiers des Cours impériales.*

Art. 6. — Les greffiers des Cours impériales ont droit aux émoluments suivants :

1° Pour tout acte fait au greffe, quel que soit le nombre des parties. . . . . 3 f. 00 c.

2° Pour chaque bulletin de distribution et de remises de cause. 0 20

3° Il leur est alloué une somme double de celle due aux greffiers des tribunaux civils de première instance pour les formalités prévues aux nos 8, 9, 10, 11, 12 et 14 de l'art. 1er du présent décret.

Art. 7. — Les greffiers des Cours impériales ont droit aux allocations établies par les art. 2 et 3 du présent décret. Leur remise, par chaque rôle d'expédition, est fixée à 40 cent., sous diminution des droits de l'État.

§ 4. — *Dispositions générales.*

Art. 8. — Les greffiers n'ont droit à aucun émolument :

1° Pour les minutes des arrêts, jugements et ordonnances, ou pour celles des actes et procès-verbaux reçus ou dressés par les magistrats avec leur assistance ;

2° Pour les simples formalités qui n'exigent aucune écriture, ou dont il est seulement fait mention sommaire, soit sur les pièces produites, soit sur les registres du greffe, à l'exception du répertoire prescrit par la loi du 22 frim. an 7.

3° Pour l'accomplissement des obligations qui leur sont imposées, soit à l'effet de régulariser le service des greffes, soit dans un intérêt d'ordre public ou d'administration judiciaire.

Art. 9. — Les greffiers doivent inscrire, au bas des expéditions qui leur sont demandées, le détail des déboursés et des droits auxquels chaque arrêt, jugement ou acte donne lieu.

A défaut d'expédition, ils doivent faire cette mention sur des états signés d'eux, et qu'ils remettent aux parties ou aux avoués.

Il leur est alloué, pour chaque état, un émolument de 10 cent.

Ils portent, sur les registres dont la tenue est prescrite par la loi, toutes les sommes qu'ils perçoivent.

Les déboursés et les émoluments sont inscrits sur des colonnes séparées.

Art. 10. — Les greffiers ne peuvent écrire sur les minutes, ou feuilles d'audience, et sur les registres timbrés, plus de trente lignes à la page et de quinze à vingt syllabes à la ligne ; sur une feuille au timbre de 70 cent., de quarante lignes à la page et de vingt à vingt-cinq syl-

labes à la ligne, lorsque la feuille est au timbre de 1 fr. 25 cent., et plus
de cinquante lignes à la page et de vingt-cinq à trente syllabes à la ligne, lorsque la feuille est au timbre de 1 fr. 50 cent.

Toute contravention est constatée conformément à la loi du 13 brum.
an 7, et punie de l'amende prononcée par l'art. 12 de la loi du 16 juin
1824, sans préjudice des droits de timbre, à la charge des contrevenants.

Art. 11. — Les émoluments déterminés par le présent tarif sont
indépendants des droits et remises fixés par la loi du 21 vent. et 22 prair.
an 7, le décret du 12 juill. 1808, et tous les décrets, lois, ordonnances
et règlements d'administration publique postérieurement publiés.

L'ordonnance du 18 sept. 1833, concernant les expropriations pour
cause d'utilité publique, et celle du 10 oct. 1841, sur les ventes judiciaires, continuent à être exécutées dans toutes leurs dispositions.

Art. 12. — Il est interdit aux greffiers des Cours impériales et des
tribunaux civils de première instance, ainsi qu'à leurs commis, de recevoir, sous quelque prétexte que ce soit, d'autres et plus forts droits
que ceux qui leur sont alloués par le présent décret; ils ne peuvent exiger ni recevoir aucun droit de prompte expédition.

Le contrevenant est, suivant la gravité des circonstances, destitué de
son emploi, et poursuivi, pour l'application des peines prononcées, soit
par l'art. 23 de la loi du 21 vent. an 7, soit par l'art. 174 du Code pénal,
sans préjudice de la restitution des sommes perçues, et de tous dommages et intérêts, s'il y a lieu.

Art. 13. — Le présent règlement sera exécutoire à partir du 1er juin 1854.

Observations.

1° Il résulte de ce que nous avons dit, en commençant ce paragraphe, que les émoluments accordés aux greffiers par le décret
du 24 mai 1855, pour la rédaction des actes, sont indépendants
des remises que leur fait l'administration de l'enregistrement sur
ceux perçus à son profit, et déterminés sous les dénominations *de
droits de rédaction et de transcription*, tels qu'ils sont établis par
le décret du 12 juillet 1808 (*Voir ce que nous avons dit au § 1er,
page 228*).

2° Il est peut-être superflu de dire que les émoluments accordés aux greffiers par ce décret ne sont pas susceptibles de l'augmentation des deux décimes, car cette idée ne viendra à l'esprit
de personne. Tout le monde sait en effet qu'ils ne sont établis
qu'au profit du trésor public.

3° Nous avons déjà vu, page 220, que les articles 19 et 55 du décret du 30 mars 1808 prescrivent, dans les tribunaux de première
instance, et dans les Cours d'appel, la tenue au greffe d'un registre, ou rôle général, coté et parafé par les présidents des tribunaux et par les premiers présidents, sur lequel sont inscrites
les causes dans l'ordre de leur présentation ; que les avoués sont
tenus de faire cette inscription, la veille au plus tard du jour où on
se présente à l'audience ; — Que chaque inscription doit contenir
les noms des parties et ceux des avoués.

Dans la pratique, ce ne sont pas les avoués qui font ces inscriptions, mais ce sont les greffiers qui les couchent sur leur registre, d'après les indications que leur fournissent les avoués, et cela en exécution de l'article 4 de la loi du 21 ventôse an VII, qui dit : « Le droit de mise au rôle sera perçu par le greffier, en y « inscrivant la cause. »

Cette inscription est-elle un acte de greffe?

Si elle est un acte de greffe, il est dû aux greffiers de première instance un franc 50 centimes, et aux greffiers des Cours impériales, 3 francs par chaque mise au rôle (Article 1er, § 7, et 6, § 1, du décret du 24 mai 1854).

Nous avons sous les yeux un mémoire, dans lequel on dit que ce droit avait été demandé dans le projet de tarif que M. le ministre de la justice avait autorisé les greffiers à lui soumettre; qu'il est vrai qu'il ne se retrouve pas nominativement rappelé dans le décret du 24 mai, mais qu'il paraît virtuellement compris dans les articles 1er, § 7, et 6, § 1, de ce décret. Article 1er, § 7 : « *Pour tout acte, déclaration ou certificat* FAIT OU TRANSCRIT AU « GREFFE, 1 franc 50 centimes. » Aarticle 6, § 1 : « Les greffiers « des Cours impériales ont droit aux émoluments suivants : « 1° *Pour tout acte fait ou transcrit au greffe*, quel que soit le « nombre des parties, 3 francs. »

Mais la mise au rôle est-elle un acte? Qui peut en douter, dit-on : 1° C'est par elle que les parties sont liées devant la juridiction, qui ne peut plus être dessaisie que par un acte de son initiative qui prononce la radiation.

2° La jurisprudence veut que la mise au rôle interrompe la péremption d'instance, aux termes de l'article 399 du Code de procédure, qui dit *que cette péremption n'a pas lieu de droit; qu'elle se couvre par les actes valables faits par l'une ou l'autre des parties avant la demande en péremption.*

La mise au rôle est donc évidemment un acte, et qui plus est un acte de procédure.

3° Cet acte donne à l'avoué sur la réquisition duquel il est fait droit à une vacation (Article 90, § 1er, du décret du 16 février 1807). C'est donc un acte qu'il fait ou qu'il fait faire.

4° C'est si bien un acte, qu'il donne lieu à un droit d'enregistrement, que le greffier perçoit pour le fisc.

Qu'on n'objecte pas que cet acte est déjà rétribué par l'attribution qui est faite au greffier, d'un décime par franc, dont lui tient compte l'administration de l'enregistrement. Car il en est ainsi de la plupart des actes compris dans le tarif du 24 mai.

Cette remise d'un décime est une indemnité pour la perception du droit; elle n'est pas comprise dans les émoluments tarifés par le décret. Ceux-ci sont accordés *indépendamment des droits et remises fixés par les lois des 21 ventôse et 22 prairial an VII, et tous actes, décrets, lois, ordonnances et règlements d'administration publique postérieurement publiés* (art. 2).

Voilà le résumé de ce qu'on allègue pour justifier le droit à l'émolument.

C'est là une très-grave question, et qui mérite toute l'attention des tribunaux ; il suffit, pour se convaincre de son importance, de la traduire en chiffres.

On a inscrit en 1854, d'après les statistiques judiciaires, 9,999 affaires aux rôles des Cours impériales, soit, en chiffres ronds, 30,000 fr., répartis dans des proportions différentes (1) entre les 27 greffiers des Cours impériales de France. A la rigueur, cela n'est pas énorme en soi, car la position de ces greffiers, quoique placés au sommet de la hiérarchie, n'est pas bonne (2), et nous ne voyons encore rien là qui eût pu empêcher le législateur de vouloir que les mises au rôle fussent classées parmi les actes taxés 3 francs.

Mais il y a à côté, ou plutôt au-dessous d'eux, les greffiers des tribunaux de première instance. Or il a été inscrit sur leurs rôles, pendant la même année 1854, 114,592 affaires tant ordinaires que sommaires : à un franc 50 centimes l'une, cela donne par an une augmentation de 171,888 francs à répartir inégalement entre les greffiers des tribunaux civils d'arrondissement (sur cette somme le greffier du tribunal de Paris prendrait à lui seul 15,000 francs environ). Avant le décret, ils ne touchaient rien pour cet objet. C'est une augmentation de près de deux millions sur le capital des charges. Pour les tribunaux de commerce, il y a eu 196,191 inscriptions aux rôles. Il est vrai que le décret du 24 mai 1854 n'a pas été déclaré applicable à leurs greffiers, et que les tarifs spéciaux de ceux-ci ne leur accordent rien pour cet objet. Mais, s'il est vrai que les greffiers civils aient droit à cet avantage, pourquoi en priverait-on les greffiers des tribunaux de commerce? Il n'y a pas plus de raison pour le refuser aux seconds que pour l'accorder aux premiers, quand surtout le droit dont il s'agit serait déjà perçu par les greffiers civils, dans les arrondissements où leur tribunal juge les affaires commerciales. Cette innovation augmenterait le traitement des greffiers du tribunal de commerce de 300,000 francs par an, et le capital vénal de leurs charges d'au moins 3 millions.

Sans doute, si le législateur a voulu ces résultats, il faut se soumettre et exécuter le décret en ce sens, quoiqu'on ne se rende pas parfaitement compte des graves motifs d'ordre et d'intérêt public qui ont pu le déterminer à une générosité presque inouïe.

Mais nous hésitons à croire que telle ait été sa volonté. Voici nos raisons :

1° Cet émolument avait été réclamé, et il n'a pas été nominativement concédé.

---

(1) Seulement le greffier de la Cour impériale de Paris en prendrait environ 6,209 fr., quoiqu'il ne soit pas le plus mal rétribué des greffiers des Cours.

(2) Le nouveau tarif ne les a pas tirés de l'infériorité financière dans laquelle ils sont vis-à-vis des greffiers de première instance, car la plupart des actes qu'il remunère, ou ne se font pas en appel, ou n'y ont pas lieu assez fréquemment pour donner un bénéfice important.

Les greffiers des Cours d'appel avaient été autorisés par M. le ministre de la justice à lui présenter un projet de tarif ; il contenait six articles, qui ont servi à la rédaction définitive du décret du 24 mai 1853, et qui y ont été admis avec quelques modifications et des réductions. Le premier de ces articles portait : « Il « sera alloué aux greffiers en chef des Cours royales ; — *Pour la mise au rôle général de chaque affaire, 5 francs.*

C'est justement cet article, le plus frappant de tous, qui est omis dans le décret : Est-ce parce que le législateur a pensé qu'il faisait redondance avec le § 7 de son article 1er, ou est-ce parce qu'il a entendu rejeter un droit qui n'avait jamais été accordé? Nous regrettons vivement de ne pas avoir à notre disposition le rapport qui a dû accompagner le projet de décret avant sa signature (il n'est pas à notre connaissance qu'il ait été publié), car peut-être il nous éclairerait sur ce point (1).

En son absence, nous croyons que le rédacteur du décret a voulu repousser la prétention des greffiers à l'émolument par eux réclamé, et qu'il a entendu que l'ancienne remise d'un décime sur le droit de mise au rôle fût une rémunération en rapport avec l'insignifiance de l'acte dont il s'agit.

L'émolument, en effet, était assez important pour mériter une mention spéciale ; il n'est pas présumable qu'on eût voulu le consacrer, en quelque sorte clandestinement, par une dénomination vague et générale, quand à lui seul il opérerait une si grande révolution dans la situation et le traitement des greffiers.

2° On n'aurait pas accordé un droit aussi fort que celui de trois francs en appel, et d'un franc 50 centimes en première instance, d'abord à cause des résultats que nous venons d'exposer, et puis parce que le droit de un franc 50 centimes est égal à celui que le trésor public perçoit pour la mise au rôle des affaires sommaires, et sur lequel il fait encore aux greffiers une remise de 15 centimes. On aurait au moins fait une distinction entre la mise au rôle des affaires sommaires et celle des affaires ordinaires.

3° Ce n'est pas ainsi qu'on a entendu le décret, au moment de sa mise à exécution ; personne, ce semble, ne lui donnait cette interprétation, du moins il n'est pas à notre connaissance que jusqu'à présent cet émolument ait été perçu.

4° L'acte de mise au rôle est peu important en soi, les greffiers

---

(1) Notre travail était achevé, lorsque nous avons pu nous procurer une copie, non pas du rapport de M. le ministre de la justice, mais de celui de M. Flandrin au conseil d'Etat. Si cette copie est exacte, elle confirme singulièrement nos prévisions. Voici ce que nous y lisons : « MM. les greffiers des Cours demandent une allocation fixe de 5 fr., « pour droit de mise au rôle. L'article 49 de la loi du 24 ventôse an VII n'alloue que « 40 centimes par franc.

« Le projet du Gouvernement ne leur accorde aucun supplément : la section est du « même avis, parce que le droit perçu lors de la mise au rôle étant déjà fixé à 5 francs « au profit du Trésor par l'article 3 de la loi de ventôse an VII, l'augmentation deman- « dée eût trop pesé sur les justiciables. »

y participent plutôt dans l'intérêt de l'enregistrement et comme agents du fisc, que comme officiers publics, et pour donner l'authenticité à un acte qu'ils ne signent même pas ; à un acte qui, aux termes des articles 19 et 55 du règlement du 30 mars 1808, ne devrait peut-être avoir d'autre rédacteur que l'avoué.

Néanmoins, quelque puissantes que soient ces considérations morales, il faut cependant reconnaître de bonne foi qu'elles ne répondent qu'imparfaitement aux arguments de textes que les greffiers invoquent en leur faveur.

Du reste, il est impossible qu'une question qui touche à des intérêts d'une telle importance ne soit pas bientôt portée devant les tribunaux. Attendons les éclaircissements et leurs décisions.

Cela dit, passons outre.

§ 3. *Émoluments des greffiers des tribunaux de 1re instance, dans les ventes judiciaires d'immeubles.*

Nous avons laissé ce paragraphe au lieu qu'il occupe en tête de l'ordonnance du 10 octobre 1841, pour ne pas déranger l'ensemble et la symétrie de ses articles. Nous y renvoyons, page 194. Rien au surplus n'est plus clair et plus facile d'application que l'article premier de cette ordonnance, nous n'avons rien de plus à en dire ici.

§ 4. — *Émoluments des greffiers des tribunaux de 1re instance, dans les expropriations pour cause d'utilité publique.*

Ces émoluments ont été réglés par l'ordonnance du 18 septembre 1833, dans les articles 9 à 17. En voici les termes, qui ne donnent lieu à aucune difficulté :

CHAPITRE II. — *Des greffiers.*

Art. 9. — Tous extraits ou expéditions délivrés par les greffiers, en matière d'expropriation pour cause d'utilité publique, seront portés sur papier d'une dimension égale à celles des feuilles assujetties au timbre de 1 fr. 25 c.

Ils contiendront vingt-huit lignes à la page, et quatorze à seize syllabes à la ligne.

Art. 10. — Il sera alloué aux greffiers 40 cent. pour chaque rôle d'expédition ou d'extrait.

Art. 11. — Il sera alloué aux greffiers, pour la rédaction du procès-verbal des opérations du jury spécial, 5 fr. pour chaque affaire terminée par décision du jury rendue exécutoire.

Néanmoins, cette allocation ne pourra jamais excéder 15 fr. par jour, quel que soit le nombre des affaires ; et, dans ce cas, ladite somme de 15 fr. sera répartie également entre chacune des affaires terminée le même jour.

Art. 12. — L'état des dépens sera rédigé par le greffier.

Celle des parties qui requerra la taxe devra, dans les trois jours qui suivront la décision du jury, remettre au greffier toutes les pièces justificatives.

Le greffier parafera chaque pièce admise en taxe, avant de la remettre à la partie.

Art. 13. — Il sera alloué au greffier 10 cent. pour chaque article de l'état des dépens, y compris le parafe des pièces.

Art. 14. — L'ordonnance d'exécution du magistrat directeur du jury indiquera la somme des dépens taxés et la proportion dans laquelle chaque partie devra les supporter.

Art. 15. — Au moyen des droits ci-dessus accordés aux greffiers, il ne leur sera alloué aucune autre rétribution à aucun titre, sauf les droits de transport dont il sera parlé ci-après ; et ils demeureront chargés, 1° du traitement des commis greffiers, s'il était besoin d'en établir pour le service des assises spéciales ; 2° de toutes les fournitures de bureau nécessaires pour la tenue de ces assises ; 3° de la fourniture du papier des expéditions ou extraits, qu'ils devront aussi faire viser pour timbre.

CHAPITRE III. — *Des indemnités de transports.*

Art. 16. — Lorsque les assises spéciales se tiendront ailleurs que dans la ville où siége le tribunal, le magistrat directeur du jury aura droit à une indemnité fixée de la manière suivante : s'il se transporte à plus de cinq kilomètres de sa résidence, il recevra pour tous frais de voyage, de nourriture et de séjour, une indemnité de 9 fr. par jour ; s'il se transporte à plus de deux myriamètres, l'indemnité sera de 12 fr. par jour.

Art. 17. — Dans le même cas, le greffier ou son commis assermenté recevra 6 ou 8 fr. par jour, suivant que le voyage sera de plus de cinq kilomètres ou de plus de deux myriamètres, ainsi qu'il est dit dans l'article précédent.

Art. 25. — Les distances seront calculées d'après le tableau dressé par les préfets, conformément à l'art. 93 du décret du 18 juin 1811.. . .

. . . .

Art. 27. — Seront également acquittées par le receveur de l'enregistrement, les indemnités de déplacement que le magistrat directeur du jury et son greffier pourront réclamer lorsque la réunion du jury aura lieu dans une commune autre que le chef-lieu judiciaire de l'arrondissement.

Le paiement sera fait sur un état certifié et signé par le magistrat directeur du jury, indiquant le nombre des journées employées au transport, et la distance entre le lieu où siége le jury et le chef-lieu judiciaire de l'arrondissement.

Art. 28. — Dans tous les cas, les indemnités de transport allouées au magistrat directeur du jury et au greffier resteront à la charge, soit de l'administration, soit de la compagnie concessionnaire qui aura provoqué l'expropriation, et ne pourront entrer dans la taxe des dépens.

Art. 30. — Le greffier tiendra exactement note des indemnités allouées aux jurés et aux personnes qui seront appelées pour éclairer le jury, et en portera le montant dans l'état de liquidation des frais.

§ 4. *Émoluments des greffiers dans les ventes publiques de meubles.*

Nous avons dit, en parlant des greffiers de justice de paix, quels sont les émoluments qui leur appartiennent, quand ils procèdent à des ventes publiques de meubles, soit volontaires, soit forcées, soit après décès, soit après faillite, ou soit qu'il s'agisse de ventes publiques de fruits et récoltes pendants par racines, ou de coupes de bois taillis. Les greffiers des tribunaux civils ont absolument les mêmes droits qu'eux, les huissiers et les notaires, et même que les commissaires-priseurs, quand ils sont appelés à faire ces ventes.

Cependant l'article 1er de la loi du 5-11 juin 1851, sur les ventes volontaires de fruits et récoltes pendants par racines, et de coupes de bois taillis, ne paraît accorder le droit de les faire qu'aux greffiers de justice de paix et non aux autres; elle dit en effet, article 1er : *Qu'elles seront faites en concurrence, au choix des parties, par les notaires, commissaires-priseurs, huissiers et greffiers de justice de paix.*

Peut-être est-il possible de considérer cet article comme démonstratif, plutôt que comme limitatif.

La question n'a pas un grand intérêt pour les greffiers en général, car nous croyons qu'il n'y a d'appelés par les parties à faire ces ventes que les greffiers de justice de paix, qui sont plus près d'elles.

Pour le surplus, nous renvoyons à ce que nous avons dit plus haut en parlant des greffiers de justice de paix, pages 6 à 12.—Et nous n'ajoutons rien de plus ici.

CHAPITRE II.

DROITS DES GREFFIERS DES TRIBUNAUX DE COMMERCE.

§ Ier.

Les lois des 21 ventôse et 22 prairial an VII, et le décret du 12 juillet 1808, ci-devant rappelés, page 218 et 222, ont régi la taxe des émoluments des greffiers des tribunaux de commerce jusqu'au décret du 6 janvier 1814.

Il avait été reconnu déjà depuis longtemps que ces émoluments étaient insuffisants pour défrayer convenablement le greffier du tribunal de commerce de Paris des dépenses auxquelles il était astreint. Ce décret fut motivé par la nécessité de venir à son secours, en l'autorisant à percevoir, à son profit, des droits sur les jugements, les actes concernant les faillites, les enquêtes, les interrogatoires sur faits et articles, les certificats, etc.

Il était taxativement et exclusivement applicable au tribunal de commerce de Paris; il devint bientôt, malgré son texte, la règle suivie abusivement dans les autres tribunaux de commerce; mais il a été abrogé par l'ordonnance du 9 octobre 1825, qui contient un tarif applicable à tous les tribunaux de commerce de France. Cette ordonnance vise l'article 624 du Code de commerce, la loi du 11 mars 1799, le décret du 12 juillet 1808 et celui du 6 janvier 1814 (1).

§ II.

ORDONNANCE DU 9 OCTOBRE 1825, *qui fixe les droits que percevront les greffiers des tribunaux de commerce, indépendamment de ceux qui leur sont accordés par la loi du 11 mars 1799 et par le décret du 12 juillet 1808.*

Art. 1er. — Indépendamment des droits et remises qui sont accordés aux greffiers des tribunaux de commerce, par la loi du 11 mars 1799, et par le décret du 12 juillet 1808, ces officiers percevront, à leur profit, les droits ci-après établis :

§ 1er. — *Jugements.*

N° 1. Pour chaque jugement interlocutoire et préparatoire porté sur la feuille d'audience, ceux de simple remise exceptés.. . . . . . 0 f 50 c.

Pour chaque jugement expédié, et dont les qualités se rédigent dans le greffe, savoir :

S'il est par défaut.. . . . . 1 f. 00 c.
S'il est contradictoire (2). . . . . 2 f. Réduits à 1 50
Plus, pour le timbre de chaque jugement porté sur le plumitif (§ 2 du décret du 8 avril 1848.) . . . . , ... 0 25

---

(1) Le décret du 6 janvier 1814, abrogé par l'article 4 de l'ordonnance du 9 octobre 1825, portait :

« ARTICLE 1er. Le greffier du tribunal de commerce de Paris est autorisé à percevoir « à son profit, indépendamment des remises à lui accordées par la loi du 24 ventôse « an VII, les droits ci-après, savoir : — Pour chaque jugement interlocutoire et prépa- « ratoire, ceux de simples remises exceptés, 1 fr. 00 c.; — Pour chaque jugement ex- « pédié et dont les qualités se rédigent dans le greffe, 2 fr. 00 c.

« ART. 2. Les procès-verbaux et actes concernant les faillites sont fixés de la ma- « nière suivante, savoir : — Procès-verbal contenant la prestation de serment des agents « de la faillite, 3 fr. 00 c. — Procès-verbal contenant la liste de présentation pour la « nomination des syndics provisoires, 3 fr. 00 c.— Procès-verbal de reddition de compte « des agents aux syndics provisoires, 4 fr. 50. — Procès-verbal relatif à la vérification « et affirmation des créances pour chaque vérification et affirmation, 1 fr. 00 c. — « Pour circulaire à chaque créancier, 0 fr. 20 c. — Pour insertion dans les journaux, « 1 fr. 00 c. — Les deux formalités ci-dessus ne pourront être remplies que par la « voie du greffe. — Procès-verbal de clôture, 3 fr. 00. — Procès-verbal d'assemblée pour passer un contrat d'union, 4 fr. 50 c. — Procès-verbal de reddition de compte des syndics provisoires au failli, 4 fr. 50 c. — Procès-verbal de reddition de compte des syndics provisoires aux syndics définitifs, 4 fr. 50 c. — Procès-verbal des syndics défini- tifs à la masse des créanciers, 4 fr. 50 c. — Procès-verbal d'assemblée des créanciers, pour prendre une délibération quelconque non prévue par les articles précédents, 4 fr. 50 c.

Enquêtes. — Pour chaque témoin, 2 fr.

Interrogatoires sur faits et articles. — Pour chaque interrogatoire, 3 fr. 00 c. — Procès-verbal de compulsoire, 4 fr. 50 c. — Rédaction des certificats délivrés par le greffe, 1 fr. 00 c. — Pour inscription des rapports, 0 fr. 20 c. — Pour l'insertion dans les tableaux de l'auditoire du tribunal de commerce dans les cas déterminés par le Code et dans les journaux, pour chacun 0 fr. 50 c.

ART. 3.—Tous greffiers qui, sous quelque prétexte que ce soit, exigeraient d'autres droits que ceux établis par le présent décret, ou de plus fortes sommes que celles fixées par le tarif ci-dessus, seront poursuivis conformément à l'art. 174 du Code pénal.

(2) V. *la note 1, 2, 3, page suivante.*

§ 2. — *Procès-verbaux.*

Pour chaque procès-verbal :

N° 2. Du compulsoire (Pr. 849 et suiv., C. C. 15 et 16). . . 4 f. 00 c.

N° 3. D'interrogatoire sur faits et articles (Pr. 428, 2ᵉ part.). 2 00

N° 4. De l'assemblée des créanciers pour la formation de la liste des candidats aux fonctions de syndics provisoires (C.C. 476, 480). 2 f. 00 c.

N° 5. De reddition du compte des agents aux syndics provisoires (C. C. 481). . . . . , ... 3 f. 00 c.

N° 6. De vérification et d'affirmation des créances (C.C. 503, 508) pour chaque créancier. . . . . 0 f. 50 c.

Et pour un contredit contresigné (*consigné*) au procès-verbal et sur lequel il y aurait renvoi à l'audience. . . . . 0 f. 50 c.

N° 7. De mise en demeure de créanciers non comparants (C. comm., 510). . . . . 2 f. 00 c.

N° 8. De l'assemblée des créanciers dont les créances ont été admises pour passer au concordat ou au contrat d'union (C.C. 514, 516). 4 f. 00 c.

N° 9. De reddition du compte définitif des syndics provisoires au failli, en cas de concordat (C. C. 525) (1). . . . . . . 4 f. Réduits à. 3 f. 00 c.

N° 10. De reddition du compte définitif des syndics provisoires aux syndics définitifs, en cas de contrat d'union (C. C. 527) (2). 4 f. Réduits à . . . . 3 f. 00 c.

N° 11. De reddition du compte définitif des syndics aux créanciers de l'union (C. C. 562) (3). . . . . 4 f. Réduits à 3 f. 00 c.

N° 12. De l'assemblée des créanciers pour prendre une délibération quelconque non prévue par les dispositions précédentes. . . 3 f. 00 c.

§ 3. — *Actes spéciaux des tribunaux de commerce des villes maritimes.*

N° 13. Pour la rédaction du rapport d'un capitaine de navire à l'arrivée d'un voyage de long cours ou de grand cabotage (C.C. 242, 243). 1 f. 00 c.

N° 14. Pour déclaration des causes de relâche dans le cours d'un voyage (C. C. 245). . . . . 2 f. 00 c.

(1, 2, 3) Un arrêté du Gouvernement provisoire du 8-13 avril 1848 est venu modifier ce tarif; en voici les dispositions :

ARRÊTÉ *du 8-13 avril 1848*, qui modifie le tarif relatif aux émoluments des greffiers et des huissiers audienciers près les tribunaux de commerce.

LE GOUVERNEMENT PROVISOIRE de la République arrête ce qui suit :

§ 1ᵉʳ. Le tarif relatif aux émoluments des greffiers et des huissiers audienciers près le tribunal de commerce est modifié de la manière suivante :

§ 2. Le papier du plumitif, porté à 50 cent. sur chaque expédition, est réduit à 25 cent.

§ 3. Les droits de rédaction pour les jugements contradictoires expédiés sont réduits de 2 fr. à 1 fr. 50 c., le droit d'appel des causes dû aux huissiers audienciers est réduit de 30 cent. à 20 cent.

§ 4. Les émoluments du greffier, en matière de faillite, sont modifiés ainsi qu'il suit:

§ 5. Sur le procès-verbal de remise à huitaine pour le concordat, au lieu de. . . . . 4 f. 00 c.   3 f. 00 c.

§ 6. Sur le procès-verbal de reddition de compte des syndics, au lieu de. 4 00   3 00

§ 7. Sur la rédaction, l'impression, l'envoi des lettres aux créanciers, par chaque lettre, au lieu de. 0 20   0 10

§ 8. Pour les droits de recherche (*Loi du 24 vent. an vii*, art. 14), au lieu de. 0 50   0 25

N° 15. Pour la rédaction du rapport du capitaine en cas de naufrage ou échouement. . . . . 1 f. 00 c.

§ 4. — *Formalités diverses.*

N° 16. Pour l'affichage et pour l'insertion dans les journaux à faire dans les cas prévus par les art. 457, 476 et 512, C. comm.. . 1 f. 00 c.

N° 17. Pour la rédaction, l'impression et l'envoi des lettres individuelles de convocation aux créanciers d'une faillite dans les cas prévus par l'art. 476, C. comm. . . . . 0 f. 20 c. Réduits à. 0 f. 10 c.

N° 18. Pour la rédaction des certificats délivrés par le greffier, dans les cas prévus par les lois. . . . . , ... 1 f. 00 c.

Art. 2. — Les greffiers des tribunaux de commerce inscriront, au pied des expéditions qu'ils délivreront aux parties, le détail des déboursés et des droits auxquels chaque acte aura donné lieu.

A défaut d'expédition, ils écriront ce détail sur des états signés d'eux, et qu'ils remettront aux parties.

Ils porteront, sur le registre prescrit par l'art. 13 de la loi du 11 mars 1799, toutes les sommes qu'ils percevront, soit en vertu de la présente ordonnance, soit en vertu des lois et règlements antérieurs ; les déboursés et les émoluments seront inscrits dans des colonnes séparées (1).

Art. 3. — Le présent tarif ne s'applique point aux actes des greffiers des tribunaux civils qui exercent la juridiction commerciale.

Ils ne s'appliquent pas non plus à ceux des actes spécifiés dans l'article 1er, qui sont dressés par les greffiers des justices de paix, dans les cas où les juges de paix sont autorisés par la loi à les recevoir.

Art. 4. — Le décret du 6 janv. 1814 est abrogé.

Art. 5. — Si les greffiers des tribunaux de commerce ou leurs commis reçoivent, sous quelque prétexte que ce soit, d'autres ou plus forts droits que ceux qui leur sont attribués par la loi du 11 mars 1799 (21 vent. an 7), et par la présente ordonnance, il est enjoint aux présidents de ces tribunaux d'en informer immédiatement nos procureurs généraux ; il en sera pareillement fait rapport à notre garde des sceaux.

Les contrevenants seront, selon la gravité des circonstances, destitués de leur emploi, traduits devant la police correctionnelle, pour être condamnés à l'amende déterminée par l'art. 23 de la loi du 11 mars 1799, ou poursuivis extraordinairement, en vertu de l'art. 174, C. pén., sans préjudice, dans tous les cas, de la restitution des sommes indûment perçues, et des dommages et intérêts, quand il y a lieu.

---

(1) Il paraît que la tenue de ce registre est tombée en désuétude dans les greffes des tribunaux civils et de commerce C'est un oubli fâcheux et qui peut rendre plus faciles et plus fréquentes les perceptions abusives.

Les procureurs impériaux et les présidents des tribunaux de commerce sont chargés, par l'ordonnance du 5 nov. 1823, de faire, dans les cinq premiers jours de chaque mois, le récolement sur les répertoires des minutes des greffes de leurs tribunaux respectifs, d'en constater l'état par un procès-verbal, et de le transmettre aux procureurs généraux.

Mais il paraît que dans la pratique leur inspection ne porte point sur les registres d'ordre de la nature de celui dont il s'agit, de sorte que la tenue de plusieurs de ces registres se trouve aujourd'hui négligée dans beaucoup de greffes.

Cela constitue néanmoins une contravention que les préposés de l'enregistrement ont mission de constater, et qui pourrait motiver des poursuites contre les greffiers.

Observations.

L'ordonnance du 9-12 octobre 1825 était à peine mise à exécution, qu'elle donna lieu à des réclamations de la part des greffiers. Ils les adressèrent au ministre de la justice, et le prièrent de leur donner les solutions d'un grand nombre de questions qu'ils posaient. Le ministre, après avoir pris l'avis du conseil d'État, y répondit par une circulaire qu'il adressa aux procureurs généraux, le 9 octobre 1826.

Cette instruction est très-nettement formulée ; elle est un complément indispensable pour la saine interprétation de l'ordonnance dont il s'agit ; il est donc nécessaire de la rapporter ici tout au long.

Monsieur le procureur général,

L'ordonnance royale du 9 octobre 1825, qui fixe les droits à percevoir par les greffiers des tribunaux de commerce, indépendamment de ceux qui leur sont attribués par la loi du 21 mars 1799 (21 ventôse an VII) et par le décret du 12 juillet 1808, a donné lieu à une correspondance de la part de plusieurs tribunaux de commerce sur le sens de cette ordonnance.

Il est résulté de cette correspondance les questions suivantes :

1° Est-il dû une rétribution au greffier à raison des jugements définitifs non expédiés ?

2° Doit-on entendre par jugement expédié tout jugement rédigé et porté sur la feuille d'audience, ou seulement les jugements dont les parties lèvent l'expédition ?

3° Lorsqu'un jugement est en partie contradictoire et en partie par défaut, quelle est la rétribution à laquelle le greffier a droit ?

4° Lorsqu'un jugement contradictoire est en partie définitif et en partie interlocutoire, quelle doit être la rétribution du greffier ?

5° Les jugements de déclaration de faillite sont-ils dans la classe des jugements contradictoires ou dans celle des jugements par défaut ?

Doit-on, à cet égard, distinguer entre ceux desdits jugements qui sont rendus sur la demande des créanciers, et ceux qui sont rendus par suite de la déclaration du failli ?

6° Les jugements de nomination des syndics provisoires, et les autres jugements rendus sur la demande des syndics ou sur le rapport du juge-commissaire de la faillite, sont-ils contradictoires ou par défaut ?

7° Le troisième alinéa de l'art. 2 de l'ordonnance du 9 octobre 1825, qui veut que les greffiers des tribunaux de commerce portent sur le registre prescrit par l'art. 13 de la loi du 11 mars 1799, toutes les sommes qu'ils perçoivent, n'est-il applicable qu'au cas où ces officiers délivrent expédition des jugements, ou doit-il être exécuté dans tous les cas où lesdits greffiers perçoivent des droits quelconques ?

8° Les états que les greffiers doivent fournir aux parties, dans les cas prévus par le deuxième alinéa de l'art. 2, peuvent-ils être écrits sur papier non timbré ?

Peuvent-ils l'être sur l'original de l'assignation ?

D'autres tribunaux de commerce m'ont adressé des réclamations tendant à établir l'insuffisance du tarif contenu dans l'ordonnance du 9 octobre 1825.

J'ai fait réunir le tout, et je l'ai renvoyé à l'examen de plusieurs comités réunis du conseil d'État : toutes les questions et réclamations ont été

16

mûrement pesées et discutées, et ces comités ont émis un avis que j'ai approuvé et dont je crois utile de vous faire connaître le résultat.

Sur les questions rapportées plus haut, les comités ont pensé :

1° Qu'il est dû au greffier une rétribution de 50 centimes à raison de chaque jugement définitif non expédié, mais simplement porté sur la feuille d'audience ; que ces jugements doivent être assimilés, comme ils l'ont été sous l'empire du décret du 6 janvier 1814, aux jugements interlocutoires et préparatoires portés sur la feuille d'audience ;

2° Que l'on ne doit entendre par jugements expédiés que ceux dont les parties ont levé l'expédition, et non pas ceux qui ont été portés seulement sur la feuille d'audience ;

3° Que, lorsque de plusieurs parties assignées, les unes comparaissent et les autres font défaut, le jugement qui donne défaut contre ces dernières, et prononce la jonction du défaut, conformément à l'art. 153 du Code de procédure civile, n'est qu'un simple jugement par défaut, qui ne donne lieu qu'au droit de 1 franc ;

Mais que le jugement qui intervient par suite de la réassignation donne, dans tous les cas, ouverture à la rétribution accordée pour les jugements contradictoires, par le motif que ce jugement n'est point susceptible d'opposition; d'où il suit qu'il peut être assimilé à un jugement contradictoire définitif ;

4° Que les jugements contradictoires, lorsqu'ils sont en partie définitifs et en partie interlocutoires, donnent lieu au droit de 2 francs, c'est-à-dire au droit le plus fort ;

5° Que les jugements de déclaration de faillite, lorsqu'ils ont été provoqués à la fois par la demande d'un ou plusieurs créanciers, et par la déclaration du failli, sont contradictoires puisqu'ils ont statué sur les conclusions des parties ayant des intérêts opposés ;

Qu'ils sont, au contraire, par défaut, lorsqu'ils sont intervenus, soit sur la seule demande d'un ou plusieurs créanciers, soit sur la seule déclaration du failli, soit sur la seule notoriété publique, puisqu'alors il n'est pas statué sur les conclusions des parties ayant des intérêts opposés ;

6° Que les jugements de nomination de syndics provisoires sont dans la classe des jugements contradictoires, lorsqu'ils sont intervenus sur une liste formée dans une assemblée de créanciers régulièrement convoqués, parce que, dans ce cas, ces jugements ne sont point susceptibles d'opposition ;

Que les jugements rendus, soit sur la demande des syndics, soit sur le rapport du juge-commissaire de la faillite, peuvent être tantôt contradictoires et tantôt par défaut, selon que tous ceux qui y sont partie comparaissent et se défendent, ou qu'une ou plusieurs parties ne comparaissent pas ou ne se défendent pas; qu'il est impossible d'établir d'autres règles sur ce point.

7° Que le troisième alinéa de l'art. 2 de l'ordonnance du 9 octobre 1825 s'applique à toutes les sommes que le greffier perçoit, soit que cette perception ait lieu à l'occasion de la délivrance d'une expédition, soit qu'elle ait lieu dans tout autre cas;

8° Que les états que le greffier doit fournir dans le cas prévu par le deuxième alinéa de l'art. 2 de l'ordonnance du 9 octobre 1825 ne peuvent être écrits ni sur papier libre, ni sur le papier timbré de l'original de l'assignation, sur ce motif que ces états sont des actes civils et judiciaires qui peuvent être produits en justice, et qu'ils ne peuvent être écrits à la suite d'un autre acte, sur une même feuille, aux termes des lois sur le timbre.

Qu'enfin il y a lieu de maintenir le tarif établi par l'ordonnance du 9 octobre 1825. . . . .

Je vous prie d'en donner connaissance aux tribunaux de commerce de votre ressort, pour leur servir de règle.

§ 4.—*Droits et émoluments des greffiers des tribunaux de commerce pour les actes qu'ils font dans les faillites.*

L'ordonnance du 9 octobre 1825 a été rendue sous l'empire de l'ancien Code de commerce. Le titre des faillites a été révisé par la loi du 28 mai 1838, promulguée le 28 juin suivant.

Cette loi a supprimé ou modifié plusieurs des actes tarifés par les nᵒ 4, 5, 7, 8, 9, 10 et 11 de l'ordonnance, et les a quelquefois remplacés par d'autres. Ce n'est donc qu'en principe, et par analogie, qu'elle doit être appliquée aux actes et formalités, en matière de faillite. Cette règle résulte implicitement de l'arrêté du 8 avril 1848, qui applique, en les réduisant, ces droits aux actes des faillites.

Dans cette application, il faut combiner les numéros cités avec les §§ 5, 6 et 7 de ce même arrêté du 8 avril.

Il ne serait pas sans à-propos que tous ces règlements fussent refondus dans un nouveau tarif, et ensuite abrogés.

En attendant, voici un spécimen du tarif pratiqué, en matière de faillite, dans plusieurs greffes de tribunaux de commerce.

TARIF *des droits accordés aux greffiers dans quelques tribunaux de commerce, en matière de faillite, par application de la loi du 21 ventôse an VII (4 mars 1799), du décret du 12 juillet 1808, de l'ordonnance du 9 octobre 1825, modifiée par l'arrêté du 8 avril 1848, indépendamment de leurs déboursés.*

1ᵒ (C. Com., 438). Pour la déclaration par le failli au greffe du tribunal de commerce de la cessation de ses paiements et le dépôt de son bilan, les droits de greffe fixés par l'art. 5 de la loi du 21 ventôse an VII, perçus au profit du trésor, sauf la remise du greffier. . . . . 1 f. 25 c.
Plus, les décimes. 0 25

2ᵒ (C. Com., 439). Pour le dépôt du bilan, à part de la déclaration de la cessation de paiement, dans les cas où le failli aurait été empêché de le déposer en même temps, même droit. . . . . 1 f. 25 c.
Plus, les deux décimes. 0 25

3ᵒ Pour le jugement de déclaration de faillite, et pour tous autres en matière de faillite, les mêmes droits que dans les matières ordinaires, c'est-à-dire pour chaque jugement interlocutoire et préparatoire, ceux de remise exceptés. . . . . 0 f. 50 c.

Pour chaque jugement expédié dont les qualités se rédigent au greffe :
S'il est par défaut. . . . . 1 f. 00 c.
S'il est contradictoire. 1 50
Pour le timbre du papier du plumitif. 0 25

Nota. Ces derniers droits sont au profit du greffier.

Il faut rappeler ici l'article 6 de la circulaire du 9 octobre 1826, dont nous avons donné le texte, pages 241 et 242, cet article porte :

16.

Que les jugements rendus, soit sur la demande des syndics, soit sur l'exposé du juge-commissaire de la faillite, pourront être, tantôt contradictoires et tantôt par défaut, selon que tous ceux qui y sont parties comparaissent et se défendent , ou qu'une ou plusieurs parties ne comparaissent pas ou ne se défendent pas.

Il paraît assez clairement en résulter que le droit du greffier est dû, que le jugement exige ou non la rédaction des qualités ; en effet, les jugements portant nomination de syndics (cités par la circulaire), ceux sur requête des syndics, ou sur rapport du juge-commissaire, qui, à proprement parler, n'ont pas de qualités, donnent lieu à la perception de l'émolument accordé par l'ordonnance du 9 octobre 1825, comme ceux rendus à l'audience sur assignation, et pour lesquels le greffier doit rédiger des qualités.

4° (C. Com., 442, 460, 492, 493, 504, 523, 524). Pour les insertions par extrait dans les journaux du jugement de déclaration de faillite, et des autres annonces qui doivent être faites par le greffier, par insertion. . . . . 1 f. 00 c.

5° Pour publication ou procès-verbal d'affiche du même jugement. . . . . 1 f. 00 c.

6° (C. Com., 459). Pour l'extrait du même jugement à adresser, dans les vingt-quatre heures, au procureur impérial de l'arrondissement. 1 f. 00 c.

7° (C. Com., 462). Pour la rédaction, impression et envoi des lettres de convocation aux créanciers présents à se réunir, dans un délai qui n'excédera pas quinze jours, et pour toutes les autres convocations relatives aux faillites, par lettre. . . . . 0 f. 10 c.

8° Pour le procès-verbal de délibération sur le syndicat, et sur la composition de l'état des créanciers présumés, contenant les dires et observations des créanciers présents. 2 f. 00 c.

9° (C. Com., 462, § 2). Pour l'état des créanciers présents. . 2 00 c.

Nota. — Il est certain qu'il doit être payé quelque chose pour cet état dont la rédaction est exigée par l'art. 462, § 2 du Cod. de comm., mais on ne voit pas aussi clairement la disposition sur laquelle l'usage s'est établi de le tarifer à 2 fr. Du reste, il paraît que cet usage même est loin d'être général.

10° (C. Com., 519 et 529). Pour les procès-verbaux de reddition de compte des syndics provisoires aux syndics définitifs, des syndics définitifs au failli et aux créanciers. . . . . 3 f. 00 c.

11° C. Com., 477). Pour l'interrogatoire du failli, de ses commis ou employés, tant sur ce qui concerne la formation du bilan que sur les causes et les circonstances de la faillite. . . . . 2 f. 00 c.

Nota. Ce dernier article n'est pas généralement admis. L'usage n'existe pas, notamment à Bordeaux.

Du reste, toutes ces divergences accusent la nécessité d'une révision, ainsi que nous le disions au commencement de ce paragraphe.

IVᵉ PARTIE.

Tarif des agréés près les tribunaux de commerce.

CHAPITRE UNIQUE.

DES AGRÉÉS.

Tous les légistes savent ce que sont les agréés.

Leurs fonctions consistent à représenter les parties, et à postuler devant les tribunaux de commerce. Ce sont des mandataires privés, aucune loi ne leur reconnaît, ni ne leur attribue le caractère d'officiers publics ou ministériels. Ce sont des avocats, licenciés ou non, postulant et plaidant avec la procuration des parties absentes, ou l'autorisation spéciale des parties présentes devant les tribunaux de commerce.

Cependant ils forment une corporation auprès de tous ces tribunaux et sous leur surveillance ; l'agrément qu'ils en reçoivent ne leur donne aucuns droits exclusifs ni priviléges spéciaux, mais les recommande seulement à la confiance des parties.

L'article 414 du Code de procédure porte que la procédure devant les tribunaux de commerce se fait sans le ministère d'avoués, et l'article 421 veut que les parties y comparaissent en personne, ou par le ministère d'un fondé de pouvoir spécial.

L'article 627 du Code de commerce confirme et renouvelle ces dispositions, et il veut que nul ne puisse plaider pour une partie devant ces tribunaux, si la partie présente à l'audience ne l'autorise, ou s'il n'est muni d'un pouvoir spécial.

Ce pouvoir, qui peut être donné au bas de l'original ou de la copie de l'assignation, doit être exhibé au greffier avant l'appel de la cause, et par lui visé sans frais.

On avait d'abord pensé que la remise de l'assignation à un *agréé* suffisait pour lui donner pouvoir de représenter la partie et de plaider pour elle ; le ministre de la justice lui-même avait approuvé cette pratique, ainsi que nous l'atteste Favard de Langlade, vᵒ *Agréé.*

Mais il est intervenu le 10 mars 1825, une ordonnance royale qui a rappelé à l'exécution littérale de l'article 627, en voici le texte :

« Article 1ᵉʳ. Lorsqu'une partie aura été défendue devant le
« tribunal de commerce par un tiers, il sera fait mention expresse
« dans la minute du jugement qui interviendra, soit de l'autori-
« sation que ce tiers aura reçue de la partie présente, soit du pou-
« voir spécial dont il aura été muni.

« Art. 2. Les magistrats chargés de procéder à la vérification
« ordonnée par l'article 6 de l'ordonnance du 5 novembre 1823
« s'assureront si la formalité prescrite par l'article précédent est
« observée dans tous les jugements rendus entre les parties qui
« ont été défendues, ou dont l'une a été défendue par un tiers. Ils
« consigneront dans leur procès-verbal le résultat de leur examen
« à cet égard.

« Art. 3. En cas de contravention à l'article 1er de la présente
« ordonnance, il en sera rendu compte à notre garde des sceaux,
« pour être pris à l'égard du greffier telle mesure qu'il appar-
« tiendra. »

Ainsi, d'après les prescriptions si formelles de cette ordonnance
et de la loi, les *agréés* ne sont pas plus que les autres dispensés
de représenter un pouvoir spécial de leur partie, avant d'être admis à la défendre devant le tribunal. Il paraît seulement qu'à cause
de la confiance générale dont ils ont été investis, par *l'agrément*
du tribunal devant lequel ils postulent, ils sont quelquefois, et
dans certains tribunaux seulement, dispensés de la légalisation de
la signature de leurs clients.

De ce que le ministère des *agréés* n'est ni forcé ni exclusif, il
résulte évidemment que leurs honoraires ou émoluments doivent
rester à la charge de la partie qui les emploie, sans recours possible contre la partie adverse. Néanmoins, un arrêt de cassation du
5 novembre 1835 (*Journal du Palais*, vol. 3 de 1835, p. 582) juge
que l'enregistrement du pouvoir donné à l'agréé est à la charge
de la partie qui succombe, et doit entrer dans les frais auxquels
elle est condamnée.

M. Biot, v° *Agréé*, n° 15, blâme la doctrine de cet arrêt. Mais
elle est approuvée par M. Dalloz, *Répertoire*, v° *Agréé*, n° 66, nouvelle édition.

Les agréés ont souvent élevé la prétention d'exiger de leur partie, pour laquelle ils avaient postulé, des droits égaux à ceux
qu'obtiennent devant les tribunaux civils les avoués pour des actes
analogues. Quoique ces émoluments paraissent de beaucoup trop
élevés, en égard à la nature du plus grand nombre d'affaires qui
se portent devant les tribunaux de commerce, et qui exigent beaucoup moins de soins et de peines que les affaires civiles ; il n'est
intervenu cependant aucun règlement public pour condamner
cette prétention.

La raison en est sans doute que la puissance publique tolère,
à cause de leur incontestable utilité, la corporation des *agréés*,
mais ne lui reconnaît pas d'existence légale ; elle ne les considère
que comme des mandataires privés, et ils ne sont en effet que
cela.

Il doit s'en suivre que les actions qu'ils ont pour se faire payer
les honoraires qui leur sont dus, à l'occasion de l'accomplissement des mandats qu'ils reçoivent des parties, sont des actions
ordinaires, semblables à celles qu'ont tous les mandataires contre
leurs mandants, lesquelles sont de la compétence des tribunaux

civils ordinaires. C'est ainsi du moins que la Cour de cassation l'a jugé, le 5 septembre 1814, en cassant un arrêt de la Cour de Rouen (V. *Dalloz*, v° *Agréé*, n° 67, note 1re). Un arrêt de la Cour de Bourges, rapporté dans le même recueil, *eod.*, a jugé la même chose. M. Nouguier (*Des tribunaux de commerce*, p. 130 et suiv.) est d'une opinion contraire; il est d'avis que toutes les fois que le client pour lequel l'agréé a occupé est commerçant, le tribunal de commerce est compétent pour connaître de l'action que cet agréé intente contre lui pour se faire payer de ses honoraires, parce que le mandat donné à l'occasion d'une affaire de commerce par un commerçant est un acte qui se rattache à son commerce. C'est aussi le sentiment de M. Orillard (*Compétence des tribunaux de commerce*, n° 237). M. Dalloz, *eod.*, n° 67, conteste la solution de ces deux auteurs et justifie la jurisprudence de la Cour de cassation.

La question est certainement fort grave; mais quelle que soit la solution qu'on adopte, il est impossible de ne pas reconnaître que les tribunaux de commerce seraient plus à portée d'apprécier si les honoraires réclamés par les agréés, pour les soins donnés à des affaires qu'ils ont jugées, sont une juste rémunération de ces soins, que les juges de paix ou les tribunaux civils ordinaires qui sont restés étrangers aux affaires dont il s'agit. Nous ne croyons pas non plus sans importance, ni sans force, les raisons données par MM. Nouguier et Orillard, et nous serions assez portés à les adopter.

Quoi qu'il en soit, le tribunal de commerce de Paris a plusieurs fois pris des arrêtés pour fixer les droits des agréés. Il en existe aux dates des 10 juin 1813, 14 mai 1814, 26 juin 1816 et 29 juin 1839. Il est inutile de s'occuper de ces arrêtés, parce qu'ils ont été remplacés par celui du 26 juin 1845, qui les abroge. Il convient d'en rapporter ici la teneur :

TRIBUNAL DE COMMERCE DU DÉPARTEMENT DE LA SEINE.

Le tribunal a pris, le 26 juin 1845, l'arrêté dont la teneur suit:

Après en avoir délibéré,

Le tribunal, considérant qu'il est utile, dans l'intérêt des justiciables, de fixer, par un règlement, les rétributions auxquelles les agréés peuvent prétendre pour tous les actes de leur ministère,

Arrête, par forme de police intérieure : Les agréés pourront demander à leurs clients, en outre de leurs déboursés justifiés,

4 fr. pour l'inscription d'une cause au plumitif et leur présentation à l'audience *en demandant*;

3 fr. pour chaque présentation *en défendant*;

3 fr. pour vacation *à la levée* d'un jugement.

Sous aucun prétexte les agréés ne pourront prétendre davantage.

Il n'est dû, dans toutes les affaires portées aux audiences sommaires, qu'une seule présentation seulement. Lorsqu'après une remise demandée par la partie et ordonnée par le tribunal, l'affaire aura été terminée par un jugement contradictoire définitif, il pourra être accordé un nouveau droit de présentation, soit en demandant, soit en défendant.

Dans tous les cas, l'agréé ne pourra prétendre au delà de trois présentations dans une même affaire, soit qu'elle ait été continuée aux audiences sommaires, soit qu'elle ait été renvoyée au grand rôle, et quel que soit le nombre des remises demandées, accordées ou ordonnées.

Mais dans toute affaire portée aux audiences sommaires, lors qu'après plusieurs remises, et sans plaidoiries, il y aura un jugement par défaut, ou un jugement de renvoi devant un juge-commissaire ou un arbitre-rapporteur, il ne pourra être réclamé qu'une seule présentation de 4 francs en demandant, et de 3 francs en défendant.

Indépendamment du droit de présentation ci-dessus fixé, MM. les agréés pourront réclamer de leurs clients des honoraires pour les causes susceptibles de plaidoiries et de développements.

La fixation de ces honoraires ne pourrait être faite par règlement, puisqu'elle dépend de la nature et de l'importance de l'affaire, du plus ou moins de soins et de travail qu'elle aura exigé ; elle reste abandonnée à la discrétion de MM. les agréés, à leur loyauté et à leur modération.

En cas de contestation, il en serait référé à M. le président du tribunal.

L'appréciation des honoraires dans les faillites, confiées aux soins des agréés, continuera à être faite par le juge-commissaire et soumise à l'approbation du président du tribunal.

Outre les émoluments ci-dessus fixés pour les affaires portées à l'audience, les agréés pourront réclamer :

3 fr. Pour chaque vacation aux enquêtes, aux soumissions de caution, aux dépôts de jugements de séparation, d'actes d'autorisation de faire le commerce pour les émancipés et pour les femmes, à la distribution des causes du grand rôle, à l'insertion dans les journaux de l'extrait d'un acte de société, y compris la rédaction de l'extrait ;

3 fr. pour la levée d'un rapport ou d'un jugement ;

3 fr. pour toute requête à fin de nomination d'experts, d'arbitres-juges, de placement de cause au grand rôle, d'autorisation d'assigner à bref délai, de saisir conservatoirement, de délivrance d'une deuxième grosse, d'obtention de sauf-conduit, d'autorisation du juge-commissaire pour cause quelconque, d'homologation de concordat quand la requête aura été répondue ;

1 fr. 50 c. pour la requête à fin de faire commettre un juge pour une vérification de livres.

Le présent arrêté sera affiché dans les deux salles d'audiences du tribunal, ampliation en sera transmise à la chambre des agréés pour être transcrite sur le registre de ses délibérations ; il est obligatoire pour tous les agréés, et en cas d'infraction de la part de l'un d'eux, le tribunal se réserve de prendre telle mesure qu'il jugera convenable.

Toutes délibérations antérieures sont rapportées.

Cet arrêté, pas plus que ceux qui l'ont précédé, n'a aucune force légale obligatoire, ni pour les agréés, ni contre eux, cependant ils s'y soumettent et l'exécutent très-scrupuleusement.

D'un autre côté, personne ne conteste que le mandat donné à un agréé ne doive être salarié : dans l'absence de conventions entre lui et sa partie sur la quantité des honoraires qu'il aura à réclamer, le règlement du tribunal de commerce est certainement ce qu'il y a de plus raisonnable à suivre. Aussi, privé de sanction et sans autorité légale, a-t-il une très-grande force de raison ; il a la puissance du fait et de l'usage, qui se rapproche de bien près du droit.

Il peut certainement être pris pour guide dans les tribunaux de commerce, où il n'en existe pas de semblables.

Cependant il faut ajouter cette considération, que tous les frais et les émoluments sont généralement plus élevés à Paris, à cause de l'importance de cette cité, que partout ailleurs.

Le deuxième décret complémentaire du 16 février 1807, sur la taxe des frais dans les tribunaux civils, en constatant ce fait, a établi une proportion légale entre Paris et les autres localités.

Il a voulu : 1° Que les droits et émoluments fussent les mêmes à Paris, Bordeaux, Lyon, Rouen, et l'ordonnance du 10 octobre 1841, sur les ventes judiciaires d'immeubles, a ajouté Marseille à ces quatre grandes villes ;

2° Que ces droits fussent diminués d'un dixième pour les villes où il y a une Cour d'appel, ou dont la population excède 30,000 habitants ;

3° Ces mêmes droits ont été réduits d'un quart dans tous les autres lieux.

Cette proportion, qui parut juste en 1807, est encore aujourd'hui ce qu'on reconnaît de plus raisonnable.

Nous ne verrions pas beaucoup d'inconvénients en pratique, d'adopter dans tous les tribunaux de commerce l'arrêté de celui de Paris, en laissant toutefois à chaque tribunal la latitude dont celui de Paris a usé.

Mais nous devons répéter, en terminant ce chapitre, qu'il y a dans tous ces tempéraments plus d'arbitraire, ou plutôt d'arbitrage que de légalité. Il serait bien à désirer qu'il intervînt des règlements d'administration publique, pour régulariser la position des agréés, qui sont des intermédiaires nécessaires entre les justiciables et les tribunaux de commerce, et pour fixer leurs droits, comme cela a été fait pour les avoués, dont ils exercent les fonctions devant les tribunaux de commerce.

Il n'y a, en effet, d'autre différence entre eux et les avoués, sinon que le ministère de ceux-ci est obligé devant les tribunaux civils, tandis que le ministère de ceux-là est facultatif devant les tribunaux de commerce. Malgré cette différence, ils sont aussi nécessaires les uns que les autres à l'administration de la justice.

Vᵉ PARTIE.

Des commissaires-priseurs.

CHAPITRE UNIQUE.

DES COMMISSAIRES-PRISEURS.

§ 1ᵉʳ. — *Historique de la législation.*

Les commissaires-priseurs existaient à Paris sous le nom de *jurés priseurs*, maîtres priseurs, vendeurs de meubles, dès le xvᵉ siècle; au xvɪᵉ, Henri II, par son édit du mois de février 1556, les constitua en charges d'offices, d'abord pour se procurer de l'argent qu'il employait assez mal, puis, porte l'édit, « Pour faire cesser « les fraudes, intelligences et pratiques, abus et autres malver- « sations, qui se faisaient et se sont souvent faites à prisées et « ventes de meubles et partages d'iceux. »

Ces charges ne trouvant que difficilement des acheteurs furent réunies, en 1576, à celles de sergents royaux ordinaires, *pour ne faire à l'avenir qu'un seul et même corps.*

Après divers changements apportés dans leur organisation, ils furent supprimés plus tard, et leurs fonctions ainsi que leurs émoluments furent attribués aux notaires, greffiers, huissiers ou sergents royaux.

D'autres édits les rétablirent, et notamment celui de 1771.

Les émoluments des prisées et ventes de meubles furent successivement tarifés par l'édit de 1556, les lettres de justice du 20 mai 1557, la déclaration du 12 mars 1697, et l'édit de février 1771.

Il est inutile de rappeler les chiffres de ces tarifs; ils ne peuvent plus avoir d'application : qu'il nous soit seulement permis de dire qu'il nous paraît qu'ils étaient les mêmes, soit que les prisées et ventes eussent été faites par les commissaires-priseurs ou jurés priseurs, soit qu'elles eussent eu lieu par le ministère des notaires, greffiers, huissiers ou sergents.

La loi du 21-26 juillet 1790 supprima les offices de jurés priseurs, et autorisa les notaires, greffiers, huissiers et sergents à faire les ventes de meubles, dans tous les lieux où elles étaient faites avant par les jurés priseurs, et elle dit, art. 8 : « Il ne pourra être « perçu par lesdits officiers, que 2 sous 6 deniers du rôle de grosse « des procès-verbaux. — 2 sous 6 deniers pour l'enregistrement « d'une opposition, et une livre 10 sous par vacation de prisée. « Conformément à l'article 6 de l'édit de février 1771, *et ce, sans*

« *préjudice des conventions particulières qui pourront modifier*
« *ou abonner ces droits.* »

Un décret du 17 septembre 1793, partant de la suppression des jurés priseurs par la loi de 1790, et de l'attribution de leurs fonctions aux notaires, greffiers et huissiers, fixe les droits qui pourront être perçus à Paris par ces officiers, à 3 livres par vacation, dont la durée sera de trois heures ; à 5 sous pour l'enregistrement d'une opposition ; aux 2/3 du prix des vacations pour l'expédition du procès-verbal de chaque séance.

L'article 4 ajoute : « Les officiers publics, qui remplissent les
« mêmes fonctions dans les départements, ne pourront également
« y percevoir que les 2/3 du prix des vacations, ainsi qu'elles
« sont fixées par la loi du 21 juillet 1790. »

Les commissaires-priseurs furent rétablis pour Paris, par la loi du 27 ventôse an IX. Elle leur alloua 6 francs par vacation de 3 heures aux prisées de meubles.

L'article 7 porte : « Il leur sera alloué, pour tous frais de vente,
« vacations à ladite vente, rédaction de la minute et première
« expédition du procès-verbal, droit de clercs et tous autres
« droits, non compris les déboursés faits pour annoncer la vente,
« en acquitter les droits, savoir : 8 fr. pour 100 francs, lorsque
« le produit de la vente s'élèvera jusqu'à 1,000 fr., et 7 pour 100
« lorsque le produit s'élèvera jusqu'à 4,000 fr., 5 pour 100, lors-
« que le produit s'élèvera au-dessus de 4,000 fr. »

L'article 89 de la loi du 18 avril 1816 autorisa le gouvernement à nommer des commissaires-priseurs dans les villes et autres lieux où il lui paraîtrait convenable d'en établir, à la condition qu'ils n'auraient le droit exclusif de procéder aux ventes que dans le chef-lieu de leur arrondissement, et qu'ils auraient seulement la concurrence, dans l'étendue de ce même arrondissement, avec les autres officiers investis par les lois du droit de procéder aux ventes, et de faire des prisées de meubles.

Cet article maintenait le tarif de la loi du 17 septembre 1793, pour les départements, en attendant qu'il en fût établi un autre.

Il y a aujourd'hui des commissaires-priseurs dans toutes les grandes villes et dans presque tous les chef-lieux d'arrondissement.

C'est dans cet état que sont intervenues les lois des 25 juillet 1841 et 18 juin 1843.

La loi du 25 juin 1841 sur les ventes aux enchères de marchandises neuves porte, article 4 : Les ventes de marchandises après faillite seront faites, conformément à l'article 486 du Code de commerce, par un officier public de la classe que le juge commissaire aura déterminée.

« *Quant au mobilier du failli, il ne pourra être vendu aux en-*
« *chères, que par le ministère des commissaires-priseurs, notaires*
« *ou greffiers de justices de paix, conformément aux lois et règle-*
« *ments, qui déterminent les attributions de ces différents offi-*
« *ciers.* »

D'après cette loi, les ventes publiques aux enchères, de marchandises en gros, doivent être faites par le ministère des courtiers de commerce, dans les cas, aux conditions et selon les formes indiquées par les décrets des 22 novembre 1811, 17 avril 1812, la loi du 15 mai 1818 et les ordonnances des 1er juillet 1818 et 9 avril 1819 (art. 6), ces formes sont assez multipliées et compliquées ; elles sont étrangères à notre sujet.

L'article 10 ajoute : « Dans les lieux où il n'y aura point de « courtiers de commerce, les commissaires-priseurs, les notaires, « huissiers et greffiers de justice de paix feront les ventes ci-des- « sus, selon les droits qui leur sont respectivement attribués par « les lois et règlements ; *ils seront, pour lesdites ventes, soumis* « *aux formes conditions et tarifs imposés aux courtiers.* »

Enfin est venue la loi du 18-20 juin 1843, qui fixe le tarif des commissaires-priseurs.

C'est la matière principale de notre chapitre, en voici les dispositions textuelles.

§ 2. — *Droits des commissaires-priseurs.*

(Loi du 18 juin 1843, promulguée le 20 du même mois.)

Art. 1er. — Il sera alloué aux commisssaires-priseurs,

1° Pour droits de prisée, par chaque vacation de trois heures :

A Paris, Lyon, Bordeaux, Rouen, Toulouse et Marseille. . 6 f. 00 c.
Partout ailleurs. 5 00

2° Pour assistance aux référés et par chaque vacation :

A Paris, Lyon, Bordeaux, Rouen, Toulouse et Marseille. . 5 f. 00 c.
Partout ailleurs. 4 00

3° Pour tous droits de vente, non compris les déboursés pour y parvenir et en acquitter les droits, non plus que la rédaction des placards, six pour cent sur le produit des ventes, sans distinction de résidence.

Il pourra, en outre, être alloué une ou plusieurs vacations sur la réquisition des parties, constatée par procès-verbal du commissaire-priseur, à l'effet de préparer les objets mis en vente.

Ces vacations extraordinaires ne seront passées en taxe qu'autant que le produit de la vente s'élèvera à trois mille francs.

Chacune de ces vacations de trois heures donnera droit aux émoluments fixés par le numéro premier du présent article.

4° Pour expédition ou extrait de procès-verbaux de vente, s'ils sont requis, outre le timbre, et pour chaque rôle de vingt-cinq lignes à la page et de quinze syllabes à la ligne. . . . . 1 f. 50 c.

Pour consignation à la caisse, s'il y a lieu :

A Paris, Lyon, Bordeaux, Rouen, Toulouse et Marseille. . 6 f. 00 c.
Partout ailleurs. 5 00

Pour assistance à l'essai ou au poinçonnage des matières d'or et d'argent :

A Paris, Lyon, Bordeaux, Rouen, Toulouse et Marseille.. . 6 f. 00 c.
Partout ailleurs. 5 00

Pour paiement des contributions, conformément aux dispositions des lois des 5-18 août 1791 et 12 novembre 1808 :

A Paris, Lyon, Bordeaux, Rouen, Toulouse et Marseille. . 4 f. 00 c.
Partout ailleurs. 5 00

Art. 2. — L'état des vacations, droits et remises alloués aux commissaires-priseurs sera délivré sans frais aux parties. Si la taxe est requise, elle sera faite par le président du tribunal de première instance ou par un juge délégué.

Art. 3. — Toutes perceptions directes ou indirectes, autres que celles autorisées par la présente loi, à quelque titre et sous quelque dénomination qu'elles aient lieu, sont formellement interdites.

En cas de contravention, l'officier public pourra être suspendu ou destitué, sans préjudice de l'action en répétition de la partie lésée et des peines prononcées par la loi contre la concussion.

Art. 4. — Il est également interdit aux commissaires-priseurs de faire aucun abonnement ou modification à raison des droits ci-dessus fixés, si ce n'est avec l'État et les établissements publics.

Toute contravention sera punie d'une suspension de quinze jours à six mois. En cas de récidive, la destitution pourra être prononcée.

Art. 5. — Il y aura, entre les commissaires-priseurs d'une même résidence, une bourse commune dans laquelle entrera la moitié des droits proportionnels qui leur seront alloués sur chaque vente.

Néanmoins, les commissaires-priseurs attachés aux monts-de-piété, et les commissaires-priseurs du Domaine feront leurs versements à la bourse commune, conformément aux traités passés entre eux et les autres commissaires. Ces traités seront soumis à l'homologation du tribunal de première instance, sur les conclusions du procureur du roi.

Art. 6. — Toute convention entre les commissaires-priseurs qui aurait pour objet de modifier directement ou indirectement le taux fixé par l'article précédent est nulle de plein droit, et les officiers qui auraient concouru à cette convention encourront les peines prononcées par l'article 4 ci dessus.

Art. 7. — Les fonds de la bourse commune sont affectés comme garantie principale au paiement des deniers produits par les ventes ; ils seront saisissables.

Art. 8. — La répartition des émoluments de la bourse commune sera faite, tous les deux mois, par portions égales, entre les commissaires-priseurs.

Art. 9. — Les commissaires-priseurs de Paris continueront à être régis par les dispositions de l'arrêté du 29 germinal an 9, relativement à leur chambre de discipline.

Les dispositions de cet arrêté pourront être étendues par ordonnance royale rendue dans la forme des règlements d'administration publique, aux chambres de discipline qui seraient instituées dans d'autres localités.

Art. 10. — Toutes les dispositions contraires à la présente loi sont et demeurent abrogées.

§ 3.

1° La loi de 1843 règle-t-elle les droits des commissaires-priseurs, dans les ventes de meubles et objets mobiliers dépendants de successions, quand la vente est forcée, c'est-à-dire ordonnée par la loi ?

Les règle-t-elle aussi dans les ventes auxquelles ils procèdent en vertu et à la suite de saisie-exécution ?

La solution de ces questions ne souffre pas une grande difficulté.

Voici cependant l'explication.

L'article 826 du Code Napoléon , au titre des successions, veut que s'il y a des créanciers opposants, ou que, si la majorité des cohéritiers juge la vente nécessaire pour l'acquit des dettes et charges de la succession, les meubles soient vendus publiquement en la forme ordinaire.

L'article 945 du Code de procédure civile dit à son tour, que lorsqu'il y aura nécessité de procéder à la vente des meubles dépendants d'une succession, cette vente sera faite dans les formes prescrites *au titre des saisies-exécutions.*

Or, les frais de ces ventes sont tarifés par les articles 38 et suivants du décret du 16 février 1807, soit qu'il y soit procédé par les huissiers ou par *tout autre officier* (art. 38, § 2, 3, 9, 7, § 4 et 42). Les droits que le décret accorde ne sont pas calculés sur les mêmes bases que ceux fixés par la loi du 18-20 juin 1843. Les uns sont établis notamment par vacations, et les autres par remises proportionnelles au montant du prix des ventes.

Il est certain que, jusqu'à la loi de 1843, c'était le décret qui faisait la règle pour tous les officiers qui procédaient aux ventes dont il s'agit, commissaires-priseurs ou autres. Mais cette dernière loi a abrogé le décret en ce qui est relatif aux commissaires-priseurs.

Le § 3 de l'article 1er est général et s'applique à toutes les ventes sans distinction, qu'elles soient volontaires ou forcées. La loi se trouve donc en opposition au décret, qui tombe sous le coup de son article 10. « Toutes dispositions contraires à la présente loi « sont et demeurent abrogées. »

Cela ne fait pas question.

2° Dans les ventes dont il s'agit, le commissaire-priseur a-t-il droit à une vacation pour faire taxer ses frais ?

L'article 42 du décret de 1807 l'accorde à l'huissier ou à *tout autre officier* qui aura procédé à la vente.

Mais cet article nous paraît encore abrogé par l'article 2 de la loi de juin 1843, qui dispose *que l'état des vacations, droits et remises alloués aux commissaires-priseurs, sera délivré, sans frais, aux parties,* et que, si la taxe est requise, elle sera faite par le président ou par un juge délégué du tribunal de première instance.

Il suffit que la loi dont il s'agit n'accorde pas ce droit pour qu'il doive être rejeté, car son article 3 défend toutes perceptions directes ou indirectes, autres que celles autorisées par elle.

3° Cette loi est-elle applicable, pour déterminer les émoluments qu'il faut allouer aux autres officiers, notaires, huissiers et greffiers, pour les ventes publiques et volontaires de meubles et effets mobiliers, qu'ils sont appelés à faire ?

Nous avons dit, page 10, que telle est notre opinion. — Nous ne pouvons que la confirmer ici; mais comme notre sentiment est contraire à celui de plusieurs auteurs, qui ont écrit sur les tarifs, et notamment à celui de M. Boucher-d'Argis, page 75 à 77, qu'il nous soit permis d'entrer dans quelques explications, pour le motiver.

La première objection qui se dresse devant nous se tire de l'observation faite par M. Boucher d'Argis et après lui par M. Dalloz (v° *Commissaire-priseur*, n° 71), que le projet de la loi du 18 juin 1843 avait un article 10 qui rendait les articles 1, 2, 3 et 4, communs aux officiers publics qui, dans les localités où il n'existe pas de commissaires-priseurs, sont autorisés à faire les prisées et ventes publiques de meubles; — Que cet article a occasionné de longs débats à la chambre des députés, à la suite desquels il a été abandonné et remplacé par l'article 10 actuel.

Cette objection est grave, examinons-la cependant, car en la pressant, elle peut perdre une partie de sa valeur.

L'article 10 du projet avait une partie, dont on ne paraissait pas s'être rendu un compte parfaitement exact.

Les commissaires-priseurs procèdent exclusivement, dans le lieu de leur résidence, à toutes les ventes publiques de meubles, volontaires ou forcées.

Mais dans les lieux, autres que ceux de leur résidence, [les notaires, les greffiers et les huissiers ont la concurrence avec eux.

Pour les ventes qu'ils font de meubles dépendant d'une succession, conformément à l'article 826 du Code Napoléon, ou pour celles qu'ils font sur des saisies-exécutions, il y a un tarif bien systématisé et harmonisé, c'est le décret du 16 février 1807 (*articles* 34 à 47).

Nous avons déjà dit plus haut, qu'avant la loi de 1843, ce décret était commun aux commissaires-priseurs et aux notaires, greffiers et huissiers. Il est manifeste que le but de cette loi était de l'abroger en faveur des commissaires-priseurs. Le gouvernement voulait davantage, puisque dans l'article 10 du projet, il avait proposé de l'abroger aussi au profit des notaires et consorts (Nous croyons qu'il avait raison). Mais à la chambre des députés, cela devint une assez grave affaire; on crut qu'il s'agissait de démolir pièce à pièce le décret de 1807, et cela sans système bien combiné, ni suffisamment étudié. On discuta beaucoup, on s'entendit moins, et l'on n'admit pas la déclaration, que les articles 1, 2, 3 et 4 s'appliquaient aux autres officiers vendeurs de meubles; mais on n'admit pas davantage la déclaration contraire; personne même n'en fit la proposition.

Ce que la majorité voulait, c'était ne pas abroger la législation antérieure, quelle qu'elle fût, pour d'autres que pour les commissaires-priseurs.

Pour appliquer cette idée à la loi et en bien saisir la portée, il faut considérer ce qui nous en reste, abstraction faite de ce qu'on lui a ôté. Dans cet état, il est clair qu'elle n'appelle pas expressément les notaires, les greffiers et les huissiers, à jouir du bénéfice de ses dispositions ; mais il est clair aussi qu'elle ne les en exclut pas non plus expressément, ni textuellement. Donc, en les y admettant, on peut violer le texte d'une loi antérieure, mais on ne violerait pas celui de la loi qui nous occupe. Cela nous paraît clair, et nous ne croyons pas que cela soit contestable.

Il faut donc nous presser d'arriver à la législation antérieure : répétons ce qu'on a déjà dit, que cette législation différait, selon que les ventes, dont il s'agissait de régler les émoluments, étaient volontaires ou forcées.

Quant aux ventes forcées faites, soit par les commissaires-priseurs, soit par les notaires, les greffiers ou les huissiers, le décret de 1807 était la loi commune de la taxe des émoluments. Il a été abrogé en faveur des commissaires-priseurs, par la loi de 1843, qui n'a rien voulu dire des autres officiers préposés aux ventes publiques. Si aujourd'hui on appliquait cette loi à ces derniers, pour la taxe des ventes forcées, nous avons dit qu'on ne la violerait pas, en effet, l'analogie va de soi, mais c'est le décret de 1807 qu'on violerait, parce qu'il est resté la loi de la matière. Nous ne prétendons pas qu'ils doivent cesser d'être la règle, pour les ventes dont il s'agit, quand elles ont lieu par le ministère des notaires, greffiers et huissiers. Notre question n'est pas celle-là.

Il ne s'agit ici, en effet, que des ventes publiques volontaires.

Pour elles y avait-il avant 1843 une législation commune aux commissaires-priseurs et aux autres officiers préposés aux vente pour le règlement de leurs honoraires ? Il en avait existé une.

Mais cette législation était-elle encore en vigueur ? — Nous prétendons que non.

Si cela est vrai, est-il plus convenable d'appliquer à la taxe de ces ventes le tarif de la loi de 1843, que d'en inventer un arbitrairement, ou que de tolérer des conventions qu'une bonne justice doit interdire ?

Notre prétention est encore que cela est plus convenable, surtout quand nous avons démontré que cette loi, en la prenant dans ses termes et pour ce qu'elle est, ne le défend pas.

Reprenons : Il avait existé une législation commune aux commissaires-priseurs, aux notaires, greffiers et huissiers pour la taxe des émoluments dans les ventes volontaires ; elle était dans les lois de 21-26 juillet 1790, 17 septembre 1793, renouvelées par l'article 89 de la loi du 18 avril 1816 (Nous ne parlons pas de la loi du 27 ventôse an IX, car elle n'avait rétabli les commissaires-priseurs que pour la ville de Paris, et le tarif qu'elle leur avait donné était spécial aussi pour Paris).

Nous avons déjà dit, plus haut, quelles sont les lois de 1790 et de 1793 relativement aux tarifs.

La première disait qu'il ne serait perçu par les officiers chargés des ventes publiques de meubles que :

2 sous 6 deniers du rôle de grosse des procès-verbaux ;

2 sous 6 deniers pour l'enregistrement d'une opposition;

Et 1 livre 10 sous par vacation de prisées.

La deuxième disait : Que les droits des mêmes officiers seraient à Paris de 3 livres par vacation de trois heures, de 5 sous pour l'enregistrement d'une opposition, et des 2/3 du prix des vacations pour l'expédition du procès-verbal de chaque séance.

Quant aux départements, on ajoutait que les officiers dont il s'agit ne pourraient percevoir que les deux tiers du prix des vacations, ainsi qu'elles sont fixées par la loi du 21 juillet 1790.

L'article 89 de la loi du 18 avril 1816, qui autorisait le Gouvernement à nommer des commissaires-priseurs dans les chefs-lieux d'arrondissement, avait dit que le tarif de 1793 serait applicable à ces officiers, jusqu'à ce qu'il en fût fait un nouveau.

Ainsi (ne parlons pas de Paris, il était régi par la loi spéciale du 27 ventôse an IX) les droits de vente dans les départements consistaient pour tous les officiers vendeurs de meubles (selon M. Boucher-d'Argis, page 77), dans :

1° Les vacations d'une durée de trois heures, soit à la prisée, soit à la vente. . . . . 1 fr. 00 c.

2° L'enregistrement d'une opposition, 2 sous 6 deniers, soit. 0   13(1)

Ce tarif était vraiment trop dérisoire, pour être appliqué dans un temps plus calme que celui où il avait été fait. D'ailleurs il n'était pas trop facile de savoir au juste combien il accordait, et aujourd'hui il n'est guère plus possible de l'indiquer. On avait ajouté, dans la loi de 1790, à la fin de l'article 8, ces mots : « Ce, sans « préjudice, des conventions particulières qui pourront modifier ou « abandonner ces droits. » Mais la loi de 1793, dans son article 4, déclara rapporter cet article, et un arrêt de la Cour de cassation du 24 juin 1833 a jugé qu'en effet cette partie de là loi de 1790 est abrogée, et que la loi du 18 avril 1816 ne l'a pas fait revivre.

Jamais ces lois, sous le rapport du tarif, n'ont reçu aucune exécution, ni avant la loi de 1816, ni depuis, et l'on pourrait affirmer, sans craindre d'être démenti par un fait, que, depuis plus de 60 ans qu'elles existent, elles n'ont pas été appliquées à une seule vente.

M. Dalloz nous dit, v° *Commissaires-priseurs*, n° 49; que les rétributions de ces ventes, dans les départements, étaient fort arbitraires, que beaucoup de tribunaux avaient cru nécessaire de faire des tarifs, qui servaient de règle aux taxateurs pour leurs localités respectives; que dans d'autres localités, on laissait aux officiers vendeurs de meubles la faculté de régler avec les parties, et cela

---

(1) M. Boucher-d'Argis ne porte rien pour l'expédition du procès-verbal. Il peut avoir raison, car le texte de l'art. 4 de la loi de 1793 est assez amphibologique pour qu'il puisse être entendu dans ce sens, qu'il supprime le droit pour les départements quoiqu'il l'accorde pour Paris.

jusqu'à la loi de 1843, pour les commissaires-priseurs comme pour les autres.

Ces lois de 1790 et de 1793, rappelées par celle de 1816, n'ont pas été plus exécutées depuis ; un grand nombre de commissaires-priseurs, nommés à cette époque, n'acceptèrent pas ou abandonnèrent leurs fonctions, et ceux qui restèrent ne se soumirent point aux tarifs établis par ces lois.

Elles étaient donc abrogées par le non-usage depuis 50 ans, au moment où la loi de 1843 a été promulguée, et il faudrait aujourd'hui les appliquer aux notaires, greffiers et huissiers ! Cela répugne au bon sens. Il le faudrait pourtant, à moins de se résoudre à sanctionner les règlements arbitraires et extra-légaux, ou à subir des conventions quelquefois arrachées à l'ignorance des parties.

Nous préférons appliquer à ces ventes le tarif de la loi de 1843 : Nous avons prouvé que les dispositions de cette loi ne s'y opposent pas ; quant à la violation de celles de 1790 et de 1793, mortes dès leur naissance, impraticables dans leurs dispositions, inintelligibles dans leurs textes, tombées en désuétude depuis plus d'un demi-siècle, abrogées par le non-usage en face du pouvoir judiciaire et de l'autorité gouvernementale, qui ont toléré ou fermé les yeux, elle nous semble d'une médiocre importance, car, nous le répétons, ces lois sont, en fait, comme si elles n'étaient pas.

Voilà ce qu'il nous restait à dire sur ce point pour compléter des affirmations trop brèves faites ailleurs. V. p. 10, 2ᵉ sect.

4° Le § 2 de l'art. 1ᵉʳ de la loi de 1843 accorde aux commissaires-priseurs un émolument pour la rédaction des placards. Quel est cet émolument ?

Cette loi ne le fixe pas. Il faut donc recourir à l'art. 38 du premier décret de 1807, qui alloue à l'huissier 1 fr. pour la rédaction de l'original des placards, s'ils sont imprimés, et 50 cent. pour chacun d'eux, s'ils sont manuscrits ; il va de soi, et sans explication, que les frais d'impression doivent être aussi remboursés. (Voy., au surplus, Dalloz, *Nouv. Répert.*, v° *Commissaire-priseur*, n°ˢ 51 et 52. V. ci-dessus, p. 31.

5° Il n'est rien dû pour la rédaction de l'extrait à imprimer dans le journal judiciaire que les déboursés ;

Rien pour le salaire du crieur ;

Rien pour le clerc ;

Et, à notre avis, rien pour le transport du commissaire-priseur du lieu de sa résidence au lieu de la vente (Voy. cependant Dalloz, *cod.*, n° 57 ;)

Rien pour la déclaration préalable de la vente au bureau de l'enregistrement.

La loi de 1843 s'est montrée généreuse envers les commissaires-priseurs, il faut se garder d'en étendre les dispositions à des cas qu'elle n'a pas prévus.

Cependant, les déboursés de publication, tels que les frais de tambour et de trompette, ainsi que ceux faits pour transporter ou disposer les meubles, lui sont dus, et ils ne doivent être réduits que s'ils sont exagérés.

6° Les commissaires-priseurs peuvent-ils accorder des délais de paiements?

Nous le croyons, s'ils y sont autorisés par les parties intéressées.

Mais, ont-ils droit, dans ce cas, à la perception de 1 p. 100 pour le recouvrement?

Nous le croyons encore, s'ils sont responsables de la solvabilité des adjudicataires ; nous nous fondons sur l'art. 2 du décret du 5 nov. 1851, qui la leur accorde pour les ventes qu'ils font de fruits et récoltes pendants par racines et des coupes de bois taillis. La raison est la même dans tous les cas.

§ 4. — *Émoluments des commissaires-priseurs pour les ventes publiques volontaires qu'il font de fruits et de récoltes pendants par racines, et de coupes de bois taillis.*

La loi, du 20 mars-3 avril-5 et 11 juin 1851, a apporté quelques modifications, relativement à ces ventes, à la loi de 1816 et à celle de 1843, aux fonctions des commissaires-priseurs et à leur tarif général ; nous l'avons rapportée page 9.

Le décret qui contient le tarif prescrit par cette loi est à la date du 5 nov. 1851.

Nous en avons aussi rapporté le contenu en parlant des greffiers de justice de paix. Nous n'avons rien à ajouter à ce que nous avons dit à cet égard, p. 9. Nous y renvoyons pour les détails, car tout ce qui est dit pour les greffiers regarde aussi les commissaires-priseurs.

§ 5. — *Des fonctions des commissaires-priseurs auprès des monts-de-piété.*

Nous croyons que ce qui concerne ces fonctions et les émoluments qui y sont attachés est étranger à notre sujet ; nous n'en parlons donc ici que pour mémoire ; nous renvoyons au travail de M. Benou ceux qui voudraient approfondir cette matière.

VIe PARTIE.

Liquidation des frais et dépens en matière civile.

Cette matière comprend deux divisions : la première est relative à la liquidation des dépens ordinaires, la seconde à la liquidation des dépens en matière d'assistance judiciaire.

CHAPITRE Ier.

RÈGLES DE LA LIQUIDATION DES DÉPENS ORDINAIRES.

La liquidation des dépens consiste dans l'application des tarifs aux états de frais des officiers ministériels (1).

La forme de ces états est réglée par le deuxième décret du 16 février 1807. Il se divise en deux parties : la première contient les règles générales qui régissent la taxe, la deuxième contient le tarif des frais de taxe. Voici le texte de la première partie :

Art. 1er.—La liquidation des dépens en matière sommaire sera faite par les arrêts et jugements qui les auront adjugés : à cet effet, l'avoué qui aura obtenu la condamnation, remettra, dans le jour, au greffier tenant la plume à l'audience, l'état des dépens adjugés ; et la liquidation en sera insérée dans le dispositif de l'arrêt ou jugement.

Art. 2.—Les dépens dans les matières ordinaires seront liquidés par un des juges qui aura assisté au jugement ; mais le jugement pourra être expédié et délivré avant que la liquidation soit faite.

Art. 3.—L'avoué qui requerra la taxe, remettra au greffier l'état des dépens adjugés, avec les pièces justificatives.

Art. 4.—Le juge chargé de liquider taxera chaque article en marge de l'état, sommera le total au bas, le signera, mettra le *taxé* sur chaque pièce justificative, et parafera : l'état demeurera annexé aux qualités.

Art. 5.—Le montant de la taxe sera porté au bas de l'état des dépens adjugés ; il sera signé du juge qui y aura procédé et du greffier. Lorsque ce montant n'aura pas été compris dans l'expédition de l'arrêt ou jugement, il en sera délivré exécutoire par le greffier.

---

(1) Des écrivains taxateurs ont donné à ce décret la qualification de troisième décret : nous croyons qu'ils se sont trompés, car l'art. 4 de celui du même jour, qu'ils ont appelé *deuxième décret complémentaire*, est ainsi conçu :

« Le tarif des frais de taxe, décrété également cejourd'hui pour le ressort de la Cour
« impériale de Paris, est aussi déclaré commun à tout l'Empire ; en conséquence, dans
« tous les chefs-lieux de Cour impériale, les droits de taxe seront perçus comme à Paris,
« et partout ailleurs, ils seront perçus comme dans le ressort de la Cour impériale de
« Paris. »

Or, le décret intitulé : *liquidation des dépens*, est précisément le décret de taxe dont il s'agit dans cet art. 4 ; ce décret a donc précédé l'autre ; cela est évident ; mais cette observation n'a pas d'autre importance que celle d'une question d'ordre.

Art. 6.—L'exécutoire ou le jugement au chef de la liquidation seront susceptibles d'opposition. L'opposition sera formée dans les trois jours de la signification à avoué avec citation ; il y sera statué sommairement, et il ne pourra être interjeté appel de ce jugement que lorsqu'il y aura appel de quelques dispositions sur le fond.

Art. 7.—Si la partie, qui a obtenu l'arrêt ou le jugement, néglige de le lever, l'autre partie fera une sommation de le lever dans les trois jours.

Art. 8.—Faute de satisfaire à cette sommation, la partie qui aura succombé pourra lever une expédition du jugement, sans que les frais soient taxés ; sauf à l'autre partie à les faire taxer dans la forme ci-dessus prescrite.

Art. 9.—§ 1er. Les demandes des avoués et autres officiers ministériels en paiement de frais contre les parties pour lesquelles ils auront occupé ou instrumenté, seront portées à l'audience, sans qu'il soit besoin de citer en conciliation ; il sera donné, en tête des assignations, copie du mémoire des frais réclamés.

Observations.

Pour ceux qui sont dans la pratique des affaires, le sens de ces dispositions est suffisamment précis, et les décisions de la jurisprudence ont éclairci en grande partie ce qui pouvait paraître obscur.

Mais nous ne devons pas trop oublier que nous écrivons un livre élémentaire, dans lequel nous ne pouvous nous dispenser de donner des détails et des explications plutôt pour ceux qui ne savent pas que pour les autres.

Les frais à liquider dans les affaires contentieuses sont de deux sortes : ceux faits dans les affaires sommaires, et ceux faits dans les affaires ordinaires.

§ 1er. — *De la liquidation des frais dans les affaires sommaires.*

C'est l'art. 1er de notre décret qui fixe le mode de règlement de ces frais. Les dépens doivent être liquidés par les arrêts ou jugements qui les ont adjugés.

A cet effet, l'avoué, qui a obtenu la condamnation, remet au greffier de l'audience l'état de ses dépens, et la liquidation en est insérée dans le dispositif.

Cette remise de l'état devrait avoir lieu le jour même où le jugement est rendu ; mais, dans la pratique, cela ne s'exécute pas ; le greffier, en étendant le jugement ou l'arrêt sur la feuille destinée à en être la minute, laisse en blanc un espace qui est rempli, après coup, du chiffre taxé pour les dépens ; seulement, le greffier n'en peut délivrer une grosse, ou même une expédition, à la partie qui a obtenu la condamnation que ce blanc n'ait été rempli.

Nous avons dit dans notre introduction que le receveur de l'enregistrement pourrait aussi exiger que les jugements et arrêts fussent complétés, en cette partie, avant d'y donner la formalité de l'enregistrement.

Nous avons dit aussi que les jugements et arrêts dans lesquels cette prescription n'aurait pas été observée ne seraient pas nuls pour cela, et que la partie qui les aurait obtenus ne serait pas déchue du droit de réclamer ses dépens, mais qu'alors elle devrait les faire liquider et taxer, comme en matière ordinaire, et obtenir un exécutoire à ses frais (1).

L'état des dépens que l'avoué doit fournir est dans la même forme qu'en matière ordinaire.

Il contient l'énumération, article par article, des actes de procédure et autres dont la taxe est requise, avec deux colonnes à côté : sur l'une sont portés les déboursés des actes, et sur l'autre les émoluments. Il doit être laissé, à droite ou à gauche de l'état, une troisième colonne que le taxateur est chargé de remplir, et dans laquelle il porte, additionnés en face de chaque article, les déboursés et l'émolument qu'il croit devoir admettre en taxe; il place, au bas de cette colonne, l'addition du total des articles, puis, à la suite de l'état, il indique, en toutes lettres, la somme qu'il a taxée, date et signe avec le greffier.

La loi veut qu'il prenne la précaution d'écrire, sur chaque pièce qu'il admet, le mot *taxé*, avec son parafe, cela afin d'éviter qu'on ne la fasse figurer dans d'autres états.

Ces précautions minutieuses sont quelquefois négligées; c'est un tort du magistrat; il ne lui appartient pas de rendre inutile la sagesse de la loi. Encore qu'il soit très-rare que des officiers ministériels soient disposés à abuser d'une pareille négligence, il ne faut pas exposer à la tentation le petit nombre de ceux que leur conscience serait insuffisante à retenir, et, pour ne blesser personne, il faut appliquer la loi à tous.

C'est le chiffre de l'addition porté sur l'état qui est transcrit dans le dispositif du jugement ou de l'arrêt.

Ce chiffre n'est pas souverainement fixé, les parties intéressées peuvent le faire réformer par la voie de l'opposition, ainsi que nous allons le dire plus loin.

En matière sommaire, l'état des dépens doit-il être inscrit sur papier timbré ?

Nous connaissons plusieurs tribunaux où ces états sont établis sur papier libre, au vu et su de l'administration du timbre, qui ne réclame pas. Il n'est pas à notre connaissance qu'il y ait d'instructions particulières sur ce point, comme il en existe pour le papier contenant les conclusions qui doivent être déposées entre les mains du greffier dans toutes les affaires qui sont jugées par les tribunaux, quand ces conclusions ont été signifiées (V. p. 101).

---

(1) Cass., rej., 24 mai 1830, Sirey, 30.1.226, Dalloz, 30.1.250. — 7 janv. 1829, Sirey, 30.1.212. Dalloz, 29.1.97. — 25 juin 1839, Sirey, 39.1.624, Dalloz, 39.1.237. — 4 juin 1850, Sirey-Villeneuve, 59.1.737.

On dit, pour justifier cet usage, qu'en matière sommaire, l'état que remet l'avoué n'est qu'une simple note, que le rédacteur de l'arrêt ou du jugement, ou bien le juge auquel on a confié cette charge, vérifie, et qu'il insère ensuite dans l'arrêt ou le jugement; que la minute de l'état taxé ne pourrait servir que pour la délivrance d'un exécutoire, dont tient lieu la mention portée à l'arrêt ou au jugement.

Ces raisons nous paraissent plus apparentes que solides.

En effet, chacune des parties intéressées a droit de faire opposition à la taxe; il est impossible de statuer sur cette opposition sans que l'état qui en contient les détails soit représenté; il en doit être nécessairement fait mention dans la décision qui intervient, et nous ne comprenons guère qu'il soit possible de produire ainsi une pièce inscrite sur papier libre; d'ailleurs, pour que la partie contre laquelle la taxe a été obtenue puisse la vérifier, et s'y opposer, si elle le juge convenable, il faut bien que l'état en reste déposé au greffe, dont il est en quelque sorte une minute.

Mais, dans tous les cas, cela ne regarde que l'administration du timbre, et nous estimons que le taxateur doit admettre le timbre de l'état lorsqu'il est employé.

C'est même le seul déboursé de taxe que l'avoué puisse réclamer. Il n'a aucun émolument pour en dresser les articles et le compte; tout est compris dans son droit d'obtention du jugement; c'est l'abonnement pour tous les actes de la procédure, y compris cet état.

Il en est autrement des frais faits sur l'opposition à la taxe, car le tarif ci-après ne fait aucune distinction entre les matières ordinaires et les matières sommaires.

§ 2. — *De la liquidation des frais et dépens dans les affaires ordinaires.*

L'art. 2 du décret de 1807 veut que ce soit un des juges qui ont assisté au jugement qui fasse la taxe des dépens; c'est ordinairement le dernier inscrit au tableau qui est chargé de cette mission, considérée, en général, comme une corvée désagréable. Mais, un autre juge pourrait en être chargé; le président pourrait aussi la retenir. On admet qu'il l'a déléguée à celui des juges qu'il lui convient de choisir. Toutes ces choses sont des détails de service intérieur sur lesquels les parties n'ont aucun droit de critique ou de contrôle. Il suffit que la taxe soit faite par un des juges qui ont assisté au jugement.

L'avoué qui requiert taxe doit remettre au greffier l'état des dépens adjugés avec les pièces justificatives. Il ne lui est dû pour cela aucun droit, aucune vacation; seulement, il lui est accordé, pour lui en tenir lieu, un droit de 10 cent. par article, ainsi que nous le verrons plus loin.

L'état des frais doit être fait dans la même forme que celle que nous avons indiquée au paragraphe précédent; il est vérifié et taxé par le juge de la même manière.

Le montant de la taxe peut être inséré dans le dispositif du jugement ou de l'arrêt, comme en matière sommaire ; c'est le mode le plus économique, et il est à regretter qu'il ne soit pas plus souvent suivi (1).

Quoi qu'il en soit, le jugement peut être expédié et délivré avant que la liquidation soit faite, à la différence des matières sommaires pour lesquelles les jugements ne peuvent être expédiés et délivrés à la partie qui a obtenu la condamnation avant que les dépens n'aient été liquidés. Nous disons, à la partie qui a obtenu la condamnation, car nous verrons qu'ils peuvent être délivrés à l'autre partie après sommation.

L'état taxé et signé par le juge et le greffier doit être annexé aux qualités pour être conservé au greffe avec elles, et lorsque le montant n'en aura pas été compris dans le jugement ou l'arrêt, le greffier en délivre exécutoire à la partie qui l'a obtenu.

On a prétendu que le greffier n'avait pas qualité pour délivrer seul un exécutoire de dépens.

M. Chauveau, 2ᵉ vol., p. 64, rapporte deux arrêts de la Cour de Rome, de l'année 1811, qui ont jugé la question en sens contraire l'un de l'autre, et il donne son adhésion à celui qui a jugé que le greffier n'a pas qualité pour délivrer un exécutoire sur le vu de la taxe du juge ; que cela n'appartient qu'au président, qui seul peut donner les mandats de justice.

Quant à nous, nous serions d'une troisième opinion :

Le juge taxateur a reçu du décret le pouvoir de taxer, c'est-à-dire de rendre, dans des formes déterminées, un jugement qui liquide et fixe le montant des dépens adjugés à la partie qui a requis la taxe. Ce jugement n'est soumis à d'autres formalités qu'à celles de contenir, 1º la somme admise en taxe, 2º la date de la taxe (*Arrêt de la Cour de Besançon, du 25 nov. 1816, rapporté au* Journal des Avoués, *vº* Dépens, *t. 9, p. 254, nº* 103), 3º la signature du taxateur et celle du greffier.

C'est là la minute de l'exécutoire ; le greffier est chargé de l'expédier, en y ajoutant en tête, (comme il en a le droit et le devoir pour tout jugement), l'intitulé des lois, et en terminant cette grosse ou expédition par le mandement de justice ordinaire, conformément aux art. 146 et 545, Code proc. civ.

Le greffier a la minute du jugement ou de l'arrêt qui adjuge les dépens ; il peut y prendre les noms, professions et demeures des parties : cela suffit pour le complément de la minute de taxe.

C'est une opération véritablement identique à celle que lui confie l'art. 771 du Code de procédure civile de délivrer, sur l'ordonnance du juge-commissaire, à chaque créancier colloqué, un bordereau de collocation exécutoire contre l'acquéreur.

---

(1) Dans le ressort de la Cour de Poitiers, c'est une mesure d'ordre généralement adoptée ; les avoués se prêtent parfaitement à son exécution, et les greffiers seuls intéressés n'y apportent aucun obstacle.

Nous ne croyons pas que le président du tribunal ou de la Cour puisse avoir plus d'autorité que le juge ou le conseiller qu'il a délégué pour opérer la taxe.

Nous reconnaissons qu'en cas de désistement, la taxe ne suffirait pas, qu'il faudrait encore une ordonnance du président, en exécution de l'art. 403 du Code de procédure; mais c'est une exception qui devrait être renfermée dans sa spécialité; exception qui paraît avoir été motivée sur ce qu'il n'existe pas de condamnation qui adjuge les dépens, et sur ce qu'ils ne sont dus qu'en vertu d'un désistement, qui n'est pas un acte public.

Notre opinion n'est pas suivie dans la pratique.

Dans certains tribunaux, on fait intervenir le président, qui, sur le vu de la taxe, rend une ordonnance qui la déclare exécutoire. Cette ordonnance est soumise à la formalité de l'enregistrement; mais elle ne produit, pour le greffier, aucun droit de rédaction.

Dans d'autres, comme dans le ressort de Bordeaux, c'est le greffier seul qui rédige un acte sur le vu de la taxe; il l'insère dans un registre particulier, et il en délivre une grosse à la partie.

Il perçoit, à son profit, un droit de rédaction de 1 fr. 50 cent., ou de 3 fr., selon qu'il s'agit de la taxe en première instance ou de la taxe en appel.

C'est le moyen le moins économique, et celui qui est condamné, en principe, par un des arrêts de la Cour de Rome et par M. Chauveau.

L'exécutoire doit être signifié à avoué, avant de l'être à la partie contre laquelle on veut le ramener à exécution (*Arrêt de Bruxelles*, 13 août 1811, Journal des Avoués, *t. 6, p.* 690, *n°* 27; *Sirey*, 12.2.149).

Il doit avoir été préalablement soumis à la formalité de l'enregistrement (art. 48 et 69 de la loi du 22 frim. an 7) (*Arrêt de cassation du* 1ᵉʳ *mess. an* 12).

Une décision du ministre de la justice, du 16 février 1809, le déclare passible du droit fixe de 1 fr., plus les décimes, sauf le cas où ils donnent ouverture à un droit proportionnel supérieur.

Du reste, il est par lui-même un titre suffisant pour agir par la voie exécutoire, et il n'a pas besoin d'être accompagné de la copie du jugement ou de l'arrêt en complément duquel il a été délivré (*Arrêt de cassation dans l'intérêt de la loi du* 27 *déc.* 1820, Sirey, 21.1.141).

Le taxateur, en appel, peut-il exiger que les frais de première instance, qui déjà ont subi la taxe, soient de nouveau soumis à sa révision?

La Cour de Paris avait jugé, le 18 juin 1816, que, dans tous les cas, qu'il y ait ou qu'il n'y ait pas réformation, la taxe des dépens du jugement, tant en première instance qu'en appel, appartient à la Cour.

On s'était pourvu contre cet arrêt, mais la Cour de cassation a rejeté le pourvoi (*Sircy-Villeneuve*, 18.1.344).

Cette décision n'est pas généralement suivie dans la pratique : quand il y a infirmation, comme l'exécution passe du tribunal de première instance à la Cour d'appel, c'est elle qui doit taxer tous les dépens. Les taxes faites en première instance, avant l'appel, sont annulées par la réformation du principal.

Mais, quand le jugement de première instance est confirmé, on admet qu'il l'est pour les dépens comme pour le surplus ; l'exécution revient au tribunal qui l'a rendu ; il n'y a que les frais faits sur appels dont la Cour connaisse de la taxe.

Nous sommes disposé à admettre cette distinction (Voir *M. Chauveau*, 2ᵉ vol., p. 59, nᵒ 22), mais elle n'est vraie qu'autant que la Cour saisie de l'appel aurait confirmé d'une manière générale sans s'occuper des dépens, car s'il avait été pris des conclusions devant elle, relativement à ce chef, et qu'elle eût statué en réformant, elle aurait retenu l'exécution de son arrêt.

Du reste, la taxe n'est souveraine, ni en matière sommaire, ni en matière ordinaire ; la partie qui l'a obtenue, comme celle contre laquelle elle a été faite, peuvent y former opposition.

§ 3. — *De l'opposition à la taxe.*

L'exécutoire ou le jugement, au chef de la liquidation des dépens, sont susceptibles d'opposition. C'est peut-être d'appel qu'il eût fallu dire, car, en général, l'opposition se porte devant le juge qui a déjà prononcé, et l'appel devant un autre. Mais ici, on a considéré que le taxateur est le délégué du tribunal, et qu'il ne statue, en quelque sorte, que provisoirement, et pour le cas où il n'y a pas de réclamation, de la même manière que le fait le juge-commissaire à un ordre ou à une distribution de deniers par contribution.

L'opposition doit être formée dans les trois jours de la signification à avoué de l'exécutoire ou du jugement qui contient la liquidation. Cette opposition doit, à peine de nullité, contenir citation à la partie à qui elle est donnée, à comparaître devant le tribunal, afin de jugement : si elle ne contenait pas cette citation, elle serait nulle, à moins qu'elle ne fût suivie d'une citation séparée, donnée dans le délai de trois jours (Arrêt de Bourges, du 19 juillet 1821 ; Dalloz, *Répertoire*, vᵒ *Frais et dépens*, nᵒ 926).

Il est bien entendu que le jour de la signification de l'exécutoire ne compte pas dans les trois jours, mais il n'est pas accordé de délai de distances ; et lors même que dans les trois jours il s'en trouverait un férié, il ne serait pas accordé de supplément (Arrêt de Caen, 20 juillet 1840).

La signification de l'exécutoire doit être faite par acte d'avoué à avoué ; celle faite à la partie ne ferait pas courir les délais de l'opposition (Arrêt de Grenoble, du 5 juillet 1823 ; Dalloz, *Répertoire*, vᵒ *Frais et dépens*, nᵒ 922). La même Cour a décidé que le délai ne court pas pendant les vacances (Arrêt du 1er mars 1816; Chauveau, 2e vol., p. 76, no 42); cette décision ne devrait pas être suivie en matière sommaire; il est aussi fort douteux qu'elle doive faire autorité, même en matière ordinaire, car il s'agit de l'exécution de jugements ou d'arrêts prononçant des condamnations pour l'exécution desquelles, en général, les vacances ne sont pas suspensives.

Mais l'opposition peut être faite à personne ou domicile, aussi bien que par acte d'avoué à avoué; en effet, qu'elle soit dans une forme ou dans une autre, elle doit être validée, par cela seul que le décret n'en prescrivant aucune, n'en exclut non plus aucune.

Ce que nous venons de dire, que pour faire courir le délai de l'opposition, il faut une signification de l'exécutoire à avoué, souffre exception pour les cas: 1o où la partie n'a pas constitué d'avoué; 2o où l'avoué constitué a cessé ses fonctions; 3o où il s'est écoulé plus d'une année depuis que la décision définitive a été rendue (Art. 1038 du Code de procédure); 4o où il y a lieu à reprise d'instance.

C'est alors à partie ou domicile que la signification de l'exécutoire doit être faite, et l'on rentre dans les principes généraux de la procédure. Le délai de trois jours doit être franc, c'est-à-dire, que le jour de la signification et celui de l'opposition n'y sont pas compris (Art. 1033). Il y a lieu de plus à un délai supplémentaire en raison de la distance entre le lieu du domicile de la partie et celui où l'opposition doit être faite.

Ces délais une fois expirés, la taxe a acquis l'autorité de la chose jugée.

L'opposition pourrait cependant encore être admise si l'ordonnance de taxe statuait sur une distribution de dépens qu'on soutiendrait avoir été faite en dehors des prescriptions de la décision qui les adjuge, ou sur tout autre point que la fixation du chiffre des dépens (Cassation rejet, 21 novembre 1833.—Arrêt de la Cour de Caen, du 10 août 1832).

Quant à l'opposition de la partie qui obtient l'exécutoire, il n'y a pas de délai pour la former; tant que cette partie n'a pas fait signifier l'exécutoire ou le jugement qui contient la liquidation des dépens, elle est recevable à y faire opposition; après la signification, elle est réputée y avoir acquiescé.

La Cour de La Guadeloupe a jugé, le 10 avril 1840, que l'opposition faite par une partie remet à la décision du tribunal tous les articles de l'état, en conséquence, la partie qui avait obtenu l'exécutoire auquel il est fait opposition par la partie adverse peut reproduire les articles et les chiffres qui avaient été rejetés ou modifiés par le taxateur; nous croyons cette décision conforme aux vrais principes (Voyez Sirey, 4.2.437).

Contre qui l'opposition doit-elle être dirigée?

En cette matière, les avoués ne sont que des mandataires, tant pour leurs clients que vis-à-vis de leurs parties adverses, il en résulte : 1° que les oppositions doivent être formées à la requête et au nom de la partie ; 2° qu'elles doivent être formées contre la partie adverse, lors même que les avoués auraient obtenu la distraction des dépens. On peut voir à cet égard un arrêt fort bien motivé de la Cour de Bordeaux, du 29 août 1828, rapporté dans Sirey, 29.2.132 ; il juge cette dernière question *in terminis*.

Toute autre procédure en contradiction avec ces principes motiverait une fin de non-recevoir.

Comment doit-il être statué sur l'opposition ?

Il doit y être statué par le tribunal qui a jugé le principal ; elle n'est qu'une contestation accessoire et un incident.

Mais sera-ce à l'audience publique ou en chambre du conseil que le tribunal devra siéger ?

Le décret ne dit pas directement lequel des deux ; mais le tarif placé à la suite de l'art. 9 dit, en taxant l'acte d'opposition : « Pour « l'original de l'acte contenant opposition....... *avec sommation* « *de comparaître à la chambre du conseil pour être statué sur* « *ladite opposition.* »

Cette disposition ne laisse aucun doute que c'est à la chambre du conseil que le tribunal ou la Cour doivent entendre les parties par leurs avoués, et statuer.

Nous avons déjà dit ailleurs que l'ordre public est intéressé à ce que des débats de cette nature s'agitent et se jugent à huis clos, afin qu'il n'en rejaillisse sur les officiers publics, ni sur le corps auquel ils appartiennent, aucune déconsidération de nature à amoindrir la confiance qui leur est nécessaire pour exercer leurs fonctions au mieux des intérêts généraux de la société.

L'instruction se fait donc à la chambre du conseil oralement et sommairement.

Le taxateur peut faire partie des juges (Arrêt de cassation, 11 novembre 1833 ; Sirey, 33.1.29).

Les jugements ou arrêts doivent y être prononcés en présence des parties ou de leurs avoués (Cassation, 2 février 1826 ; Sirey, 26.1.280.—Dalloz, 26.1.133.—8 mars 1848 ; Sirey, 48.1.373. —Dalloz, 1.76).

Cependant il n'y aurait pas nullité si le jugement avait été prononcé à l'audience publique (Cassation, 14 février 1838, Sirey, 38.1.563) ; mais ce serait une irrégularité regrettable au point de vue que nous venons d'exposer.

Le jugement ainsi rendu est de sa nature en dernier ressort, et il ne peut en être interjeté appel que par exception, et lorsqu'il y aura appel de quelques dispositions sur le fond ; ainsi le veut la force des choses ; il ne serait pas logique, en effet, que le pouvoir du juge supérieur de statuer en toute indépendance sur le principal fût entravé et limité pour un accessoire.

Mais la voie du recours en cassation n'est point défendue, elle est au contraire de droit général contre tous les jugements et arrêts rendus en dernier ressort ; la Cour de cassation l'a reconnu dans un arrêt du 12 mai 1812 (Sirey, 13.1.37), et dans beaucoup d'autres par lesquels elle a fait droit à de nombreux pourvois dirigés contre des jugements et arrêts rendus en cette matière.

§ 4. — *De la taxe des frais auxquels peuvent donner lieu la liquidation des dépens et les oppositions.*

Avant d'entrer dans les détails des frais auxquels donnent lieu la taxe et les oppositions, il nous faut explorer une question qui se trouve là en quelque sorte pour nous barrer le passage.

C'est celle de savoir : 1° Si les frais dont il s'agit doivent rester en appel les mêmes qu'en première instance ? 2° Si en admettant l'augmentation, elle doit être seulement d'une moitié en sus ou du double ?

Un arrêt de la Cour de Douai, du 28 août 1840, rapporté dans Sirey, 40.2.472, et dans le *Journal du Palais*, 1840.2.428, a jugé que le droit de 10 cent. par article, accordé par le § 3 de l'art. 9 du deuxième décret du 16 fév. 1807, ne doit pas être augmenté en appel, par le motif que ce décret est spécial, et qu'il ne contient pas, comme le premier décret du même jour, une disposition qui rappelle l'art. 147.

Cette raison nette et fort laconique vient tout d'abord à l'esprit; elle est tout près à côté de soi, et se présente d'elle-même; il n'y a besoin d'aucun effort pour la trouver; c'est peut-être à cause de cela qu'il faut s'en défier. Nous croyons en effet qu'elle n'est pas bonne.

Le premier et le deuxième décret sont évidemment deux produits et deux formules d'une même pensée; ils ont été élaborés en même temps et promulgués le même jour; le second n'est que la mise en action et le complément du premier.

Le motif qui a porté le législateur à augmenter les émoluments des avoués d'appel est le même pour tous les cas prévus par ces deux décrets : le premier, dans son art. 147, a posé un principe général d'augmentation dicté par une raison de haute sagesse que tout le monde s'accorde à reconnaître. Les avoués d'appel sont hiérarchiquement placés au-dessus des avoués de première instance, et cependant leur position, sous le rapport des émoluments, est bien inférieure; les affaires qu'ils font acquièrent au second dégré de juridiction une plus grande importance qu'elles n'avaient au premier; mais aussi elles sont plus rares. Il y a une multitude d'affaires très-productives, telles que les saisies immobilières, les partages, les ordres, les distributions par contribution, qui ne vont jamais en appel, ou qui n'y sont portées que pour des incidents insignifiants sous le rapport des honoraires; il y en a un plus grand nombre qui se jugent en premier et dernier ressort.

Il est donc naturel qu'en appel les soins des officiers ministériels soient plus rétribués, et il n'y a aucun motif de réduire les frais de taxe avec une parcimonie qui semblerait de la taquinerie mesquine plutôt que de la justice.

Aussi tous les écrivains qui ont traité cette matière sont-ils unanimes à décider que le principe posé dans l'art. 147 du premier décret est commun au second (Voyez Chauveau, t. 1er, p. 553 et les auteurs cités par lui).

Cette première solution rend facile celle de la seconde question.

L'augmentation doit être d'une moitié en sus pour tous les droits qui se rattachent aux matières ordinaires; le droit de 10 cent. par article y tient essentiellement, puisqu'il ne peut être accordé dans les matières sommaires; ainsi, en appel, il n'est susceptible que de l'augmentation d'une moitié en sus, et cela dans toutes les Cours d'appel de l'Empire, car il est invariable dans tous les tribunaux.

Les autres droits tarifés par le deuxième décret nous semblent tous devoir être accordés, comme en matière sommaire, ainsi ils sont susceptibles d'être portés en appel, au double de ce qu'ils seraient en première instance.

Ce décret, comme le premier, n'est applicable dans son texte qu'au ressort de la Cour impériale de Paris, mais il a été aussi déclaré commun à toutes les Cours de France par le troisième décret rendu le même jour; l'art. 4 en est ainsi conçu :

« Le tarif des frais de taxe décrété également aujourd'hui pour le res
« sort de la Cour impériale de Paris est aussi déclaré commun à tout
« l'Empire; en conséquence, dans tous les chefs-lieux de Cours impériales
« les droits de taxe seront perçus comme à Paris, et partout ailleurs, ils
« seront perçus comme dans le ressort de la Cour impériale de Paris. »

Il résulte de ce décret qu'en appel les droits ne sont pas les mêmes pour toutes les affaires; ils varient selon ceux accordés au tribunal d'où vient l'appel.

Ceci posé, voici comment nous entendons l'application du tarif qui est à la suite de l'art. 9 du deuxième décret.

Suite de l'article 9.

TARIF DES FRAIS DE TAXE.

§ 2. Il ne sera rien alloué aux avoués pour l'état des dépens adjugés en matière sommaire, qu'ils doivent remettre aux greffiers à l'effet d'en faire insérer la liquidation dans l'arrêt ou le jugement.

§ 3. Pour chaque article entrant en taxe des dépens adjugés, en matière ordinaire :

Il sera alloué, en première instance. . . . . 0 f. 10 c.
En appel sans distinction de Cours. 0   15

§ 4. Au moyen de cette taxe, il ne sera alloué à l'avoué aucune vacation à l'effet de remettre et de retirer les pièces justificatives.

Nota.—Il ne pourra être fait qu'un article pour chaque pièce de la procédure, tant pour l'avoir dressée que pour l'original, copie et signification, et tous les droits qui en résultent.

Chaque article sera divisé en deux parties : la première comprendra les déboursés, y compris le salaire des huissiers, et la deuxième, l'émolument net de l'avoué; en conséquence, les états seront formés sur deux colonnes, l'une pour les déboursés, l'autre pour l'émolument de l'avoué.

§ 5. Pour la sommation à l'avoué, qui a obtenu la condamnation de dépens, de lever le jugement :

A Paris, et dans les autres chefs-lieux de Cours impériales.. 1 f. 00 c.
Dans le ressort de Paris et partout ailleurs.. . . . . 0 75
En appel. { Pour les affaires dont l'appel vient du tribunal siégeant au chef-lieu de la Cour impériale. . . 2 00
{ Pour les autres. 1 50
Et pour la copie, le quart.

§ 6. Pour l'original de l'acte contenant opposition, soit à un exécutoire de dépens, soit au chef du jugement qui les a liquidés, avec sommation de comparaître à la chambre du conseil pour être statué sur ladite opposition :

A Paris, et dans les autres chefs-lieux de Cours impériales. 1 f. 00 c.
Dans le ressort de Paris, et partout ailleurs. 0 75
En appel. { Pour les affaires dont l'appel vient du tribunal siégeant au chef-lieu de la Cour impériale. . . 2 00
{ Pour les autres. 1 50
Pour chaque copie, le quart.

§ 7. Pour assistance à la plaidoirie à la chambre du conseil :

A Paris, et dans les autres chefs-lieux de Cours d'appel. . . 7 f. 50 c.
Dans le ressort de Paris, et partout ailleurs, les 3/4 ou. . . . 5 63
En appel. { Pour les affaires dont l'appel vient du tribunal du chef-lieu de la Cour. 15 00
{ Pour les autres. 11 25

§ 8. Pour les qualités et signification à avoué du jugement qui interviendra, s'il n'y a qu'une partie, le tout ensemble :

A Paris, et dans les autres chefs-lieux de Cours impériales. . 5 f. 00 c.
Dans le ressort de Paris et ailleurs. 4 00
En appel. { Pour les affaires dont l'appel vient du tribunal du chef-lieu de la Cour. 10 00
{ Pour les autres.. . . . . 8 00

§ 9. S'il a plusieurs avoués, pour chacune des autres copies tant des qualités que du jugement :

A Paris, et dans les autres chefs-lieux de Cours impériales.. 1 f. 00 c.
Dans le ressort de Paris, et ailleurs. 0 75
En appel. { Pour les affaires dont l'appel vient du tribunal du chef-lieu de la Cour. 2 00
{ Pour les autres. 1 50

§ 10. Il ne sera passé aucun droit pour la taxe des frais.

Observations.

Le droit de 10 cent. par article est-il dû pour l'article même qui le comprend ?

Nous le croyons.

Ce droit est accordé à l'avoué pour lui tenir lieu des vacations pour le temps qu'il emploie à mettre les pièces en ordre, à les déposer aux mains du greffier, et à faire les démarches nécessaires pour obtenir la taxe. Si l'on peut dire que cet article exige moins de soins que la plupart des autres, on ne peut pas affirmer avec la même assurance qu'il n'en demande aucun. D'ailleurs il fait partie des autres articles de l'état, et cela suffit pour que les émoluments lui soient communs avec eux ; le texte le veut ainsi.

Cet émolument est-il dû quand les dépens n'ont pas été adjugés par une décision ?

Oui encore, car s'ils ne l'ont pas été, ils sont susceptibles de l'être ; cela est d'un trop mince intérêt pour que nous y insistions plus longtemps.

§ 5 ET DERNIER. — *De la taxe et du recouvrement des frais par les officiers ministériels contre leurs clients.*

Les officiers ministériels ont une action contre les clients pour lesquels ils ont postulé ou fait des actes, afin de se faire payer de leurs émoluments et rembourser de leurs avances ; ils l'ont même solidaire contre tous ceux pour lesquels ils ont agi conjointement (Art. 2002 du Code Nap.).

Leur demande doit, aux termes de l'art. 60 du Code de procédure civile, être portée devant le tribunal de l'arrondissement où ils exercent leurs fonctions et où les frais ont été faits, lors même que leurs fonctions auraient cessé : l'art. 14 du décret des 29 janv., 26 mars 1791, le dit positivement pour les officiers ministériels que cette loi avait supprimés : « Tous les officiers ministériels sup- « primés sont autorisés à poursuivre leurs recouvrements, en « quelque lieu que les parties soient domiciliées, par-devant le « tribunal de district, dans le ressort duquel était établi le chef- « lieu de l'ancien tribunal où ces officiers exerçaient leurs fonc- « tions. »

C'est un point constant en jurisprudence.

Cette juridiction est indiquée par la nature des choses ; aucune autre ne serait plus à même d'apprécier leurs demandes, aussi n'est-elle pas facultative ; elle est établie dans l'intérêt de toutes les parties, et il ne serait pas loisible aux officiers ministériels d'y renoncer pour traduire leurs parties adverses devant le juge de leur domicile ; celles-ci seraient fondées à décliner la juridiction de tout autre tribunal que celui où les frais ont été faits.

Il n'en serait plus ainsi cependant si une obligation était intervenue pour le règlement des frais, et que ceux-ci ne fussent pas contestés ; ce serait devant le tribunal de son domicile que la partie obligée devrait être assignée et poursuivie, à cause de la novation qui s'est opérée dans sa dette.

L'art. 9, § 1er, du deuxième décret du 16 fév. 1807, dit que ces demandes seront portées à l'audience, sans qu'il soit besoin de recourir au préalable de la conciliation.

Mais il doit être donné, en tête de l'assignation, copie du mémoire des frais réclamés.

Cette disposition n'entraînerait cependant pas la nullité d'une assignation dans laquelle on aurait omis de signifier le mémoire.

18

Cette omission pourrait être réparée pendant le cours de l'instance; mais les frais en resteraient à la charge de l'officier ministériel demandeur, aux termes et par argument de l'art. 65 *in fine* du Code de procédure civile. Nous avons rapporté, page 175, des arrêts qui l'ont ainsi jugé.

On a demandé si le mémoire à signifier en tête de l'assignation doit être préalablement taxé?

Ni l'art. 60 du Code de procédure, ni l'art. 9 du décret n'imposent cette condition à l'officier ministériel; le tribunal tout entier est là pour faire au besoin les vérifications qu'aurait faites le juge taxateur, si préalablement le mémoire lui avait été soumis; s'il ne lui convient pas de se livrer à ce travail à l'audience même, il peut le renvoyer à l'examen d'un de ses membres.

Il est cependant d'usage qu'avant d'assigner leurs clients, les avoués présentent leurs mémoires à la taxe. Le droit des parties, sans avoir l'intention de se laisser poursuivre, est incontestablement de ne payer qu'après taxe; sans doute elles pourraient payer d'abord, retirer quittance et faire taxer elles-mêmes, mais ce sont des embarras qu'elles ne sont point obligées d'assumer sur elles, et puis il est toujours plus facile de ne pas payer que de se faire restituer ce qu'on a payé de trop.

Quelle est l'autorité de la taxe apposée sur les mémoires avant l'assignation? — Peut-elle lier le tribunal devant lequel l'action est portée?

Nous croyons qu'en général elle ne le peut pas.

Dans ces circonstances, la taxe ne nous paraît qu'une sorte de visa, une expertise favorable, une attestation donnée au mémoire de l'officier ministériel en toute connaissance de cause et après vérification.

Mais tout cela ne peut avoir la force ni d'une obligation, ni d'une condamnation : le taxateur a un mandat légal pour vérifier, mais il n'en a pas pour obliger la partie à payer; il n'a pas non plus juridiction pour prononcer une condamnation dans une instance où la partie n'est pas appelée à se défendre, et la taxe qu'il fait n'acquiert point l'autorité de la chose jugée et ne peut jamais être convertie en exécutoire.

D'un autre côté, le tribunal ne peut ni ne doit prononcer de condamnation que si la demande se trouve juste et vérifiée; pour cela il n'est lié par l'appréciation de qui que ce soit, et il ne relève que de sa conscience et de ses convictions.

Il en résulte que l'officier ministériel peut reproduire devant le tribunal les articles de son mémoire rejetés ou réduits par le taxateur, et que la partie peut demander le rejet ou la réduction des articles admis, absolument comme s'il n'y avait pas eu de taxe.

Mais quand le tribunal a prononcé, tout devrait être dit; cependant la Cour de Paris a jugé, le 23 mai 1807 (Voyez Sirey, 8.2.267), que la condamnation obtenue par un avoué contre son client n'est pas un obstacle à ce que la taxe soit encore exigée par la partie.

Nous ne pensons pas qu'on doive, de par l'autorité de cet arrêt, ériger en théorie générale et absolue la proposition que toujours la partie qui a été condamnée à payer à un officier ministériel le montant de son mémoire, signifié en tête de son assignation, puisse être admise à exercer le recours à la taxe ; cela ne doit être, au contraire qu'exceptionnellement, et quand on peut induire de la décision qu'il est entré dans l'intention des juges de la réserver, soit expressément, soit implicitement ; c'est donc toujours une question de fait à apprécier.

Il est incontestable que le tribunal, avant de prononcer, peut renvoyer l'avoué à faire taxer son mémoire, comme il peut ordonner une expertise dans toutes les affaires qui en sont susceptibles, il est certain aussi qu'il peut ne prononcer la condamnation que sauf à la partie à faire vérifier par la voie de la taxe le mémoire qu'on lui oppose, mais il faut qu'il apparaisse de son intention à cet égard.

Autrement il aura prononcé sur la demande de l'avoué, comme il prononce ordinairement en matière de compte ; son jugement ne peut être révisé ; seulement s'il y a erreur, omission, faux ou double emploi, la partie peut, aux termes de l'art. 541 du Code de procédure, les faire rectifier devant les mêmes juges, et, dans ces cas, le recours à la taxe serait le moyen le plus simple pour les constater.

Le dernier paragraphe de l'art. 147 du premier décret du 16 fév. 1807 porte : « Néanmoins, dans les demandes en condamnation de « frais d'un avoué contre sa partie, il ne sera alloué que moitié « du droit ci-dessus fixé pour les matières sommaires. »

Le principe consacré par cet article ne peut pas être invoqué dans les matières ordinaires ; mais encore bien que l'art. 147 soit placé dans le décret sous le chapitre applicable aux avoués d'appel, tous les auteurs qui ont traité cette matière sont d'accord que sa disposition comprend aussi les avoués de première instance. Il n'y a pas en effet de raison pour motiver une différence entre les avoués d'appel et ceux de première instance à cet égard.

Il nous reste encore une question, et nous en avons fini de ce chapitre.

L'avoué, qui a obtenu un exécutoire de ses dépens sur sa partie adverse, est-il recevable à agir contre son client en suivant la voie autorisée par l'art. 60 du Code de procédure et par l'art. 9 du deuxième décret de 1807, c'est-à-dire à l'assigner devant le tribunal pour le faire condamner au paiement du montant de l'exécutoire ?

Un arrêt de la Cour d'Amiens du 1er mars 1825 (Sirey, *nouvelle collection,* v. 8.2.41) décide que non.

Cette solution nous paraît très-contestable ; nous comprenons difficilement qu'un exécutoire, obtenu par l'avoué d'une partie contre la partie adverse, devienne un titre paré contre son client. C'est en effet comme mandataire de celui-ci que l'avoué a seulement pu agir ; c'est donc comme si le client avait obtenu lui-même

18.

l'acte qu'on veut ramener à exécution contre son propre auteur. Cela nous semble inadmissible dans l'état actuel des principes sur la matière.

CHAPITRE II.

DE LA LIQUIDATION DES DÉPENS EN MATIÈRE D'ASSISTANCE JUDICIAIRE.

C'est un usage bien ancien que le barreau prête gratuitement son ministère aux indigents pour les procès qu'ils ont à soutenir devant les tribunaux. Il remplit ce devoir, qu'il réclamerait au besoin comme un privilége, sans exiger d'autre justification de l'indigence alléguée, que la parole même de celui qui demande son assistance.

Mais cette intervention désintéressée devenait fort onéreuse pour les avoués, obligés à faire des avances irrécouvrables pour acquitter les droits très-élevés que perçoit le Trésor public dans toutes les affaires, et dont ils sont responsables, que leurs clients soient solvables ou non.

La loi des 29 nov., 7 déc. 1850 et 22-30 janv. 1851, est venue supprimer cet obstacle à leur générosité traditionnelle, en obligeant le fisc à s'y associer dans une certaine mesure, soit en suspendant la perception des droits, soit en faisant des avances nécessaires à l'instruction du procès; cette loi est une concession faite aux idées socialistes nouvelles; c'est une grande justice; mais il n'en a pas moins fallu plusieurs révolutions radicales pour la faire admettre en principe. La loi crée l'assistance judiciaire, elle en accorde le bénéfice à tous les indigents dans les procès qu'ils ont à soutenir, en demandant ou en défendant, soit devant les juges de paix, soit devant les tribunaux civils et de commerce, les Cours d'appel, de cassation, et le conseil d'Etat; ainsi la richesse ne pourra plus abuser de sa puissance pour écraser l'indigence en face de la justice même.

L'admission à l'assistance judiciaire est prononcée par des bureaux établis auprès des tribunaux de la manière prescrite par les art. 2, 3, 4, 5, 6 et 7 de la loi dont il s'agit, l'instruction et la forme de la décision sont déterminées par les art. 8 à 12.

Nous n'avons à nous occuper de cette loi qu'en ce qui concerne les dépens; mais afin que ce que nous devons en dire soit plus clair, nous allons transcrire le texte des art. 13 à 20.

CHAPITRE III.

DES EFFETS DE L'ASSISTANCE JUDICIAIRE.

Art. 13.—§ 1er. Dans les trois jours de l'admission à l'assistance judiciaire, le président du bureau envoie, par l'intermédiaire du procureur de la République au président de la Cour ou du tribunal, ou au juge de paix, un extrait de la décision portant seulement que l'assistance est accordée; il y joint les pièces de l'affaire.

§ 2. Si la cause est portée devant une Cour ou un tribunal civil, le président invite le bâtonnier de l'ordre des avocats, le président de la chambre des avoués et le syndic des huissiers, à désigner l'avocat, l'avoué et l'huissier qui prêteront leur ministère à l'assisté.

§ 3. S'il n'existe pas de bâtonnier, ou s'il n'y a pas de chambre de discipline des avoués, la désignation est faite par le président du tribunal.

§ 4. Si la cause est portée devant un tribunal de commerce ou devant un juge de paix, le président du tribunal ou le juge de paix se bornent à inviter le syndic des huissiers à désigner un huissier.

§ 5. Dans le même délai de trois jours, le secrétaire du bureau envoie un extrait de la décision au bureau de l'enregistrement.

Art. 14. — § 1er. L'assisté est dispensé provisoirement du paiement des sommes dues au Trésor, pour droits de timbre, d'enregistrement et de greffe, ainsi que de toute consignation d'amende.

§ 2. Il est aussi dispensé provisoirement du paiement des sommes dues aux greffiers, aux officiers ministériels et aux avocats pour droits, émoluments et honoraires.

§ 3. Les actes de procédure faite à la requête de l'assisté sont visés pour timbre et enregistrés en débet.

§ 4. Le visa pour timbre est donné sur l'original au moment de son enregistrement.

§ 5. Les actes et titres produits par l'assisté, pour justifier de ses droits et qualités, sont pareillement visés pour timbre et enregistrés en débet.

§ 6. Si ces actes et titres sont au nombre de ceux dont les lois ordonnent l'enregistrement, dans un délai déterminé, les droits d'enregistrement deviennent exigibles immédiatement après le jugement définitif; il en est de même de sommes dues pour contravention aux lois du timbre. Si ces actes et titres ne sont pas du nombre de ceux dont les lois ordonnent l'enregistrement, dans un délai déterminé, les droits de l'enregistrement de ces actes et titres sont assimilés à ceux des actes de la procédure.

§ 7. Le visa pour timbre et l'enregistrement en débet doivent mentionner la date de la décision qui admet au bénéfice de l'assistance; ils n'ont d'effet, quant aux actes et titres produits par l'assisté, que pour le procès dans lequel la production a eu lieu.

§ 8. Les frais de transport des juges, des officiers ministériels et des experts, les honoraires de ces derniers et les taxes des témoins, dont l'audition a été autorisée par le tribunal ou le juge-commissaire, sont avancés par le Trésor, conformément à l'article 118 du décret du 18 juin 1811. Le § 5 du présent article s'applique au recouvrement de ces avances

Art. 16. — Les notaires, greffiers et tous autres dépositaires publics ne seront tenus à la délivrance gratuite des actes et expéditions réclamés par l'assisté que sur une ordonnance du juge de paix ou du président.

Art. 17. — En cas de condamnation aux dépens prononcée contre l'adversaire de l'assisté, la taxe comprend tous les droits, frais de toute nature, honoraires et émoluments auxquels l'assisté aurait été tenu, s'i n'y avait pas eu assistance judiciaire.

Art. 18. — § 1er. Dans les cas prévus par l'article précédent, la condamnation est prononcée et l'exécutoire est délivré au nom de l'administration de l'enregistrement et des domaines, qui en poursuit le recouvrement comme en matière d'enregistrement.

§ 2. Il délivre un exécutoire séparé au nom de l'administration de l'enregistrement et des domaines pour les droits qui, n'étant pas compris dans l'exécutoire délivré contre la partie adverse, restent dus par l'assisté au Trésor, conformément au 5e § de l'article 14.

§ 3. L'administration de l'enregistrement et des domaines fait immédiatement aux divers ayants droit la distribution des sommes recouvrées.

§ 4. La créance du Trésor, pour les avances qu'il a faites, ainsi que pour tout droit de greffe, d'enregistrement ou de timbre, a la préférence sur celle des autres ayants droit.

Art. 19. — En cas de condamnation aux dépens prononcée contre l'assisté, il est procédé, conformément aux règles tracées par l'article précédent, au recouvrement des sommes dues au Trésor, en vertu des §§ 5 et 8 de l'article 14.

Art. 20. — Les greffiers sont tenus de transmettre, dans le mois, au receveur de l'enregistrement, l'extrait du jugement de condamnation ou l'exécutoire, sous peine de 10 francs d'amende par chaque extrait de jugement ou d'exécutoire non transmis dans ledit délai.

M. le directeur général de l'administration de l'enregistrement et des domaines a, pour l'exécution de cette loi, dressé, le 31 mars 1851, une instruction qui est insérée à la suite de la loi, dans le cinquantième volume des instructions générales et circulaires du directeur général de l'enregistrement, sous le n° 1879, p. 81 et suiv.

Il en résulte, pour ce qui est relatif à notre matière :

1° Que non-seulement la demande d'assistance judiciaire peut être rédigée sur papier non timbré (art. 8 de la loi), mais qu'en outre les actes désignés par l'art. 10, produits à l'appui de la demande d'assistance, ceux de l'instruction qu'elle nécessite et les décisions des bureaux d'assistance judiciaire, sont également exempts du timbre et de l'enregistrement;

2° Qu'il en est de même de l'ordonnance du juge de paix ou du président délivrée, comme le prescrit l'art. 16, à l'assisté qui réclame des notaires, greffiers ou autres dépositaires publics, la délivrance gratuite d'un acte ou d'une expédition ;

3° Que dans les villes où il existe des bureaux distincts pour l'enregistrement des actes judiciaires et l'enregistrement des exploits et actes extrajudiciaires, les actes du ministère des huissiers, faits à la requête de personnes admises au bénéfice de l'assistance judiciaire; doivent être enregistrés en débet au bureau des actes judiciaires, mais que s'il n'y a pas de bureau d'actes judiciaires, ces actes seront enregistrés aussi en débet au bureau où cet huissier doit soumettre à l'enregistrement les autres actes de son ministère; mais à la charge par lui de justifier au receveur de la décision portant admission à l'assistance.

4° Que les visas pour timbre des actes de la procédure, pouvant être donnés sur l'original au moment de l'enregistrement, le receveur comprendra dans le visa pour timbre de l'original le montant des droits de timbre en débet applicables aux feuilles employées pour les copies, dont le nombre devra être déclaré par l'officier ministériel.

Du reste, cette instruction assez étendue ne contient rien sur la forme des états de frais et des exécutoires.

Il nous semble cependant qu'il est utile de donner à cet égard quelques explications nécessaires pour l'application de la loi.

Toute son économie se résume évidemment dans l'enregistrement en débet des actes à produire dans le procès et dans ceux de la procédure même, et dans les avances que l'administration de l'enregistrement est obligée de faire pour l'instruction de certaines affaires, telles que les frais de transport des juges, des officiers ministériels et des experts, les honoraires de ces derniers et la taxe des témoins dont l'audition a été autorisée par le tribunal ou le juge-commissaire ; ainsi toute la loi est renfermée dans l'art. 14 ; les autres dispositions ne sont que d'agencement et d'organisation.

Le vœu de la loi est que le Trésor rentre dans tous ses droits et avances, si cela est possible ; quant aux recouvrements des honoraires des avocats et des émoluments des officiers ministériels, ils ne viennent qu'en seconde ligne ; le ministère de ces officiers publics dans ces instances est considéré pour ainsi dire comme gratuit.

Cela nécessite une forme particulière dans la confection des états de frais et dans la délivrance des exécutoires.

Pour rendre cela clair dans l'application, il faut, comme l'a fait la loi, distinguer le cas où l'assisté a triomphé dans l'instance et a obtenu ses dépens contre sa partie adverse, de celui où il a succombé et a été condamné aux dépens envers elle.

§ 1er.—*De la liquidation des dépens dans le cas où l'assisté les a obtenus contre sa partie adverse.*

Il doit être rendu un exécutoire sans distinction des affaires sommaires ou des affaires ordinaires.

L'art. 17 veut que la taxe comprenne tous les droits et frais de toute nature, honoraires et émoluments auxquels *l'assisté aurait été tenu,* s'il n'y avait pas eu assistance judiciaire. La rédaction serait plus claire si l'on avait dit : auxquels *l'adversaire de l'assisté serait tenu,* s'il n'y avait pas eu assistance judiciaire ; mais nous croyons que c'est le même sens qu'il faut attribuer à cet article.

Ainsi l'état des frais préparatoire à taxe sera dressé par l'avoué sur papier libre, visé ou à viser pour timbre par l'administration, et les frais de timbre seront compris dans l'état.

Il énoncera, en tête, la date de la décision qui admet son client à l'assistance judiciaire ; il contiendra autant de colonnes qu'il y a de nature de droits et de parties prenantes ; c'est-à-dire une colonne pour les honoraires de l'avocat, une colonne pour les émoluments de l'avoué, une colonne pour ceux de l'huissier, et un plus grand nombre s'il y a eu plusieurs huissiers employés, une pour ceux du greffier (autres que les remises accordées par l'enregistrement), et une pour les droits restés en débet et les avances du Trésor public.

Chaque colonne doit être additionnée, vérifiée et taxée distinctement par le juge chargé de la taxe ; cette taxe se fait, au surplus, de la manière ordinaire ; elle est datée et elle est signée par le taxateur et le greffier.

L'art. 18 veut que la condamnation aux dépens soit prononcée au profit de l'administration de l'enregistrement et des domaines qui a fait les avances.

Il veut aussi que l'exécutoire en soit délivré au nom de cette même administration, et qu'elle en poursuive le recouvrement comme en matière d'enregistrement, non-seulement pour les droits du Trésor, mais encore pour les honoraires et émoluments des avocats et officiers ministériels.

Il est délivré un exécutoire séparé au nom de l'administration, pour le recouvrement de la même manière contre l'assisté, des droits d'enregistrement et amendes de timbre compris au § 6 de l'art. 14, et qui n'auraient pas été compris dans les dépens auxquels la partie adverse a été condamnée.

Cet exécutoire se délivre en la même forme que les autres en pareille matière (Voir ci-devant p. 262 et suivantes).

Doit-il être sur papier visé pour timbre ? — C'est une question qui n'est pas résolue, c'est aux greffiers à s'en entendre avec l'administrateur de l'enregistrement ; la question de frais est la même dans tous les cas, puisque les visas pour timbre doivent être remboursés au Trésor.

L'administration de l'enregistrement fait immédiatement aux divers ayants droit la distribution des sommes aussitôt qu'elles sont recouvrées ; comme ces ayants droit ne peuvent recevoir de l'administration sans lui donner quittance individuellement, c'est sur cette considération que nous nous sommes fondés pour décider que chaque ayant droit devait avoir sur l'état présenté à la taxe une colonne particulière établissant son compte et sa situation.

Cependant cette distribution aux ayants droit ne doit avoir lieu que quand la créance du Trésor, pour les avances qu'il a faites, ainsi que pour les droits de greffe, d'enregistrement et de timbre, est entièrement soldée, car il a un droit de préférence qui prime tous les autres.

Si le Trésor apportait du retard à faire aux ayants droit la distribution des sommes recouvrées, ceux-ci auraient contre lui les voies ordinaires de réclamation ; ce point est en dehors de notre sujet.

1° L'avoué de l'assisté peut-il demander la distraction des dépens?—Évidemment non ; 1° parce qu'il ne peut pas affirmer avoir fait les avances puisque c'est l'administration de l'enregistrement qui les a faites; 2° parce que cette distraction serait inutile, l'exécutoire devant être délivré au nom de l'administration de l'enregistrement; c'est elle qui obtient la distraction au nom de tous les ayants droit, et qui empêche la compensation de ces dépens avec ce que l'assisté pourrait devoir à la partie condamnée.

2° Doit-on comprendre dans la taxe des dépens les droits des actes que les notaires, les greffiers et tous autres dépositaires publics délivrent à l'assisté sur ordonnance du juge de paix ou du président?

Nous le croyons, malgré que l'art. 16 dise que la délivrance *sera gratuite*. D'abord quant aux expéditions délivrées par les greffiers des tribunaux de première instance et de commerce des actes de leurs greffes, toutes celles qui sont soumises aux droits de greffe doivent être comprises dans les dépens; cela ne fait aucun doute en présence du § 4 de l'art. 18; quant à celles délivrées par les notaires, elles ne le sont gratuitement que relativement à l'assisté et non point relativement à la partie adverse, quand de leur nature elles doivent entrer dans les dépens auxquels elle est condamnée.

3° Les honoraires des avocats qui doivent être compris dans la taxe sont-ils ceux qu'on peut exiger de la partie adverse, quand elle est condamnée aux dépens, ou ceux que l'avocat exige habituellement de ses clients?

L'art. 17 dit que la taxe contiendra les honoraires et les émoluments auxquels l'assisté aurait été tenu s'il n'y avait pas eu assistance; cela ne doit pas vouloir dire que l'exécutoire comprendra contre la partie adverse ce qu'elle n'aurait pas dû s'il n'y avait pas eu assistance judiciaire. Evidemment elle ne doit pas payer d'autres honoraires à l'avocat que ceux que la loi ordinaire, le décret de 1807, passe en taxe contre elle. L'exécutoire ne pourrait donc être délivré que contre l'assisté; ce ne peut pas non plus être ce qu'a entendu l'art. 17; l'avocat sur ce point est délaissé à s'en entendre avec son client; il a le droit de se faire payer du supplément si son client a des ressources, sinon il doit se contenter de ce que l'administration de l'enregistrement recouvrera contre la partie adverse.

La voie de l'opposition à la taxe et à l'exécutoire doit être ouverte à toutes les parties intéressées comme en matière ordinaire de liquidation de dépens.

§ 2. — *De la liquidation des dépens dans le cas où l'assisté y a été condamné envers la partie adverse.*

On comprend parfaitement qu'il ne peut être question pour ce cas des honoraires dus à l'avocat, ni des émoluments dus aux officiers ministériels par l'assisté; ceux-ci doivent agir contre lui comme s'il n'y avait pas eu d'assistance judiciaire, et se faire payer comme ils pourront; ils sont néanmoins fondés à agir comme dans les cas ordinaires, car le § 2 de l'art. 14 ne dispense l'assisté que *provisoirement* du paiement des sommes dues aux officiers ministériels et aux avoués.

Il ne s'agit dans ce paragraphe que des droits et avances dont l'administration de l'enregistrement est créancière sur l'assisté.

L'art. 19 dit qu'il est procédé conformément aux règles tracées dans l'article précédent au recouvrement des sommes dues au Trésor en vertu des §§ 5 et 8 de l'art. 14.

On se rappelle que ces droits sont relatifs :

1° A l'enregistrement et au visa pour timbre en débet des actes et titres produits par l'assisté pour justifier de ses droits et qualités, lorsque ces actes sont au nombre de ceux dont les lois ordonnent l'enregistrement dans un délai déterminé, ou lorsque ces droits sont dus pour amendes de contraventions aux lois du timbre (art. 14, §§ 5 et 6) ;

2° Aux avances faites par l'administration pour les frais de transport des juges, des officiers ministériels et des experts et la taxe des témoins.

C'est pour le recouvrement de ces droits et avances seulement, que l'art. 19 prescrit de procéder, comme il est dit dans l'art. 18, à la délivrance d'un exécutoire au nom de l'administration ; tous les autres droits de l'administration pour enregistrement en débet, soit des actes de la procédure, soit de tous autres actes, tombent en non-valeur.

L'état sur lequel l'exécutoire est délivré doit-il être présenté à la taxe par l'avoué de l'assisté ou par l'agent de l'administration de l'enregistrement ?

La loi et les instructions ne disent rien à cet égard.

Il ne semble pas que l'avoué soit tenu par la nature de son mandat d'agir au nom de l'administration contre son client.

Si d'un autre côté présenter à la taxe du juge, et signer un état de frais est une postulation, elle ne pourrait être faite que par un avoué ; mais nous ne croyons pas que, strictement parlant, rédiger, signer un état et le présenter à la taxe du juge, soit un acte de postulation exclusivement réservé aux avoués ; cette faculté, en effet, est accordée aux experts, aux huissiers, aux notaires et à tous les officiers ministériels ; nous ne voyons donc pas pourquoi elle serait refusée aux agents de l'administration de l'enregistrement.

Le juge auquel on présente un pareil état doit avoir le droit de vérifier l'exactitude des articles, et de les réduire s'ils rentrent dans la classe de ceux pour lesquels la loi autorise l'exécutoire ; mais il n'a pas celui de réduire la fixation des perceptions ou des amendes ; c'est à la partie à suivre les voies particulières indiquées par les lois sur la matière pour obtenir, soit des restitutions, soit des réductions.

Il semble aussi que la voie de l'opposition doit être ouverte contre l'exécutoire, soit pour l'administration, soit pour la partie, car le législateur, en ne fixant rien à cet égard, n'a pas abrogé la loi générale sur la liquidation des dépens, c'est-à-dire le deuxième décret de 1807.

Nous terminons ici notre tâche, nous craignons d'en avoir trop dit pour ceux qui savent, et de n'en avoir peut-être pas dit assez pour ceux qui ignorent, et qui sont par état obligés de savoir ces choses.

APPENDICE.

§ Ier.

Nous avions promis au cours de cet ouvrage, de donner ici l'arrêt de la 1re chambre de la Cour de Bordeaux, sur les questions de savoir :

1° Si le droit de port de pièces et de correspondance est dû aux avoués, en matière sommaire (V. p. 63 à 73).

2° S'il leur est dû des émoluments, tant en matière sommaire qu'en matière ordinaire, pour les conclusions qu'ils sont obligés de dresser et de déposer aux mains du greffier d'audience avant d'être admis à plaider et à prendre jugement ?

Nous nous trouvons dans l'impossibilité de tenir notre engagement à cet égard, parce que le partage prononcé sur ces questions par l'arrêt du 30 juillet 1856 n'est pas encore vidé.

Des circonstances particulières ne nous permettent pas de différer plus longtemps la publication de notre travail. Nous le regrettons.

Cependant, il est vraisemblable que cet arrêt, fût-il rendu en sens inverse de celui de la 2e chambre, du 22 janvier 1857, que nous avons noté page 73, ne fera pas entièrement cesser les divergences qui existent dans cette Cour sur ces questions.

§ II.

On a vu que nous avons souvent cité *les observations du tribunal de Niort, interprétatives du tarif des frais en matière civile.* Les critiques de détail que nous avons apportées à quelques-uns des articles de ce document pourraient porter ceux qui ne le connaîtraient que par nos citations, à juger défavorablement ce travail : ce serait une injustice ; car il est le produit d'études longues et consciencieuses, et l'œuvre de magistrats fort distingués, dont plusieurs occupent aujourd'hui des positions élevées dans l'ordre judiciaire, et sont connus par des ouvrages très-appréciés.

Nous croyons donc qu'il est de notre devoir de le donner en entier ; car, quoiqu'il ait été imprimé en 1837, comme il n'a été tiré qu'à un très-petit nombre d'exemplaires, il n'est guère connu que dans le ressort du tribunal dont il émane. On y trouvera d'utiles renseignements. Il pourra faciliter des recherches à ceux que cela intéresse, et leur suggérer de précieuses solutions. L'ordre alphabétique qu'on y a suivi en rend l'usage fort commode.

Nous croyons qu'on ne nous saura pas mauvais gré de l'avoir joint aux autres documents et règlements judiciaires que nous avons déjà donnés.

OBSERVATIONS DU TRIBUNAL DE NIORT,

Interprétatives du Tarif des frais en matière civile.

MATIÈRES SOMMAIRES.

Art. 1er. — A l'avenir, la taxe sera faite, ou comme en matière ordinaire, ou comme en matière sommaire, selon que l'affaire aura été renvoyée définitivement du rôle général au rôle ordinaire ou au rôle sommaire.

Art. 2. — Dans le cas où le tribunal n'aurait pas été appelé à classer les affaires, elles seront taxées par le juge taxateur comme sommaires dans le cas ci-après :

1° Les causes prévues par l'art. 404, C. P. C.

2° Celles prévues par les divers articles du Code de procédure civile, du Code civil, du tarif et des autres lois spéciales où le législateur s'est servi de ces expressions : il y sera statué,

1° Comme en matière sommaire (Art. 608, C. P. C.; 823, C. C.).
2° Sans instruction (Art. 320, 805, C. P. C.).
3° Sans aucune procédure (Art. 847, C. P. C.).
4° Sans aucune requête (Art. 873, C. P. C.).
5° Sur un simple acte (Art. 107, 145, 311, 520, 666, 721, 761, 973, C. P. C.).
6° Comme affaire urgente (Art. 449, C. C.).
7° A bref délai (Art. 795, C. P. C.).
8° A la Chambre du conseil (Art. 779, C. P. C.).
9° Avec assignation à trois jours (Art. 193, 832, C. P. C.).

Soit que ces expressions soient jointes au mot *sommairement*, soit qu'elles soient employées seules.

Sauf, dans le cas du n° 5, les modifications apportées par l'art. 62 ci-après, relativement à l'ordre et à la distribution ; sans préjudice également à ce qui est dit à l'art. 1er de ces observations.

Art. 3. — Toutes les fois que le terme *sommairement* est employé par la loi, seul, et sans être modifié par quelques-unes des expressions ci-dessus, les causes seront taxées comme en matière ordinaire, ce terme ne déterminant que la célérité que l'on doit mettre dans la décision de la cause, et non sa nature (Art. 172, 174, 180, 192, 287, 348, 840, 884, etc., C. P. C.).

Art. 4. — Comme dans la nomenclature des causes prévues par l'art. 2 ci-dessus, il existe dans le tarif des droits particuliers à quelques-unes d'elles, les frais des actes et requêtes autorisés par le tarif pour ces diverses causes seront passés en taxe, en sus de la taxe des causes sommaires.

Art. 5. — Les causes portées à l'audience à bref délai, en vertu de l'ordonnance du président, conformément à l'art. 72, C. P. C., seront taxées comme sommaires, par application du § 4, art. 404, C. P. C., comme requérant célérité, pourvu toutefois que la cause n'ait pas été renvoyée dans les délais de l'instruction.

Art. 6. — Les demandes en validité de saisie seront taxées comme en matière ordinaire ou comme en matière sommaire, selon la nature de la demande (*Chauveau, Commentaire du tarif*, tom. 1er, p. 425, n° 30).

Art. 7. — Les actions réelles et mêmes mixtes, formées sans titre n'excédant pas 1,000 fr., ne pourront jamais être considérées comme matières sommaires (Art. 404, C. P. C,; — *Chauveau*, tom. 1er, p. 415).

Art. 8. — La demande reconventionnelle de dommages et intérêts, n'importe la quotité de la somme demandée, ne changera point la nature de l'action; si elle est sommaire, elle restera sommaire (*Chauveau*, tom. 1er, p. 432, n° 41).

Art. 9. — Si une cause sommaire dans son principe devient par la suite ordinaire, elle sera taxée dans tous ses actes, à partir du principe de la demande, comme ordinaire; à moins que, par un jugement, il n'y ait eu déjà liquidation des premiers frais : alors, et dans ce cas seulement, les frais ne seront taxés comme en matière ordinaire qu'à partir de ce jugement (*Chauveau*, tom. 1er, p. 465, n° 63).

Art. 10. — Dans le doute si une affaire est sommaire ou ordinaire, elle sera taxée comme ordinaire, parce que les causes sommaires sont des causes d'exceptions (*Chauveau*, tom. 1er, p. 400, n° 8).

Art. 11. — Le droit de correspondance sera accordé en matière sommaire comme en matière ordinaire.

Le jugement défaut-profit-joint n'y donnera jamais lieu (*Chauveau*, tom. 1er, p. 444, n° 52).

Art. 12. — Les conclusions ordonnées et exigées par le décret du 30 mars 1808, seront accordées en matière sommaire comme en matière ordinaire, par analogie, d'après l'art. 71, § 12 du tarif, et taxées 3 fr. 75 cent. (*Chauveau*, tom. 1er, p. 442, n° 49; — *Journal des Avoués* tom. 43, p. 486).

Art. 13. — Toutes les copies de pièces utiles qui ne seront point signifiées d'avoué à avoué, mais dans un exploit d'huissier, passeront en taxe, soit qu'elles appartiennent à l'huissier, soit qu'elles appartiennent à l'avoué.

Art. 14. — Le jugement défaut-joint sera taxé comme jugement par défaut (Art. 153, C. P. C.; —art. 67, § 1er, *Tarif*; — *Chauveau*, tom. 1er, p. 472, n° 77).

Art. 15. — Le droit du quart en sus accordé par l'art. 67 du tarif, dans le cas où il y aurait plus de deux avoués en cause, est seulement dû à l'avoué qui a conclu contre plus d'une partie, sans s'occuper s'il est poursuivant ou non.

Art. 16. — Tous jugements préparatoires ou interlocutoires, rendus contradictoirement, donneront lieu au droit entier d'obtention de jugement; et le demi-droit prévu par le § 8, art. 67 du tarif, sera dû pour les soins apportés à l'enquête, etc., indépendamment du droit entier pour le jugement qui aura ordonné cette enquête, et du droit entier pour le jugement qui aura prononcé sur l'enquête.

Art. 17. — Le droit entier sera également accordé pour l'obtention des jugements contradictoires qui statueront sur un incident relativement à l'exécution d'un jugement rendu dans l'instance, comme la nomination d'un nouvel expert, en cas de refus ou de décès du premier.

Art. 18. — Le droit de plaidoirie de l'avocat sera alloué comme en matière ordinaire.

Art. 19. — Les requêtes pour assigner un jour férié, et celles pour assigner à bref délai, passeront en taxe.

Mais la requête d'opposition à un jugement par défaut, et celle pour interrogatoire sur faits et articles, seront taxées pour les déboursés seulement.

Art. 20. — L'avoué qui aura obtenu un jugement contre deux parties ayant des intérêts opposés réunira le droit d'obtention du jugement avec le quart en sus accordé par le § 10 de l'art. 67 du tarif, et fera un total du tout, afin de déterminer le droit qui revient pour les qualités et la signification du jugement (§ 12, art. 67 du tarif).

Art. 21. — Les vacations prévues par l'art. 90, §§ 13, 14 du tarif, seront allouées à l'avoué poursuivant.

Celle prévue par le § 10 du même article ne lui sera point accordée.

Art. 22. — Les frais de voyage de la partie entreront en taxe, comme en matière ordinaire ; seulement, il ne sera point accordé de vacation à l'avoué pour affirmation.

MATIÈRES ORDINAIRES.

ABSENCE (Requêtes).

Art. 23. — Il ne sera passé qu'une seule requête pour demander définitivement la déclaration d'absence et l'envoi en possession provisoire (Art. 78, § 7, *tarif*; — *Chauveau*, tom. 2, p. 342, n° 16).

Art. 24. — La requête pour demander l'envoi en possession définitive, n'étant pas prévue, sera taxée, par analogie, suivant l'art. 78, § 7 du tarif.

Art. 25. — Dans le cas où l'envoyé en possession provisoire des biens d'un absent voudrait faire constater l'état de ces biens, la requête qu'il présentera pour faire nommer un expert sera taxée, par analogie, suivant l'art. 77, § 15 du tarif (Art. 126, C. C. ; — *Chauveau*, tom. 2, p. 343, n° 20).

ACTE D'AVOUÉ. *Voyez* FAUX INCIDENT.

ACTE DE L'ÉTAT CIVIL.

Art. 26. — La requête, dans les cas prévus par l'art. 3 de la loi du 11 germinal an XI pour changement de noms ou prénoms, n'étant pas prévue, sera taxée par analogie suivant l'art. 78, § 4 du tarif (*Chauveau*, tom. 2, p. 333, *Note*).

ACTE DE NOTORIÉTÉ.

Art. 27. — L'acte de notoriété, dans le cas prévu par l'art. 155, C. C., ne sera point homologué (*Chauveau*, t. 2, p. 337).

AFFICHE.

Art. 28. — Il n'est point dû de vacation pour prendre communication de l'affiche (*Chauveau*, tom. 1er, p. 150, n° 2).
Voyez JUGEMENT.

APPEL DE CAUSE.

Art. 29. — Il sera accordé à l'huissier le droit d'appel de cause pour les jugements rendus sur requête, lorsqu'ils auront été obtenus par avoué (Art. 152, *tarif*; — *Chauveau*, tom. 1er, p. 151, n° 7).

ASSISTANCE (Droit d').

Art. 30. — Le droit d'assistance, soit aux conclusions du ministère public, soit au prononcé du jugement, lorsqu'il aura été renvoyé à une autre audience, sera accordé à l'avoué, d'après l'art. 86 du tarif (*Chauveau*, tom. 1er, p. 155, n° 17).

Art. 31. — Le même droit d'assistance sera accordé à l'avoué pour assistance au jugement qui aura ordonné la communication d'une demande en renvoi à un autre tribunal (Art. 374, C. P. C. 86, *tarif*; — *Chauveau*, tom. 1er, p. 367, n° 10).

Art. 32. — Il ne sera point accordé de droit d'assistance pour assister au jugement réclamé par une femme pour être autorisée à plaider (Art. 862, C. P. C.; — Art. 78, § 19, *tarif*; — *Chauveau*, tom. 2, p. 349, n° 12).

Art. 33. — Le droit d'assistance sera accordé pour assister au jugement qui aura ordonné un interrogatoire sur faits et articles (Art. 83, *tarif*; — art. 329, C. P. C.; — *Chauveau*, tom. 1er, p. 317, n° 7).

Art. 34. — Le droit d'assistance au jugement d'homologation d'avis de parents sera taxé d'après l'art. 85 du tarif (Art. 885, 886, C. P. C.; — *Chauveau*, tom. 2, p. 373, n° 26).

AVENIR.

Art. 35. — Lorsqu'il y aura eu des exceptions proposées, ou lorsqu'il y aura eu un jugement interlocutoire, il sera passé un second avenir pour plaider au fond (*Journal des Avoués*, tom. 42, p. 236).

CAUTION.

Art. 36. — La soumission faite par la caution, conformément à l'art. 519, C. P. C., ne sera point notifiée à la partie au profit de laquelle la caution aura été donnée (*Chauveau*, tom. 2, p. 34, n° 30).

CESSION DE BIENS.

Art. 37. — La signification du jugement constatant la réitération de la cession de biens ne passerait pas en taxe (*Chauveau*, tom. 2, p. 399, n° 14).

COMMANDEMENT. (*Voyez* Saisie immobilière, Saisie-exécution, Compulsoire.

COMMUNICATION AU MINISTÈRE PUBLIC.

Art. 38. — Il sera alloué à l'avoué autant de droits de communication qu'il y aura eu d'incidents communiqués dans la cause.

Art. 39. — Il y sera également alloué autant de droits de communication que l'avoué aura représenté de parties ayant des intérêts distincts.

Art. 40. — La communication pour obtenir jugement par défaut sera allouée, quoique, par suite de la constitution d'avoué de la part du défendeur, ce jugement n'eût pas été obtenu.

COMMUNICATION DE PIÈCES.

Art. 41. — L'avoué qui aura demandé communication de pièces par la voie du greffe, pourra être averti par son confrère de prendre communication de ces pièces, et ce par sommation qui sera taxée, par analogie, suivant l'art. 70, § 14 du tarif (Art. 188, 189, C. P. C.; — *Chauveau*, tom. 1er, p. 245, n° 63).

Art. 42. — S'il y a plusieurs parties en cause, il sera passé en taxe autant de vacations qu'il y aura eu de communications données ou reçues par chaque avoué. (*Chauveau*, tom. 1er, p. 246, n° 67.)

Art. 43. — Si, dans l'instance, il y a de nouvelles pièces dont on demande la communication, ou dont la communication soit ordonnée, il sera accordé un nouveau droit de communication (*Chauveau*, tom. 1er, p. 246, n° 68).

Art. 44. — Dans le cas où le tiers saisi déposerait, en faisant sa déclaration, des pièces justificatives, l'avoué saisissant aura droit à une vacation pour en prendre communication, suivant l'art. 91 du tarif (Art. 574, C. P. C.; — *Chauveau*, tom. 2, p. 107, n° 42).

COMPARUTION PERSONNELLE.

Art. 45. — La levée et signification du jugement qui aura ordonné la comparution personnelle seront allouées (*Chauveau*, t. 1er, p. 330, n° 38).

Art. 46. — Dans le cas où la comparution personnelle aura été ordonnée, il n'y aura pas lieu à affirmation de voyage, et par conséquent il ne sera pas accordé de vacation pour cette affirmation (*Chauveau*, tom. 1er, p. 129, n° 18).

COMPULSOIRE.

Art. 47. — La sommation préalable, faite au notaire, pour avoir un compulsoire, sera taxée, par analogie, d'après l'art. 29, § 62 du tarif (*Chauveau*, tom. 2, p. 324, n° 4).

CONCILIATION.

Art. 48. — Les frais d'une procédure en conciliation, dans le cas où il y a dispense, passeront en taxe, même en cas de non-comparution des parties appelées, pourvu que les personnes fussent capables de transiger (*Chauveau*, tom. 1er, p. 41, n° 4).

Art. 49. — Les frais de pouvoir pour comparaître en conciliation à la place d'une partie empêchée seront alloués, mais non les honoraires du fondé de pouvoir (*Chauveau*, tom. 1er, p. 43, n° 9; — *Journal des Avoués*, tom. 44, p. 347).

CONCLUSIONS.

Art. 50. — Les conclusions, exigées par l'art. 70 du décret du 30 mars 1808, seront taxées, tant en matière sommaire qu'en matière ordinaire, à 3 fr. 75 cent., par analogie, d'après l'art. 71, § 12 du tarif (*Chauveau*, tom. 1er, p. 140, n° 56; p. 442, n° 49; — *Journal des Avoués*, t. 43, p. 486).

Art. 51. — Il en sera accordé autant qu'il y aura de jugements préparatoires, interlocutoires ou définitifs.

Art. 52. — Ce droit sera également accordé pour toutes conclusions prises dans l'instance par addition ou modification aux premières.

Art. 53. — Un Mémoire imprimé, signifié, passera en taxe comme requête grossoyée, en évaluant les écritures.

Art. 54. — Il ne sera passé en taxe, pour développer les moyens de l'enquête, de la descente sur les lieux, de la vérification d'écritures, de l'interrogatoire sur faits et articles, etc., d'autres conclusions que celles accordées par l'art. 71, § 12 du tarif, 3 fr. 75 cent. (*Chauveau*, tom. 1er, p. 265, n° 67; p. 291, n° 58; p. 302, n° 32; p. 314, n° 50; p. 327, n° 34; — *Journal des Avoués*, tom. 42, p. 326).

Art. 55. — Il sera passé en taxe aux avoués autant de copies des moyens fournis par eux, qu'il y aura de dossiers dans l'instance, sans s'occuper si quelques-unes des parties auxquelles ces significations auront été faites ont ou n'ont pas un intérêt commun avec celle au nom de qui auront été faites les significations (*Chauveau*, tom. 1er, p. 129, n° 18).

Art. 56. — Dans les procédures de demandes incidentes, il ne sera taxé pour les moyens à fournir que les droits prévus par l'art. 71, § 12, du tarif, c'est-à-dire 3 fr. 75 cent.

CONSIGNATION.

Art. 57. — Il n'est point dû de vacation à l'avoué pour consignation ; il a seulement droit à des honoraires, comme mandataire. (Art. 92, § 12, du tarif.)

CONSTITUTION D'AVOUÉ.

Art. 58. — Quand les avoués se constitueront sur la barre, dans des affaires autres que celles venant à bref délai, le droit sera celui d'une constitution ordinaire (Art. 70, 81, *tarif*).

CONSULTATION (Droit d').

Art. 59. — Il sera accordé à l'avoué autant de droits de consultation qu'il y aura de parties ayant des droits distincts (Art. 68, *Tarif* ;— *Chauveau*, tom. 1er, p. 542, n° 58).

Art. 60. — Lorsque différentes instances principales auront été jointes par jugement, il sera accordé aux avoués autant de droits de consultation qu'il y avait d'instances primitives (*Chauveau*, tom. 1er, p. 121, n° 65).

Art. 61. — En cas de démission, d'interdiction ou de décès d'avoué, le nouvel avoué constitué pourra réclamer le droit de constitution, quoique le premier avoué l'ait perçu ; mais ce droit ne sera point dû en cas de révocation, quand la révocation aura été faite sans nécessité absolue (*Chauveau*, tom. 1er, p. 122, n° 66).

Art. 62. — Le droit de consultation ne sera point accordé :

1° Pour une demande en péremption (*Chauveau*, t. 1er, p. 384, n° 4 ;—*Journal des Avoués*, tom. 42, p. 364) ;

2° Pour une demande en récusation de juge (*Chauveau*, tom. 1er, p. 374, n° 19) ;

3° Pour référé (*Chauveau*, tom. 2, p. 289, n° 19) ;

4° Pour poursuivre la purge des hypothèques sur vente volontaire (*Chauveau*, tom. 2, p. 316, n° 18) ;

5° Pour distribution par contribution (*Chauveau*, tom. 2, p. 161, n° 74) ;

6° Pour ordre (*Chauveau*, tom. 2, p. 256, n° 78).

Sauf, pour ces deux derniers paragraphes, le cas de contestations qui seront jugées ordinaires par le tribunal.

Art. 63. — Ce droit sera accordé :

1° Pour requête civile incidente (*Chauveau*, tom. 2, p. 18, n° 30) ;

2° Pour saisie immobilière (*Chauveau*, tom. 2, p. 163, n° 7).

CONTRAINTE PAR CORPS.

Art. 64. — En cas d'arrestation opérée, mais qui n'aurait pas été suivie d'emprisonnement, par suite d'une force majeure, comme le paiement ou une rébellion dûment constatée, le droit entier sera accordé conformément à l'art. 53 du tarif ; mais il ne sera rien dû pour perquisition et même pour arrestation suivie d'évasion, s'il n'y a pas eu force majeure (*Chauveau*, tom. 2, p. 272, n°s 35, 36).

Art. 65. — Pour transport du lieu de l'arrestation au lieu de l'emprisonnement, l'huissier aura droit à des frais de voyage (Art. 66, *tarif* ;—*Chauveau*, tom. 2, p. 272, n° 34).

Art. 66. — Il aura également droit aux mêmes frais de voyage, en cas de référé devant le président; mais il ne pourra les cumuler avec ceux accordés par l'article précédent (Art. 786 , C. P. C., 54 et 66, *Tarif*; — *Chauveau*, tom. 2, p. 275, n° 40).

Art. 67. — En cas de rébellion, il sera alloué, par analogie, à chacun des gardiens établis conformément à l'art. 785, C. P. C., le droit fixé par l'art. 34 du tarif, 2 fr. (*Chauveau*, tom. 2, p. 274, n° 38).

Art. 68. — En cas de transfert d'un détenu par contrainte dans une maison de santé ou toute autre, il sera alloué à l'huissier, par analogie, le droit prévu par l'art. 65 du tarif (*Chauveau*, tom 2 , p. 283, n° 65).

Art. 69. — La requête pour faire arrêter un étranger , conformément à la loi du 10 septembre 1807, sera taxée, par analogie, suivant l'art. 77, §§ 5, 6, 7 du tarif (*Chauveau*, tom. 2, p. 278, *note*).

Art. 70. — La requête pour faire commettre un nouvel huissier pour la contrainte par corps, dans le cas prévu par l'art. 784, C. P. C., où le premier commandement qui doit précéder la contrainte aurait plus d'un an, sera taxée, par analogie, suivant l'art. 76, § 13, du tarif (*Chauveau*, tom. 2, p. 264, n° 9).

Art. 71. — Si l'huissier, pour exercer la contrainte par corps, s'est servi des gendarmes sans nécessité, ces frais seront à sa charge (*Chauveau*, tom. 2, p. 271, n° 32. — *Journal des Avoués*, tom. 37, p. 105).

CONTRIBUTION (DISTRIBUTION PAR).

Art. 72. — En cas de distribution par contribution , la vacation pour prendre le certificat du préposé de la caisse des consignations, afin de constater les oppositions , n'étant pas prévue , sera taxée , par analogie , suivant l'art. 107 du tarif (Art. 660 , C. P. C. ; — Loi du 28 juillet 1816).

Art. 73. — La subrogation à la distribution par contribution, n'étant point prévue, sera taxée comme la subrogation en matière d'ordre (*Journal des Avoués*, tom. 45, p. 76).

Art. 74. — Dans le cas de l'appel en référé par le propriétaire, conformément à l'art. 661, C. P. C., il sera passé en taxe une requête présentée au juge-commissaire pour déterminer le jour et l'heure de la comparution, avenir au plus ancien avoué , et ajournement à la partie saisie, s'il n'y a pas eu constitution d'avoué (*Journal des Avoués*, t. 43, p. 407.)

Voyez ORDRE.

COPIES DE PIÈCES. *Voyez* JUGEMENT, EXPLOIT, ORDONNANCE, REQUÊTE, REPRISE D'INSTANCE.

CORRESPONDANCE (DROIT DE).

Art. 75. — Dans les affaires qui ne donnent pas lieu au droit de correspondance, les déboursés, justifiés et faits sans abus par les avoués et les huissiers, seront alloués.

Art. 76. — Il sera accordé autant de droits de correspondance que l'avoué aura de parties hors de l'arrondissement, quoiqu'elles eussent le même intérêt, pourvu qu'elles n'habitent pas la même ville ou commune.

Art. 77. — Dans le cas de démission, interdiction ou décès de l'avoué, le droit de correspondance sera alloué au second avoué, quoique le premier l'eût perçu; mais il ne sera point dû en cas de révocation, à moins qu'il n'y eût nécessité absolue de révoquer.

DÉLIBÉRÉ.

Art. 78.—Le délibéré à huitaine, avec remise de pièces, sans nomination de rapporteur à l'audience, ne donnera lieu qu'au droit d'assistance à un jugement ordinaire.

Art. 79.—Ce droit sera le même pour un jugement par défaut dont on renverrait le prononcé à huitaine.

DESCENTE SUR LES LIEUX. *Voyez* JUGEMENT.

ENQUÊTE.

Art. 80.—Si l'avoué défendeur à l'enquête occupe pour plusieurs parties ayant le même intérêt, il lui sera néanmoins laissé autant de copies de l'assignation qu'il y a de parties qu'il représente (*Chauveau*, tom. 1er, p. 284, no 21).

Art. 81. — La demande en prorogation d'enquête ne donnera point lieu aux conclusions prescrites par le décret du 30 mars 1808, à moins qu'il n'y ait des conclusions modifiant celles portées au procès-verbal (*Chauveau*, tom. 1er, p. 290, nos 46 et 47).

EXPERTS.

Art. 82.—Tous les experts, indistinctement, quelle que soit leur profession, seront taxés à raison de 6 fr. par vacation.

FAUX INCIDENT.

Art. 83.—Il sera accordé des conclusions motivées, taxées d'après l'art. 71 du Tarif, pour faire admettre les moyens de faux (Art. 218, C. P. C.;—*Chauveau*, tom. 1er, p. 269, no 11).

Art. 84.—La requête pour prendre l'ordonnance du juge-commissaire, pour déterminer le jour et l'heure du constat par procès-verbal de l'état de la pièce arguée de faux, n'étant pas prévue, sera accordée et taxée suivant l'art. 76, §§ 5, 6, 7, du Tarif (*Chauveau*, tom. 1er, p. 274, nos 39, 40).

Art. 85. — Il ne sera jamais passé plus d'une vacation pour prendre communication de la pièce arguée de faux.

HUISSIER.

Art. 86.—Les frais de correspondance et de port de pièces seront accordés aux huissiers, pour leurs déboursés seulement, mais il ne leur sera rien alloué pour répertoires.

Voyez APPEL DE CAUSE, SAISIE IMMOBILIÈRE, VENTE, VISA.

INTERDICTION.

Art. 87. — Il ne sera point passé de vacation pour communiquer au ministère public la requête en interdiction, pour remettre les pièces au juge rapporteur, pour assister à l'interrogatoire, pour assister à l'acceptation de l'administrateur provisoire de l'interdit.

Mais il en sera passé pour assister au jugement, et pour toute communication au ministère public postérieure au jugement d'admission de la requête (*Chauveau*, t. 2, p. 376, no 4; p. 381, nos 16, 17; p. 382, no 23).

Art. 88. — La requête pour fixer le jour et l'heure auxquels aura lieu l'interrogatoire de celui dont on poursuit l'interdiction, n'étant pas prévue, sera taxée suivant l'art. 76 du Tarif (*Chauveau*, tom. 2, p. 379, no 11).

Art. 89. — L'insertion aux journaux et l'affiche de l'extrait du jugement qui lève l'interdiction seront considérées comme frustratoires, relativement aux tiers ; mais elles seront dues par l'interdit (*Chauveau*, tom. 2, p. 393, n° 42.)

INTERROGATOIRE sur Faits et Articles.

Art. 90.—La requête pour fixer l'heure et le jour où l'interrogatoire sera subi n'étant pas prévue, sera taxée, par analogie, suivant l'art. 76 du Tarif (*Chauveau*, tom. 1er, p. 321, n° 11).

Art. 91.—Dans le cas où la partie qui doit être interrogée ne pourrait pas comparaître au jour fixé, il ne sera point accordé de vacation ni aucun droit à son avoué, pour faire valoir ses excuses ; les déboursés des certificats ne passeront même pas en taxe (*Chauveau*, t. 1er, p. 325, n° 26).

Art. 92.—Il ne sera accordé aucune vacation à l'avoué demandeur, pour remise de pièces au juge-commissaire, ou pour assistance à l'ouverture du procès-verbal (*Chauveau*, tom. 1er, p. 327, n° 32).

JUGEMENT.

Art. 93.—Le jugement qui ne statue ni pour ni contre une partie ne sera point signifié *à cette partie*, quoiqu'elle ait figuré dans les qualités (*Chauveau*, tom. 1er, p. 224, n° 112).

Art. 94.—La signification à partie de jugements qui ne prononcent pas de condamnations ne passera point en taxe, par exemple celle d'un jugement ordonnant une licitation et nommant des experts du consentement de toutes les parties intéressées, qui y ont acquiescé (*Journal des Avoués*, tom. 46, p. 107 ;—*Sirey*, 34.1.196).

Art. 95.—Si un avoué occupe pour plusieurs parties, les jugements lui seront signifiés en autant de copies qu'il a de parties ayant des intérêts séparés (*Journal des Avoués*, tom. 42, p. 329).

JUGEMENT Défaut-Joint.

Art. 96.—L'assistance au jugement défaut-joint sera taxée à l'avoué, non d'après les art. 83 et 86 du Tarif, mais suivant l'art. 82 (*Chauveau*, tom. 1er, p. 227, n° 10).

Art. 97.—La signification des qualités de ce jugement à l'avoué de la partie comparante, ainsi que la signification de ce jugement, quoiqu'il ait été rendu sans opposition, passeront en taxe (*Chauveau*, t. 1er, p. 227, n° 11 ; p. 228, n° 13).

JUGEMENT sur Requête.

Art. 98.—Ce jugement donnera à l'avoué le droit prévu par l'art. 85 du Tarif, quand il sera rendu à l'audience (*Chauveau*, tom. 1er, p. 192, n°s 25, 26 ; tom. 2, p. 340, n° 5 ; p. 337, n° 71 ; p. 342, n° 11 ; p. 348, n°s 11, 12).

JUGEMENT par Défaut.

Art. 99.—La signification d'un jugement par défaut contre avoué, faite à domicile avant l'expiration du délai d'opposition, sera rejetée de la taxe, si, par suite de la signification à avoué, le jugement est attaqué par opposition (*Journal des Avoués*, tom. 42, p. 332).

JUGEMENT (Descente sur les lieux).

Art. 100.—Si le jugement qui ordonne une descente sur les lieux est levé et signifié, il passera en taxe (*Chauveau*, tom. 1er, p. 294, n° 8, § 2 ;—*Journal des Avoués*, tom. 10, p. 422).

JUGEMENT (Impression, Affiche).

Art. 101.—Lorsque le tribunal aura ordonné l'impression et l'affiche de son jugement, à un certain nombre d'exemplaires, l'avoué n'obtiendra point un droit de copie à raison de chaque exemplaire affiché ; il lui sera alloué seulement un droit pour une seule copie à livrer à l'imprimeur (*Chauveau*, tom. 1er, p. 117, no 48).

LICITATION.

Art. 102.—Si la licitation est renvoyée devant un notaire, l'avoué n'aura droit à aucune vacation devant ce fonctionnaire ; il pourra seulement réclamer ses vacations contre sa partie (*Chauveau*, tom. 2, p. 465, no 44 ;—*Journal des Avoués*, tom. 47, p. 107).

Art. 103. — Dans le cas de licitation, l'avoué aura droit à une vacation pour déposer le cahier des charges entre les mains du notaire délégué pour la vente (*Sirey*, 1834.1.196 ;—*Journal des Avoués*, tom. 46, p. 107).

Art. 104.—L'avoué chargé de déposer le cahier des charges chez un notaire demeurant au delà de 5 kilomètres aura droit, pour son transport, à une seule journée de campagne, n'importe la distance, et sans vacation (*Sirey*, 1834. 1. 196. — *Journal des Avoués*, tom. 46, p. 107).

Art. 105. — L'avoué poursuivant une vente par licitation ne notifiera point aux avoués colicitants les placards et les procès-verbaux d'affiches (*Journal des Avoués*, tom. 43, p. 398).

Art. 106. — L'avoué poursuivant et les avoués colicitants n'auront droit qu'à une seule vacation, et non à autant de vacations qu'il y aura eu de lots vendus (*Journal des Avoués*, tom. 43, p. 399).

ORDRE.

Art. 107. — Il sera dû une vacation à l'avoué pour remettre au juge-commissaire l'état des inscriptions, si le procès-verbal n'a pas été ouvert le jour de l'ordonnance.

Art. 108.—Il ne sera point accordé de vacation pour requérir la clôture du travail provisoire.

Art. 109. — Après les contredits, il ne sera point passé d'autres conclusions que celles prévues par l'art. 71, § 12 du Tarif, et exigées par le décret du 30 mars 1808 (*Chauveau*, tom. 2, p. 252, no 72).

Art. 110. — Le créancier fondé en titre, mais ne venant poin. en rang utile, aura droit à ses frais de production (*Chauveau*, t. 2, p. 250, no 63).

Art. 111. — L'avoué poursuivant ne pourra produire en son nom pour les frais de poursuite, à moins qu'il n'y ait demande en distraction de frais (*Journal des Avoués*, tom. 43, p. 406).

Art. 112. — Le jugement d'ordre sera signifié à avoué en autant de copies qu'il représentera de parties (*Chauveau*, tom. 2, p. 260, no 91 ; — *Journal des Avoués*, tom. 42, p. 100, dernier alinéa).

Art. 113. — A l'avenir, dans les contestations d'ordre, le tribunal désignera par quel avoué la signification du jugement devra être faite ; elle sera faite par l'avoué poursuivant, s'il est dans la contestation, et s'il ne succombe pas, et à son défaut par le plus ancien avoué. Toutes autres significations seront rejetées de la taxe (*Chauveau*, tom. 2, p. 259, no 90).

Art. 114. — Le jugement en matière d'ordre, qui prononcera sur les difficultés, sera signifié à avoué seulement, et non à parties, à moins qu'il n'y ait eu condamnation contre elles (*Journal des Avoués*, t. 43, p. 408).

Art. 115. — La sommation prévue par l'art. 753, Cod. proc. civ., ne doit point être faite à la partie saisie ; elle ne passerait pas en taxe (*Chauveau*, tom. 2, p. 236, nᵒˢ 18 et 19).

Art. 116. — La sommation prévue par l'art. 755, Cod. proc. civ., faite à l'adjudicataire, sera allouée (*Chauveau*, tom. 2, p. 236, nᵒˢ 18 et 19).

Art. 117. — Dans l'instance sur contredits, toute mise ou intervention en cause, autres que celles : 1° du créancier contestant ; 2° du créancier contesté ; 3° de la partie saisie ; 4° du plus ancien des avoués opposants, sera réputée frustratoire (*Chauveau*, tom. 2, p. 156, n° 47).

Art. 118. — L'ordonnance de renvoi à l'audience, dans l'ordre, ne sera ni levée ni signifiée (*Journal des Avoués*, tom. 43, p. 407).

Art. 119. — Le travail préparatoire du juge-commissaire à un ordre, ne sera point signifié, même dans le cas où il y aurait des contredits (*Chauveau*, tom. 2, p. 157, n° 52).

Art. 120. — La sommation par acte extrajudiciaire faite à la partie qui n'a pas constitué avoué, de prendre communication du travail provisoire et de contredire, sera allouée (*Chauveau*, tom. 2, p. 239, n° 32.)

Art. 121. — L'avoué qui occupera pour plusieurs parties aura droit, pour prendre communication du travail provisoire, à autant de vacations qu'il y aura de parties distinctes pour lesquelles il occupera (*Chauveau*, tom. 2, p. 243, n° 39).

Art. 122. — Les dupliques et tripliques qui pourraient être établies sur le procès-verbal d'ordre ne pourront de nouveau donner lieu au droit prévu par l'art. 135 du Tarif (*Chauveau*, tom. 2, p. 244, n° 40).

PARTAGE.

Art. 123. — La requête pour faire désigner un notaire et un commissaire-priseur, lorsque les parties ne sont pas d'accord, n'étant pas prévue, sera taxée, par analogie, suivant l'art. 77, §§ 10, 17, 19 du Tarif.

Art. 124. — La levée et la signification du procès-verbal du notaire qui aura renvoyé devant le tribunal pour difficultés élevées sur la demande en partage, passeront en taxe (Art. 837, C.C.; 977, C. P. C.; — *Journal des Avoués*, tom. 43, p. 410, 411).

PÉREMPTION.

Art. 125. — En cas de péremption, la citation en conciliation ne doit point être renouvelée, et par conséquent ne passera point en taxe (*Chauveau*, tom. 1ᵉʳ, p. 45, n° 17).

PLACARDS,

Art. 126. — En licitation comme en expropriation forcée, il ne sera passé en taxe qu'une seule impression de placards, à moins qu'une nouvelle impression n'ait été nécessitée par les incidents de la procédure (*Journal des Avoués*, tom. 46, p. 107).

Art. 127. — Les placards apposés par rapports d'huissiers, hors des lieux prescrits par la loi, seront rejetés de la taxe (*Chauveau*, tom. 2, p. 183, nᵒˢ 50, 51).

Art. 128. — Il ne sera point accordé de droits de copie pour la notification des placards aux créanciers inscrits (*Chauveau*, tom. 2, p. 194, n° 75).

PLAIDOIRIES.

Art. 129. — Il sera accordé aux avocats autant de droits de plaidoirie qu'il y aura eu de jours de plaidoiries (*Chauveau*, tom. 1er, p. 158, n° 20 ; — *Journal des Avoués*, tom. 9, p. 309, n° 145 ; — tom. 37, p. 319).

Art. 130. — Ces droits seront alloués, quoique les jugements intervenus ne fussent que préparatoires ou interlocutoires (*Chauveau*, tom. 1er, p. 194, n° 24).

Art. 131. — Le jugement défaut-joint ne donnera lieu à aucun honoraire pour l'avocat, à moins qu'il n'y ait eu lieu à contester.

Art. 132. — Après le rapport du juge-commissaire, soit dans la distribution par contribution, soit dans l'ordre, soit dans la reddition de compte, etc., les avocats pourront prendre la parole, et ils auront droit à leurs honoraires pour la plaidoirie ; mais ils ne le pourront pas après rapport sur délibéré et sur instruction par écrit (*Chauveau*, t. 2, p. 157, n° 52 ; p. 22, n° 50 ; p. 53, n° 51).

PROCURATION.

Art. 133. — La procuration donnée à l'avoué pour soutenir le procès passera en taxe comme déboursé, dans le cas où elle est nécessaire, même en matière sommaire (*Chauveau*, tom. 1er, p. 121, n° 63, § 2 ; — *Journal des Avoués*, tom. 42, p. 227).

PURGE LÉGALE.

Art. 134. — Cette procédure n'étant pas prévue, sera taxée ainsi qu'il suit :

1° Pour la copie collationnée du contrat à déposer au greffe, le droit de copie de pièce fixé par l'art. 72 du Tarif (*Chauveau*, tom. 2, p. 320, n° 36 ; — *Journal des Avoués*, tom. 43, p. 490 ; tom. 46, p. 26) ;

2° Pour la vacation à fin de dépôt au greffe de cette copie, suivant l'art. 110, § 2, du Tarif ;

3° Pour l'extrait à insérer au journal (Art. 106, *Tarif*) ;

4° Pour vacation à la légalisation de la signature de l'imprimeur (Art. 105, *Tarif*) ;

5° Pour rédaction de l'extrait qui doit être affiché pendant deux mois dans l'auditoire (Art. 104, *Tarif*) ;

6° Pour requérir du greffier le certificat constatant l'accomplissement des formalités et le retrait du contrat (Art. 126, *Tarif*) ;

7° Enfin, pour se faire délivrer l'extrait des inscriptions (Art. 107, *Tarif*).

QUALITÉS.

Art. 135. — Il ne doit point être déposé de qualités pour les ordonnances sur référé.

Art. 136. — Quand un avoué occupe à la fois pour plusieurs parties, qu'elles aient ou non des intérêts distincts, il ne lui sera signifié qu'une seule copie des qualités. (*Journal des Avoués*, tom. 42, p. 329.)

Art. 137. — Les qualités rejetées ne passeront point en taxe (*Chauveau*, tom. 1er, p. 220, n° 89.)

RECORS.

Art. 138. — Il n'est dû aux recors aucuns frais de voyage.

RÉCUSATION.

Art. 139. — La partie adverse du récusant n'est point partie dans la récusation d'un magistrat ; la signification de la demande en récusation ne doit point lui être faite. Il suffit de la notification par

acte d'avoué à avoué de l'acte de dépôt fait au greffe (*Chauveau*, t. 1er,
p. 373, no 14 ; p. 376, no 30).

Art. 140. — Dans les cas prévus par les art. 387, 391, C.P.C., le
simple acte dont il est parlé, devant contenir des conclusions, sera
taxé suivant l'art. 71 du Tarif.

Art. 141. — Il en sera de même pour la récusation d'un expert.

REPRISE D'INSTANCE.

Art. 142. —L'assignation en reprise d'instance, qui contiendrait
copie des actes de la procédure, sera considérée comme frustratoire,
quant aux copies.

REQUÊTE.

Art. 143. — La requête pour assigner un jour férié n'étant pas
prévue, sera taxée, par analogie, suivant l'art. 71, § 1er, du Tarif
(*Chauveau*, tom. 1er, p. 72, no 33).

Art. 144. — La requête présentée au juge commis pour recevoir
le serment d'une partie, n'étant pas prévue, sera taxée, par analogie,
suivant l'art. 76, § 9, du Tarif (*Chauveau*, tom. 1er, p. 189, no 10).

Art. 145. — La requête pour faire homologuer la transaction sur
poursuite de faux incident, n'étant pas prévue, sera taxée, par analogie, suivant l'art. 78 du Tarif (*Chauveau*, tom. 1er, p. 278, no 69).

Art. 146.—La requête pour abréger les délais pour la levée des
scellés, n'étant pas prévue, sera taxée, par analogie, suivant l'art. 77,
§ 1er, du Tarif (*Chauveau*, tom. 2, p. 421, no 30).

Art. 147. — La requête pour faire nommer un juge afin d'entendre un témoin empêché et trop éloigné, n'étant pas prévue, sera taxée
suivant l'art. 76, § 7, du Tarif. (Art. 266, C. P. C).

Art. 148. — La requête en homologation de la transaction faite
au nom d'un mineur, n'étant pas prévue, sera taxée suivant l'art. 78,
§ 11, du Tarif.

Art. 149.—La requête à présenter au président du tribunal pour
fixer le jour où sera subi l'interrogatoire de celui dont on poursuit
l'interdiction, n'étant pas prévue, sera taxée, par analogie, suivant
l'art. 76, §§ 5, 6, 7, etc., du Tarif (*Chauveau*, t. 2, p. 379, no 11).

Art. 150. — Dans le cas où le tribunal aurait commis un juge
pour procéder au compulsoire, la requête à présenter dans ce cas au
juge n'étant pas prévue, sera taxée, par analogie, suivant l'art. 76,
§§ 4, 5, du Tarif.

Art. 151. — Dans le cas de l'art. 255, § 3, C.P.C., où un tribunal
commettrait un tribunal pour lui-même commettre un juge, la requête
à présenter, n'étant pas prévue, sera taxée, par analogie, suivant
l'art. 78, § 19, du Tarif. C'est un jugement sur requête.

Art. 152. — Dans le cas de l'art. 452, C. C., une requête pour
demander au président l'autorisation de vendre les meubles ne passera point en taxe.

Art. 153. — Lorsqu'un jugement ordonne plusieurs opérations
qui doivent se faire simultanément, comme enquête, description de
lieux, etc., il ne sera alloué qu'une seule requête et une seule signification à la même partie.

REQUÊTE CIVILE.

Art. 154. — Il ne sera point fait de réponse à la demande par
requête civile quant au fond du droit ; mais cette procédure étant or-

dinaire, il sera fourni des moyens et défenses, conformément aux articles 496, 497, 498, 499, C. P. C.

SAISIE-ARRÈT.

Art. 155. — La saisie-arrêt ne sera point précédée d'un commandement spécial, qui serait frustratoire et rejeté de la taxe (*Chauveau*, t. 2, p. 100, n° 3).

Art. 156. — Il ne sera point donné copie du titre en vertu duquel on saisit ; sa seule mention suffira, art. 559, C. P. C., sauf les cas d'exception prévus par les lois spéciales.

Art. 157. — Si la saisie est faite en vertu d'un titre authentique, l'huissier fera, par le même acte, au tiers saisi, et la dénonciation de la demande en validité, et l'assignation en déclaration. S'il y avait deux actes, l'un serait rejeté de la taxe (Art. 568, C. P. C.).

SAISIE-BRANDON.

Art. 158. — Dans la saisie-brandon, il ne sera passé qu'un seul commandement, n'importe à quelle époque il aura été fait, à moins qu'un second ne soit conservatoire d'un droit (*Chauveau*, tom. 2, p. 140, n° 3.)

SAISIE-EXÉCUTION (1).

Art. 159. — Il en sera de même pour la saisie-exécution (*Chauveau*, tom. 2, p. 111, n° 3).

Art. 160. — Une sommation pour appeler les créanciers opposants pour être présents à la vente des meubles, ne passera pas en taxe. Art. 615, C. P. C. (*Chauveau*, tom. 2, p. 231, n° 78 ; p. 439, n° 8).

Art. 161. — L'huissier, dans une vente par suite de saisie-exécution, pourra se faire rembourser des frais d'un crieur, à raison de 2 fr. par vacation (*Chauveau*, tom. 2, p. 136, n° 109).

Art. 162. — Les frais d'un afficheur lui seront également passés en taxe (Art. 38, *Tarif* ; — *Chauveau*, tom. 2, p. 191, n° 59).

SAISIE IMMOBILIÈRE.

Art. 163. — Lorsque le commandement tendant à saisie immobilière est fait à plusieurs débiteurs domiciliés dans la même commune, il sera laissé au maire autant de copies qu'il y a de débiteurs, et elles passeront toutes en taxe (Art. 673, C. P. C. ; — *Journal des Avoués*, tom. 42, p. 337).

Art. 164. — Il sera accordé à l'avoué subrogé aux poursuites en saisie immobilière, pour retirer les pièces des mains de son confrère, une vacation qui sera taxée, par analogie, suivant l'art. 91 du Tarif (Art. 724, C. P. C. ; — *Chauveau*, tom. 2, p. 215, n° 27).

Art. 165. — Si le jugement qui subroge l'un des créanciers au poursuivant est signifié au saisi immobilièrement, qui n'a pas constitué avoué, la signification passera en taxe (*Sirey*, tom. 28, 2.228.)

Art. 166. — Dans le cas de vente sur saisie immobilière, et lorsque la vente se fait par lots, il ne sera accordé à l'avoué poursuivant qu'une seule vacation par audience (*Chauveau*, tom. 2, p. 200, n°s 107 ; 108 ; p. 203, n° 117 ; — *Journal des Avoués*, tom. 48, p. 399).

---

(1) « Les art. 159 à 179 ne sont plus en harmonie avec la législation actuelle ; nous avons déjà dit qu'ils remontent à l'année 1837 : l'ordonnance du 10 octobre 1841 les rend à peu près sans utilité pratique.

Art. 167. — Dans le même cas, il sera dû à l'avoué enchérisseur ou adjudicataire un droit pour chaque enchère ou pour chaque adjudication différente (*Chauveau*, tom. 2, p. 199, n⁰ˢ 106, 107).

Art. 168. — L'avoué poursuivant cumulera sa vacation avec celle qui lui reviendrait comme enchérisseur ou pour se rendre adjudicataire (*Chauveau*, tom. 2, p. 202, n° 115).

Art. 169. — En cas de deux saisies, il sera alloué à l'avoué poursuivant postérieur une vacation pour retirer du bureau des hypothèques le certificat de radiation de la première saisie (*Chauveau*, tom. 2, p. 215, n° 27).

Art. 170. — Il sera alloué les mêmes droits de vacation pour enchérir à l'adjudication préparatoire que ceux pour l'adjudication définitive (*Chauveau*, tom. 2, p. 202, n° 115).

Art. 171. — Le jugement d'adjudication préparatoire pourra être signifié, et la signification passera en taxe (*Chauveau*, tom. 2, p. 198, n° 103 ; — *Journal des Avoués*, t. 7, p. 325).

Art. 172. — Le jugement de simple remise qui fixe un nouveau jour de l'adjudication définitive ne pourra être signifié ; la signification serait rejetée de la taxe (*Chauveau*, tom. 2, p. 199, n° 104 ; — *Journal des Avoués*, t. 17, p. 325).

Art. 173. — On ne signifiera point aux créanciers inscrits le jugement d'adjudication définitive, celui sur surenchère et celui sur folle enchère, quand bien même le prix serait inférieur à celui de la première vente, à moins qu'ils n'aient été maintenus en cause (*Chauveau*, tom. 2, p. 229, n⁰ˢ 2, 3 ; — *Journal des Avoués*, tom. 43, p. 400, *Questions* 27, 28, 29, 30).

Art. 174. — Les significations de placards devront être faites aux créanciers inscrits en autant de copies séparées qu'il y aura de parties, quoiqu'ils fussent inscrits collectivement en vertu d'un même titre, et qu'ils eussent élu un même domicile (*Journal des Avoués*, tom. 43, p. 339).

Art. 175. — L'huissier pourra se faire assister d'un afficheur, et les frais en passeront en taxe (*Chauveau*, tom. 2, p. 191, n° 59).

Art. 176. — L'adjudication préparatoire ne donnera lieu à un demi-droit de port de pièces qu'autant que ce jugement statuerait sur quelque nullité (*Chauveau*, tom. 2, p. 168, *in fine*).

Art. 177. — Si, avant l'adjudication définitive, la vente a été faite à l'amiable, l'avoué poursuivant ne pourra prétendre à aucun droit proportionnel, n'importe à quel point en soit rendue la saisie immobilière (*Chauveau*, t. 2, p. 201, n° 111).

Art. 178. — En cas de surenchère, le droit proportionnel entre le prix de la vente et celui de la surenchère appartiendra à l'avoué poursuivant la surenchère (*Chauveau*, tom. 2, p. 207, n⁰ˢ 135, 136).

Art. 179. — L'avoué qui a poursuivi la saisie immobilière restera partie dans l'action en surenchère, et tous les frais faits par lui, ou à son occasion, entreront en taxe. (*Chauveau*, tom. 2, p. 207, n° 134.)

SAISIE-REVENDICATION.

Art. 180. — Le commandement de la part du propriétaire, qui précéderait une saisie-revendication, sera rejeté de la taxe (*Chauveau*, t. 2, p. 308, n° 4.)

SCELLÉS.

Art. 181. — Si l'opposition à la levée des scellés a été faite sur le procès-verbal, avec assistance d'avoué, il sera alloué des droits de vacation à l'avoué (Art. 1er, 16, 94, *Tarif*; — *Chauveau*, tom. 2, p. 419, n° 11).

Art. 182. — Dans le cas où un testament serait trouvé sous les scellés, les avoués ont droit à une vacation pour assister à la remise de ce testament au président, et à la confection du procès-verbal qui en constate l'état (Art. 94, *Tarif*; — 916, C. P. C.; — *Chauveau*, tom. 2, p. 413, n° 41).

Art. 183. — Lorsque dans une succession dans laquelle les héritiers ont pris la qualité d'héritiers purs et simples, les uns se sont présentés eux-mêmes aux opérations de la levée des scellés et inventaires, et les autres se sont fait représenter ou assister par des avoués, les frais de présence des avoués sont à la charge de ceux qui les ont employés, et ne peuvent entrer en frais de partage.

Il en serait tout autrement si c'était un héritier bénéficiaire qui se serait fait représenter (*Journal des Avoués*, tom. 43, p. 412, 415).

SÉPARATION DE BIENS.

Art. 184. — Il ne sera passé qu'une seule vacation pour la remise au greffe et autres lieux de l'extrait des jugements de séparation de biens ou de corps, d'interdiction, etc., et non point cinq vacations pour les cinq extraits remis dans les cinq endroits désignés par la loi (*Chauveau*, tom. 2, p. 354, n° 12; p. 385, n°s 36, 37, 38, 39; —*Journal des Avoués*, t. 43, p. 416).

Art. 185. — Il sera passé en taxe une vacation pour légalisation de la signature de l'imprimeur, dans le cas de jugement de séparation (*Chauveau*, tom. 2, p. 354, n° 13).

Art. 186. — Les certificats délivrés par les greffiers, avoués, notaires, etc., dans le cas de séparation de biens ou de corps, d'interdiction, etc., ne donneront lieu à aucun droit, sauf le droit de rédaction au greffier; ces certificats n'entreront en taxe que pour les déboursés seulement (*Chauveau*, t. 2, p. 355, n°s 14, 15; p. 384, n° 34).

SÉPARATION DE CORPS.

Art. 187. — Il ne sera point alloué de vacation à l'avoué pour remettre les pièces au président avant la comparution des époux (*Chauveau*, t. 2, p. 362, n° 7).

Art. 188. — L'insertion de la demande en séparation de corps au journal ne passera point en taxe (*Chauveau*, tom. 2, p. 367, n° 28).

SOMMATION.

Art. 189. — La sommation donnée à un notaire ou autre dépositaire, de délivrer copie d'une pièce, avant la requête présentée au président, ne passera en taxe qu'autant que celui qui fait la sommation serait partie à l'acte (*Chauveau*, t. 2, p. 324, n° 4).

Art. 190. — La sommation qui, dans un grand nombre d'affaires, précède la conciliation, ne passera en taxe que si elle est prescrite ou par la loi, ou par le juge, ou si elle dérive de la nature de l'action (*Journal des Avoués*, t. 42, p. 234).

TRANSPORT.

Art. 191. — En cas d'affirmation de voyage, la partie a droit seulement à 3 fr. par myriamètre de distance de son domicile au lieu où se fait l'affirmation, et non point à 3 fr. pour aller et autant pour le retour (*Chauveau*, t. 1er, p. 130, n° 22).

Art. 192. — Le mari qui est seulement assigné pour autoriser sa femme a droit à l'indemnité de voyage comme s'il était partie (*Chauveau,* t. 1er, p. 130, n° 23).

Art. 193. — La loi n'ayant pas prévu la taxe à donner aux dépositaires de pièces en vérification d'écriture, en cas de transport, ils seront tous taxés également, sans distinction de qualité et de profession, d'après l'art. 165 du Tarif ; et dans le cas où ils demeureront à plus de deux myriamètres et moins de cinq, ils auront le droit proportionnel (*Chauveau,* tom. 1er, p. 260, n°s 33, 39, 40, 41, 42; p. 265, n° 62).

Art. 194. —Les témoins qui demeurent à plus de deux myriamètres ont droit à 3 fr. par myriamètre pour la distance qu'il y a de leur domicile au lieu où ils viennent déposer, et non à 3 fr. par myriamètre pour aller et autant pour le retour (*Chauveau,* tom. 1er, p. 287, n° 39; —*Journal des Avoués,* tom. 28, p. 133).

Art. 195. —Les parties n'ont droit à aucuns frais de voyage pour descente sur les lieux (*Chauveau,* tom. 1er, p. 300, n° 25).

Art. 196. —Dans les saisies-exécution, les témoins assistants n'ont droit à aucune indemnité de transport, et, s'il y en a, c'est à la charge de l'huissier (*Chauveau,* tom. 2, p. 115, n° 16).

Art. 197. —L'huissier obligé de se transporter pour consigner des fonds trouvés lors de la saisie-exécution aura droit à une indemnité de transport, du lieu de l'exécution au lieu de la consignation (*Chauveau,* tom. 2, p. 118, n° 30).

Art. 198. —Il en sera de même pour faire insérer dans un journal une vente faite par suite de saisie-exécution (*Chauveau,* tom. 2, p. 134, n° 95).

Art. 199. —Les juges de paix, maires, adjoints, appelés pour être présents à l'ouverture des portes, auront droit à une indemnité de transport , d'après l'art. 1er du Tarif (*Chauveau,* tom. 2 , p. 117, n° 25).

Art. 200. — Le greffier du juge de paix qui, pour faire taxer les actes du juge de paix, sera obligé de se déplacer, aura droit à une indémnité de voyage, taxée d'après les art. 3, 12 du Tarif.

Art. 201. —Les avoués qui se transporteront à plus de cinq kilomètres, eu égard au chef-lieu de la commune, auront droit à leur journée de campagne de 22 fr. 50 cent., mais sans cumuler les vacations ; s'il y a moins de cinq kilomètres, ils auront seulement droit à leurs vacations, en comprenant dans les vacations le temps de l'aller et du retour.

Art. 202. —Les avoués poursuivant une enquête, descente sur les lieux, etc., consigneront, pour frais de transport du magistrat chargé de l'opération, 12 fr. par jour, et autant pour le greffier , s'il y a plus de cinq kilomètres de distance (*Chauveau,* tom. 1er, p. 203, n° 17).

VACATIONS.

Art. 203. — Dans toutes les causes contradictoires, il sera passé aux avoués trois vacations pour remise de cause; ils auront en outre les vacations pour assistance aux plaidoiries, aux conclusions du ministère public, et au prononcé du jugement.

Il leur en sera accordé une de plus dans les causes où il y aura eu un jugement préparatoire ou interlocutoire, indépendamment de celles pour assistance aux plaidoiries, etc. (*Chauveau,* tom. 1er, p. 152, n° 9; —*Journal des Avoués,* tom. 42, p. 237).

Art. 204.—Quand il sera fait plusieurs vacations, la dernière sera comptée comme entière, qu'elle soit complète ou non.

Art. 205.— Il est dû à l'avoué autant de droits de vacations qu'il y a de parties ayant des intérêts distincts et pour lesquelles il occupe (*Chauveau*, tom. 2, p. 237, n° 26; — *Journal des Avoués*, tom. 42, p. 238).

VENTE.

Art. 206.—L'avoué qui fait les poursuites de la vente par voie de surenchère sur aliénation volontaire aura droit à la remise proportionnelle, non pas seulement sur l'augmentation du prix, mais bien sur la totalité du prix de la vente (*Chauveau*, tom. 2, p. 319, n° 35).

Art. 207. — L'on doit demander par la même requête et la vente du mobilier, et, s'il y a lieu, que cette vente soit faite dans un autre endroit que celui où le mobilier est placé : s'il était présenté une requête pour chaque demande, l'une de ces deux requêtes ne passerait pas en taxe (Art. 945, 946, 949, C. P. C. ; — *Chauveau*, tom 2, p. 438, n° 5).

Art. 208. — Il n'est point dû à l'avoué, comme avoué, un droit de vacation pour faire transcrire un acte de vente volontaire ; mais ce droit lui est dû comme mandataire (*Chauveau*, tom. 2, p. 312, n° 2).

VISA.

Art. 209. — Le droit de visa sera accordé à l'huissier, même dans le cas où la signification serait faite directement au fonctionnaire public et n'aurait pas d'autre destination.

Art. 210. — Quand l'acte se paie par vacations, comme dans une saisie-exécution, et qu'il n'y a point de droits pour le délaissé, le droit de visa sera néanmoins accordé (*Chauveau*, tom. 2, p. 119, n° 36).

FIN.

TABLE ALPHABÉTIQUE

ET RAISONNÉE

De toutes les matières contenues dans le Nouveau Manuel de la Taxe
des frais, en matière civile.

A

ABSENCE de la partie saisie doit être constatée, p. 33. — Décisions du tribunal de Niort, art. 22 à 25, p. 286.

ABSENTS présumés. — (*Avoués.*) Droits de la requête pour faire commettre un notaire, à l'effet de représenter les absents présumés dans les inventaires, comptes, partages et liquidations, dans lesquels ils sont intéressés, p. 102, § 10. — De celle à l'effet de faire pourvoir à l'administration des biens d'une personne présumée absente, p. 103, § 5. — De celle pour avoir permission de faire enquête afin de constater l'absence, *eod.*, § 6. — à fin d'envoi en possession provisoire des biens d'un absent, *eod.*, § 7.

ACQUIESCEMENT. — V. *Désistement.*

ACTE DE NOTORIÉTÉ. — (*Avoués.*) Droits de la requête pour demander l'homologation d'un acte de notoriété, p. 103, § 18. — Décisions du tribunal de Niort, art. p. 27, p. 286.

ACTES (Droits pour les) de 1re classe (*Huissiers*), p. 17 à 26. — De 2e classe, p. 27 à 30. — V. *Notaires, Avoués, Greffiers.*

ACTES d'avoués. — Droits de ceux de 1re classe, p. 89 à 90. — Droits de ceux de 2e classe, p. 90 à 94.

ACTES respectueux. — V. *Notaires.*

ACTES d'avoués à avoués. — V. *Huissiers audienciers.*

ACTE parfait ou imparfait. — V. *Expédition, Assignation.*

ACTES de l'état civil. — Droits de l'acte d'avoué contenant demande en rectification d'un acte de l'état civil, p. 94, § 20. — De l'acte en réponse, *eod.*, § 21. — Pour chaque copie, le quart, *eod.*, § 22. — (*Huissiers.*) Droits d'un exploit de demande à domicile, à fin de rectification d'un acte de l'état civil, p. 26, § 64. — (*Avoués.*) Droits de la requête à fin de rectification d'un acte de l'état civil, p. 103, § 4. — De celles de pourvoi contre un jugement qui a statué sur une demande en rectification, p. 144, art. 15. — V. *Assistance, Expédition.* — Décisions du tribunal de Niort, art. 26 et 27, p. 286.

ACTIONS des officiers ministériels. — V. *Officiers ministériels, Liquidation de dépens.*

AFFICHES. V. *Placards.* — Lorsque les affiches sont manuscrites, l'huissier est tenu de les apposer lui-même, p. 34.

AFFICHES des causes. — Est-il dû une vacation à l'avoué pour prendre communication de l'affiche des causes? p. 125, n° 5. — Pour assister à l'affiche, p. 426. — Usages de la Cour de Bordeaux, *eod.* — Décisions du tribunal de Niort, art. 28, p. 286.

AGRÉÉS devant les tribunaux de commerce. Ce que sont les agréés. Nature des fonctions qu'il exercent, p. 245. — Ils ne sont pas dispensés d'avoir la procuration de leurs parties. Ordonnance du 10 mars 1825. Ils sont dispensés de la légalisation de la signature de leurs clients sur la procuration. Il n'existe aucune disposition législative ni aucun règlement d'administration publique concernant les agréés, p. 246. — A quelle juridiction doivent-ils s'adresser pour se faire payer les honoraires qui leurs sont dus, *eod.* — Ces honoraires peuvent-ils entrer dans les frais auxquels leur partie adverse est condamnée, *eod.* — Règlement du tribunal de la Seine concernant les agréés. Fixation des honoraires qu'ils peuvent réclamer, p. 247.—Force obligatoire de ce règlement. —Il peut être pris comme règle dans les autres tribunaux de commerce, p. 248 et 249. Les agréés sont aussi indispensables à la bonne administration de la justice commerciale que les avoués à celle de la justice civile, p. 249.

AJOURNEMENT.—V. *Exploit, Huissier.*

AMENDE.—V. *Consignation.*

ANNONCES des ventes dans le journal, p. 32. — La légalisation de la signature de l'imprimeur ne procure point d'émolument à l'huissier, p. 33.

APOSTILLE. — V. *Dommages-intérêts.*

APPEL DE CAUSES (Droit d').—Huissiers des juges de paix, p. 13. V. *Huissiers audienciers.*—Droits des appels de causes pour les jugements sur requête. Décisions du tribunal de Niort, art. 29, p. 286.

APPEL (Exploit d') d'un jugement de justice de paix, p. 17. — Des jugements des tribunaux de 1re instance et de commerce, p. 24, § 20.

ARBITRES—(*Huissiers.*) Droits de la sommation de comparaître devant arbitres ou experts nommés par le tribunal de commerce, p. 24, § 15. — Aux arbitres de se réunir au tiers arbitre, p. 26, § 70.—(*Avoués.*) Droits de la requête à l'effet de faire nommer un tiers arbitre, p. 103, § 15. — De la vacation pour demander l'*exequatur* d'une décision arbitrale, p. 121, § 19.

ARTICLES.—Droits des articles de l'état des frais en matière ordinaire, p. 271.—Il n'est rien dû en matière sommaire, *eod.* V. *Liquidation.*—Le droit de 10 centimes et de 15 centimes par article est-il dû pour l'article même qui le comprend ? p. 272 *observ.* — Est-il dû lors même que les dépens n'ont pas été adjugés par une décision ? p. 273.

ARRÊTS en matière de taxe.—V. *Règlements judiciaires.*

ASSIGNATION. — (*Huissiers.*) Droits de l'assignation et sommation à un notaire, et aux parties intéressées, de délivrer copie d'un acte parfait, d'un acte imparfait, d'une deuxième grosse, p. 25, §§ 57 à 59.—V. *Expédition.*

ASSIGNATION à bref délai.—(*Avoués.*) Droits de la requête contenant demande pour abréger les délais, en cas d'urgence, p. 102, art. 77.—V. *Matières sommaires.*

ASSISTANCE.—(*Avoués.*) Il n'est rien dû, en matière sommaire, pour droits d'assistance à l'appel des causes, aux jugements préparatoires, contradictoires, par défaut, aux jugements interlocutoires par défaut, ni à ceux de remise, aux expertises et aux enquêtes, p. 85. — Droits d'assistance, en matière ordinaire, pour demander à l'audience acte de la constitution, p. 105, art. 81. — A la plaidoirie, aux jugements par défaut, *eod.,* art. 82. — Quand le jugement par défaut a été pris par un avocat, *eod.,* § 3.— A tout jugement portant remise de cause, indication de jour, *eod.,* art. 83.—Aux jugements qui ordonnent une instruction par écrit, p. 106, art. 84. — Aux jugements sur délibéré ou instruction par écrit, *eod.,* art. 85. — A chaque journée de plaidoirie qui précède les jugements interlocutoires et définitifs contradictoires , quand les causes sont plaidées par les parties elles-mêmes ou par des avocats, *eod.,* art. 86.—Quand les avoués plaident eux-mêmes, *eod.,* § 2. — Le droit pour la constitution à l'audience est-il dû en matière sommaire ? p. 111, n° 4.—Les jugements de défaut joint sont-ils compris dans les jugements par défaut qui donnent lieu aux droits de plaidoirie et d'assistance ? p. 111, n° 5. — Peut-on accorder aux avoués autant de droits d'assistance qu'il y a de remises de cause dans chaque affaire, *eod.,* n° 6.—Ou ne leur est-il dû que trois remises ? En matière de droits d'assistance la pratique est difficile à réduire en théorie, p. 113, à la note.—Droits d'assistance fixes : 1° pour la distribution des causes sur le rôle général ; 2° pour l'appel des causes, dans l'ordre de leur placement au rôle ; 3° pour l'indication du jour où les conclusions seront prises ; 4° pour le posé des qualités ; 5° pour retenir la cause ; 6° pour les jours de plaidoiries ; 7° pour assistance aux conclusions du ministère public ; 8° à la prononciation de l'arrêt ou du jugement. Usages de la Cour de Bordeaux, de celle de Poitiers, de celle de Caen, p. 113, à la note, n° 4 à 8.—Remises facultatives aux tribunaux, p. 113, n° 7.—Les avoués ont-ils des droits d'assistance aux conclusions du ministère public ? p. 114, n° 8.—Le jugement qui ordonne un interrogatoire donne-t-il lieu aux droits d'assistance ? p. 115, n° 10. — Usages de la Cour de Paris, du tribunal de Niort, p. 116.—Est-il dû un droit pour l'assistance de l'avoué au jugement qui ordonne la subrogation en matière d'ordre ? p. 135, n° 11. — Est-il dû un droit d'assistance à l'arrêt pour l'avoué qui a présenté la requête en pourvoi contre un jugement qui ordonne une rectification d'acte de l'état civil ? p. 142, n° 3.—Droits d'assistance à la chambre du conseil à la plaidoirie sur opposition à la taxe, p. 272, § 7.

ASSISTANCE judiciaire.—De la liquidation des dépens en matière d'assistance judiciaire, p. 276.—Dispositions de la loi qui règlent les effets de l'assistance judiciaire en matière de frais, *eod.*, et p. 277.—Instruction du directeur général de l'administration de l'enregistrement, p. 278. — De la liquidation des dépens dans le cas où l'assisté les a obtenus contre sa partie adverse, p. 279.—Il doit être obtenu exécutoire, que l'affaire soit sommaire ou ordinaire, *eod.* — Forme de l'état de frais, divisé en autant de colonnes qu'il y a de nature de frais sur papier libre, *eod.* — V. *Exécutoire.*—Doit-on comprendre dans la taxe des dépens les droits des actes que les notaires, les greffiers et tous autres dépositaires publics délivrent à l'assisté sur l'ordonnance du juge de paix ou du président? p. 284. V. *Avocats.*—La voie de l'opposition est ouverte contre la taxe en matière d'assistance judiciaire, *eod.* — De la liquidation des dépens dans le cas où l'assisté y a été condamné envers la partie adverse, p. 284, § 2. — Dans ce cas il ne peut s'agir que des frais que l'administration de l'enregistrement a droit de recouvrer et non de ceux des avocats, avoués et autres officiers, *eod.*—L'état de ces frais doit-il être présenté à la taxe par l'avoué de l'assisté? p. 282. — Le taxateur a-t-il le droit de réduire l'état? Non, s'il s'agit de perceptions de l'enregistrement, *eod.* — Décisions du tribunal de Niort, art. 30 à 34, p. 286 et 287.

AUTORISATION maritale. — (*Huissiers.*) Droits de la sommation à la requête d'une femme à son mari de l'autoriser, p. 26, § 60.— (*Avoués.*) Droits de la requête pour la femme, à l'effet de faire assigner son mari à la chambre du conseil, pour déduire les motifs de son refus de l'autoriser, p. 103, § 8.—A l'effet, en cas d'absence de son mari, d'être autorisée, *eod.*, § 9.

AVANCES. — V. *Déboursés.*

AVENIR. — V. *Sommations.* — Décision du tribunal de Niort, art. 35 à 36, p. 287.

AVIS de parents.— V. *Conseil de famille.*

AVOCATS.—Il ne leur est alloué aucun honoraire en matière sommaire, p. 62, § 43, art. 81.— Leurs honoraires en matière ordinaire, p. 105, pour prendre un jugement par défaut, *eod.*, art. 82, § 2. — Le droit de plaidoirie doit-il être taxé par audiences ou par causes? p. 106, n° 1. — Les droits fixés par l'art. 80 sont-ils dus aux avocats pour les jugements préparatoires et interlocutoires? p. 110, n° 2 — Lorsqu'il intervient un arrêt de partage, est-il dû un second droit pour l'avocat qui a plaidé? p. 111, n° 3. — Est-il dû un droit de plaidoirie sur les contestations portées à l'audience en matière d'ordre? p. 134, n° 11. — Les honoraires des avocats qui doivent être compris dans la taxe, en matière d'assistance judiciaire, ne sont-ils que ceux que l'on peut exiger de la partie adverse quand elle est condamnée aux dépens? p. 281, n° 3. — Quand l'assisté a été condamné aux dépens, l'avocat qui a plaidé pour elle n'a de recours que contre lui pour le paiement de ses honoraires, p. 284, § 2.

AVOUÉS. — Droits des avoués en matière sommaire, p. 56 à 85.— Des avoués d'appel, p. 59. Droits en cette matière, si l'avoué est révoqué, ou si les pièces lui sont retirées, p. 82, §§ 14 à 18. V. *Voyage.* — L'avoué qui a plaidé la cause a-t-il, comme l'avocat, droit à des émoluments particuliers contre son client? p. 115, n° 9. — Droit des avoués par journées de campagne, à raison de 5 myriamètres par jour, p. 135, art. 144. — Lorsque l'avoué a parcouru moins de 5 myriamètres, a-t-il droit à quelque chose? p. 137, n° 3.— *Quid*, si la distance est de plus de 5 myriamètres? — Les 5 myriamètres doivent-ils être calculés sur l'aller et le retour? — Les vacations peuvent-elles être cumulées avec les journées de campagne? *eod.*

AVOUÉS d'appel. — Emoluments des avoués près les Cours d'appel. — Dispositions générales, p. 141, art. 147.— En matière sommaire, il ne leur est alloué que moitié du droit dans les demandes en condamnation contre leurs clients, *eod.*, § 2. — L'avoué qui a payé les honoraires de l'avocat a-t-il une action contre son client, pour en obtenir la répétition? p. 144, n° 7 V. *Déboursés.* — L'avoué qui a occupé pour plusieurs parties ayant un intérêt commun dans le procès a-t-il action solidaire contre chacune d'elles pour le paiement de ses frais? p. 145, n° 9 — A-t-il une action personnelle contre les clients pour lesquels il a occupé, quand ils n'agissaient qu'en nom qualifié, comme tuteurs, syndics, liquidateurs, maires, etc.? *eod.*, n° 10. — V. *Matières criminelles, Saisie immobilière, Registre, Actes, Grosses, Requêtes, Assistance judiciaire.*

B

BAGUES, JOYAUX. — Exposition avant la vente, p. 33.
BARQUES, bateaux, navires. — Formalités de publication avant la mise en vente publique, p. 33.

BÉNÉFICE d'inventaire. — (*Avoués.*) Droits de la requête pour faire nommer un curateur au bénéfice d'inventaire, p. 103, § 13. — V. *Ventes judiciaires d'immeubles, Greffiers.*

BÉNÉFICE de cessions de biens. — V. *Cession de biens.*

C

CAHIER des charges. — V. *Ventes judiciaires d'immeubles.*

CARENCE. — V. *Procès-verbal.*

CAUSES. — V. *Affiches.*

CAUTION. — (*Avoués.*) Droits de l'acte de présentation de la caution. — De la déclaration d'acceptation. — De contestation, p. 94, §§ 16 et 17.   Droits de la grosse de la requête, tendant à ce que le demandeur étranger soit tenu de fournir caution, p. 92, art. 75, § 3. — De la réponse, *eod.*, § 4. — (*Huissiers.*) Droit de l'acte de présentation de caution avec sommation, p. 24, § 19. — De la signification de l'acte de présentation de la caution, avec copie de l'acte du dépôt au greffe des pièces justificatives de la solvabilité, *eod.*, § 24. V. *Surenchère.* — (*Avoués.*) Droits de la vacation pour déposer au greffe les titres de solvabilité de la caution présentée, p. 120, art. 94, § 10. — Pour prendre communication de ces titres. — Pour faire au greffe la soumission de caution, *eod.*, §§ 11 et 12. — Décisions du tribunal de Niort, art. 36, p. 287.

CERTIFICAT. — (*Avoués.*) Droits de la vacation pour donner le certificat de la signification au domicile de la partie condamnée du jugement qui contient des dispositions à exécuter contre des tiers, p. 120, § 13. — Pour obtenir du greffier le certificat qu'il n'existe contre le jugement énoncé ci-dessus ni opposition, ni appel porté sur le registre, *eod.*, § 14. — Pour requérir des fonctionnaires publics, tiers saisis, le certificat du montant de ce qu'ils doivent, p. 121, § 15. V. *Greffiers, Conservateurs des hypothèques.*

CESSION de biens. — (*Avoués.*) Droit de la vacation pour déposer au greffe le bilan du débiteur qui demande à faire cession, avec les livres et pièces à l'appui. — Pour faire l'extrait du jugement qui admet la cession, et le faire insérer aux tableaux prescrits par la loi, p. 122, §§ 35 et 36. — Décisions du tribunal de Niort, art. 37, p. 287.

CITATION en conciliation. — Il n'est rien dû au greffier du juge de paix, pour la mention sur les registres du greffe, ou sur l'original de la citation ou copie, que l'une des parties n'a pas comparu, p. 4, art. 13.

CITATION à témoins. — Droits de l'huissier du juge de paix, p. 13, § 6. — Aux gens de l'art, *eod.*, § 7. — En conciliation, *eod.*, § 8. — Aux membres du conseil de famille, *eod.*, § 9.

COMMANDEMENT. — Tendant à l'exercice de la contrainte par corps. — L'huissier commis peut-il, en cas de péremption d'un premier commandement, en signifier un nouveau sans nouvelle commission ? p. 39. Faut-il une nouvelle signification du jugement qui ordonne la contrainte par corps ? *eod.* — L'huissier peut-il se servir des gendarmes pour emprisonner le débiteur ? p. 40. — Si le débiteur s'échappe ou s'il paie, quel est le droit de l'huissier ? p. 41. — L'huissier peut-il stipuler des honoraires excédant ceux fixés par le tarif ? p. 41. — Droits du commandement à la requête des propriétaires et des principaux locataires ou sous-locataires en paiement de leurs loyers, p. 25, § 55. V. *Saisie immobilière, Contrainte par corps, Saisie-exécution.*

COMMISSAIRES-PRISEURS. — Lorsque les ventes de meubles sur saisie-exécution ont lieu par le ministère des commissaires-priseurs, le décret du 16 février 1807 est-il encore applicable à la taxe de leurs droits ? p. 32, *à la note*, et p. 254, § 3. — Historique de la législation concernant les commissaires-priseurs, p. 251 et 252. — Loi du 18 juin 1843. — Droits des commissaires-priseurs. — Vacations aux prisées. — Assistance aux référés. — Droit de vente. — D'expédition des procès-verbaux de vente. D'assistance à l'essai ou poinçonnage des matières d'or et d'argent, p. 253. — Obligations et devoirs des commissaires-priseurs, p. 254. — La loi du 18 juin 1843 est-elle applicable, pour le tarif des ventes volontaires, aux autres officiers ministériels, greffiers, huissiers ? p. 255, n° 3. — Dans les ventes de meubles forcées, le commissaire-priseur a-t-il droit à une vacation pour faire taxer ses frais ? p. 255, n° 2. — A quels émoluments a droit le commissaire-priseur pour la rédaction des placards ? p. 259, n° 4. — Il n'est rien dû pour la rédaction de l'extrait à imprimer dans le journal. — Rien pour le crieur, ni pour le clerc, p. 259. — Est-il dû quelque chose pour le transport du commissaire-priseur quand la vente se fait hors le lieu de son domicile ? p. 259. — Les commissaires-priseurs peuvent-ils accorder des délais de paiement? ont-ils droit, dans ce cas et dans toutes les ventes, à la perception de 1 p. 100? p. 260. — Emoluments des commissaires-priseurs pour les ventes publiques volontaires de fruits et récoltes pendant par racines, et de coupes de bois taillis, p. 260, § 4. — Des fonctions des commissaires-priseurs auprès des monts-de-piété, p. 260, § 5.

COMMISSAIRE de police. — Vacation due au commissaire de police qui aura été requis pour être présent à l'ouverture des portes, aux saisies-exécutions, p. 29, art. 32. V. *Juge de paix.*

COMMUNAUTÉ. — V. *Greffiers.*

COMMUNICATION de pièces. — Droits de la sommation de communiquer les pièces signifiées ou employées, p. 89. — De la signification de la requête et de l'ordonnance, portant que l'avoué qui retient les pièces sera tenu de les rendre, *eod.*, V. *Séparation de biens.* — Il n'est rien dû en matière sommaire, p. 85. — Droits de la requête pour faire contraindre un avoué à remettre les pièces communiquées, p. 101, § 3. V. *Greffiers.* — Droits de la vacation en matière ordinaire, pour donner et prendre communication des pièces de la cause, p. 120, art. 91.

COMMUNICATION des pièces au ministère public. — (*Avoués.*) Il n'est rien dû en matière sommaire, p. 85. — Emoluments de la vacation pour communiquer les pièces au ministère public, p. 119, § 2. — Décisions du tribunal de Niort, art. 41 à 44, p. 287 et 288.

COMPARUTION personnelle. — Décisions du tribunal de Niort, art. 45 et 46, p. 288.

COMPTE. — (*Avoués.*) Droits de la sommation d'être présent à l'affirmation d'un compte, p. 90. — De la grosse d'avoué et de la réponse : il n'en sera fait qu'une seule, p. 93, §§ 33 et 34. — (*Huissiers.*) Droit de la signification de l'ordonnance du juge-commissaire, fixant le lieu et l'heure pour être présent à l'affirmation, p. 24, § 25. — De la vacation pour mettre les pièces en ordre, une vacation pour chaque 50 pièces, p. 121, art. 92, §§ 17 et 18. — (*Avoués.*) Droits de la requête au juge-commissaire, en fixation du jour et heure de la présentation, p. 101, § 11. — Des vacations à la présentation et affirmation du compte, p. 122, § 19. — Pour requérir du juge-commissaire exécutoire de l'excédant des recettes sur les dépenses, *eod.*, § 20. — Pour prendre communication des pièces justificatives, et les rétablir, *eod.*, § 21. — Pour fournir des débats, *eod.*, 22. — Pour fournir soutenements et réponses, § 23.

COMPULSOIRE. — Droit de la requête d'avoué à fin de se faire autoriser à compulser un acte, et de sa réponse, p. 93, §§ 39 et 40. — Des vacations aux compulsoires, p 121, § 27.

CONCILIATION. — L'avoué qui comparaît au bureau de conciliation pour sa partie n'a droit à aucun émolument, p. 86. *Quid,* si la partie est empêchée par une cause légitime? *eod.* Décisions du tribunal de Niort, art. 48 et 49, p. 288.

CONCLUSIONS. — Doivent-elles être admises en taxe, en matière sommaire? p. 77, n° 8. — Peuvent-elles, en cette matière, être signifiées en appel, *eod.*, à la note. — Quel droit faut-il accorder? p. 79. — Droits des conclusions contenant demandes incidentes et réponses, p. 92, §§ 12 et 13. — En matière ordinaire, doit-on allouer pour les conclusions motivées qui doivent être signifiées les mêmes émoluments que pour les requêtes de défenses, en grosses et en copies? p. 98. — Doit-on taxer toutes les conclusions qu'il plaît aux avoués de prendre ou de signifier? p. 100, n° 10. V. *Partage, Ventes judiciaires d'immeubles.* — Est-il dû un droit de copie pour les conclusions déposées aux mains du greffier? p. 101. — Ces copies ne doivent pas nécessairement être mises sur papier timbré, *eod.* — Décisions du tribunal de Niort, art. 50 à 55, p. 288.

CONSEIL DE FAMILLE. — Droits de l'huissier pour la notification de l'avis du conseil de famille, p. 13, § 10. — De l'exploit d'ajournement pour demander la réformation d'un avis de conseil de famille, qui n'a pas été unanime, p. 26, § 64. — D'opposition à la requête du conseil à l'homologation d'une délibération, *eod.*, § 65. — (*Avoués.*) Droits de la requête pour demander l'homologation de l'avis d'un conseil de famille, p. 103, § 11. — Des vacations pour assister un conseil de famille qui suit la demande en interdiction, p. 122, § 32. V. *Ventes de biens de mineurs.*

CONSERVATEURS des hypothèques. — Leurs droits pour la transcription du procès-verbal de saisie immobilière, et de la dénonciation de ce procès-verbal par rôle d'écriture, p. 195. — Pour l'acte contenant refus de transcription, *eod.*, § 2. — Pour chaque extrait d'inscription ou certificat, pour la mention des notifications prescrites par l'art. 694 et 692, C. de Proc. — Pour la radiation de la saisie immobilière, la mention du jugement d'adjudication, de conversion, *eod.*, § 3 à 7.

20.

CONSIGNATION d'amende.—(*Avoués.*) — Il n'est dû, pour consigner et retirer l'amende, aucune vacation en matière sommaire, p. 84.— Droits de la vacation pour consigner et retirer l'amende, en matière ordinaire, p. 120, §§ 11 et 12.

CONSIGNATION de deniers. — Vacation des huissiers pour consigner les deniers comptants trouvés lors des saisies-exécutions, p. 29.—Droits de la sommation d'être présent à la consignation.—De la dénonciation au créancier du procès-verbal de consignation, p. 25, § 53.—Droits du procès-verbal de consignation, p. 42.—Décisions du tribunal de Niort, p. 280, art. 57.

CONSIGNATION.—V. *Emprisonnement.*

CONSTITUTION (d'avoué).- Il n'est rien dû en matière sommaire, p. 63. — *Quid* quand la constitution a lieu à l'audience, sur assignation à bref délai, p. 75. — Droit en matière ordinaire, p. 89 —Décisions du tribunal de Niort, p. 289, art. 58.

CONSULTATION (droits de).—Sur toute demande principale introductive, etc., p. 85. —Est-il dû à l'avoué autant de droits de consultation qu'il a de parties ayant des intérêts distincts ? p. 86. - V. *Port de pièces et correspondance.*— *Quid,* s'il y a eu jonction de plusieurs instances ? *eod.* S'il y a eu successivement plusieurs avoués, ce droit est dû à chacun, *eod.* La demande en péremption d'instance y donne-t-elle lieu ? p. 87. —Le droit de consultation est-il dû aux avoués dans les distributions par contribution ? p. 129, n° 2.—V. *Requête civile.*—Est-il dû dans la procédure de la purge des hypothèques et priviléges ? p. 139, n° 6.—Il n'est pas dû dans les procédures concernant les ventes judiciaires d'immeubles, p. 240, n° 4.—Décisions du tribunal de Niort, p. 289, art. 58 à 63.

CONTRAINTE par corps. — Observations, p. 35. — Les art. 51 à 59 du décret du 16 mars 1807 sont abrogés, *eod.*—Signification du jugement qui prononce la contrainte par corps, p. 37.—D'un jugement qui déclare un emprisonnement nul, p. 38.—En cas d'absence du juge de paix, l'huissier peut-il requérir celui d'un autre canton ? p. 40. — V. *Gardes du commerce.* — Si le débiteur s'échappe, ou s'il paie, quel sera le droit de l'huissier ? p. 54, n° 9. – L'huissier peut-il stipuler avec le créancier des honoraires plus forts que ceux fixés par le tarif ? p. 41, n° 11. (*Avoués.*) — Droits de la requête, à l'effet de faire commettre un huissier pour signifier le jugement portant contrainte par corps, p. 104, § 13. — Décisions du tribunal de Niort, p. 280, art. 64 à 84.

CONTRIBUTION.—V. *Distribution.*

CONVENTION.—V. *Matière sommaire.*

CONVERSION de saisie. — V. *Saisie immobilière.*

COPIES de pièces. — *Huissier de justice de paix,* p. 13. — (*Huissiers ordinaires*), p. 17. — Illisibles, p. 17.—Indication en marge du nombre des rôles, *eod.* Si les droits des copies signées par un avoué lui appartiennent pour toutes sortes de pièces, p. 19 à 23 et 92, § 5.—Pour copies de quelles pièces les avoués n'ont pas la concurrence avec les huissiers, p. 23. Copie du procès-verbal de saisie-brandon, p. 34. — Du procès-verbal d'emprisonnement et de l'écrou, p. 38. — Droits de copies de procès verbaux d'enquêtes et d'expertises en matière sommaire, p. 61. V. *Qualités.* — *Jugement.* — Droits des copies de pièces signifiées avec les défenses, p 92, § 2. V. *Saisie immobilière..* — Encore que, dans un procès, il y ait plusieurs parties ayant le même intérêt, si elles ont plusieurs avoués, il doit être signifié et passé en taxe autant de copies qu'elles ont d'avoués, p. 98.— L'art. 89 du tarif de 1807 est-il applicable aux copies des jugements signifiées aux parties, avec les défenses ou dans le cours d'une instance, et comme pièces de procédure? p. 118, n° 3.—Droits des copies de pièces appartenant aux avoués, en matières de ventes judiciaires d'immeubles, p. 209, art. 13.

CORRESPONDANCE. — V. *Port de pièces.*

CORPS certain (huissiers). — Droits de la sommation, à un créancier, d'enlever un corps certain, p. 25, §. 54.

COUT des exploits.—Les huissiers doivent mettre, au bas de l'original de tous leurs actes, la mention du coût de ces actes, p. 46-53. — Cette obligation incombe-t-elle aux huissiers audienciers pour les significations d'actes d'avoué à avoué, et des écritures y jointes? p. 54, n° 2.—Quelle est la sanction contre l'huissier en contravention à ces prescriptions ? p. 54.

CURATEUR.—V. *Succession vacante.*

D

DÉBOURSÉS.—Alloués en sus des autres droits aux huissiers et gardes du commerce dans les actes de l'exercice de la contrainte par corps, p. 38. V. *Copies, Qualités, Jugements.* (*Avoués.*)—Le tarif ne comprend que l'émolument net, les déboursés sont payés en outre, p. 142, § 3, et 215, art. 19. — Pour que l'avoué ait droit à se faire allouer ses déboursés, suffit-il qu'il justifie les avoir faits ? p. 143, n° 5. — L'avoué a-t-il, comme tout mandataire, droit à l'intérêt des sommes par lui avancées pour ses clients, du jour où il les a déboursées ? p. 144, n° 8.

DÉCÈS.—Droits de la notification du décès d'une partie, p. 90.

DÉCIME de guerre. — V. *Greffier.* — Lois qui autorisent la perception des décimes de guerre, p. 219, à la note.

DÉCISIONS judiciaires, en matière de taxe.—V. *Règlements.*

DÉCLARATION affirmative.—Droits de la signification d'avoué à avoué de la déclaration affirmative, p. 90.—Droits du greffier de justice de paix pour la déclaration des parties qui demandent à être jugées par le juge de paix, p. 4, art. 14.— Il n'est rien dû aux officiers qui procèdent aux ventes publiques de meubles et effets mobiliers, pour la déclaration préalable qu'ils doivent faire au bureau de l'enregistrement, p. 8.

DÉCLINATOIRE. — Droits de la requête pour le proposer et de la réponse, p. 92, §§ 5 et 6. — De la vacation pour former au greffe la demande à fin de renvoi d'un tribunal à un autre, p. 121, § 14.

DÉFENSES. — Droits pour l'original, ou grosses des requêtes de défenses, p. 94, art. 72 —Des réponses aux défenses, p. 92, art. 73. — Les défenses signifiées après les délais fixés par le Code de procédure doivent-elles néanmoins être admises en taxe ? p. 98.

DÉLAI (abréviation de).—V. *Requête.*

DÉLIBÉRÉ.—Droits de la vacation pour produire et retirer les pièces, p. 119, § 3. V. *Instruction par écrit.*—Décisions du tribunal de Niort, p. 294, art. 78 et 79.

DEMANDE en garantie. — Droits de la déclaration, par acte d'avoué à avoué au demandeur par le défendeur, qu'il a été formé une demande en garantie, p. 89. — De la dénonciation de la demande en garantie, *eod.*

DEMANDE au tribunal de commerce. — (*Huissiers.*) — Droits de l'exploit contenant demande. p. 24, § 14.

DEMANDE à fin de renvoi d'un tribunal à un autre. — Droits de la signification de l'acte de, p. 90.— De la requête d'avoué contre la demande, et de la réponse, p. 92, §§ 23 et 24.—en garantie, droits de l'huissier de la justice de paix, p. 13, § 5.—V. *Déclinatoire.*

DENI de justice. (*Huissiers.*) — Droits de la signification d'une réquisition aux tribunaux de juger, p. 24, § 22.

DÉPENS. — V. *Matière sommaire, Matière ordinaire, Incompétence, Matière criminelle, Liquidation des frais et dépens, Assistance judiciaire.*

DÉPOT.—De pièces aux gardes du commerce par le créancier qui veut exercer la contrainte par corps, p. 38, V. *Greffiers.*

DÉSAVEU.—(*Avoués.*)—Droits de la signification d'un désaveu, p. 90.—De la requête d'avoué servant de moyens contre, et de la réponse, 95, §§ 21 et 22. — (*Huissiers.*) Droits de la signification d'un désaveu, p. 23, § 12. — (*Avoués.*) Droits de la vacation pour faire, en marge du désaveu, la mention du jugement qui l'aura rejeté, p. 120, § 9. —Pour former un désaveu au greffe. p. 121, § 11.

DÉSISTEMENT.—Quels sont les droits dus aux avoués, en matière sommaire, en cas de désistement ? p. 83, n° 17.—Droits de la sommation à avoué de se trouver devant le président, pour voir déclarer exécutoire la taxe des frais. p. 90.—De désistement et acceptation, p. 94, § 15.—Il n'est rien dû à l'avoué, en matière sommaire, pour l'acte du désistement. p. 85.—Droits de la requête au président pour faire rendre la taxe exécutoire, p. 104, § 10.

DESCENTE sur les lieux.—Droits de la signification de l'ordonnance du juge-commissaire, désignant le jour, le lieu et l'heure, p. 89.—Du procès-verbal du juge-commissaire qui a fait une descente de lieux, p. 90.—De la requête au juge commis, à l'effet d'obtenir indication de jour, p. 104, § 8. — Des vacations en cas de descente sur les lieux p. 121, § 14.

DISTRACTION.—V. *Saisie immobilière*.

DISTRACTION de dépens.—V. *Registre*.—En matière d'assistance judiciaire, l'avoué de l'assisté peut-il demander la distraction des dépens ? p. 280, n° 1.

DISTRIBUTION par contribution. — (*Huissiers*.) Droits de la sommation aux créanciers de produire, à la partie saisie de prendre communication des pièces produites, etc., p. 25, § 41. — De celle à la partie saisie qui n'a pas d'avoué, à la requête du propriétaire, de comparaître en référé devant le juge-commissaire, pour faire statuer préliminairement sur son privilége pour loyers dus, p. 25, § 42.—De la dénonciation, à la partie saisie qui n'a pas d'avoué, de la clôture du procès-verbal du juge-commissaire, avec sommation d'en prendre communication, *eod.*, § 3. — (*Avoués*.) Droits de la vacation pour requérir, au greffe, la nomination d'un juge-commissaire, p. 126. — De la requête au juge-commissaire pour être autorisé à sommer les opposants de produire, p. 127, art. 96. — De l'acte de production de la sommation, à la requête du propriétaire, pour faire statuer sur son privilège,—des vacations en référé devant le commissaire, *eod.*, art. 98. — De l'acte de dénonciation de clôture du procès-verbal du juge-commissaire, de l'état de contribution,—de la vacation pour en prendre communication,—de la vacation pour requérir la délivrance du mandement, p. 128.—Est-il dû à l'avoué une vacation pour requérir la clôture du procès-verbal de contribution ? p. 128. — V. *Consultation, Port de pièces et Correspondance*. — Est-il dû une vacation à l'avoué pour les démarches à faire auprès du préposé de la caisse des consignations, pour s'assurer si les deniers à distribuer par contribution ont été consignés ? p. 129, n° 3.—La subrogation peut-elle être demandée, en cas de négligence du poursuivant comme en matière d'ordre ? *eod.*, n° 4. —Décisions du tribunal de Niort, p. 290, art. 72 à 74.

DOMMAGES ET INTÉRÊTS.—Droits de l'acte d'offres sur la déclaration de dommages et intérêts, p. 94, § 49. — De la vacation pour déposer au greffe et donner communication des pièces justificatives, de la déclaration de dommages et intérêts, et les retirer, le tout ensemble, p. 420, art, 94, § 43. — Pour prendre communication de ces pièces et les rétablir, *eod.*, § 44.—De la déclaration des dommages-intérêts, par article, p. 435, art. 141.—Pour la copie, *eod.*—Pour chaque apostille de l'avoué défendeur sur la déclaration de dommages et intérêts, *eod.*, art. 142. — Est-il dû à l'avoué un droit d'acte en original et copie (art. 70 du tarif) pour la déclaration de dommages et intérêts, en sus de celui qui lui est accordé par l'article 242 ? p. 436, n° 1.— Les articles de dommages et intérêts qui ne sont pas contestés comptent-ils pour le droit d'apostille ? p. 437, n° 2.

E

EMPRISONNEMENT. — V. *Contrainte par corps, Gardes du commerce, Geôlier, Procès-verbal, Signification*. — Est-il nécessaire que la signification du jugement qui ordonne la contrainte par corps ait lieu dans le commandement qui en précède l'exercice ? p. 39. — Dans le cas de changement d'état par le mariage d'une femme contraignable par corps, doit-on signifier de nouveau le jugement au mari ? p. 40.—(*Avoués*.) Droits de la requête en nullité de l'emprisonnement d'un débiteur, p. 102, § 5.—Pour demander sa liberté dans le cas de l'art. 800 du C. de proc., *eod.*, § 6.—Pour assigner le geôlier qui refuse de recevoir la consignation de la dette, *eod.*, § 7. —Pour demander la liberté faute de consignation d'aliments, *eod.*, § 8.

ENQUÊTE. — (*Avoués*.) Droits de la signification des procès-verbaux d'enquête, p. 89. — De l'acte contenant articulation des faits dont une partie demande à faire preuve, p. 94, § 4. — De l'acte contenant réponse au précédent, *eod.*, § 5. — De l'acte contenant justification des reproches par écrit, *eod.*, § 6.— De l'acte contenant offre de prouver contre les témoins les reproches non justifiés par écrit, *eod.*, § 8. —*Nota*. Les reproches doivent être jugés sommairement, *eod.*, à la note. —V. *Témoins*. — (*Huissiers*.) Droits des assignations à témoins, p. 23, § 8. — (*Avoués*.) Droits de la requête au juge commis, à l'effet d'obtenir jour pour assigner les témoins, p. 101, § 7. — De la vacation pour requérir l'ordonnance du juge commis à l'effet de procéder à une enquête et signer le procès-verbal d'ouverture, p. 420, § 6. — Des vacations de 3 heures pour assister à l'audition des témoins, p. 121, § 10. — *Greffiers*. Les enquêtes, en outre du droit de rédaction, sont assujetties à un droit de 50 cent. pour chaque témoin, p. 224, § 3. — V. *Greffiers*. — Décisions du tribunal de Niort, p. 294, art. 80 et 81.

ENREGISTREMENT. — Mode de perception des droits de greffe, p. 246, art. 10 à 14.

ENVOI en possession. — V. *Absent*.

ÉTAT de frais. — V. *Liquidation des dépens, Assistance judiciaire*.

ÉTRANGER. — V. *Caution*.

EXÉCUTION provisoire. — Les frais de demandes à fin de défenses d'exécution contre les jugements mal à propos qualifiés en dernier ressort, ou à fin d'exécution provisoire, sont taxés comme en matière sommaire, p. 444, art. 448.

EXÉCUTOIRE. — La taxe opérée par le Président des droits et honoraires des notaires pour les actes qu'ils ont reçus n'est pas exécutoire contre les parties, p. 176. — Les notaires, dans leur projet de loi, et la Cour de cassation, dans celui qu'elle a élaboré, ont proposé de combler cette lacune, p. 162. — Mais cette mesure a besoin d'être législativement établie, p. 176. — Le greffier a-t-il qualité pour délivrer seul un exécutoire de dépens ? p. 265. — Divergences d'opinions sur cette question, p. 265 et 266. — L'exécutoire est passible du droit de 1 franc pour l'enregistrement, plus les décimes, p. 266. — Il est par lui-même un titre suffisant et n'a pas besoin d'être accompagné de la copie du jugement en exécution duquel il est rendu, *eod*. — L'exécutoire est susceptible d'opposition. — Délai. — Signification d'avoué à avoué. — A partie ou domicile, p. 267, § 1er. — La partie qui a obtenu l'exécutoire n'a pas de délai fatal pour y former opposition, p. 268. — L'avoué qui a obtenu contre sa partie adverse exécutoire pour ses dépens est-il recevable à agir contre son client devant le tribunal pour le faire condamner au paiement de ses frais ? p. 275. — En matière d'assistance judiciaire, l'exécutoire doit-il être délivré sur papier timbré ? p. 280. — Forme de l'exécutoire, *eod*.

EXPÉDITION. — (*Greffiers de justice de paix*.) De jugement, p. 4. — De procès-verbaux d'opposition, levée de scellés, p. 5. — Des procès-verbaux de ventes sur saisie-exécution, p. 33. — (*Avoués*.) Droits de la requête à fin de permission de se faire délivrer expédition ou copie d'un acte parfait, non enregistré, ou même resté imparfait, ou pour se faire délivrer une seconde grosse, p. 103, § 3. — V. *Assignation*. — (*Greffiers des tribunaux civils et de commerce*.) Leurs expéditions doivent contenir 20 lignes à la page et 8 à 10 syllabes à la ligne, p. 224. — Droits par rôles pour les expéditions des arrêts rendus sur appel des jugements des tribunaux civils et de commerce. — Pour les expéditions des jugements définitifs rendus par les tribunaux civils, soit par défaut, soit contradictoires. — Des décisions. arbitrales des ventes et baux judiciaires. — Pour les expéditions des jugements interlocutoires, préparatoires ou d'instruction, des enquêtes, interrogatoires, jugements des tribunaux de commerce et autres actes, p. 225, art. 7, 8 et 9. — L'expédition d'un arrêt définitif sur un point et interlocutoire sur d'autres est soumise aux droits de 2 fr. 50 c., *eod*., note 1re.—Un rôle commencé est considéré comme parachevé, *eod*., n. 2. — Amende contre le greffier qui délivre des expéditions qui n'ont pas le nombre de syllabes et de lignes fixées par la loi, *eod.* n. 3. Cet abus existe dans beaucoup de greffes. — Les expéditions d'actes renfermant des tableaux de chiffres sont évaluées, n. 4. — Des expéditions des jugements et actes des anciens tribunaux. — Des expéditions délivrées par les greffiers des juges de paix d'actes par eux reçus en vertu de commissions rogatoires, *eod*., n. 6, des actes de l'état civil. — Les droits d'expédition sont les mêmes, lorsque c'est le tribunal civil qui fait les fonctions du tribunal de commerce, que pour les jugements rendus par les tribunaux de commerce, p. 225, note 2. — Les greffiers ne peuvent délivrer aucune expédition que les droits n'aient été acquittés. — Amende, p. 226. — V. *Notaires*.

EXPERTISE.—Taxe du greffier de la justice de paix qui a rédigé l'expertise, p. 4.—Les émoluments du greffier varient selon la qualité des experts, p. 4.—Droits de la sommation d'avoué à avoué, contenant l'indication des jour et heure choisis par les experts, si la partie n'était pas présente à la prestation de serment. — De la signification du rapport des experts, p. 90. — V. *Experts*.

EXPERTS. — (*En justice de paix*.) p. 14. — V. *Récusation*. — *En justice ordinaire*. —(*Huissiers*.) Droits de l'exploit de signification de l'ordonnance du juge-commissaire pour faire prêter serment, p. 23, § 9. — (*Avoués*.) Droits de la requête au juge commis pour faire prêter serment aux experts, p. 101, § 9. — Droits de la vacation pour faire au greffe la déclaration des experts convenus. — Pour être présent à la prestation de leur serment, p 120, §§ 7 et 8. — Aux rapports d'experts, p. 121, § 11. — Taxe des experts pour chaque vacation de trois heures, quand ils opèrent dans les lieux où ils sont domiciliés. — Dans le département de la Seine. — Dans les autres départements. — Au delà de 2 myriamètres, pour frais de voyage et de nourriture. — Pour leur séjour, p. 158, art. 159 à 161. — Réduction de la taxe dans le cas où ils n'auraient pas fait quatre vacations par jour, *eod*., art. 161, § 2. —Droits de voyage des laboureurs, *eod.*, § 3. — Vacations pour prestation de serment et pour dépôt du procès-verbal. Frais de transport, *eod.*, art. 162. — Les experts ne peuvent rien réclamer, en sus de leurs droits, pour s'être fait aider par des écrivains, toiseurs, porte-chaînes. —Le président réduit le nombre des vacations, s'il lui paraît excessif, *eod.*, §§ 2 et 3.— V. *Vérification d'écriture*. — Lorsque dans un jugement qui ordonne une expertise, on a omis de désigner un juge-commissaire pour recevoir le serment des experts sur qui doivent retomber les frais du second jugement rendu pour réparer cette omission? p. 160, nº 1. — Le jugement de récusation d'un expert est rendu en matière sommaire, p. 161, nº 2. — Il n'y a pas lieu de signifier aux experts le jugement qui les nomme, *eod.* nº 3. — Le juge taxateur peut-il réduire le rapport des experts? *eod.*, nº 4.— L'opposition à la taxe du président est-elle recevable? Est-ce à la chambre du conseil qu'il faut la juger? *eod.*, nº 5. —Taxe des experts en matière de ventes judiciaires d'immeubles, par vacations de trois heures, aux opérations de l'expertise, au serment, pour frais de transport et nourriture, p. 243. — Le président peut réduire le nombre de ces vacations, s'il le trouve excessif, *eod.*, § 7.— Décisions du tribunal de Niort, p. 294, art. 82.

EXPLOIT. — (*Huissiers.*) Droits de tout exploit contenant sommation de faire une chose, opposition à ce que quelque chose soit fait, protestation de nullité, et généralement de tous actes simples des huissiers, p. 26, § 71.

EXPLOIT. — D'appel d'un jugement de justice de paix, p. 47. — D'ajournement, *eod.* — De sommation d'être présent a un serment, de signification de jugements, d'opposition à un jugement par défaut, d'assignation à témoins, de signification de désaveu, etc., p. 23. — D'assignation devant le tribunal de commerce, d'appel des jugements des tribunaux de commerce et civils, etc., p. 24. — Généralement tous les exploits contenant sommation de faire une chose ou opposition à ce qu'une chose soit faite, p. 24 à 26.

EXPROPRIATION forcée. — V. *Saisie immobilière*.

EXPROPRIATION pour cause d'utilité publique. — (*Huissiers.*) Taxe de leurs actes, p. 26 à 27. — Fixation des indemnités de transport du directeur du jury, p. 236, art. 16 et suivants. — V. *Greffiers, Notaires*.

F

FAILLI. — (*Huissiers.*) Droits du procès-verbal d'extraction de la prison du débiteur failli, à l'effet de faire la réitération de la cession de biens, p. 42, art. 65.—V. *Greffiers des tribunaux de commerce*.

FAILLITE. — V. *Greffiers des tribunaux de commerce*.

FAUX.—Inscription de faux. — (*Avoués.*) Droits de la signification de l'acte de dépôt au greffe d'une pièce arguée de faux, p. 89. — De la sommation pour être présent à la réquisition d'apport au greffe de la minute de la pièce arguée de faux. — De la signification de l'ordonnance portant que la minute de la pièce arguée de faux sera apportée. — De la signification de l'acte de dépôt au greffe de la pièce arguée de faux, avec sommation d'être présent au procès-verbal qui sera dressé de son état, *eod.* — De la sommation par acte d'avoué à la partie adverse de déclarer, si elle veut ou non se servir d'une pièce produite, etc., p. 90, § 2. De la déclaration de la partie sommée qu'elle entend ou non se servir de la pièce arguée de faux, *eod.*, § 3.—Droits de la requête d'avoué contenant les moyens de faux, et de la réponse, p. 93. §§ 15 et 16.—De celle au juge-commissaire pour faire ordonner l'apport de la minute de la pièce arguée, p. 101, § 6. — Droits de vacation pour déposer les pièces arguées de faux, p. 120, § 5. — Pour former une inscription de faux, p. 124, § 6. — Pour requérir du juge commis l'ordonnance à l'effet de faire apporter au greffe la pièce arguée, *eod.*, § 7.— Au procès-verbal de l'état de la pièce, *eod.*, § 8 — Pour prendre communication de la pièce arguée, *eod.*, § 9.— V. *Vérifications d'écriture*. — Décisions du trib. de Niort, p. 294, art. 83 à 87.

FEMME mariée. — V. *Autorisation*.

FOLLE-ENCHÈRE. — V. *Surenchère*.

FRAIS et dépens. — V. *Liquidation des frais et dépens*.

FRAIS de garde. — V. *Gardiens, Saisie-Brandon*.

FRUITS et récoltes. — V. *Ventes, Greffiers, Notaires, Commissaires priseurs*.

G

GARANT. — Droits de la requête d'avoué pour soutenir qu'il n'y a lieu d'appeler garant, p. 93, §§ 11 et 12.

GARDE-CHAMPÊTRE. — V. *Saisie-Brandon.*

GARDES du commerce. — Leur institution. — Décret du 14 mars 1808, p. 35, à la note.

GARDIENS DE SCELLÉS.—(Taxe des), p. 14, 15.—Des saisies-exécutions, p. 29.—Doivent être payés tant qu'ils n'ont pas obtenu leur décharge, p. 30. — Les gardiens qui ont laissé enlever les objets saisis n'ont pas droit aux salaires, p. 30. — Au cas de nullité de la saisie, le gardien n'a de recours que contre le saisissant, p. 30.

GEOLIER. — N'a pas de droits pour la transcription sur ses registres du jugement qui prononce la contrainte par corps, p. 38.

GENDARMES. — V. *Emprisonnements, Contrainte par corps.* — Droits des gendarmes requis pour assister les huissiers, p. 41.

GREFFE (Droits de greffe).—V. *Greffier.*

GREFFIERS. — de justice de paix, p. 3 à 12.—Les émoluments ne peuvent être perçus que sur états dressés et vérifiés par le juge de paix, p. 3. — Doivent avoir un registre, p. 3.—Il ne leur est rien dû s'ils ont accompagné les juges de paix dans les cas où la présence de ceux-ci est requise par les huissiers ou les gardes du commerce, pour l'arrestation d'un débiteur contraignable par corps, p. 40. V. *Vente publique de meubles.*

— (*Greffiers de tribunaux de première instance.*) Leurs droits en matière de saisie immobilière, pour communication du cahier des charges, du procès-verbal d'expertise. Réduction en matière de licitation. Le droit est perçu lors du premier dépôt, p. 194. —L'acte de dépôt est assujetti au droit de greffe, *eod.* — Observations générales sur le tarif des greffiers des tribunaux civils et de commerce.—Historique des droits de greffe. —Lois qui régissent la matière, p. 217.—Loi du 21 ventôse an 7, portant établissement des droits de greffe ; ils sont perçus au profit du Trésor public. — En quoi consistent ces droits, p. 218, V. *Mise au rôle.* — Des registres sur lesquels la mise au rôle a lieu. —Obligation des avoués, p. 220, note 1.—Droits de rédaction et de transcription. Actes qui y sont assujettis.—Ils sont énoncés dans l'art. 5 de la loi du 11 mars 1799, p. 222, et complétés par l'art. 1er du décret du 12 juillet 1818, *eod.,* note 1, n° 2. — Montant des droits, p. 222, 223 et 224, note 1, n° 2. V. *Enquêtes.*—Les actes doivent être transcrits sur des registres cotés et parafés. Droits proportionnels de rédaction, en cas de folle enchère ; restitution du droit proportionnel en cas d'annulation d'une adjudication, p. 223, note, art. 2, 3, 4. — Les nomenclatures d'actes sujets aux droits de rédaction contenues dans les lois des 21 ventôse et 27 prairial an 7 et dans le décret du 12 juillet ne sont point limitatives ni restrictives ; tous les actes faits ou passés au greffe sont soumis à ces droits, p. 223, note, n° 3.—Quelques nombreuses que soient les dispositions, il n'est dû qu'un droit de rédaction, *eod.,* note 4.—La publication du cahier des charges en l'audience n'est point un acte de greffe, *eod.,* n° 5.—Sont soumis aux droits de rédaction les certificats délivrés en brevet, p. 224, note n° 6.— N'y sont pas soumis les actes que le greffier écrit sous la dictée du juge, sauf les enquêtes et les interrogatoires, *eod.,* n° 7. —Non plus que la transcription des commissions délivrées aux fonctionnaires et officiers publics, *eod.,* n° 8.— Le dépôt de plusieurs actes pour la publication donne lieu à autant de droits qu'il y en a, *eod.,* n° 9.— S'il y a plusieurs commands pour un seul lot, il n'est dû qu'un droit. — Mais, quand il y a un command par chaque lot, il est dû autant de droits, *eod.,* n°10.—Les dépots de dessins de fabrique sont exempts de droits, *eod.,* n° 11. —Dans les enquêtes sommaires, il n'est dû que 50 centimes par témoin, *eod.,* n° 13.— Le dépôt des registres de l'état civil n'est sujet à aucun droit, *eod.* 14.—Ainsi que des ordonnances de taxe, *eod.,* n° 15.—Le dépôt des répertoires des signature et parafe des notaires est sujet au droit, *eod.,* n°s 16 et 18. V. *Expédition, Registre, Enregistrement.*— Obligations des greffiers, leur traitement et leurs remises, p. 226 et 227.—Les remises des greffiers ne se calculent pas sur les décimes de subvention de guerre, p 227 et 231. —Tarif des greffiers, décret du 24 mai 1854. Observations générales.—Ce décret laisse subsister les lois et règlements antérieurs ; il les complète et ne les modifie pas, p. 228-231.—Des émoluments des greffiers des tribunaux civils de première instance. — Pour dépôt, extraits, actes, bordereaux de collocation, dépôt de testament olographe, transport, communications, déclarations, recherches, insertions, visas, bulletins de remise, répertoires, timbre, p. 228 et 229.—Emoluments des greffiers des tribunaux civils qui exercent la juridiction commerciale, p. 230.—Ceux des greffiers des Cours impériales, *eod.*, art. 6 et 7. — Les greffiers n'ont droit à aucun émolument pour les minutes des arrêts, jugements, ordonnances et autres actes reçus ou dressés par les magistrats, pour les simples formalités qui n'exigent que de simples mentions. — Ils doivent inscrire au bas des expéditions le détail de leurs déboursés et des autres droits. — Emoluments de leurs états. — Nombre de lignes et de syllabes qu'ils doivent mettre sur chaque espèce de papapier timbré, p. 230, art. 8 à 10.—Prompte expédition, p. 231.—La mise au rôle est-elle un acte de greffe donnant droit à la perception d'un droit d'acte au profit des greffiers? p. 231, n° 3, et suivantes. — Les greffiers des Cours d'appel sont constitués dans un état d'infériorité financière relativement aux autres greffiers, p. 233, note 2.—Droits des greffiers dans les ventes judiciaires d'immeubles, p. 235, § 3.—Dans les expropriations pour cause d'utilité publique, *eod.*, § 4.—De leurs indemnités de transport, p. 236, et de celles du magistrat directeur du jury, *eod.* — Emoluments des greffiers dans les ventes publiques de meubles. p. 236, § 4. — Peuvent-ils procéder aux ventes de fruits pendants par racines? p. 237. (*Greffiers des tribunaux de commerce.*)— Leurs droits. Observations générales, p. 237.—Ordonnances du 9 octobre 1825, p. 238. — Décret du 6 janvier 1814, *eod.*, note 1.—Droits pour les jugements, *eod.*, n° 1.—Pour les procès-verbaux. — Pour les actes spéciaux des tribunaux de commerce des villes maritimes, p. 239.—Arrêté du 8 avril 1848, *eod.*, note 1.—Des formalités diverses, des obligations de ces greffiers, p. 240.—Registre dont la tenue est tombée en désuétude, p. 240, note 1. —L'ordonnance du 9 octobre 1825, à peine rendue, souleva des difficultés d'interprétation et d'application. Décisions du conseil d'Etat.—1° Est-il dû une rétribution au greffier, à raison des jugements définitifs non expédiés? 2° Que doit-on entendre par jugement expédié? 3° Lorsque le jugement est en partie contradictoire et en partie par défaut, quelle est la rétribution? 4° Quelle est-elle quand il est en partie définitif et en partie interlocutoire? 5° Les jugements de déclaration de faillite sont-ils dans la classe des jugements contradictoires? 6° Les jugements de nomination de syndics sont-ils des jugements contradictoires? 7° Toutes les sommes que perçoivent les greffiers doivent-elles être portées sur le registre? 8° Les états des greffiers peuvent-ils être dressés sur pier non timbré? p. 241 et 242.—Droits et émoluments des greffiers des tribunaux de commerce pour les actes qu'ils font dans les faillites.—Tarif en usage dans quelques tribunaux de cette juridiction, p. 243 et 244. — Utilité de refondre ces tarifs, p. 244. V. *Exécutoire.*

GROSSE.—V. *Défenses, Inventaire, Caution, Garant.*—Motifs du maintien des défenses et requêtes grossoyées, p. 64.—Elles doivent contenir 25 lignes à la page et 12 syllabes à la ligne, p. 94, art. 72. — Les avoués sont-ils obligés de faire leurs grosses sur du papier timbré, appelé papier à expédition? p. 97. — Ont-ils droit à l'évaluation des rôles alors même qu'ils n'ont pas fait de grosse? *eod.*, V. *Expédition.*

H

HÉRITIERS bénéficiaires.—(Huissiers.) Droits de la sommation à l'héritier bénéficiaire de donner caution, p. 26, § 69, V. *Héritier.*

HÉRITIER.—(Avoués.) Droits de la vacation pour assister, au greffe, l'héritier qui renonce à la succession ou qui l'accepte sous bénéfice d'inventaire, p. 121, § 48.

HONORAIRES.—V. *Avocats, Avoués, Notaires.*

HUISSIERS (de justice de paix).—Observations générales, p. 12. —(*Ordinaires.*) Observations générales, p. 16. — Audienciers, p. 15. — Ne peuvent prendre de plus forts droits que ceux qui sont fixés par le tarif, p. 46 et 55.—(*Audienciers.*) Droits des appels de cause sur le rôle, et lors de tout jugement, sauf ceux préparatoires et de remises, p. 155, art. 152. — Des significations de toutes espèces d'avoué à avoué. A *l'ordinaire,* *eod.*, art.156.—A *l'extraordinaire*, *eod.*, § 2.— Les huissiers audienciers, pour les autres significations qu'ils font, ne peuvent exiger que les droits des autres huissiers, et sont obligés de se conformer aux obligations imposées à ceux-ci, p. 156. § 4. V. *Transport.*—Leurs droits en appel, pour l'appel des causes et les significations d'avoué à avoué, p. 156, art. 157 et 158. — Le droit d'appel de cause est-il dû aux huissiers dans les jugements sur requête? p. 156, n° 1. — Dans les actes d'avoué à avoué, est-il dû à l'huissier un supplément d'honoraires pour chaque copie? *eod.*, n° 2.—Il y a autant de significations que de copies données, *eod.* — Les huissiers audienciers sont-ils obligés, dans les actes d'avoué à avoué, d'énoncer le coût des copies et des droits des avoués?

p. 157, n° 3, V. *Saisie immobilière, Partages*. — Ils ont un droit de 25 centimes par chaque mise au rôle, p. 249, § 6.—Ce droit est bien faible. — Usage à la Cour de Poitiers d'accorder 6 fr. par inscription, *eod.*, note 5.

I

IMPRESSION. — Il n'est passé aucun frais d'impression des requêtes et défenses même autorisées, p. 94.—Mais il n'en faut pas conclure que l'avoué n'a pas de recours contre sa partie pour les déboursés qu'il a faits à cet égard, p. 97.

INCOMPÉTENCE. — Les dépens faits sur appel pour incompétence doivent-ils être taxés comme en matière sommaire ? p. 77, n° 6.

INDIGENT. — V. *Assistance judiciaire*.

INDEMNITÉ.—V. *Transport, Voyage*.

INSCRIPTION de faux.—V. *Faux*.

INSTRUCTION (par écrit). — Droits de l'acte de déclaration de production par le demandeur.—Par le défendeur.—De signification de l'ordonnance du président qui nomme un autre rapport en cas d'impossibilité. — D'une sommation d'être présent au retrait de pièces après jugements sur délibéré ou instruction par écrit, p. 89. — Droits de l'acte de production nouvelle en instruction par écrit contenant l'état des pièces, p. 90, art. 74.— Des requêtes de défense et réponses, p. 92, §§ 2, 3, 4, de l'art. 73.— Déclaration du nombre de rôles, *eod.*, 92, art. 74.—Droits de la requête pour faire nommer un autre rapporteur, p. 404, art. 76. V. *Qualités*.—De la vacation pour prendre en communication les pièces nouvelles produites, p. 449, § 5.—Pour prendre le certificat du greffier, constatant que la partie adverse n'a pas produit dans les délais, *eod.*, § 6.—Pour requérir le greffier de remettre les pièces au rapporteur, *eod.*, § 7. — Pour produire au greffe, p. 420, § 2 —Pour prendre au greffe communication de la production, *eod.*, § 3.—Pour remettre les pièces au greffe, *eod.*, § 4.

INTERDICTION (demande en). — (Avoués.) Droits de la requête contenant demande en interdiction, p. 404, § 5.—Des vacations pour assister au conseil de famille qui suit la demande en interdiction. — Pour faire l'extrait du jugement qui prononce une interdiction ou une nomination de conseil, le faire insérer aux tableaux indiqués par la loi, p. 422, §§ 32 à 34. V. *Conseil de famille*. — Décisions du tribunal de Niort, p. 294, art. 87 à 89.

INTERVENTION. — Droits de la requête d'avoué en intervention, et de la réponse, p. 93, §§ 47 et 48.

INTERROGATOIRE (sur faits et articles). — (Avoués). Droits de la signification de l'interrogatoire sur faits et articles, p. 90. — (Huissiers). Droits de la signification de la requête et ordonnance pour subir interrogatoire, p. 23, § 40. — (Avoués.) Droits de la requête pour avoir permission de faire interroger sur faits et articles, p. 404, art. 79.— Elle n'est pas signifiée, *eod.*, § 2.—Décisions du tribunal de Niort, p. 292, art. 94 et 92.

INVENTAIRE. — Droits de la requête d'avoué pour obtenir délai pour délibérer et faire inventaire, et de la réponse, p. 93, § 9.

J

JOURNÉE de travail (prix de la).—Comment doit-être fixé? p. 44.

JOURNÉES de campagne.—V. *Avoués*.

JUGE de paix.—Actes et vacations des juges de paix, p. 4 à 3.—Ils n'ont pas de vacations pour assister aux saisies-exécutions, p. 29.

JUGEMENTS. — Les greffiers de justice de paix n'ont aucun droit pour la rédaction des jugements et procès-verbaux, p. 6.

JUGEMENTS. — En matière sommaire, est-il dû un droit pour un jugement préparatoire rendu contradictoirement? p. 79. — Le droit d'obtention de jugement est-il dû en cette matière, pour les jugements et arrêts de défaut joint? p. 80. — Lorsqu'un jugement par défaut est devenu définitif, faute d'opposition, le droit de l'avoué éprouve-t-il une augmentation? p. 84. — L'avoué peut-il, en matière sommaire, réclamer des droits de copie pour la signification des jugements à avoués et à partie? *eod.* — Un jugement par défaut, second ou définitif, donne-t-il lieu au droit d'obtention entier, comme s'il était contradictoire ? p. 83.—Jugements de jonction.—Droits de signification à l'huissier, p. 23, § 3.—De signification de jugement à domicile, *eod.*, § 2.—De jugement par défaut, *eod.*, § 4.—De signification de jugement par défaut des tribunaux de commerce, p. 24, § 16.—De jugement à des héritiers collectivement, *eod*, § 24.—(Avoués.) Droits de la requête pour faire nommer un huissier, à l'effet de signifier un jugement par défaut à partie. p. 101, § 2.—De signification de tout jugement à avoué ou domicile par chaque rôle d'expédition, p. 116, art. 89.—Indépendamment, il est dû, pour la signification à avoué, l'émolument d'un acte d'avoué de première classe, p. 116, à la note. V. *Copie de pièces.*—Décisions du tribunal de Niort, p. 292, art. 93 à 101.

'L

LABOUREUR.—V. *Experts.*

LEGS universel. — (Avoués.) Droits de la requête pour demander l'envoi en possession d'un legs universel, p. 103, art. 78, § 12.

LICITATION.—Décisions du tribunal de Niort, p. 297, art. 102.

LIQUIDATION.—Des frais et dépens. — Règles de la liquidation des dépens, p. 261. — *En matière sommaire*, p. 262, § 1er.—Forme de l'état des dépens. — Comment il doit être taxé par le juge, précautions négligées à tort. — L'état doit-il être sur papier timbré ? — Usages de tribunaux où les états sont établis sur papier libre, p. 263. — L'avoué n'a d'autres déboursés à réclamer pour ses états, en matière sommaire, que le timbre du papier sur lequel ils sont portés, p. 264.

— *En matière ordinaire*, p. 264, §2.—Du juge qui doit faire la taxe.—De la forme de l'état de frais.—Devoirs de l'avoué.—Il ne lui est dû aucune vacation pour faire opérer la taxe.— Le montant de la taxe peut être inséré dans le dispositif du jugement ou de l'arrêt de condamnation, p. 265.—Le greffier a-t-il qualité pour délivrer seul un exécutoire de dépens ? p. 265. V. *Exécutoire.*—Le taxateur en appel peut-il exiger que les frais de première instance qui ont déjà subi la taxe soient de nouveau soumis à sa révision ? p. 266.—De l'opposition à la taxe.—Délai.—Le délai court-il pendant les vacances ? p. 267.—L'opposition à l'exécutoire peut être faite au domicile de la partie ? p. 208.—L'opposition de la partie qui a obtenu l'exécutoire n'est pas limitée à un délai.—L'opposition remet-elle en question tous les articles de l'état devant le tribunal ? p. 268. — Contre qui l'opposition doit-elle être dirigée ? *eod.*—Comment doit-il être statué sur cette opposition ? p. 269.—Le taxateur peut faire partie des juges, *eod.*—Comment le jugement doit être prononcé ; est-ce à l'audience publique ? ou à la chambre du conseil ? *eod.*—Recours.— Appel interdit, le pourvoi en cassation est ouvert, *eod.*—De la taxe des frais auxquels peuvent donner lieu la liquidation des dépens et les oppositions, p 270, § 4.—Ces frais sont-ils les mêmes, soit en première instance, soit en appel ? *eod.* — Application du tarif, p. 271 et 272.—En appel, les droits diffèrent selon que l'affaire vient du tribunal qui siège au chef-lieu de la Cour, ou des autres tribunaux du ressort, *eod.* V. *Sommation, Opposition, Assistance, Qualités, Assistance judiciaire.*

M

MARI. — V. *Autorisation.*

MATIÈRE sommaire. — Ce qu'on doit entendre par *matière sommaire*, p, 56. — Arrêt de règlement de la Cour de Grenoble, sur la définition des matières sommaires et ordinaires, p. 57. — Circulaire du ministre de la justice du 24 octobre 1820, pour engager les tribunaux à décider, en jugeant, s'ils prononcent comme en matière sommaire ou comme en matière ordinaire, p.58.—Une mesure analogue s'exécute à la Cour de Poitiers, p. 59.—Les dépens. en demandant, sont les mêmes qu'en défendant, p. 60.—Droit d'obtention d'un jugement par défaut, quand la demande n'excède pas 1,000 fr., quand elle excède 1,000 fr. jusqu'à 5,000 fr., quand elle excède 5,000 fr., p. 60.—*Idem* d'obtention d'un jugement contradictoire ou définitif, dans les trois cas ci-dessus, p. 61, et quand la valeur est indéterminée, *eod.* — Droit d'obtention des jugements qui ordonnent une enquête, une visite ou une estimation d'experts, *eod.* — Des copies des procès-verbaux d'enquêtes et d'expertise, *eod.* — Droits, quand il y a plus de deux parties en cause ayant des intérêts contraires, *eod.* — Le droit de port de pièces et de correspondance

peut-il être exigé en matière sommaire, p. 64 à 73. V. *Voyage, Requête, Incompétence.*
— L'avoué qui a fait une instruction en matière sommaire peut-il en réclamer les droits
à sa partie? p. 77, n° 7. V. *Conclusions, Jugement.* — La convention par laquelle les
parties auraient consenti à ce qu'une affaire sommaire fût considérée comme ordinaire
ne lie pas le taxateur, p. 83. V. *Désistement.* — Enumération des droits qui ne peuvent
être perçus en matière sommaire, p 84, n° 19. — Décisions du tribunal de Niort fixant
les droits qu'il accorde aux avoués en matière sommaire, p. 284 et suiv., art. de 1 à 22.
V. *Exécution provisoire, Référé, Expert.* — Les incidents des ventes judiciaires d'immeubles se taxent comme en matière sommaire, p. 209, § 5, et 215. — A moins qu'il
ne s'élève une contestation d'une nature ordinaire et qui n'ait pas le caractère d'un incident, p. 245, art. 17, § 2.

MATIÈRES criminelles.—De la taxe des avoués en matière criminelle, p. 145, n° 11.
— Ont-ils droit à des émoluments, pour l'assistance qu'ils prêtent aux parties? Comment ces émoluments doivent-ils être taxés? p. 146, §§ 1 et 2. — Par qui doivent-ils
être payés? est-ce par la partie condamnée? p. 148, § 3. — Le ministère des avoués
est-il indispensable lorsque des particuliers concluent contre l'Etat, représenté par des
administrations publiques? Les frais des avoués peuvent-ils entrer en taxe, quand ils
obtiennent leurs dépens contre le Trésor public? p. 150, 1re division. — Doit-il y avoir
une différence quand il s'agit de demandes entre particuliers? p. 151, 2e division. —
En matière criminelle, l'emploi des avoués est facultatif pour les parties, p. 152 et 153.
— Leurs émoluments doivent être taxés comme en matière sommaire ; ils doivent rester
à la charge des parties qui ont fait défendre leurs intérêts par avoués, mais les tribunaux ont la faculté d'accorder ces frais à titre de dommages et intérêts, p. 155. — Mais
le tarif de 1807 ne s'applique qu'aux frais d'avoués, et non pas à ceux des huissiers,
témoins, experts et autres, *eod.*, à la note.

MATIERE ordinaire. — P. 85 à 141.

MÉMOIRES de frais. — V. *Liquidation, Officiers ministériels.*

MINEURS. — V. *Ventes de biens de mineurs.*

MINISTÈRE PUBLIC. — V. *Communications, Assistance (droits d').*

MISE AU RÔLE. — (*Avoués.*) Il n'est rien dû en matière sommaire, p. 84. — En
matière ordinaire. — Emoluments de la vacation pour la mise au rôle, p 119, art. 90.
— Est-il dû une vacation à ceux des avoués qui n'ont pas mis la cause au rôle, pour
vérifier si cette mise au rôle a eu lieu par leurs confrères? p. 123, n° 1.—Lorsqu'une
cause qui était sommaire, dans le principe, et qui a été mise au rôle en cette qualité,
change de nature par suite d'incidents, est-il dû une vacation pour la mise au rôle?
p. 124, n° 2. — Est-il dû une vacation pour la mise au rôle des causes en référé? *eod.*,
n° 3. — Ce que c'est que le droit de mise au rôle, p. 218. — Dans les Cours d'appel,—
dans les tribunaux civils de 1re instance, en matière ordinaire, en matière sommaire,
pour les appels des jugements de justice de paix, — dans les tribunaux de commerce,
p. 219.—Des décimes de subvention de guerre, *eod.*, note 1.— Le droit de mise au rôle
ne peut être exigé qu'une seule fois, en cas de radiation, la cause est replacée gratuitement, p. 220, §7. — Le droit de mise au rôle est perçu par le greffier, il en rend compte
tous les mois, p. 221, art. 4. — Il est augmenté de 25 cent. pour les huissiers audienciers, p. 219. § 6. — Devant les Cours d'appels il n'y a pas de différence pour la
mise au rôle, entre les affaires sommaires et celles ordinaires, *eod.*, note 3. — Il est
dû un supplément lorsque la cause, de sommaire qu'elle était au moment de la mise
au rôle, devient ordinaire avant le jugement, *eod.*, note 2. — Les affaires commerciales sont mises au rôle comme affaires sommaires dans les tribunaux civils jugeant en
matière de commerce, *eod.*, note 4. — Le greffier est responsable du droit de mise au
rôle. Amende qu'il encourt, p. 221, note 1. — Le droit de mise au rôle n'est pas dû
pour les jugements et ordonnances sur requête, *eod.*, note 2. — Il n'est pas dû pour
les causes jugées en référé, p. 223, note, art 5. — En est-il de même lorsque le président les a renvoyées au tribunal pour être jugées en état de référé? *eod.*, notes 3 et
4. — Les appels des ordonnances sur référé sont-ils dispensés du paiement du droit de
mise au rôle? *eod.*, n° 5. — En général, toutes les fois qu'une instance se rattache à
une autre instance déjà mise au rôle, il n'est pas dû un nouveau droit, p. 22, note 6.
— L'acte de mise au rôle donne-t-il lieu à la perception d'un droit d'acte au profit du
greffier? p. 234, n° 3, et suivantes.

N

NOTAIRES. — Les notaires sont autorisés à faire les prisées et ventes de meubles dans toute l'étendue de la République, décret du 17 sept. 1793, p. 6, art. 1er. Leurs droits à Paris. — Dans les départements, *eod.*, art. 3 et 4. — Ces attributions confirmées par le décret du 14 juin 1813, p. 6 et 7. — Droit des notaires en cas de transport pour déposer des pièces, dans les vérifications d'écritures. — Comment ces droits de transport doivent-ils être calculés ? — Ils sont très-considérables, et en dehors de ceux accordés à tous les autres officiers ministériels, p. 150, à la note. — Tarifs des notaires, p 162 à 188. — Importance de leurs fonctions. — Nécessité de les rétribuer par des honoraires convenables. — Difficultés de la matière, p. 162. — Proposition de M. Rouher pour l'établissement d'un tarif. — Historique de la question. — Projet de la Cour de cassation, en 10 articles. — Projets des délégués du notariat, en 14 articles, reproduits, en majeure partie, par celui de la Cour de cassation, p. 163 et suivantes. — L'art. 54 de la loi du 25 vent. an 11, qui autorise les notaires à faire des règlements amiables pour la fixation de leurs honoraires, a-t-il été abrogé par le décret du 16 février 1807 ? p. 165. — Arrêt de la Cour de cassation du 1er déc 1841, relatif à cette question capitale, p. 166. — Distinction à faire entre les actes nominativement tarifés par le décret de 1807, et ceux qui ne le sont pas. — Valeur du règlement amiable, *eod.* — Des tarifs légaux existant ; ils sont au nombre de sept, p. 167. — Des honoraires fixés par vacations pour tous les actes indiqués par le Code Nap., et par le Code de Proc. civ., p. 168. — Aux compulsoires, — aux référés, — aux actes respectueux, — aux inventaires, — aux procès-verbaux de toute nature, — aux partages, etc., p. 168. — Il n'est rien passé pour les minutes des procès-verbaux, dans tous les cas où il est alloué des vacations, *eod.*, art. 169. — En cas de transport à plus d'un myriamètre, il est accordé aux notaires le cinquième de leurs vacations par chaque myriamètre pour l'aller, et autant pour le retour. — Quatre vacations ou une journée, à raison de cinq myriamètres, p. 168, art. 170. — Honoraires pour les actes de partages de successions, p. 169. — Remises, en cas de renvoi par les tribunaux, de vente d'immeubles par-devant notaires, *eod.*, art. 14 de l'ordonnance du 10 oct. 1841. — Honoraires des actes non spécialement taxés. — Droit des expéditions contenant 25 lignes à la page et 15 syllabes à la ligne, p. 170. — Obligation des notaires, de faire afficher dans leurs études l'extrait du jugement d'interdiction et de nomination de conseil judiciaire, p. 170. — Des actes non spécialement tarifés : ce sont les plus nombreux, p. 170, n° 1. — Un notaire peut-il exiger, pour un même acte contenant diverses dispositions, plus d'un honoraire ? p. 170, n° 2. — Usage à cet égard des notaires de Bordeaux, p. 171, à la note. — A-t-il droit à une commission pour avoir fait projeter et conclure une vente d'immeubles, qui ne s'est pas réalisée en définitive ? p. 171, n° 3. — Règlement de la Chambre des notaires de Paris, relatif à l'indemnité de transport et de nourriture, *eod.*, n° 4. — Tarif de la Chambre des notaires de Bordeaux sur le même sujet, *eod.*, note 2. — Est-il dû des vacations aux notaires pour faire enregistrer leurs actes, p. 171, n° 5. — Les droits de rôles d'expédition sont dus pour un rôle entier, pour le premier, quoiqu'il soit incomplet, *eod.*, n° 6. Mais il n'en est pas ainsi du dernier. — Droits de rôles, lorsque l'expédition est requise dans un intérêt public. — Décision ministérielle à cet égard, contestable, p. 172, n° 7. — On tolère que les notaires reçoivent des honoraires pour des causes autres que les actes de leur ministère, *eod.*, n° 8. — *Quid* des gratifications particulières ? *eod.*, n° 9. — Il n'est pas dû d'honoraire pour l'apposition du sceau, p. 173, n° 10. — *Quid* de la gratification pour le clerc ? *eod.*, n° 11. — Les notaires ont-ils une action solidaire contre toutes les parties à l'acte qu'ils ont reçu ? *eod.*, n° 12. — Partage des honoraires entre deux notaires concourant au même acte, *eod.*, n° 13. — De la taxe des droits et honoraires dus aux notaires. — A quelle autorité elle appartient, p. 173. — Du recours au juge de paix pour les débourses. — De celui au tribunal de première instance, pour le recouvrement des frais, p. 174, n°s 1 et 2. — Du recours au président du tribunal, p. 175. — De l'étendue de la compétence du président, *eod.* — Le tribunal n'est pas lié par sa décision, p. 176. — Le président ne rend pas la taxe exécutoire, *eod.* — Recours au tribunal contre la taxe du président. — Doit-il statuer à la Chambre du conseil ou en audience publique ? p. 177. Dans quel délai l'opposition est-elle recevable ? *eod.* Projet de loi de la Cour de cassation, p. 178. — Comment doit-on appliquer les tarifs aux actes des notaires ? — Deux catégories d'actes. — De la taxe, liquidation des avances. Est-il dû des intérêts de plein droit ? p. 179. — Opinion de la Cour de cassation. — *Quid*, s'il est stipulé dans l'acte que les intérêts des avances courront de plein droit ?

p. 180. — De la taxe des honoraires pour les actes spécialement tarifés, p. 180.—Pour les actes non tarifés, p. 181. — De l'influence du règlement amiable, avant l'acte, dans l'acte et après l'acte, p. 181 et 182. — Influence des tarifs des chambres de notaires.— Ils doivent être pris en considération, p. 182. — Actes qui donnent lieu à un honoraire proportionnel aux valeurs qui en font l'objet, *eod.* Usages de l'arrondissement de Bordeaux. —Du double honoraire pour les testaments, p. 183.—Frais de voyage des notaires, en matière criminelle, p. 184.—Différence de ces frais avec ceux accordés pour transport, en cas de vérification d'écriture ou d'inscription en faux civil, p. 184 et 185. — Honoraires dans les ventes judiciaires d'immeubles, p. 185. — Droits de la grosse du cahier des charges, par rôles, des remises proportionnelles sur le prix des ventes, p. 212.—Les notaires peuvent-ils exiger des honoraires pour les expéditions et extraits de l'adjudication, délivrés aux vendeurs et aux adjudicataires ? p. 212, n° 1.—Honoraires des contrats d'apprentissage, p. 185, 4ᵉ div.—Pour les ventes publiques de meubles et effets mobiliers.—Forcées.—Volontaires, p. 186.—De fruits et récoltes pendants par racines, et de coupes de bois taillis. — Pour les certificats de vie, p. 186 et 187. — Pour les protêts, p. 187. — Les notaires peuvent-ils faire des protêts sans être accompagnés de témoins, et sans l'assistance d'un notaire en second ? p. 188.

NOTIFICATION. — (*Huissiers.*) Droits de la notification aux créanciers inscrits, de l'extrait du titre du nouveau propriétaire, aux termes de l'art. 2183, C. Nap., p. 25, § 56. — (*Avoués.*) Droits de la requête pour faire commettre un huissier, qui notifie le titre du nouveau propriétaire aux créanciers inscrits, p. 102, § 17. — De la composition de l'extrait de l'acte de vente ou de donation, qui doit être dénoncé aux créanciers inscrits, p. 135, art. 443. — De chaque inscription extraite, *eod.*, § 2. — Des copies, *eod.*, § 3.

O

OBTENTION de jugement. — V. *Matières sommaires, Jugement.* — L'avoué qui a conclu contre deux ou plusieurs parties, ayant des intérêts contraires, a droit au quart en sus, qu'il soit demandeur ou défendeur, p. 83, n° 14.

OFFICIERS ministériels.—V. *Notaires, Avoués, Huissiers, Greffiers, Commissaires-Priseurs.* — Les officiers ministériels ne peuvent exiger de plus forts droits que ceux tarifés, à peine de restitution, dommages et intérêts, et d'interdiction, p. 142, § 4. — De la taxe et du recouvrement des frais par les officiers ministériels contre leurs clients, p. 273, § 5. — Compétence du tribunal d'arrondissement, dans lequel les officiers ministériels exercent leurs fonctions. — Le préalable de la conciliation n'est pas nécessaire. — Copie du mémoire doit être donnée en tête de l'assignation, p. 273. — Le mémoire doit-il être préalablement taxé ? p. 274.—La taxe lie-t-elle le tribunal ? *eod.*—L'officier ministériel peut-il reproduire devant le tribunal les articles rejetés par le taxateur ? *eod.* — Quand le tribunal a prononcé, la partie condamnée peut-elle encore demander la taxe ? *eod.*—En matière sommaire, l'avoué d'appel n'a droit, contre son client, qu'à la moitié des émoluments accordés.—Cette règle est-elle applicable aux avoués de première instance ? p. 275. V. *Exécutoire.*

OFFRES réelles. — (*Huissiers.*) Droits du procès-verbal d'offres, p. 44, art. 59. — (*Avoués*) V. *Dommages et intérêts.* Droits de la requête d'avoué pour en demander incidemment la validité ou la nullité, et de la réponse, p. 93, §§ 37 et 38. V. *Procès-verbal.*

OPPOSITION. — (*Greffiers de justice de paix.*) Opposition aux scellés sur le procès-verbal, p. 6. — (*Avoués.*) Droits de la signification à avoués d'un acte contenant opposition formée sur le débiteur saisi entre les mains d'un tiers saisi, p. 89. — Opposition aux jugements par défaut. — Droits des requêtes d'opposition, p. 92, art. 75.—A l'ordonnance portant contrainte de remettre les pièces communiquées, et de la réponse, p. 93, §§ 13 et 14. — Droits de l'huissier pour l'opposition aux jugements par défaut des juges de paix, p. 13, § 4.—Droits des actes d'opposition aux jugements par défaut des tribunaux civils dus aux huissiers, p. 13, § 5. — *Idem* d'opposition aux jugements des tribunaux de commerce, p. 24, § 17. — De la signification de jugements contradictoires, *eod.*, § 18. —(*Avoués.*) Droits de la vacation pour faire la mention sur le registre tenu au greffe de l'opposition au jugement par défaut, ou de l'appel de tout jugement, quand il y a des dispositions concernant les tiers, p. 120, § 10.

OPPOSITION à taxe. — Droit de l'original et des copies de l'acte d'opposition à taxe, p. 272, § 6. V. *Liquidation des dépens.*

ORDRE. — (*Huissiers.*) Droits de la sommation aux créanciers inscrits de produire, p. 25, § 50. — (*Avoués.*) Droits de la vacation pour requérir la nomination d'un juge-commissaire, p. 130, art. 130. — Il n'est pas dû de vacation pour comparaître devant le président pour faire décider, en cas de concurrence, quel sera celui des avoués qui sera admis à faire la réquisition, *eod.* § 2. — De la requête au juge-commissaire pour sommer les créanciers inscrits de produire à l'ordre, *eod.* art. 131. — De la vacation pour se faire délivrer par le conservateur des hypothèques l'extrait des inscriptions, p. 131. § 2. — De la sommation aux avoués des créanciers de produire dans le mois. *eod.*, art. 132. — De la dénonciation, par acte d'avoué à avoué, aux créanciers produisants et à la partie saisie, de la confection de l'état de collocation, avec sommation d'en prendre communication et de contredire, *eod.*, art. 134. — De la vacation pour prendre communication et contredire, *eod.*, art. 135. — De la demi-vacation accordée à l'avoué poursuivant par chaque production, *eod.*, § 2. — De la dénonciation aux créanciers inscrits et à la partie saisie, des productions faites après les délais, avec sommation d'en prendre communication et de contredire, *eod.*, art. 136. — De la vacation pour faire rayer une ou plusieurs inscriptions des créanciers non colloqués, p. 132, art. 137. — De celle pour requérir et se faire délivrer le bordereau de collocation, *eod.*, § 2. — L'expédition entière du procès-verbal d'ordre ne doit pas être délivrée, *eod. Nota.* — Droits de la requête pour obtenir la subrogation à la poursuite de l'ordre, *eod.*, art. 138. — De la vacation pour la faire insérer au procès-verbal du juge-commissaire, *eod.*, art. 139. — De la signification de cette requête au poursuivant par acte d'avoué. — De la réponse, *eod.*, §§ 2 et 3. — Est-il dû une vacation à l'avoué poursuivant pour déposer aux mains du commissaire à l'ordre l'extrait des inscriptions? p. 133, n° 2. — Faut-il faire sommation à l'adjudicataire d'intervenir dans l'ordre? *eod.*, n° 4. — Est-il dû à l'avoué du créancier poursuivant une vacation pour requérir la clôture de l'ordre? *eod.*, n° 5. — La vacation de l'article 135, § 1, doit être accordée lors même qu'il n'y a pas contredit, *eod.* n° 6. — Peut-il en être accordé autant que l'avoué a de parties ayant fait des productions distinctes? *eod.*, n° 7. — Les avoués peuvent faire des dires en réplique, p. 134, n° 8. — Les créanciers non colloqués doivent-ils supporter les frais de leur mise à l'ordre? *eod.*, n° 9. — Peut-on, dans les contestations portées à l'audience, signifier des requêtes, mémoires et conclusions? *eod.*, n° 10. — V. *Avocats.* — Les droits de consultations et de ports de pièces sont-ils dus en matière d'ordre? *eod.*, n° 12. — La signification à avoué du jugement d'ordre doit-elle être faite en autant de copies que l'avoué représente de parties? *eod.*, n° 13. — V. *Assistance.* — Décisions du tribunal de Niort, p. 293, art. 107 à 122.

P

PARTAGES. — Droits de la signification à avoué de l'acte de sommation aux avoués des copartageants, de se trouver, soit devant le juge-commissaire, soit devant le notaire, pour procéder aux opérations du partage, p. 90, § 38. — (*Huissiers.*) Droits de la sommation aux copartageants de comparaître devant le juge-commissaire. — D'assister à la clôture du procès-verbal de partage chez le notaire, p. 26, §§ 67 et 68. — (*Avoués.*) Droits de la requête au juge commis pour citer les autres parties devant lui, p. 102, § 19. — De la vacation pour faire viser par le greffier la demande en partage, p. 120, § 15. — De celles aux opérations des partages, soit devant le juge-commissaire, soit devant le notaire, par 3 heures, p. 122, §§ 37 et 38. — (*Huissiers.*) Droits de la demande en partage, p. 197, § 18. — (*Avoués.*) Droits de la requête à fin de remplacement du juge ou notaire commis — De la vacation à prendre communication du procès-verbal d'expertise, p. 205, art. 10, §§ 1 et 2. — De l'acte de conclusions pour demander l'entérinement du rapport. — Des soins et démarches pour la fixation de la mise à prix dans le cas où l'expertise n'a pas lieu. — De la sommation de prendre communication du cahier des charges. — De la vacation à prendre communication. — De l'acte de conclusions pour être autorisé à vendre au-dessous de la mise à prix, p. 206. — Décisions du tribunal de Niort, p. 294, art. 123 et 124.

PÉREMPTION D'INSTANCE. — Droits de la requête d'avoué en péremption d'instance, et de la réponse, p. 93, §§ 25 et 26. — V. *Port de pièces.* — Décisions du tribunal de Niort, p. 294, art. 125.

PLACARDS. — Rédaction de l'original des placards qui doivent être affichés dans les saisies-exécutions, p. 34. — Manuscrits, *eod.* — Imprimés, *eod.* — Original de l'exploit pour constater l'apposition, *eod.* — V. *Saisie immobilière, Timbre.* — Décisions du tribunal de Niort, p. 294, art. 126 à 128.

PLACETS. — L'usage des placets pour l'appel des causes est interdit ; elles ne peuvent être appelées que sur le rôle, p. 220, § 8.

PLAIDOIRIE. — V. *Avocats, Avoués.*

POSE de qualités. — V. *Assistance* (Droits d').

PORT DE PIÈCES ET DE CORRESPONDANCE (Frais de). — Ce droit est dû aux avoués, quand les parties sont domiciliées hors de l'arrondissement du tribunal. — Sa fixation, p. 136, art. 145. — Peut-il être exigé en matière sommaire ? p. 63 à 73. — Dans les distributions par contribution, p. 129, n° 2. — V. *Ordre, Saisie immobilière.* — La purge des hypothèques et privilèges donne-t-elle lieu au droit de port de pièces et de correspondance, p. 139, n° 6. — Décisions du tribunal de Niort, p. 295, art. 129 à 132. — Est-il dû à l'avoué autant de droits de correspondance qu'il a de parties ayant des intérêts distincts ? p. 144, n° 12. — Ce droit n'est pas dû en matière de ventes judiciaires d'immeubles, p. 210, n° 1. — Décisions du tribunal de Niort, p. 290, art. 75 à 77.

PORTE-CHAINE. — V. *Experts.*

POUVOIR discrétionnaire du président du tribunal. — V. *Notaires.*

PRISE A PARTIE. — (*Avoués.*) Droits de la requête d'avoué pour la défense du juge pris à partie, et de la réponse, p. 93, §§ 31 et 32. — (*Huissiers*). Droits de la signification du jugement qui admet la prise à partie, p. 21, § 23. — (*Avoués.*) Droits de la requête en prise à partie, quand il n'y a d'autres parties que le demandeur, p. 141, art. 150.

PROCÈS-VERBAL. — (*Greffiers de justice de paix.*) De non-conciliation, expédition, p. 4. — (*Huissiers.*) De saisie-exécution, p. 28 — De récollement des effets saisis, p. 30. — Ne doit contenir aucun détail, sinon des objets manquants ou omis, *eod.* — De récollement qui précède la vente, p. 31. Il n'en est pas donné de copie, *eod.* — De saisie-brandon, p. 31. — D'emprisonnement pour dettes par les huissiers et les gardes du commerce, p. 38. — De perquisition, *eod.* — D'offres, p. 41. — De consignation de la somme offerte, p. 42. — De saisie-gagerie et revendication, *eod.* — V. *Enquêtes.* — 2ᵉ Procès-verbal d'offres contenant le refus ou l'acceptation du créancier, p. 41. — De consignation de la somme ou de la chose offerte, p. 42. — De saisie-gagerie, de saisie des effets d'un débiteur forain, p. 42. — De saisie-revendication, *eod.* — De réitération de la cession par un débiteur failli. — D'extraction de la prison d'un débiteur failli, p. 42. — V. *d'Enquête, Visite, Offres réelles, Expert, Matière sommaire, Notaires.*

PROCURATION. — Droit de rédaction accordé aux huissiers du pouvoir spécial pour l'exercice de la contrainte par corps, p. 38. — Décisions du tribunal de Niort, p. 295, art. 133.

PROTET. — Tarif des actes de protêt, p. 42 à 45. — Ils sont dressés sans assistance de témoins, p. 45. — Le décret du Gouvernement provisoire du 23 mars 1848 est toujours resté en vigueur, p. 45. — Les droits qu'il alloue doivent être passés à tous les officiers ministériels ayant le droit de faire les protêts, p. 45, n° 3 (à la note.) — Ces droits sont variables selon les lieux, p. 46, *eod.* — V. *Notaires.*

PURGE des hypothèques et privilèges. — V. *Port de pièces.* — Décisions du tribunal de Niort, p. 295, art. 134.

Q

QUALITES. — Des jugements, en matière sommaire, droits, p. 62. — Comment ce droit doit être fixé, quand il y a en cause plus de deux parties ayant des intérêts contraires, p. 62. — Usage de la Cour de Bordeaux, *eod.* — L'avoué peut-il réclamer des frais de copies pour la signification des qualités à avoué ou à partie ? p. 81. — Les droits de qualités, en matière sommaire, s'appliquent-ils à celles des jugements préparatoires ? p. 84. — Droits de la sommation d'avoué à avoué pour être réglé sur une opposition aux qualités, p. 89. — Il n'est rien dû à l'avoué pour l'opposition aux qualités, en matière sommaire, ni pour l'avenir en réglement, ni pour la comparution devant le président pour y procéder, p. 85. — Droits en matière ordinaire, pour l'original des qualités d'un jugement ou d'un arrêt par défaut, p. 116, art. 84. — Pour celles d'un jugement contradictoire, *eod.*, § 2. — Pour celles d'un jugement en instruction par écrit, *eod.* § 3. — Pour chaque copie, *eod.*, art. 88. — Doit-il être dressé des qualités des jugements, profit joint ? p. 117. — Ces qualités doivent-elles être signifiées aux parties qui ont figuré au jugement de défaut, profit joint ? p. 118, n° 2. — Les qualités des jugements et arrêts peuvent-elles être réduites par les taxateurs ? p. 119, n° 4. — De la vacation pour former opposition aux qualités, quand il y a eu réformation, p. 119, § 8. — Pour faire régler les qualités sur opposition, p. 120, § 9. — Pour les qualités et signification à avoué du jugement qui intervient sur opposition à taxe, p. 272, §§ 8 et 9.—Décisions du tribunal de Niort, p. 295, art. 135 à 137.

R

RAPPORT. — V. *Experts.*

RAPPORTEUR. — V. *Instruction par écrit.*

RÉCEPTION de caution. — V. *Caution.*

RECOMMANDATION d'un débiteur emprisonné. — Acte sans assistance de recors, p. 38. — V. *Contrainte par corps, Emprisonnement, Gardes du commerce.*

RECORS. — V. *Emprisonnement, Contrainte par corps.* — Décisions du tribunal de Niort, p. 295, art. 138.

RECTIFICATION. — V. *Actes de l'état civil.*

RECUSATION. — Droits de la signification de l'arrêt qui rejette une récusation ou du certificat du greffier de la Cour d'appel, que l'appel n'est pas juge, p. 90.—De l'acte contenant les moyens de récusation contre les experts, et réponses, p. 91, §§ 10 et 11. — (*Huissiers.*) Droits de l'exploit de récusation d'un juge de paix, p. 27.—(*Avoués.*) Droits de la vacation pour former au greffe l'acte contenant les moyens de récusation, p. 121, art. 92, § 15. — Pour interjeter au greffe l'appel du jugement qui aura rejeté la récusation, *eod.*, § 5. — V. *Experts.* — Décisions du tribunal de Niort, p. 295, art. 139 à 141.

RÉFÉRÉ. — (*Huissiers.*) Droits de l'assignation en référé, p. 25, § 51.—De la signification d'une ordonnance sur référé, *eod.*, § 52. — (*Avoués.*) Droits de la requête à fin de permission d'assigner extraordinairement en cas d'urgence, p. 102, § 44. — Des vacations en référé contradictoire. — Par défaut, p. 123, § 1er et 2.—Les frais faits sur appel d'ordonnance de référé, sont liquidés comme en matière sommaire,, p. 444, art. 149. V. *Saisie immobilière, Mise au rôle.*

REGISTRE. — Tous les avoués sont tenus d'avoir un registre, coté et parafé, pour y inscrire toutes les sommes qu'ils reçoivent de leurs clients. — Ils doivent le représenter quand ils en sont requis, à peine d'être déclarés non recevables dans leurs demandes, p. 142, art. 151. — L'avoué qui a obtenu une distraction de dépens est-il obligé d'inscrire sur son registre les sommes qu'il a reçues de la partie adverse ? p. 142, observ. n° 1. — Est-il dû un émolument à l'avoué pour l'inscription sur son registre des sommes qu'il reçoit ? p. 143, n° 3. — La partie contre laquelle une distraction de dépens a été prononcée a-t-elle droit de mander la présentation de son registre à l'avoué qui l'a obtenue ? *eod.*, n° 2.—L'avoué est-il tenu d'inscrire ce qu'il reçoit de tous ses mandants, par exemple, en matières d'affaire de commerce ? *eod.*, n° 4. V. *Greffiers.* — Les greffiers des tribunaux de commerce et civils doivent avoir un registre, sur lequel ils inscrivent jour par jour leurs actes et leurs expéditions qu'ils délivrent, p. 226, art. 13.

RÈGLEMENT amiable. — V. *Notaires.*

RÈGLEMENT de juges. — (*Huissiers*) Droits de la signification du jugement portant permiss ou d'assigner en règlement de juges, p. 23, § 43. — (*Avoués.*) Droits de la requête à fin d'obtenir l'autorisation d'assigner en règlement de juges, p. 103, art. 78.

RÈGLEMENT judiciaire (en matière de taxe). — Arrêt de règlement de la Cour de Grenoble du 20 mai 1817, sur différents points controversés en matière sommaire et ordinaire, p. 57. — Autre arrêt de même nature de la Cour de Limoges, p. 58. — Arrêt de la Cour de Douai du 26 janv. 1843, qui décide que les avoués peuvent réclamer ce droit de correspondance, en matière sommaire, p. 63, 64 —Arrêt contraire de la Cour de Poitiers, *eod.*—*Décision* de la commission des taxateurs près la Cour de Bordeaux, du 30 mars 1854, p. 72, *en note.* — Arrêt de règlement de la Cour de Paris, du 25 novembre 1822, en 14 art., p. 75 et 76 *en note.* — Observations du tribunal de Niort, interprétatives du tarif des frais en matière civile, 200 art., p. 284 et suiv.

REMISES de causes. — V. *Assistance, Jugement, Greffiers.*

REPRISE d'instance. — (*Avoués.*) Droits de l'acte de reprise d'instance p. 91 § 14. — De la requête d'avoué pour contester la reprise d'instance et de la réponse, p. 93, §§ 19 et 20. — (*Huissiers.*) Droits de la signification du jugement, qui ordonne la reprise d'instance, p. 23, §§ 11. — Il n'est rien dû en matière sommaire, p. 85. —Décisions du tribunal de Niort, p. 296, art. 142.

REQUÊTE civile (incidente). — Droits de la requête d'avoué et de la réponse, p. 93, §§ 29 et 30. — De la requête civile principale, p. 103, § 2. — De la consultation de trois avocats exerçant depuis 10 ans, p. 135, art. 140. — Décisions du tribunal de Niort, p. 296, art. 154.

REQUÊTES. — Pour être autorisé à assigner à bref délai, est-elle due à l'avoué en matière sommaire? p. 76. V. *Défense*. — (*D'avoué*.) Droits de la requête en nullité de jugement ou de la demande, et réponse, p. 93, §§ 7 et 8. V. *Grosse*. — Les requêtes qui, en appel, ne contiendraient que la répétition des moyens de première instance, celles qui contiendraient de longues citations, des copies de pièces textuelles ou analysées doivent-elles être admises en taxe? p. 95. — En cas d'opposition doit-on, en général, s'en rapporter à l'appréciation du taxateur pour la fixation du nombre de syllabes, ou des lignes en moins dans les rôles? p. 96 — Requêtes qui ne peuvent être grossoyées, p. 101 à 104, § 21. — Les vacations pour demander l'ordonnance du président du tribunal ou du juge-commissaire, et se la faire délivrer sont en général comprises dans la taxe de la requête, p. 102, § 22, p. 103, §§ 17 et 18, et p. 104, § 19, et § 6 de l'art. 79. — Décisions du tribunal de Niort, p. 296, art. 143 à 153. — Les requêtes autorisées par les lois, mais non comprises dans les tarifs (il y en a beaucoup) doivent être taxées, comme celles tarifées avec lesquelles elles ont le plus d'analogie, p. 104, n° 4. V. *Rôles*, et presque *tous les mots de cette table.*

ROLE. — V. *Mise au rôle.*

ROLES. — (*Greffiers de justice de paix.*) Leurs droits, p. 4. — (*Huissiers.*) Taxe des rôles de copie, p 17. — (*Avoués.*) Les rôles d'avoués doivent contenir 25 lignes à la page, 12 syllabes à la ligne, p. 91. — Hors le cas où le tarif fixe le nombre de rôles des requêtes. les réponses ne sont pas astreintes à n'en avoir que le même nombre, p. 98. V. *Expédition, Greffiers, Huissiers, Notaires, Commissaires-priseurs, Grosses, Requêtes.*

S

SAISIE-ARRÊT. — (*Avoués.*) Droits de la signification à avoué, contenant dénonciation d'opposition sur le débiteur entre les mains du tiers-saisi, p. 90. — De l'état détaillé des effets mobiliers saisis et arrêtés entre les mains du tiers-saisi, *eod.* V. *Tiers-saisi.* — (*Huissiers.*) Droits de l'exploit de saisie-arrêt, p. 24, § 26. — De la dénonciation au saisi de la saisie-arrêt, *eod.*, § 27. — De la dénonciation au tiers-saisi de la demande en validité, *eod.*, § 28. — De l'assignation au tiers-saisi pour faire sa déclaration, *eod.*, § 29. — (*Avoués.*) Droits de la requête, pour obtenir permission de saisir-arrêter quand il n'y a pas de titre, p. 102, art. 77, § 2. — De celle pour saisir et arrêter la portion que le juge déterminera, dans les sommes ou pensions données ou léguées pour aliments, etc., p. 102, art. 77, § 3. — Droits de la vacation pour faire au greffe la déclaration affirmative, p. 122, § 26. V. *Certificat.* — Décisions du tribunal de Niort, p. 297, art. 455 à 457.

SAISIE-BRANDON. — Procès-verbal; vacations, p. 34. — Frais de garde au garde champêtre, à tout autre, *eod.* — Droits du commandement qui doit précéder la saisie-brandon, p. 25, § 37. — De la dénonciation de la saisie-brandon au garde champêtre, *eod.*, § 38. — Décisions du tribunal de Niort, p. 297, art. 459.

SAISIES-EXÉCUTIONS. — (*Huissiers.*) Droits du commandement qui doit précéder la saisie-exécution, p. 24, § 30. — De la notification du procès-verbal de saisie, *eod.*, § 31. — De l'assignation en référé à la requête du gardien qui demande sa décharge, *eod.*, § 32. — Du procès-verbal de saisie-exécution, p. 28, art. 34. — De la sommation de la partie saisie pour être présente au récollement, *eod.*, § 32. — V. *Procès-verbal.* — D'une opposition à la vente à la requête de qui se prétend propriétaire, entre les mains du saisi, *eod.*, § 33 — De dénonciation de cette opposition au saisissant et au saisi, avec assignation, *eod.*, § 33. — D'une opposition sur le prix de la vente, *eod.* § 34. — D'une sommation au premier saisissant de faire vendre, *eod.*, § 35. — A la partie saisie pour être présente à la vente, *eod.*, § 36. — Du procès-verbal de récollement des effets saisis, p. 30, art. 35 et 36, et p. 31, art. 37. — Droits de l'expédition du procès-verbal de vente, p. 33, art. 44, § 4. — (*Avoués.*) Droits de la requête à fin de permission de vendre les meubles saisis, dans un autre lieu que celui indiqué par la loi, p. 104, § 12.

SAISIE foraine. — (*Avoués.*) Droits de la requête en autorisation de saisir les effets d'un débiteur forain, trouvés en la commune qu'habite le créancier, p. 102, § 16.

SAISIE-GAGERIE. — (*Huissiers.*) Droits du procès-verbal, p. 42, art. 64. — (*Avoués.*)

21.

Droits de la requête en autorisation de saisir-gager, à l'instant, les meubles et effets garnissant les maisons et fermes, p. 102, § 15.

SAISIE du fond d'une vente. — Exploit, p. 34. — Droits du commandement, p. 25, § 39. — De la dénonciation à la partie saisie de l'exploit de saisie, *cod*., § 40.

SAISIE immobilière. — En ce qui concerne le tarif des actes de poursuite, les dispositions du décret du 16 février 1807, depuis l'art. 102 jusqu'à l'art. 120, sont abrogées par l'art. 20 de l'ordonnance du 10 octobre 1841, p. 430. Le jugement d'adjudication ne doit plus être signifié à tous les créanciers inscrits, p. 432, n° 1. — La poursuite en expropriation forcée donne-t-elle lieu, au profit des avoués, au droit de port de pièces et de correspondance ? p. 438, n° 5. - (*Huissiers*.) Droits du commandement tendant à saisie immobilière, des copies du titre, de l'original de l'action en référé.—De la demande en nullité de bail. — De l'acte d'opposition aux mains des fermiers. — De la signification aux créanciers inscrits de la consignation.— Du prix de la vente faite après la saisie. — De la sommation de prendre communication du cahier des charges. — De la signification du jugement d'adjudication. — De la demande en résolution, en distraction des objets saisis. — De l'acte d'appel notifié au greffier et visé. — De la signification du bordereau de collocation. — Des jours et heures de l'adjudication sur folle enchère. — De la sommation au nouveau propriétaire, p. 196. — De l'avertissement au subrogé tuteur, — et généralement de tous actes simples, p. 497. — Des vacations au procès-verbal de saisie, *eod*., art. 4. — De la dénonciation de la saisie-immobilière à la partie saisie. — De la réquisition d'un créancier inscrit, à fin de mise aux enchères de l'immeuble aliéné par le débiteur, — du procès-verbal d'apposition de placards,—du transport de l'huissier, p. 198 et 199.—Pour les visas des actes qui y sont assujettis, p. 199. —(*Huissiers audienciers*.) Pour la publication du cahier des charges.—Pour l'adjudication, y compris les frais de bougies par chaque lot adjugé.—Quand l'adjudication n'a pas eu lieu p. 199.— L'huissier peut-il comprendre dans ses frais ceux du pouvoir spécial, qu'il doit avoir pour faire la saisie? 199, n° 1. — (*Avoués*.) Droits de la vacation à faire transcrire la saisie, p. 200. — Pour se faire délivrer l'extrait des inscriptions, p. 201,— pour examiner l'état des inscriptions, afin de préparer la sommation au vendeur de l'immeuble saisi, p. 202. — A la mention aux hypothèques de la notification, prescrite par les art. 694 et 692. — A la mention sommaire du jugement d'adjudication, en marge de la transcription de la saisie.—A celle du jugement de conversion.—A la publication. —Pour l'acte de dénonciation de la plus ample saisie, p. 203. — Des vacations pour déposer au greffe les titres justificatifs d'une demande en distraction. — De la requête pour former la demande en conversion, p. 204.

SAISIE-REVENDICATION. — (*Huissiers*.) Droits du procès-verbal, p. 42, art. 62. — (*Avoués*.) Droits de la requête pour demander la permission de saisir-revendiquer, p. 102, § 9. — Décisions du tribunal de Niort, p. 298, art 180.

SAUF-CONDUIT. — (*Avoués*.) Droits de la requête, à l'effet d'obtenir un sauf-conduit pour le témoin assigné, p. 102, § 4.

SCELLÉS. — (Avoués). Droits de la requête pour un créancier, à fin de permission de faire apposer un scellé, p. 103, art. 78, § 13. — De la vacation pour requérir une apposition de scellés.—De celles à l'apposition par trois heures.—En référé lors de l'apposition. — Pour en requérir la levée avec ou sans description. — En faire la reconnaissance, p. 123, art. 94.—Décisions du tribunal de Niort, p. 298, art. 181 à 183.

SÉPARATION de biens.—Droits de la sommation par acte d'avoué, à la requête des créanciers du mari à l'avoué de la femme, de leur communiquer les pièces justificatives, p. 90. — De la requête d'intervention des créanciers du mari, et de la réponse, p. 93, §§ 41 et 42. — De la requête de la femme pour se pourvoir en séparation de biens, p. 103, § 10.—De la vacation pour assister la femme au greffe, lors de sa renonciation à la communauté, p. 121, §§ 16 et 18.— Droits de la vacation pour faire remettre l'extrait de la séparation de biens qui doit être inséré dans les tableaux et dans les journaux.—Pour faire insérer l'extrait du jugement dans les mêmes tableaux, p. 122, §§ 28 et 20. —Décisions du tribunal de Niort, p. 299, art. 184-186.

SÉPARATION de corps.—(Huissiers). Droits d'un exploit de demande en séparation de corps, p. 26, § 62. — (Avoués). Droits de la requête pour l'époux qui se pourvoit en séparation de corps, 104, § 4.—De la vacation pour faire insérer aux tableaux et publier l'extrait du jugement qui prononce la séparation de corps, p. 122, § 30.—Décisions du tribunal de Niort, p. 299. art. 187.

SÉQUESTRE.—Comment doit-il être payé de ses frais en matière de ventes judiciaires d'immeubles ? p. 216.

SERMENT. — Droits de la sommation d'avoué à avoué d'être présent au serment ordonné, p. 89.—Droits de l'huissier pour la sommation d'être présent au serment ordonné, p. 23, art. 29.—V. *Experts*.

SIGNIFICATIONS (Droits de).—Citations en justice de paix.—De jugement de justice de paix, p. 13.—Signification de jugement à domicile, p. 23. — De jugement par défaut par huissier commis. — D'opposition.— De sommation aux experts, aux dépositaires de pièces, p. 23, 24 et 25. — Du jugement qui prononce la contrainte par corps, p. 37. — V. *Actes d'avoué à avoué.—Sommation, Actes, Avoué, Serment, Faux, Vérification d'écriture, Instruction par écrit, Descente de lieux, Jugements.*

SOMMATION (d'avoué à avoué).—Pour suivre l'audience. Il n'est rien dû en matière sommaire, p. 85.—En matière ordinaire, il n'en est passé qu'une par chaque jugement. —Les jugements préparatoires de remises exceptés, p. 89, § 3.—Pour être présent à un serment.—Pour être réglé sur une opposition aux qualités.—De communiquer les pièces. —De comparaître devant le juge commis en vérification d'écriture, etc., p. 89, V. *Faux, Vérification d'écriture, Serment, Instruction par écrit, Désistement, Déclaration affirmative, Séparation de biens.* — Droits de la sommation à l'avoué qui a obtenu la condamnation de dépens, de lever le jugement ou l'arrêt, p. 272, § 5.

SUBROGATION.—V. *Distribution par contribution, Ordre.*

SUCCESSION vacante.—(Avoués). Droits de la requête pour faire nommer un curateur à une succession vacante, p. 103, § 14,.

SUCCESSION.—V. *Héritier.*

SURENCHÈRE sur aliénation volontaire autre. (Avoués). Droits de la requête pour faire commettre un huissier. — De la vacation pour faire au greffe la soumission de la caution.—Pour prendre communication des pièces justificatives de la solvabilité, p. 204. —De la vacation pour faire au greffe la déclaration de surenchère du sixième. – De l'acte de dénonciation d'icelle, p. 209, art. 12.—Les émoluments pour le dépôt de l'acte tenant lieu de cahier des charges, pour les extraits à placarder, pour la déclaration de command, pour les remises proportionnelles, sont taxés comme ceux des ventes, p. 409, § 4.—Le droit de vacation à l'adjudication accordé à l'avoué, par le § 14 de l'art. 12 de l'ordonnance du 10 octobre 1841, doit être passé en matière de surenchère ? p. 210, n° 2.

T

TARIFS.—Ancien tarif des juges de paix abrogé, p. 1 à 3.—Nouveau tarif. Ordonnance du 6 décembre 1845, p. 3.— Des huissiers, p. 47 à 53. — Des avoués, en matière sommaire, p. 53 à 82. — En matière ordinaire, p. 83 à 144. — En matière criminelle. p. 145 à 154. — Des huissiers audienciers, p. 155 à 157. — Des experts dépositaires de pièces, et témoins, p. 158 à 159.—Des notaires, p. 162 à 188. — Des ventes judiciaires d'immeubles, p. 189 à 216.—Des greffiers, en matière civile, p. 247 à 236. — En matière commerciale, p. 237 à 244. — Des agréés près les tribunaux de commerce, p. 247. — Des commissaires-priseurs, p. 250. — Des frais de liquidation de dépens, V. *Liquidation.*

TAXE.—Des actes et vacations des juges de paix, p. 1 à 3.—Des greffiers de justice de paix, p. 3 à 12.—Observations générales sur la taxe des greffiers de justice de paix, p. 3-4. — La taxe des émoluments des actes étrangers aux fonctions des juges de paix doit être faite par le président du tribunal civil de l'arrondissement, p. 11.—Le greffier qui a procédé à des ventes de récoltes a-t-il un droit pour requérir taxe, p. 11. — Des huissiers de justice de paix, p. 12 à 14.—Citation.—Signification de jugement.—Sommation.—Opposition, p. 13.—Des témoins des experts et gardiens de scellés en justice de paix, p. 14 et 15, V. *Avoués, Commissaires-priseurs, Huissiers, Greffiers, Experts, Notaires, Témoins, Liquidation, Officiers ministériels.*

TÉMOINS (en justice de paix.—Taxe des), p. 14. — En matière civile, p. 159, art. 167. — Est-il dû aux témoins 3 francs par myriamètre pour l'aller, puis 3 autres francs pour s'en retourner? p. 161, n° 6, V. *Enquêtes, Citation.*

TESTAMENT. — V. *Legs, Notaires.*—— Les notaires peuvent-ils exiger deux honoraires pour la rédaction des testaments; savoir, un honoraire du testateur au moment de la confection du testament, et un autre de l'institué au moment où il accepte l'institution ? p. 183.

TIERCE OPPOSITION. — Droits de la requête d'avoué en tierce opposition, et de la réponse, p. 93, §§ 27 et 28.

TIERS SAISI.—Droits de la requête d'avoué pour demander le renvoi du tiers saisi devant son juge, et de la réponse, p. 93, §§ 35 et 36. — V. *Saisie-arrêt.*

TIMBRE.—Papier grand, moyen, petit, p. 17.—Nombre de lignes qu'ils peuvent contenir, p. 18. — Si les contraventions peuvent être poursuivies d'office par le ministère public, p. 18.—Timbre des placards en matière de ventes judiciaires d'immeubles p. 215 à la note, V. *Greffiers, Conclusions.*

TRANSACTION. — (Avoués). Droits de la requête au procureur impérial pour faire désigner trois jurisconsultes sans l'avis desquels le tuteur ne pourra transiger, p. 402, § 24.

TRANSPORT (des juges de paix).—Droits et vacations, p. 2-3.—Des greffiers de justice de paix, p. 4-5.—Faut-il allouer aux greffiers le transport tel qu'il est réglé par le tarif, ou par l'ordonnance du 6 décembre 1813? p. 5.—Des huissiers en justice de paix, p. 13. — Des huissiers doit être accordé en sus des droits de vacation aux saisies-exécutions, p. 28.—Transport des effets saisis, p. 31.—Des huissiers et gardes du commerce au delà de un demi-myriamètre, p 38. 41, n° 8.—Des huissiers ordinaires, au delà de un demi-myriamètre.—Au delà d'un myriamètre, p. 46.—Les droits de transport sont dus aux huissiers, quand il y a lieu, pour tous les actes qu'ils font, p. 47.—Est-il dû un droit pour les fractions qui excèdent le demi-myriamètre ou le myriamètre, p 47.—On l'accorde dans les expropriations pour cause d'utilité publique, *eod.*—Comment doivent se répartir les droits de transport, quand l'huissier fait, le même jour, dans le même lieu, plusieurs actes y donnant lieu, p. 48. — Trois cas,—1° Les actes sont donnés dans le même lieu, p. 49; 2° ils ont été laissés dans des lieux différents, mais sur une même ligne parcourue, p. 49; 3° ils ont été faits dans des lieux qui ne sont pas sur le prolongement d'une même ligne, mais sur différents rayons partant du centre où l'huissier a sa résidence, p. 51, V. *Coût* (Avoués). — V. *Avoués, Experts, Greffiers.* — Le transport des huissiers des Cours d'appel, lorsqu'ils sont commis par elles, doit être alloué, selon la taxe, quelle que soit la distance, p. 156, § 4.— Décisions du tribunal de Niort, p. 299, art. 191 à 202.

TUTEUR.—V. *Transaction.*

V

VACATIONS.—Des juges de paix, p. 3.—Des greffiers de justice de paix, p. 4. — Aux conseils de famille, aux appositions de scellés, aux référés aux actes de notoriété, p. 5.—A la déclaration de l'apposition des scellés sur les registres du greffe du tribunal de première instance, p. 5.—Aux ventes publiques de meubles et effets mobiliers, p. 9, 10 et 11,—Aux procès-verbaux de saisie-exécution, durée des vacations, p. 28.—Quand il n'y a qu'une vacation, elle doit être payée comme complète, quoiqu'elle n'ait pas duré trois heures, p. 28. — En est-il de même des vacations suivantes? *eod.* et p. 124, n° 4. —L'huissier ne peut faire que trois vacations par jour, *eod.*—On doit comprendre dans les vacations le temps de faire les copies des procès-verbaux de saisie-exécution, p. 29. —Vacations des commissaires de police en cas de saisie-exécution pour être présent à l'ouverture des portes, p. 29.—Pour consigner les deniers comptants trouvés lors de la saisie-exécution, p. 29. — Aux ventes de meubles et effets mobiliers saisis, p. 32. — A l'huissier ou autre officier qui aura procédé à la vente de meubles et effets saisis exécutés pour faire taxer ses frais, p. 33. — Pour consigner les deniers de la vente, *eod.* — Pour payer les contributions, *eod.*, à la note.—Aux procès-verbaux de saisie-brandon, p. 34.—Pour obtenir l'ordonnance du juge de paix dans le cas de l'exercice de la contrainte par corps, p. 38.—En référé, *eod.*—Il n'est passé au juge de paix, aux experts et à tous les officiers ministériels, que trois vacations par jour, quand ils opèrent dans le lieu de leur résidence, p. 142. § 5. — V. *Arbitres, Caution, Cession de biens, Certificat, Communication de pièces à parties et au ministère public, Compulsoire, Compte, Conseil de famille, Consignation d'amende, Délibéré, Désaveu, Descente sur les lieux, Distribution par contribution, Dommages et intérêts, Enquêtes, Experts, Faux, Failli, Héritier, Instruction par écrit, Interdiction, Mise au rôle, Opposition, Ordre, Partages, Qualités, récusation, Référé, Saisie-arrêt, Saisie immobilière, Scellés, Séparation de biens, Séparation de corps, Vérification d'écriture.*—Décisions du tribunal de Niort, p. 300, art. 203.

VAISSELLE d'argent.—Vente, exposition, p. 33.

VENTE de biens de mineurs. — Droits de la requête à fin d'homologation de l'avis du conseil de famille pour aliéner les immeubles de mineurs, p. 204. — De la vacation pour prendre communication du rapport d'experts. — De la requête pour demander l'entérinement du rapport d'expert. — Des avoués, dans le cas où l'expertise n'a pas lieu. — De la vacation pour prendre communication du cahier des charges en cas de renvoi devant notaire. — De la requête pour obtenir l'autorisation de vendre au-dessous de la mise à prix, p. 205. — V. *Séquestre*.

VENTE des biens immeubles dépendants d'une succession bénéficiaire, ou vacante, ou dotaux.—Les droits sont les mêmes que ceux des ventes de biens de mineurs, p. 405, § 7.

VENTE des biens d'une succession. — (*Huissiers*.) Droit de la sommation aux parties qui doivent être appelées à la vente, p. 26, § 66. — (*Avoués*.) Droits de la requête pour faire autoriser la vente du mobilier d'une succession, p. 402, § 11. — Pour être autorisé, sans attribution de qualité, à faire procéder à la vente des effets mobiliers, p. 403, § 12.

VENTES JUDICIAIRES d'immeubles. — Observations générales sur la loi du 2 juin et sur l'ordonnance du 10 octobre 1841, p. 189. — Les frais des ventes judiciaires d'immeubles n'ont pas été diminués. — Réclamations de la chambre des avoués du tribunal de la Seine contre la réduction des tarifs en cette matière, p. 190. — Projet du Gouvernement de soustraire au régime de la loi du 2 juin 1841 les propriétés dont la contribution foncière n'excède pas 20 francs, et de transporter la procédure en saisie immobilière, partage, licitation, vente de biens de mineurs, devant les juges de paix du canton, p. 191. — Pourquoi l'ordonnance du 10 octobre 1841 est faite pour le ressort de la Cour de Paris? p. 192. — Règles de son application aux tribunaux des autres ressorts, p. 214. — V. *Greffiers, Conservateurs des hypothèques, Huissiers, Saisie immobilière, Surenchère, Vente de biens de mineurs, Succession bénéficiaire*. — Droits de la grosse du cahier des charges. — De la vacation pour le déposer au greffe, p. 206, art. 11. — De l'extrait pour insertion au journal. — De la vacation pour obtenir l'ordonnance tendant à faire des insertions extraordinaires. — Pour faire légaliser la signature de l'imprimeur. — De l'extrait qui doit être imprimé et placardé, p. 207, §§ 3 à 8. — Des remises proportionnelles sur le prix de la vente. — De la vacation pour enchérir, p. 208. — Et se rendre adjudicataire. — Pour faire la déclaration de command, p. 209. — De la vacation pour requérir le certificat du greffier ou du notaire, constatant que l'adjudicataire n'a pas justifié de l'acquit des conditions, eod., § 3. — V. *Matières sommaires, Copies de pièces, Consultations, Port de pièces*.— L'avoué peut-il obtenir des frais de voyage pour faire faire l'insertion exigée par l'article 696 du Code de procédure, dans le cas où le journal ne s'imprime pas dans la ville de son domicile? p. 211, n° 3. — Les officiers ministériels peuvent-ils bénéficier des remises qui leur sont accordées par les journaux pour l'insertion de leurs annonces judiciaires? eod., n° 4. — V. *Notaires, Experts*.

VENTES PUBLIQUES (de meubles et effets mobiliers). — (*Greffiers de justice de paix*.) Ventes forcées, p. 7. — Ventes après décès, p. 7. — Volontaires, p. 9. — La loi du 18 juin 1843 sur le tarif des commissaires-priseurs est-elle applicable pour déterminer les émoluments qu'il faut allouer aux autres officiers pour les ventes volontaires? p. 9 et 257. — Des ventes de fruits et récoltes pendants par racines, et des coupes de bois taillis, p. 9. — De meubles et effets mobiliers après faillites, p. 10. —Vente publique à terme, le greffier de justice de paix a-t-il un droit pour le recouvrement des deniers de la vente? p. 11. — Ventes de barques et autres bâtiments, de vaisselle d'argent, bagues et joyaux. Exposition, p. 33. — V. *Commissaires-priseurs, Huissiers, Greffiers, Notaires*.

VÉRIFICATION D'ÉCRITURE. — (*Huissiers*.) Droits de la sommation aux experts et aux dépositaires de pièces de comparaison, p. 23, § 6. — De la signification aux dépositaires de l'ordonnance ou du jugement qui porte que la minute sera apportée au greffe, eod., § 7.—(*Avoués*.) Droits de la vacation pour déposer au greffe la pièce dont l'écriture est déniée, avec assistance au procès-verbal de l'état de la pièce, p. 421, art. 92.— Pour prendre communication de la pièce, eod., § 2. — Pour convenir de pièces de comparaison, eod., § 3. — Pour être présent au serment des experts en vérification, eod., § 4. — A la confection d'un corps d'écriture, eod., § 5. — De la signification. — De l'acte de dépôt au greffe de la pièce dont l'écriture est déniée, p. 89. — De la sommation de comparaître devant le juge commis pour être présent au serment des experts et à la représentation des pièces de comparaison, eod. — De la sommation d'être présent à un corps d'écriture, eod. — (*Avoués*.) Droits de la requête pour obtenir l'ordonnance du juge-commissaire, à l'effet de sommer la partie adverse de comparaître à jour indiqué pour convenir de pièces de comparaison, p. 104, § 4. — De celle, à l'effet de sommer les experts pour prêter serment, *eod.*, § 5. — Taxe des experts en vérification d'écrit, et en cas d'inscription de faux, p. 158, art. 163. — Il ne leur est rien alloué pour prestation de serment, ni pour dépôt de leur procès-verbal, p. 159, art. 464. — Frais de leur voyage, *eod.*, art. 165. — Taxe des dépositaires de pièces, *eod.*, art. 166. — **V.** *Notaires.*

VISA. — Huissiers des justices de paix, p. 13. — Apposé par le vérificateur des gardes du commerce sur les pièces du créancier qui veut exercer la contrainte par corps, p. 38. — Droits de visa aux huissiers pour les actes qui y sont assujettis, p. 46. — **V.** *Saisie immobilière, Greffiers.* — Décisions du tribunal de Niort, p. 301.

VISITE de lieux. — **V.** *Descente de lieux.*

VOYAGE (des témoins,) des experts en justice de paix, p. 15. — Les frais de voyage de la partie doivent-ils être aloués, en matière sommaire? p. 73, n° 3. — Les avoués ne peuvent réclamer leur assistance à l'acte de voyage, p. 74. — Si la partie domiciliée à l'étranger a droit à toute la distance parcourue, p. 74. — Comment il faut calculer les myriamètres en l'absence des tableaux de distance, *eod.* — Fixation des frais de voyage de la partie, p. 136, art. 140. — Il n'en est porté qu'un seul, *eod.*, § 2. — Les frais de voyage alloués au plaideur domicilié à l'étranger doivent-ils être comptés à partir de son domicile, ou seulement à partir de la frontière où il a mis le pied sur le sol français? p. 139, n° 7. — L'affirmation exigée par l'art. 146 et le voyage peuvent-ils être faits par un fondé de pouvoir? p. 140, n° 8. — Lorsqu'il y a plusieurs parties en communauté d'intérêts, chacune d'elles peut-elle avoir droit à une indemnité de voyage? *eod.*, n° 9. — Si la partie avait une résidence plus éloignée que son domicile du lieu où siége le tribunal, faudrait-il néanmoins compter les distances à partir de son domicile, quoiqu'elle eût affirmé qu'elle est venue de sa résidence dans la seule vue du procès? p. 140, n° 40. — Les distances doivent-elles s'évaluer en prenant le trajet le plus court indiqué par le livre de poste, et non pas à l'aide du compas sur une carte routière? p. 141, n° 11. — **V.** *Experts, Vérification d'écriture, Faux.*

FIN DE LA TABLE.